Wächter
Ausbildung von A - Z

D1666308

www.kiehl.de

Mit Extras
im Internet

Ausbildung von A bis Z
Praxishandbuch für Ausbilder

Von
Dipl.-Hdl. Lars Wächter

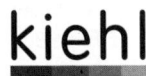

ISBN 978-3-470-**64031**-0

© NWB Verlag GmbH & Co. KG Herne 2012

Kiehl ist eine Marke des NWB Verlags

Satz: Röser MEDIA GmbH & Co. KG, Karlsruhe
Druck: Beltz Druckpartner, Hemsbach

Vorwort

Das vorliegende Buch ist eine praktische Hilfe durch den „Dschungel" der vielen Rechtsnormen und Fachbegriffe der Berufsausbildung. Es liefert rasch verständliche Antworten auf alle Fragen rund um das Thema Berufsausbildung. Denn mal ehrlich: Wer hat schon die Zeit, sich „durch dicke Gesetzeskommentare zu arbeiten"? Oder wegen jeder „Kleinigkeit" die IHK zu konsultieren?

Neben den rechtlichen Regelungen der Berufsausbildung werden auch betriebswirtschaftliche und pädagogische bzw. didaktische Begriffe erklärt, sofern sie einen Bezug zur Berufsausbildung haben bzw. für die an der Berufsausbildung beteiligten Personen relevant sind. So kann der Ausbilder unter dem Stichwort „Berufsschule" nachlesen, wann der Auszubildende nach der Berufsschule noch im Betrieb erscheinen muss und wann nicht. Außerdem können sie nachlesen, woran man erkennen kann, dass jemand unter Prüfungsangst leidet und wie man mit dieser umgehen sollte. Das Buch soll einen kleinen Beitrag dazu leisten, Unsicherheiten und offene Fragen im Bereich der Berufsausbildung zu klären.

Die Berufsausbildung in Deutschland hat eine lange Tradition und musste sich zu jeder Zeit vielfältigen Herausforderungen stellen. Statt einer **Einführung** ist dem Lexikonteil eine **„Kleine Geschichte der Berufsausbildung in Deutschland"** vorangestellt. Die **Stichworterklärungen** ermöglichen einen praxisorientierten Überblick und schnellen Einstieg in das komplexe Thema „Berufsausbildung". Es werden rund **300 Stichwörter** aus den verschiedenen Bereichen und Schnittstellen des Berufsausbildungswesens behandelt:

► dem **Arbeitsrecht**
► dem **Personalwesen**
► der **Pädagogik und Didaktik.**

Der Umfang der Artikel variiert von wenigen Zeilen bis zu mehreren Seiten. Hier musste eine subjektive Auswahl bzw. Gewichtung vorgenommen werden. Bei vielen Stichwörtern finden sich am Ende des Artikels nützliche **Internetadressen**. Der **Anhang** enthält neben weiterführenden **Literaturangaben** und **Internetseiten** auch ein kleines **Glossar der Berufsbildung (Deutsch-Englisch)** mit über 100 Begriffen.

Ferner sind die wichtigsten **Gesetzestexte** für die Berufsausbildung in Auszügen abgedruckt. Wer es also ganz genau wissen will und wem die Erklärungen der Lexikonartikel nicht genügen, kann im entsprechenden Gesetz weiterlesen. Abgerundet wird der Serviceteil durch einige **Musterformulare und Vordrucke sowie Beispiele** aus der Praxis (z. B. ein Ausbildungsvertrag und ein Abmahnungsschreiben).

Der Autor freut sich über konstruktive Kritik und Hinweise! Wir danken dem DIHK für die freundliche Bereitstellung der Formulare im Anhang. Rechtsstand Dezember 2011.

Lars Wächter
Kassel, im Januar 2012

Benutzungshinweise

Die **Schnellübersicht** liefert einen Überblick über die Stichwortbeiträge. Die **Stichwör-ter** sind in alphabetischer Reihenfolge geordnet. Innerhalb eines Artikels werden **Ver-weise** zu anderen Stichwörtern oder zu Gesetzesparagraphen mit einem → angezeigt. Durch diese Vernetzung lassen sich Zusammenhänge schnell erschließen. In den ent-sprechenden Artikeln des Lexikons wird ein **Hinweis auf den Anhang** gegeben.

Diese Symbole erleichtern Ihnen die Arbeit mit diesem Buch:

 TIPP

Hier finden Sie nützliche Hinweise zum Thema.

 MERKE

Das X macht auf wichtige Merksätze oder Definitionen aufmerksam.

 ACHTUNG

Das Ausrufezeichen steht für Beachtenswertes, wie z. B. Fehler, die immer wieder vor-kommen, typische Stolpersteine oder wichtige Ausnahmen.

 INFO

Hier erhalten Sie nützliche Zusatz- und Hintergrundinformationen zum Thema.

Aus Gründen der Praktikabilität und besseren Lesbarkeit wird darauf verzichtet, jeweils männliche und weibliche Personenbezeichnungen zu verwenden. So können z. B. Aus-bilder, Auszubildende, Arbeitnehmer und Vorgesetzte grundsätzlich sowohl männli-che als auch weibliche Personen sein.

 Mit Extras im Internet

Laden Sie sich hier Ihre kostenlosen Extras herunter:
www.kiehl.de/praxishandbuch_ausbildung

Abb.	Abbildung
AbH	Ausbildungsbegleitende Hilfen
Abs.	Absatz
AdA	Ausbildung der Ausbilder
ADGB	Allgemeine Deutsche Gewerkschaftsbund
AEVO	Ausbilder-Eignungs-verordnung
AFP	Agence France-Presse (Nachrichtenagentur)
AG	Aktiengesellschaft
AGG	Allgemeines Gleichbehand-lungsgesetz
Aka	Aufgabenstelle für kauf-männische Abschluss- und Zwischenprüfungen
AOK	Allgemeine Ortskranken-kassen
ArbGG	Arbeitsgerichtsgesetz
ArbSchG	Arbeitsschutzgesetz
ArbZG	Arbeitszeitgesetz
Art.	Artikel
AWO	Arbeiterwohlfahrt
AZ/AZR	Aktenzeichen (Recht)
BA	Bundesagentur für Arbeit
BAB	Berufsausbildungsbeihilfe
BAG	Bundesarbeitsgericht
BBiG	Berufsbildungsgesetz
BDA	Bundesvereinigung der Deutschen Arbeitgeber-verbände
BDSG	Bundesdatenschutzgesetz
BerBiFG	Berufsbildungsförderungs-gesetz
BerBiRefG	Berufsbildungsreformgesetz
BErzGG	Bundeserziehungsgeldge-setz
BetrVG	Betriebsverfassungsgesetz
BG	Berufsgenossenschaft
BG BAU	Berufsgenossenschaft Bauwirtschaft
BG ETEM	Berufsgenossenschaft Energie Textil Elektro Medienerzeugnisse

BG RCI	Berufsgenossenschaft Rohstoffe und Chemische Industrie
BG Verkehr	Berufsgenossenschaft Trans-port und Verkehrswirtschaft
BGB	Bürgerliches Gesetzbuch
BGHM	Berufsgenossenschaft Holz und Metall
BGHW	Berufsgenossenschaft Han-del und Warendistribution
BGJ	Berufsgrundbildungsjahr
BGN	Berufsgenossenschaft Nahrungsmittel und Gastgewerbe
BGW	Berufsgenossenschaft Gesundheitsdienst und Wohlfahrtspflege
BiBB	Bundesinstitut für Berufsbildung
BildscharbV	Bildschirmarbeits-verordnung
BKK	Betriebskrankenkasse
BMAS	Bundesministerium für Arbeit und Soziales
BMBF	Bundesministerium für Bildung und Forschung
BPersVG	Bundespersonalvertretungs-gesetz
BRD	Bundesrepublik Deutschland
BUrlG	Bundesurlaubsgesetz
BWL	Betriebswirtschaftslehre
BWP	Berufsbildung in Wissenschaft und Praxis (Zeitschrift des BiBB)
bzw.	beziehungsweise
ca.	circa
CBT	computerbased training
CD-ROM	Compact Disc Read-Only Memory
d. h.	das heißt
DAG	Deutsche Angestellten-gewerkschaft
DAK	Deutschen Angestellten-Krankenkasse
dapd	Nachrichtenagentur

DGB	Deutscher Gewerkschaftsbund		rung
DIHK	Deutscher Industrie- und Handelskammertag	HBV	Gewerkschaft Handel, Banken und Versicherungen
Dipl.-Hdl.	Diplom-Handelslehrer	HGB	Handelsgesetzbuch
DIW	Deutsche Institut für Wirtschaftsforschung	HNA	Hessische Niedersächsische Allgemeine Zeitung
dpa	Deutsche Presseagentur	HSchG	Hessischen Schulgesetzes
DPG	Deutsche Postgewerkschaft	HWO	Handwerksverordnung
DQR	Deutscher Qualifikationsrahmen für lebenslanges Lernen	i. d. R.	in der Regel
		IG Bau	Industriegewerkschaft Bauen-Agrar-Umwelt
DRV	Deutschen Rentenversicherung	IG BCE	Industriegewerkschaft Bergbau, Chemie, Energie
DVD	Digital Versatile Disc	IG Medien	Industriegewerkschaft Medien
EFZG	Entgeltfortzahlungsgesetz	IGM	Industriegewerkschaft Metall
EG	Europäische Gemeinschaft		
EntgeltFZG	Entgeltfortzahlungsgesetz	IHK	Industrie- und Handelskammer(n)
EQR	Europäischer Qualifikationsrahmen	IKK	Innungskrankenkassen
EStG	Einkommensteuergesetz	InsO	Insolvenzordnung
EU	Europäische Union		
EVG	Eisenbahn- und Verkehrsgewerkschaft	JArbSchG	Jugendarbeitsschutzgesetz
		JAV	Jugend- und Auszubildendenvertretung
evtl.	eventuell		
EWG	Europäische Wirtschaftsgemeinschaft		
		KMK	Ständige Konferenz der Kultusminister der Länder der BRD
FAZ	Frankfurter Allgemeine Zeitung	KMK	Kultusministerkonferenz
FOS	Fachoberschule	KSchG	Kündigungsschutzgesetz
FR	Frankfurter Rundschau		
		LAG	Landesarbeitsgericht
GDBA	Genossenschaft Deutscher Bühnen-Angehöriger	LiV	Lehrer im Vorbereitungsdienst
GdP	Gewerkschaft der Polizei	LKK	Landwirtschaftliche Krankenkassen
gem.	gemäß		
GEW	Gewerkschaft Erziehung und Wissenschaft	LPersVG	Landespersonalvertretungsgesetz
GewO	Gewerbeordnung	LSt	Lohnsteuer
GG	Grundgesetz		
GKV	Gesetzliche Krankenversicherung	Mio.	Million
		MuschArbV	Verordnung zum Schutze der Mütter am Arbeitsplatz
GmbH	Gesellschaft mit beschränkter Haftung	MuSchG	Gesetz zum Schutz der erwerbstätigen Mutter
GRV	Gesetzliche Rentenversiche-		

NGG	Gewerkschaft Nahrung-Genuss-Gaststätten
Nr.	Nummer
OHP	Overheadprojektor
OStD	Oberstudiendirektor
OStR.	Oberstudienrat
ÖTV	Gewerkschaft Öffentliche Dienste, Transport und Verkehr
PISA	Programme for International Student Assessment (Programm zur internationalen Schülerbewertung)
PO	Prüfungsordnung
s.	siehe
SFE	Schule für Erwachsene
SGB	Sozialgesetzbuch
SKF	Sozialdienst Katholischer Frauen
sog.	so genannt(e/er)
StGB	Strafgesetzbuch
StR.	Studiendirektor
SZ	Süddeutsche Zeitung
TAZ	Die Tageszeitung
Transnet	Gewerkschaft der Eisenbahner Deutschlands
TVG	Tarifvertragsgesetz
u. a.	unter anderem
USP	Unique Selling Proposition
VBG	Berufsgenossenschaft Banken, Versicherungen, Verwaltungen, freie Berufe, besondere Unternehmen, Unternehmen der keramischen und Glas-Industrie sowie Unternehmen der Straßen-, U-Bahnen und Eisenbahnen
ver.di	Vereinigte Dienstleistungsgesellschaft
VO	Verordnung
VWL	Volkswirtschaftslehre
WIdO	Wissenschaftliches Institut der AOK
z. B.	zum Beispiel
ZPA	Zentralstelle für Prüfungsaufgaben

Kleine Geschichte der Berufsausbildung in Deutschland

Die Berufsausbildung in Deutschland hat eine lange Tradition. Und bis zum heutigen dualen System war es ein langer Weg. Im Folgenden werden einige Schlaglichter dieser Entwicklung hervorgehoben.

Mittelalter	**Zünfte und Gilden** waren Zusammenschlüsse von Handwerkern (Zünfte) bzw. Kaufleuten (Gilden) und lassen sich mit den heutigen Kammern vergleichen. Der **Lehrherr** (Handwerksmeister bzw. selbständiger Kaufmann) muss Mitglied einer Zunft bzw. Gilde sein und hat eine stark ausgeprägte Fürsorge- und Erziehungspflicht gegenüber dem **Lehrling**, der auch in dessen Hausgemeinschaft lebt. Es herrscht ein patriarchales Unterordnungsverhältnis.
18. Jahrhundert	Im Laufe des 18. Jahrhunderts entfaltet sich die **wirtschaftsberufliche Bildung** enorm; insbesondere durch die Entwicklung neuer Wirtschaftsformen, die auf naturwissenschaftlichen Erkenntnissen und Forschungsergebnissen basieren. Zahlreiche Schifffahrts-, Berg-, und Handelsschulen entstehen, wie z. B.: Navigationsschule in Hamburg (1749), Bergakademie in Freiburg, Sachsen (1765), private Handelsschule in Berlin (1791). Nach dem Zerfall des Zunftwesens kommt die **Gewerbefreiheit** auf. Es beginnt eine liberale Wirtschaftsepoche, die geprägt ist von einem privatwirtschaftlichen Vertragswesen. Lehrverträge können frei ausgehandelt werden. Im Lehrwesen herrscht immer noch eine stark ausgeprägte Fürsorge- und Erziehungspflicht vor.
Etwa seit 1835	Die aufkommende **Industrialisierung** erfordert gut ausgebildete Fachkräfte. Um diesen Bedarf decken zu können, gründen Großunternehmen eigene **Lehrlingswerkstätten** und beginnen mit einer systematischen gewerblichen Ausbildung.
1839	Mit dem **Preußischen Regulativ über die Beschäftigung jugendlicher Arbeiter in Fabriken** (9. März 1839) beginnt der moderne (staatliche) Arbeitsschutz.
1845	Die **Allgemeine Preußische Gewerbeordnung** vom 17. Januar 1845 tritt in Kraft (novelliert 1849). Sie enthält die Regelung „Befugnis, Lehrlinge zu halten" und Bestimmungen zum Schutz der Lehrlinge.
19. Jahrhundert	In der zweiten Hälfte des 19. Jahrhundert entstehen weitere **Schutzgesetze** im Bereich des Arbeitsrechts.
1869	Die **Gewerbeordnung (GewO) des Norddeutschen Bundes** wird erlassen, in der seit 17. Juli 1878 das Lehrlingswesen geregelt wird.
Um 1880	**(Kaufmännische) Fortbildungsschulen:** Um 1880 gründen Handelsvereine spezielle Fortbildungsschulen, die später in die Trägerschaft der Handelskammern übergehen bzw. deren Aufsicht unterstellt werden.
1883	**Reichsgewerbeordnung:** Am 1. Juli 1883 tritt die Gewerbeordnung (GewO) für das gesamte Deutsche Reich in Kraft.

1900	Das **Handelsgesetzbuch** von 1897 tritt 1900 in Kraft. Es enthält u. a. spezielle Regelungen zur rechtlichen Gestaltung der kaufmännischen Lehre.
1908	Der **Deutsche Ausschuß für Technisches Schulwesen (DATSCH)** wird gegründet. Er kümmert sich um die Vereinheitlichung der industriellen Berufsausbildung und wird später (ab 1935) beratendes pädagogisches Organ des Reichswirtschaftsministers für alle Fragen der Facharbeiterausbildung und des technischen Schulsystems.
1920	Beratung der Reichsschulkonferenz über ein Gesetzentwurf zur Berufsschulpflicht.
1921	**Berufsschulen:** Um 1921 gehen die Fortbildungsschulen in die Trägerschaft von Städten und Landkreisen über. Der Begriff „Berufsschule" wird geprägt. Die Berufsschulpflicht setzt sich nur zögerlich durch und bleibt für längere Zeit ein Problem. Es werden Fachklassen für Ausbildungsberufe gebildet, die einen berufsbezogenen Fachunterricht ermöglichen.
1938	**Nationalsozialismus:** Das **Reichsschulpflichtgesetz** von 1938 schreibt für das gesamte Deutsche Reich die Berufsschulpflicht für alle Jugendlichen bis zum 18. Lebensjahr vor. Die Unterrichtsdauer ist gesetzlich auf acht bis zwölf Wochenstunden vorgeschrieben und muss als Ausbildungszeit angerechnet werden. Das **Jugendschutzgesetz** (1938) löst das Kinderschutzgesetz von 1903 ab. Somit wird der der Jugendarbeitsschutz weiter vereinheitlicht und verbessert. Die **Industrie- und Handelskammern** werden nach dem Führerprinzip umstrukturiert und in die staatliche Wirtschaftslenkung integriert.
Nach dem 2. Weltkrieg	Die Berufsschulpflicht und die Lerninhalte werden der Gesetzgebung unterworfen und eine **Stärkung der Berufsschulen** als Teilzeit-Pflichtschulen in Angriff genommen. Erst dadurch können die Berufsschulen zu einem vollwertigen Partner im dualen System werden.
1948	Niedersachsen führt das **Arbeitschutzgesetz für Jugendliche** vom 9. Dezember 1948 ein, welches das Jugendschutzgesetz von 1938 ablöst. Im Jahr 1960 wird das Jugendarbeitsschutzgesetz des Bundes in Kraft treten, das sich an den niedersächsischen Regelungen orientiert.
1948	**Währungsreform** (D-Mark) am 20. Juni 1948.
1949	Das Grundgesetz (GG) der Bundesrepublik Deutschland tritt am 24. Mai 1949 in Kraft.
1952	Das **Betriebsverfassungsgesetz** tritt am 14. November 1952 in Kraft.
1956	Gesetz zur vorläufigen Regelung des Rechts der Industrie- und Handelskammern
1964	Der Begriff „**Duales System**" wird erstmals im „Gutachten über das berufliche Ausbildungs- und Schulwesen" vom Deutschen Ausschuss für das Erziehungs- und Bildungswesen verwendet.

1966/67	Die Gewerbeaufsichtsämter stellen fest, dass zwei Drittel der etwa 10.000 kontrollierten Betriebe Anlass zu Beanstandungen geben. Es werden 46.389 **Verstöße** gegen das Jugendarbeitsschutzgesetz registriert. Seit 1968 finden zahlreiche Demonstrationen von Auszubildenden statt.
1960/70er Jahre	Die Zeit ist geprägt durch einen gesellschaftlichen Umbruch, der sich auch in der Berufsausbildung bemerkbar macht. Das Nachrichtenmagazin Der Spiegel berichtet in seiner Ausgabe vom 27. April 1970 unter dem Titel „Lehrzeit = Leerzeit" über **katastrophale Bedingungen in der deutschen Berufsausbildung.** Vorangegangen waren zahlreiche bundesweite Protestaktionen von Auszubildenden, die undemokratische und unpädagogische Bedingungen anprangerten Dietrich Winterhager vom Max-Planck-Institut für Bildungsforschung stellt fest: „Die meisten Jugendlichen werden nach Regeln ausgebildet, die zum Teil noch aus dem Zunftwesen des Mittelalters herrühren."

INFO ⓘ

Auszug aus einer Resolution von 133 protestierenden Siemens-Lehrlingen

„Wir protestieren gegen eine Ausbildung, in welcher Jugendliche mit unpädagogischen Mitteln genötigt werden, sich in eine Betriebshierarchie einzufügen, die nicht geeignet ist, einen jungen Menschen zu demokratischer Haltung zu erziehen. (...) Wir protestieren gegen eine Ausbildung, in der durch körperliche Züchtigung Angst, Minderwertigkeitskomplexe und seelische Hemmungen hervorgerufen werden, die das Selbstbewußtsein der Lehrlinge in starkem Maße mindern."

Quelle: Der Spiegel, 27. 4. 1970, S. 60.

1969	Am 14. August 1969 tritt das **Berufsbildungsgesetz (BBiG)** in Kraft und soll die Ausbildung – die zuvor durch die Gewerbeordnung geregelt wurde – modernisieren. Kritiker bemängeln, dass lediglich die Form moderner werde: Der Gesetzgeber mache die Lehre zur Ausbildung, Lehrlinge zu Auszubildenden und statt sich der „väterlichen Zucht des Lehrherrn unterzuordnen", müssten Auszubildende nun „Weisungen befolgen, die weisungsberechtigte Personen" erteilten.
1970	Im Oktober 1970 nimmt das **Bundesinstitut für Berufsbildungsforschung** in Berlin seine Arbeit auf.
1972	Das **Betriebsverfassungsgesetz** wird grundlegend novelliert und tritt am 18. Januar 1972 in Kraft.

1976	Das **Jugendarbeitsschutzgesetz (JArbSchG)** wird neu geregelt. Das **Ausbildungsplatzförderungsgesetz (APlFG)** vom 7. September 1976 sieht u. a. vor, bei einer Knappheit von Ausbildungsplätzen eine Berufsbildungsabgabe von den Arbeitgebern zu erheben, um zusätzliche Ausbildungsplätze zu schaffen.
1977	Der **Berufsbildungsbericht** vom Bundesminister für Bildung und Wissenschaft wird zum ersten Mal herausgegeben.
1982	Das **Berufsbildungsförderungsgesetz (BerBiFG)** tritt am 1. Januar 1982 in Kraft; es regelt z.B. die Berufsbildungsplanung und -statistik.
1990	**Wiedervereinigung** der beiden deutschen Staaten. Bereits seit dem 13. August 1990 gilt das BBiG auch für das Gebiet der DDR.
2004	Zwischen der Bundesregierung und den Wirtschaftsverbänden wird im Juni 2004 der „Nationale Pakt für Ausbildung und Fachkräftenachwuchs" (**„Ausbildungspakt"**) geschlossen. Die Wirtschaftsverbände verpflichten sich zur Bereitstellung der erforderlichen Anzahl von Ausbildungsplätzen und die Regierung zu einer Reform des Berufsbildungsgesetzes.
2005	Das **Berufsbildungsgesetz (BBiG)** von 1969 wird reformiert (Berufsbildungsreformgesetz, 1. April 2005). Wesentliche Änderungen sind u. a.: ► Lernortkooperation (§ 2 Abs. 2) ► Teilausbildung im Ausland (§ 2 Abs. 3) ► Möglichkeit der Stufenausbildung (§ 5 Abs. 2 Nr. 1) ► neue Prüfungsformen (§ 5 Abs. 2 Nr. 2) ► Anrechnung beruflicher Vorbildung (§ 7) ► Verbundausbildung (§ 10 Abs. 5) ► vollzeitschulische Ausbildungsgänge (§ 43 Abs. 2) ► Qualitätsverbesserung der beruflichen Bildung (§ 79 Abs. 1, § 83 Abs. 1).
2007	Der „Ausbildungspakt" wird am 1. April 2007 für weitere drei Jahre verlängert.
2010	Am 26. Oktober 2010 wird beschlossen, den **Ausbildungspakt** bis 2014 mit neuen Schwerpunkten fortzusetzen und neue Partner (z. B. die Kultusministerkonferenz, KMK) aufzunehmen.

Abfindung

Eine (meist einmalige) Zahlung des → Ausbildenden (bzw. Arbeitgebers) an den → Auszubildenden (bzw. Arbeitnehmer), um im Zuge der Beendigung eines Ausbildungsverhältnisses (bzw. Arbeitsverhältnisses) weitere Rechtsansprüche endgültig abzugelten. Im Ausbildungsverhältnis ist § 13 Abs. 1 Satz 3 Kündigungsschutzgesetz (KSchG) nicht anwendbar. Eine Abfindung bei Verlust des Ausbildungsplatzes kann nur im Wege eines Vergleichs vereinbart werden, und nicht durch eine gerichtliche Entscheidung.

abH

→ Ausbildungsbegleitende Hilfen

Abmahnung

Rüge eines konkreten Fehlverhaltens des Auszubildenden (Arbeitnehmers) durch den Ausbildenden (Arbeitgeber). Für eine Abmahnung ist keine Form festgelegt; es empfiehlt sich jedoch die Schriftform. Sie sollte zeitnah erfolgen (innerhalb von 14 Tagen).

Sie enthält die Aufforderung, sich zukünftig vertrags- bzw. pflichtgemäß zu verhalten und ist verbunden mit der Androhung arbeitsrechtlicher Konsequenzen (Versetzung, Kündigung), falls sich das Verhalten wiederholen sollte. Sie hat eine Dokumentations-, Hinweis- und Warnfunktion und muss folgende Punkte enthalten:

► eine konkrete und präzise Schilderung des Fehlverhaltens bzw. der Pflichtverletzung
► eine Aufforderung zu einem vertragsgemäßen Verhalten
► die Androhung arbeitsrechtlicher Konsequenzen.

Eine Abmahnung kann nur dann eine → Kündigung nach sich ziehen, wenn das zuvor abgemahnte Verhalten einen vergleichbaren Bereich betrifft. Beispielsweise ist das Zuspätkommen eine andere Pflichtverletzung als die verspätete Abgabe einer Arbeitsunfähigkeitsbescheinigung. Nicht geregelt ist, wie oft zunächst abgemahnt werden muss, bis eine Kündigung ausgesprochen werden kann. Grundsätzlich reicht eine Abmahnung, um zu kündigen. Erhält der Auszubildende eine Abmahnung, die nach seiner Überzeugung ungerechtfertigt ist, kann er eine Gegendarstellung abgeben, die der Ausbildende der Personalakte beizufügen hat. Bei Abmahnungen hat der → Betriebsrat kein Mitbestimmungsrecht.

Im Gegensatz zu einem normalen Arbeitsverhältnis stellt eine (sehr) schlechte Leistungserbringung von Auszubildenden (sowohl im Betrieb als auch in der Berufsschule) keinen Grund für eine Kündigung bzw. Abmahnung dar. Siehe Beispiel im **Anhang**.

Abrechnung

→ Entgeltabrechnung

Abschlussprüfung

Abschlussprüfungen werden in anerkannten → Ausbildungsberufen durchgeführt. Ein → Prüfungsausschuss stellt fest, ob der Prüfling die → berufliche Handlungsfähigkeit erworben hat. Der Prüfungsgegenstand ist in den jeweiligen Ausbildungsordnungen festgelegt. Nach bestandener Abschlussprüfung erhält der Prüfling ein → Prüfungszeugnis. Bei Nichtbestehen kann die Abschlussprüfung zweimal wiederholt werden. In der → Ausbildungsordnung kann vorgesehen werden, dass die Abschlussprüfung in zwei zeitlich auseinander fallenden Teilen („gestreckte Abschlussprüfung") durchgeführt wird. Der erste Teil entspricht etwa der Zwischenprüfung; jedoch mit dem Unterschied, dass dieser Teil in das Gesamtergebnis der Prüfung mit einfließt. Auszubildende sind zur Teilnahme an der Abschlussprüfung vertraglich verpflichtet. Ausbildende müssen → Auszubildende für die Abschlussprüfung freistellen. → Jugendliche haben zudem einen Freistellungsanspruch für den Arbeitstag, der der Prüfung unmittelbar vorausgeht. Die Abschlussprüfung ist für die Auszubildenden gebührenfrei (→ §§ 15, 37 ff. BBiG).

Der Weg zur Abschlussprüfung

Voraussetzungen

Um zur Abschlussprüfung zugelassen zu werden, muss der Auszubildende

- die erforderliche Ausbildungszeit zurückgelegt
- die Zwischenprüfung abgelegt
- seine Ausbildungsnachweise („Berichtsheft") geführt haben.

Anmeldung

- Der Ausbildende meldet den Azubi an. Dies erfolgt durch ein Formblatt, welches zugleich der Zulassungsantrag ist. Die Formblätter stehen i. d. R. auf den Internetseiten der IHKs zum Download bereit.
- Das Formblatt (bzw. der Zulassungsantrag) enthält folgende Daten:
  - Personaldaten des Azubis
  - die besuchte Berufsschule
  - besondere Angaben für Teilnehmende an Wiederholungsprüfungen
  - die im Ausbildungsvertrag geregelte Ausbildungszeit
  - Versicherung über ordnungsgemäße Führung und Kontrolle der Ausbildungsnachweise
  - Unterschrift von Ausbildenden und Azubi.

Einladung

Die Einladung zur Abschlussprüfung (mit Ort, Zeit und zusätzlichen Hinweisen) erhalten die Azubis über ihren Ausbildungsbetrieb und die zuständige Stelle.

Prüfung bestanden?

So viel Prozent der Auszubildenden bestanden die Erstprüfung

Beruf	70%	80%	90%	Wert
Elektroniker/-in für Betriebstechnik				97,8 %
Bankkaufmann/-frau				97,1
Industriekaufmann/-frau				96,8
Industriemechaniker/-in				96,8
Mechatroniker/-in				96,7
Kaufmann/-frau im Groß- und Außenhandel				95,4
Kaufmann/-frau für Bürokommunikation				95,0
Medizinische/-r Fachangestellte/-r				94,9
Metallbauer/-in				94,9
Zahnmedizinische/- Fachangestellte/-r				94,8
Fachinformatiker/-in				94,1
Hotelfachmann/-frau				93,8
Bürokaufmann/-frau				93,1
Kraftfahrzeugmechatroniker/-in				93,1
Kaufmann/-frau im Einzelhandel				92,9
Fachkraft für Lagerlogistik				91,5
Fachverkäufer/-in im Lebensmittelhandwerk				91,4
Verkäufer/-in				87,1
Elektroniker/-in				86,7
Fachlagerist/-in				86,6
Tischler/-in				86,0
Friseur/-in				85,9
Maler/-in und Lackierer/-in				84,1
Anlagenmechaniker/-in*				82,2
Koch/Köchin				80,3

*für Sanitär-, Heizungs- und Klimatechnik
Quelle: BIBB   Stand 2009   © Globus 4580

AdA

Abkürzung für → Ausbildung der Ausbilder, die auf Grundlage der → Ausbilder-Eignungsverordnung (AEVO) erfolgt.

Adoleszenz

(lat. adolescere = heranwachsen) Auf die Pubertät folgende Entwicklungsphase im Leben eines jungen Menschen, in der der körperliche Reifungsprozess beendet wird. Sie umfasst die Spanne ca. vom 17. bis 21. Lebensjahr. In dieser Phase findet eine Stabilisierung der inneren Entwicklung statt: das Selbstkonzept wird herausgebildet, die soziale Identität wird gefunden und gesellschaftliche Orientierung wird gefestigt.

AEVO

→ Ausbilder-Eignungsverordnung

AkA

→ Aufgabenstelle für kaufmännische Abschluss- und Zwischenprüfungen

Ärztliche Untersuchung

Das → Jugendarbeitsschutzgesetz (JArbSchG) regelt in den §§ 32 bis 46 JArbSchG die gesundheitliche Betreuung jugendlicher Arbeitnehmer. Sie dürfen nur beschäftigt werden, wenn sie vor Beginn des Arbeits- bzw. Ausbildungsverhältnisses ärztlich untersucht worden sind (Erstuntersuchung) und dem Arbeitgeber eine Bescheinigung hierüber vorgelegt haben. Weiterhin sind Nachuntersuchungen vorgesehen.

Ein Berufsausbildungsvertrag darf von der IHK in das Verzeichnis der Berufsausbildungsverhältnisse nur eingetragen werden, wenn den Antragsunterlagen eine Kopie der Bescheinigung über die Erstuntersuchung beigefügt ist.

Der → Arbeitgeber hat die Bescheinigungen bis zur Beendigung des Beschäftigungsverhältnisses bzw. bis zur Vollendung des 18. Lebensjahres des → Jugendlichen so aufzubewahren, dass sie Unbefugten nicht zugänglich sind. Auf Verlangen müssen sie der Aufsichtsbehörde sowie der Berufsgenossenschaft vorgelegt werden. Wenn das Beschäftigungsverhältnis endet, muss der Arbeitgeber dem Jugendlichen die Bescheinigungen aushändigen. Die Kosten der Untersuchungen trägt das Land. Der Arbeitgeber hat den Jugendlichen für die Untersuchungen unter Fortzahlung des Entgelts (bzw. der Ausbildungsvergütung) freizustellen. Der Jugendliche hat das Recht, die Untersuchung in die Arbeitszeit zu legen und den Arzt frei zu wählen.

Allgemeines Gleichbehandlungsgesetz (AGG)

Das AGG (umgangssprachlich auch „Antidiskriminierungsgesetz") ist am 14. 8. 2006 in Kraft getreten. Ziel des Gesetzes ist es, „Benachteiligungen aus Gründen der Rasse oder wegen der ethnischen Herkunft, des Geschlechts, der Religion oder Weltanschauung, einer Behinderung, des Alters oder der sexuellen Identität zu verhindern oder zu beseitigen" (§ 1 AGG).

Merkmale:

Bei folgenden Merkmalen liegt eine Benachteiligung bzw. Diskriminierung vor:

Rasse	Hautfarbe, nationaler Ursprung, kulturelle Herkunft
Ethnische Herkunft	Gruppe von Menschen, die der gleichen Kultur angehören, z. B. Sinti und Roma
Geschlecht	Insbesondere die Ungleichheit von Männern und Frauen, aber auch Transsexuelle
Religion oder Weltanschauung	Freiheit des Glaubens im Sinne von Art. 3 GG
Behinderung	Nach dem SGB IX sind Menschen behindert, „wenn ihre körperliche Funktion, geistige Fähigkeit oder seelische Gesundheit mit hoher Wahrscheinlichkeit länger als sechs Monate von dem für das Lebensalter typischen Zustand abweichen und daher ihre Teilhabe am Leben in der Gesellschaft beeinträchtigt ist" (§ 2 Abs. 1 SGB IX)
Alter	Schutz älterer Menschen vor einer Benachteiligung gegenüber Jüngeren und auch umgekehrt
Sexuelle Identität	Sexuelle Ausrichtung eines Menschen (homosexuelle, heterosexuelle, bisexuelle)

ACHTUNG

Bei Merkmalen, die nicht im AGG genannt werden (z. B. soziale Herkunft oder Sprache), liegt keine Diskriminierung vor! Somit kann man auch nicht dagegen vorgehen.

Anwendungsbereiche:

In folgenden Bereichen ist eine Benachteiligung unzulässig (§ 2 AGG):

► Arbeitsleben

► Sozialschutz

► Soziale Vergünstigungen

► Bildung

► Versorgung mit öffentlichen Gütern und Dienstleistungen (einschließlich Wohnraum).

Das AGG schützt vor mittelbaren und unmittelbaren Benachteiligungen (§§ 2, 3 AGG). Betroffene können sich bei zuständigen Stellen beschweren und haben Anspruch auf Schadensersatz. Sie haben ferner die Möglichkeit, sich von Antidiskriminierungsverbänden beraten und vertreten zu lassen. Im Streitfall entscheidet das zuständige Gericht.

Benachteiligungen im arbeitsrechtlichen Bereich:

Generell ist die Benachteiligung verboten (§ 7 AGG). Der § 6 AGG regelt den persönlichen Anwendungsbereich für Arbeitnehmer. Was unter „Benachteiligung" genau zu verstehen ist, wird in § 3 AGG bestimmt. Das Gesetz unterscheidet dabei zwischen:

► **unmittelbarer Benachteiligung:** Eine Person wird schlechter behandelt als eine andere Person in einer vergleichbaren Situation.

► **mittelbarer Benachteiligung:** Scheinbar neutrale Vorschriften, Maßnahmen oder Kriterien werden „vorgeschoben", um Personen oder Personengruppen schlechter zu behandeln.

Beispiel

In einem Betrieb erhalten die Auszubildenden keinen Sonderurlaub für ihren Geburtstag. Der Großteil der Auszubildenden ist weiblich. Es liegt eine mittelbare Benachteiligung vor.

► **Belästigung:** Die Würde der Person wird verletzt und ein „feindliches Umfeld" geschaffen. (Eine einmalige Beleidigung fällt i. d. R nicht unter diesen Tatbestand.)

► **Sexuelle Belästigung:** Belästigungen in sexueller Hinsicht, wie z. B. körperliche Berührungen, sexuelle Anspielungen und Bemerkungen.

Für Stellenanzeigen hat § 2 Abs. 1 Nr. 1 AGG hohe praktische Bedeutung. Gemäß § 11 AGG darf eine Stelle nicht unter Verstoß gegen § 7 Abs. 1 AGG ausgeschrieben werden. Das bedeutet, dass in Stellenanzeigen keine nach § 1 AGG verbotenen Merkmale als Arbeitsplatzanforderungen genannt werden dürfen. Enthält eine Stellenanzeige ein solches Merkmal, liegt die Vermutung nahe, dass eine Benachteiligung i. S. des § 22 AGG vorliegt.

Ausnahmen vom Benachteiligungsverbot:

Ausnahmen vom Benachteiligungsverbot (= zulässige Ungleichbehandlungen) werden durch die §§ 8 bis 10 AGG geregelt. Eine Ungleichbehandlung ist zulässig aufgrund „wesentlicher und entscheidender beruflicher Anforderungen der Religion und Weltanschauung" sowie des Alters.

Pflichten des Arbeitgebers:

Dem Arbeitgeber werden verschiedene Pflichten auferlegt, die dem Schutz vor Benachteiligung dienen. Dies beginnt bereits bei der Stellenausschreibung (§ 11 AGG). Ferner muss er Schulungsmaßnahmen anbieten, die Arbeitnehmer informieren und Maßnahmen bei der Benachteiligung ergreifen (§ 12 AGG). Eine besondere Bedeutung wird der Prävention beigemessen!

Rechte der Beschäftigten:

Die Rechte der Arbeitnehmer bei Benachteiligung werden in den §§ 13 bis 16 AGG geregelt:

► Beschwerderecht (§ 13 AGG): Die Beschäftigten müssen die Möglichkeit haben, sich im Betrieb an eine möglichst „objektive" Stelle wenden zu können. Die Beschwerde muss sachgerecht behandelt und geprüft werden. Das Ergebnis muss den Betroffenen mitgeteilt werden.

► Leistungsverweigerungsrecht (§ 14 AGG): In Fällen von Belästigung und sexueller Belästigung hat der betroffene Arbeitnehmer das Recht, die Tätigkeit ohne Verlust des Entgeltes einzustellen. Voraussetzung ist, dass eine Beschwerde beim Arbeitgeber erfolglos geblieben ist. Auch müssen objektive und nachweisbare Handlungen vorliegen.

► Schadensersatzanspruch (§ 15 AGG): Hat der Arbeitgeber vorsätzlich oder fahrlässig eine Ungleichbehandlung verursacht, kann der Arbeitnehmer für einen entstandenen materiellen Schaden Schadensersatz verlangen. Der Arbeitgeber haftet auch, wenn Erfüllungsgehilfen (Vorgesetzte) die Benachteiligung begehen.

► Entschädigungsanspruch (§ 15 AGG): Der Arbeitnehmer hat Anspruch auf Entschädigung wegen eines immateriellen Schadens. Es handelt sich dabei um eine Art „Schmerzensgeld".

Beispiel

Benachteiligung im Einstellungsverfahren wegen rassistischen Vorurteils. Übrigens auch dann, wenn die Einstellung auch ohne die Benachteiligung nicht erfolgt wäre.

► Maßregelungsverbot (§ 16 AGG): Der Arbeitgeber darf Arbeitnehmer generell nicht benachteiligen, weil sie ihre Rechte geltend gemacht haben. Auch dürfen Arbeitnehmer nicht bevorzugt werden, weil sie Benachteiligung oder Belästigung dulden.

► Klagerecht des Betriebsrates (BR) bzw. der Gewerkschaft (§ 17 AGG): Der BR bzw. die im Betrieb vertretene Gewerkschaft kann bei „groben Verstößen" des Arbeitgebers gegen das AGG beim Arbeitsgericht Klage erheben, mit der eine Handlung, Duldung oder Unterlassung vom Arbeitgeber verlangt werden kann. Ein „grober Verstoß" liegt vor, wenn er „objektiv, erheblich und offensichtlich schwerwiegend" ist.

INFO

Schutz vor Ungleichbehandlung

Vor zweieinhalb Jahren wurde das Allgemeine Gleichbehandlungsgesetz (AGG) eingeführt. Beratungsstellen begrüßen das Gesetz als ein erstes handhabbares Instrument gegen Diskriminierung. Doch viele Betroffene scheuen vor einer Klage zurück

Ömür (Name geändert) wollte sich auf einen Ausbildungsplatz als Kaufmann im Einzelhandel bewerben und hatte die erste Hürde bereits genommen: Nachdem der

17-jährige Deutschtürke einen schriftlichen Test bestanden hatte, teilte man ihm mit, er würde zu einem persönlichen Vorstellungsgespräch geladen.

Kurz darauf erhält er überraschenderweise eine schriftliche Absage. Auf seine telefonische Nachfrage hin werden ihm zunächst keine Gründe genannt. Erst nach mehreren beharrlichen Anrufen fragt man ihn, ob er sich die Begründung nicht selbst vorstellen könnte. Das Einzige, was Ömür dazu einfällt, ist, dass er der einzige Bewerber war, der sichtbar nichtdeutsch aussah. Zu seinem Einwand, man könne Menschen doch nicht nach solch äußeren Kriterien beurteilen, wird ihm am Telefon mitgeteilt: „Doch, das kann man. Wir machen das so." (...)

Quelle: *Wild*, TAZ, 31. 1. 2009, gekürzt

Anrechnung beruflicher Vorbildung

Der Besuch berufsbildender Schulen (z. B. Berufsfachschulen) oder die Ausbildung in sonstigen Einrichtungen (z. B. außerbetriebliche Ausbildungswerkstätten oder Rehabilitationszentren) können auf eine anschließende Berufsausbildung angerechnet werden. Das bedeutet, dass die Vorbildungszeit von der regulären Ausbildungszeit abzuziehen ist. Das → Bundesarbeitsgericht hat entschieden, dass die anzurechnende Zeit für die Berechnung der Ausbildungszeit und hinsichtlich der Vergütung als verbrachte Ausbildungszeit zu werten ist. Beispielsweise wird der (vorherige) erfolgreiche Besuch einer Berufsfachschule als erstes Jahr der Berufsausbildung angerechnet. Der Auszubildende befindet sich also bei Beginn der (betrieblichen) Ausbildung bereits im 2. Ausbildungsjahr und hat auch Anspruch auf die entsprechende → Vergütung.

Die Anrechnung wird durch Rechtsverordnung bestimmt. Seit 1. 8. 2009 muss die Anrechnung von → Ausbildenden und → Auszubildenden gemeinsam beantragt werden. Verweigert der → Ausbildende dies, findet keine Anrechnung statt (§ 7 BBiG).

Arbeit

Arbeit ist jede bewusste Tätigkeit, die auf Entgelterzielung gerichtet ist. Sie lässt sich nach folgenden Merkmalen unterscheiden:

► Kräfte bzw. Fähigkeiten: körperlich und geistig.
► Hierarchie bzw. Verantwortung: leitende und ausführende Tätigkeiten.
► Ausbildung: ungelernte, angelernte, gelernte Arbeitskräfte.
► Einkunftsart: selbständige und nicht selbständige Arbeit.

In der Betriebswirtschaftslehre hat sich die Einteilung von *Gutenberg* durchgesetzt. Er bezeichnet die menschliche Arbeitsleistung als „betrieblichen Elementarfaktor" und differenziert sie in **objektbezogene Arbeit** (= ausführende Arbeit) und **dispositive Arbeit** (= leitende, anordnende Arbeit).

Arbeit nimmt im Leben der Menschen einen hohen Stellenwert ein; sie ist untrennbar mit dem Menschen, mit seiner Persönlichkeit verbunden. Zudem hat sie einen Doppelcharakter: Für die → Arbeitnehmer ist sie Existenzgrundlage, für die → Arbeitgeber ein Kostenfaktor.

Arbeit als Erwerbsquelle und Existenzgrundlage:

Menschen haben Bedürfnisse, die sie durch die Nachfrage von Gütern befriedigen. Um diese Güter erwerben zu können, benötigt man Geld. Die Mehrzahl der Menschen erwirbt Einkommen (Löhne und Gehälter) durch die Bereitstellung ihrer Arbeitskraft. Daher spricht man im Gegensatz zur „selbständigen Arbeit" auch von „abhängiger Beschäftigung". Arbeit dient also den Menschen zur Erhaltung ihrer Existenz: Für die Menschen ist sie die wichtigste Grundlage zur Erzielung von Einkommen. Darüber hinaus bestimmt die Arbeitstätigkeit in hohem Maße die berufliche Rolle des Einzelnen, seine Stellung in der Gesellschaft und sein Selbstwertgefühl.

Arbeit als Produktions- und Kostenfaktor:

Da die Arbeitskraft für Unternehmen ein Kostenfaktor darstellt, muss sie also möglichst effizient eingesetzt werden. Aus betriebswirtschaftlicher Sicht ist Arbeit teilbar und substituierbar (= austauschbar). Dies führt zur Arbeitsteilung, also zur Zerlegung einer Arbeitsleistung in einzelne Teilverrichtungen (z. B. Fließbandfertigung).

Der amerikanische Ingenieur *Taylor* (1856-1915) entwickelte das sog. **Scientific Management** (= wissenschaftliche Betriebsführung; Betriebswissenschaft), das auch als **Taylorismus** bezeichnet wird: Eine Optimierung des industriellen Produktionsprozesses auf der Grundlage wissenschaftlicher Erkenntnisse (z. B. durch Arbeitszeitstudien). Sein Ziel war es, eine Steigerung der Produktivität menschlicher Arbeit zu erreichen, indem Arbeitschritte in kleinste Einheiten zerlegt werden. Heute gehen jedoch die Bestrebungen wieder dahin, die Arbeitsabläufe zu humanisieren und ganzheitliche Tätigkeitsstrukturen (z. B. Teamarbeit) zu schaffen.

Humanität oder Rentabilität?

Zwischen den Interessen der Arbeitnehmer und der Arbeitgeber besteht ein Konflikt:

► Eine radikale Durchsetzung des ökonomischen Prinzips geht zulasten der Arbeitnehmer und führt zu Unzufriedenheit, Krankheit, sozialen Krisen usw.

► Humanisierungsbestrebungen ohne Berücksichtigung wirtschaftlicher Aspekte (Kostenfaktor) gehen zulasten des betrieblichen Erfolgs.

Da die Wirtschaftlichkeit der Leistungserstellung im Vordergrund steht, muss also eine **optimale Gestaltung der menschlichen Arbeitsleistung** erreicht werden. Unternehmen können auf verschiedene Weise gestaltend Einfluss auf den Produktionsfaktor Arbeit nehmen und leistungsfördernde Arbeitsbedingungen (siehe Abbildung) schaffen, z. B. durch Arbeitsbewertung und Entlohnung, Arbeitsplatzgestaltung und Betriebsklima, Motivationsförderung, (betriebliche) Organisation.

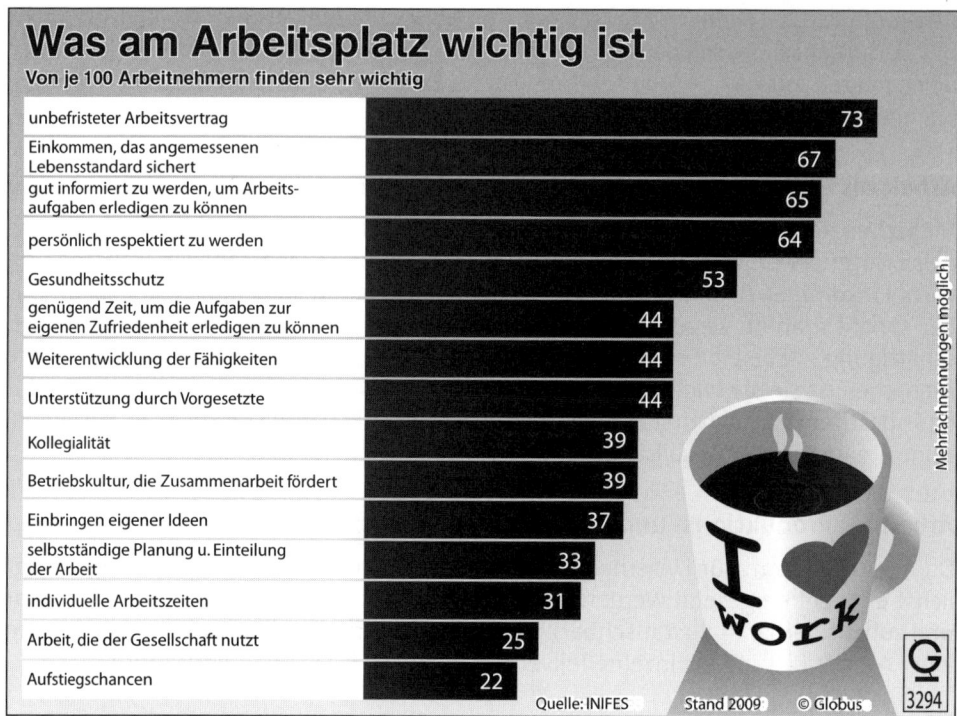

Was am Arbeitsplatz wichtig ist
Von je 100 Arbeitnehmern finden sehr wichtig

unbefristeter Arbeitsvertrag	73
Einkommen, das angemessenen Lebensstandard sichert	67
gut informiert zu werden, um Arbeitsaufgaben erledigen zu können	65
persönlich respektiert zu werden	64
Gesundheitsschutz	53
genügend Zeit, um die Aufgaben zur eigenen Zufriedenheit erledigen zu können	44
Weiterentwicklung der Fähigkeiten	44
Unterstützung durch Vorgesetzte	44
Kollegialität	39
Betriebskultur, die Zusammenarbeit fördert	39
Einbringen eigener Ideen	37
selbstständige Planung u. Einteilung der Arbeit	33
individuelle Arbeitszeiten	31
Arbeit, die der Gesellschaft nutzt	25
Aufstiegschancen	22

Mehrfachnennungen möglich

Quelle: INIFES   Stand 2009   © Globus   3294

Arbeitgeber

→ Natürliche oder → juristische Person, die eine oder mehrere Personen als → Arbeitnehmer beschäftigt. Aufgrund des Beschäftigungsverhältnisses hat der Arbeitgeber gegenüber dem Arbeitnehmer ein → Weisungs- und Direktionsrecht. Zu den Hauptpflichten des Arbeitgebers zählen die Lohnzahlungspflicht und die Fürsorgepflicht. Ferner muss er das Beschäftigungsverhältnis der zuständigen → Krankenkasse melden und ist verpflichtet, den Gesamtsozialversicherungsbeitrag abzuführen.

In einem Berufsausbildungsverhältnis (§ 10 BBiG) wird nicht die Bezeichnung „Arbeitgeber" verwendet, sondern → „Ausbildender".

Arbeitgeberverbände

Freiwillig zusammengeschlossene Unternehmensverbände, welche die sozialpolitischen und arbeitsrechtlichen Interessen der → Arbeitgeber gegenüber dem Staat, der Gesellschaft und den   Gewerkschaften vertreten. Ihnen steht – ebenso wie den Gewerkschaften – das Recht zu, in → Tarifverhandlungen die Lohn-, Gehalts- und Arbeitsbedingungen der → Arbeitnehmer festzulegen.

Die Arbeitgeberverbände sind fachlich nach Branchen (z. B. Metallindustrie) und gleichzeitig auch branchenübergreifend nach Ländern organisiert. Sie entstanden gegen Ende des 19. Jahrhunderts als Gegenpol zu den Gewerkschaften, um deren Forderungen entgegentreten zu können.

Der Spitzenverband der Arbeitgeberverbände in Deutschland ist die Bundesvereinigung der Deutschen Arbeitgeberverbände (BDA), die sich aus mehreren Fachverbänden zusammensetzt und der rund 1 Mio. Betriebe angehören. Zentrale Aufgabe der BDA ist die Wahrnehmung und Vertretung der unternehmerischen Interessen im Bereich der Sozialpolitik.

www.bda-online.de

Arbeitnehmer

Eine → natürliche Person, die sich aufgrund eines Dienstvertrages (§§ 611 ff. BGB) einem Arbeitgeber gegen Entgelt (Lohn oder Gehalt) zu → weisungsgebundener Arbeit verpflichtet hat. Man unterscheidet zwischen Arbeitern und Angestellten. Im weiteren Sinne kommen noch Auszubildende, Volontäre und Praktikanten hinzu.

Es existiert keine einheitliche Definition des Arbeitnehmerbegriffs, da es darauf ankommt, ob dieser im arbeitsrechtlichen, im sozialrechtlichen oder im betriebsverfassungsrechtlichen Sinne verwendet wird. Beispielsweise gilt ein Auszubildender im arbeitsrechtlichen Sinn nicht als Arbeitnehmer, da nicht die Erbringung einer Arbeitsleistung sondern die Lernpflicht im Vordergrund steht. Hingegen zählen im betriebsverfassungsrechtlichen Sinne auch Auszubildende zu den Arbeitnehmern.

Der Arbeitnehmerbegriff lässt sich ferner nach Wirtschaftszweigen bzw. den jeweils geltenden arbeitsrechtlichen Sondervorschriften unterscheiden:
► Gewerbliche Arbeitnehmer (§§ 105-139b Gewerbeordnung [GewO])
► Arbeitnehmer im Handwerk (§§ 21-51 Handwerksverordnung [HandwO])
► Kaufmännische Arbeitnehmer (§§ 53-83 Handelsgesetzbuch [HGB])
► Arbeitnehmer im öffentlichen Dienst.

Folgende Personen zählen nicht zu den Arbeitnehmern:
► Persönlich Selbständige (selbständiger Handwerker, Arzt, Handelsvertreter)
► Beamte
► Zwangsweise Beschäftigte (Strafgefangene)
► Soldaten
► Rentner
► Studenten.

Nach Angaben des Statistischen Bundesamtes wurden in Deutschland im Jahr 2010 rund 36 Mio. Arbeitnehmer beschäftigt.

Arbeitsblatt

Bezeichnung für ein schrifttextliches Lehr- und Lernmedium, das die Unterrichtsarbeit anregen, fördern kontrollieren oder sichern soll. *Meyer* (1987) definiert das Arbeitsblatt als „didaktisch strukturierter, schriftlich, rechnerisch oder bildnerisch zu lösender Arbeitsauftrag". Arbeitsblätter werden von Verlagen angeboten oder vom Lehrer selbst erstellt und stellen eine sinnvolle Ergänzung zu den Schulbüchern dar. Im berufsbildenden Unterricht liegt der Vorteil von Arbeitsblättern in der Aktualität (z. B. aktuelle Daten oder Statistiken) und in der Möglichkeit, den Schwierigkeitsgrad an das Niveau der jeweiligen Lerngruppe anpassen zu können.

Nach *Brettschneider* (2001) lassen sich zwei Typen von Arbeitsblättern unterscheiden:

1. Arbeitsblätter mit Aufgabenstellung

► Informationsblatt: enthält vorwiegend Sachdarstellungen wie z. B. Wirtschaftsnachrichten aus Tageszeitungen, Quellentexte, Statistiken usw.

► Merkblatt: dient meist der Zusammenfassung am Ende einer Unterrichtsstunde oder -einheit und soll für die Schüler eine Lernhilfe bei der Nachbereitung des Unterrichts sein.

► Anschauungs- und Motivationsblatt: z. B. eine Karikatur zur Lohn-Preis-Spirale verknüpft die ökonomische Realität mit einer unterrichtlichen Problemstellung, so dass die Schüler motiviert werden, an der Lösung eines Problems mitzuarbeiten.

2. Arbeitsblätter ohne Aufgabenstellung

► Erarbeitungsblatt: wird entweder von den Schülern selbst - ohne Hilfe des Lehrers - oder gemeinsam im Unterrichtsgespräch erarbeitet. Es legt die Abfolge der Lernschritte fest. Von seinem richtigen Aufbau hängt der Erfolg des Unterrichts ab.

► Übungs- und Anwendungsblatt: ermöglicht das Üben und Anwenden in besonderer Weise, da es einen Methodenwechsel vom Frontalunterricht zu Allein-, Partner- oder Gruppenarbeit ermöglicht und jeder einzelne Schüler selbsttätig üben kann.

► Lernkontrollblatt: dient der Erfolgskontrolle und ermöglicht Schülern und Lehrern eine Überprüfung von Lernfortschritten und -lücken.

Die Gestaltung von Arbeitsblättern

Bei der Gestaltung von Arbeitsblättern sollte die Lehrkraft Folgendes beachten:

► angemessener Umfang an Informationen (So viel, wie nötig und so wenig wie möglich!)

► klare Gliederung

► übersichtliches und ästhetisch ansprechendes Layout

► präzise Formulierung der Arbeitsaufträge mit unmissverständlichen Handlungsanweisungen

► Informationsgehalt und Lernziel der Arbeitsaufträge müssen sich entsprechen

► Quellenangabe (falls nicht selbst entworfen)

Die Abbildung zeigt ein Arbeitsblatt, das dem Einstieg in das Thema „Willenserklärungen" (Vertragsrecht) dient.

Arbeitsblatt (mit Aufgabenstellung) zum Thema Willenserklärung (Vertragsrecht)

Wie kommt ein Vertrag zu Stande?

Sachdarstellung

Bei einer Auktion (Versteigerung) wird der Kaufgegenstand an den Meistbietenden verkauft. Jedes Gebot erlischt durch ein höheres. Ein Gebot wird durch Handzeichen vom Bieter abgegeben. Der Auktionator (Leiter der Versteigerung) erkennt daran, dass derjenige den Kaufgegenstand erwerben möchte und bereit ist, den genannten Preis zu zahlen. Der Auktionator erteilt dann dem Höchstbietenden den Zuschlag.

Fall

In der Kasseler Markthalle findet eine Weinauktion statt. Dort werden besonders gute und teure Weine versteigert. Rudi war noch nie bei einer Auktion. Er beschließt, sich das einmal anzusehen. Zusammen mit seinem Freund Hans-Peter hat er sich in der Markthalle verabredet. Als Rudi in der Markthalle ankommt, hat die Versteigerung schon begonnen.

Der Auktionator bietet gerade einen französischen Wein, Jahrgang 1976, an. Das höchste Gebot liegt bei 50,00 €. Gerade in dem Moment, als der Auktionator fragt, ob jemand bereit sei 60,00 € zu bieten, sieht Rudi, wie sein alter Freund Hans-Peter die Markthalle betritt. Rudi will ihn begrüßen und winkt ihm zu. Der Auktionator sieht das Winken und erteilt Rudi Sorglos den Zuschlag für die Flasche Wein!

Arbeitsaufträge

1. Wie schätzen Sie spontan den Fall ein? Hat Rudi Sorglos nun die Flasche Wein für 60,00 € gekauft oder nicht?

2. Sammeln Sie in Partnerarbeit Argumente, die dafür bzw. dagegen sprechen und treffen Sie eine Entscheidung!

Argumente für den Kauf	Argumente gegen den Kauf

☐ Der Vertrag ist zustande gekommen.

☐ Der Vertrag ist nicht zustande gekommen.

3. Informieren Sie sich mithilfe des Infoblattes ‚Wie kommt ein Vertrag zu Stande?' zum Thema Willenserklärungen. Fassen Sie die wesentlichen Fakten kurz mit eigenen Worten zusammen und überprüfen Sie den Fall erneut!

(Quelle: eigene Darstellung)

www.sowi-online.de/methoden/dokumente/arbeitsblaetter_brettschneider.htm

Arbeitsgerichtsbarkeit

In der Bundesrepublik Deutschland ist die Arbeitsgerichtsbarkeit eine von fünf Gerichtsbarkeiten, die das Grundgesetz in Art. 95 vorsieht:

► Ordentliche Gerichte
► Verwaltungsgerichte
► Finanzgerichte
► Sozialgerichte
► Arbeitsgerichte.

Arbeitsgerichte sind zuständig für Rechtsstreitigkeiten zwischen:

► Arbeitgeber und Arbeitnehmer (die sich aus dem Arbeitsvertrag ergeben)
► Ausbildenden und Auszubildenden (die sich aus dem Ausbildungsvertrag ergeben)
► Arbeitgeber und Betriebsrat (die sich aus der Betriebsvereinbarung ergeben)
► Arbeitgeberverband und Gewerkschaft (die sich aus dem Tarifvertrag ergeben).

Zuständig ist das Arbeitsgericht, in denen der Beklagte seinen Wohn- oder Geschäftssitz hat. Rechtsgrundlage bildet das Arbeitsgerichtsgesetz (ArbGG) in der Fassung vom 2. 7. 1979.

Die Arbeitsgerichtsbarkeit ist dreistufig aufgebaut:

1. In **erster Instanz** sind die **Arbeitsgerichte** zuständig. Die Spruchkörper, die man „Kammern" nennt, sind mit einem Berufsrichter als Vorsitzenden und zwei ehrenamtlichen Richtern (je ein Arbeitgeber- und Arbeitnehmervertreter) besetzt.
2. Übergeordnet sind in **zweiter Instanz** die **Landesarbeitsgerichte**, von denen jedes Bundesland mindestens eines hat. Die Kammern an den Landesarbeitsgerichten sind genauso besetzt wie die Kammern der Arbeitsgerichte.
3. Die **dritte und höchste Instanz** ist das **Bundesarbeitsgericht**, das 1954 in Kassel seine Tätigkeit aufnahm. Im Jahr 1993 wurde beschlossen, es nach Erfurt zu verlegen, wo es 1999 seinen Betrieb aufnahm. Die Spruchkörper des Bundesarbeitsgerichts werden als „Senate" bezeichnet, bei den Arbeitsgerichten und Landesarbeitsgerichten heißen sie „Kammern". Die Senate setzen sich zusammen aus drei Berufsrichtern und zwei Richtern aus dem Kreise der Arbeitnehmer und Arbeitgeber.

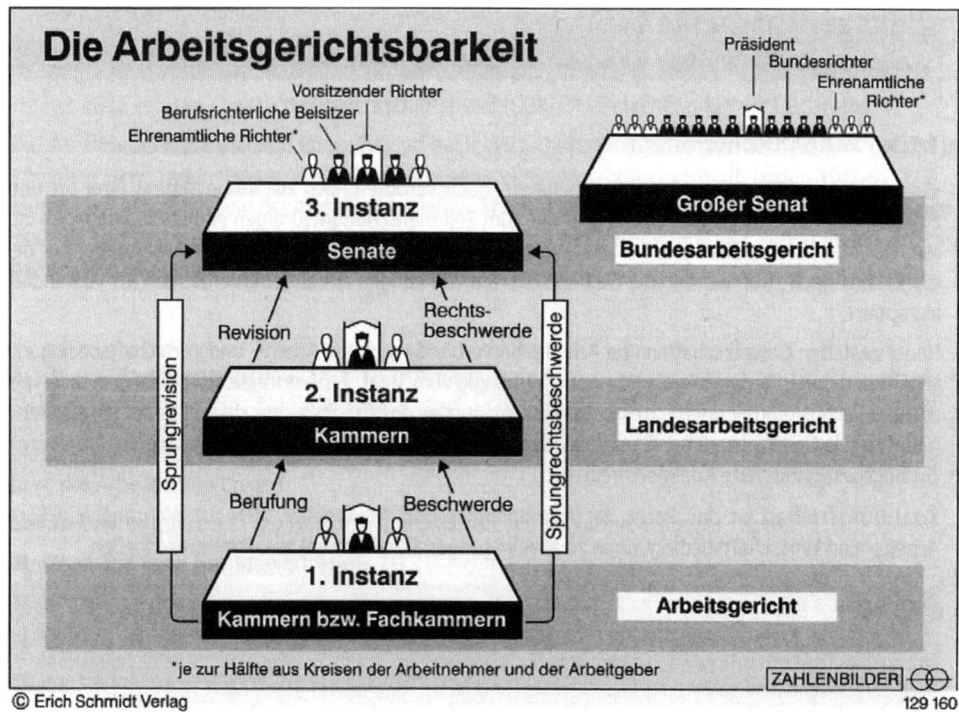

Die Arbeitsgerichtsbarkeit

© Erich Schmidt Verlag — ZAHLENBILDER — 129 160

Die Arbeitsgerichte sind auch zuständig für Streitigkeiten, die sich aus einem Ausbildungsverhältnis ergeben (§ 2 Abs. 1 Nr. 3 und § 5 Abs. 1 Satz 1 ArbGG). Der Rechtsweg zu den Arbeitsgerichten ist also grundsätzlich gegeben. Allerdings muss der Schlichtungsausschuss der zuständigen Stelle (z. B. der IHK) vorgeschaltet sein. Eine Klage vor dem Arbeitsgericht ohne vorheriges Schlichtungsverfahren ist unzulässig. Siehe auch → Schlichtung.

www.bundesarbeitsgericht.de/dasgericht/bag.html

Arbeitskleidung

(auch Berufskleidung) Sie zählt nicht zu den → Ausbildungsmitteln. Wenn im → Tarifoder im → Ausbildungsvertrag nichts anderes vereinbart ist, haben Auszubildende sie selbst zu stellen und auch die Kosten hierfür zu tragen.

Allerdings ist der Ausbildende in bestimmten Fällen verpflichtet, Schutzkleidung zur Verfügung zu stellen. Dabei handelt es sich um Kleidung, die aus arbeitsschutz- oder hygienerechtlichen Gründen zwingend vorgeschrieben ist (z. B. Schutzhelm, Sicherheitsschuhe usw.).

Aufgrund gesetzlicher Vorschriften (z. B. Unfallverhütungsvorschriften, JArbSchG, Fürsorgepflicht gem. § 618 BGB) muss der Ausbildende diese Schutzkleidung zur Verfügung stellen bzw. die Kosten tragen.

Arbeitslosenversicherung

Sie ist der jüngste Zweig der Sozialversicherung und wurde 1927 eingeführt. Es handelt sich um eine gesetzliche Pflichtversicherung, die durch Beiträge von den Versicherten und Arbeitgebern finanziert wird. Träger ist die Bundesagentur für Arbeit (BA). Der Beitragssatz beträgt aktuell (2011) 3 % des beitragspflichtigen Bruttoentgelts (§ 341 SGB III). Arbeitgeber und Arbeitnehmer teilen sich die Beiträge je zur Hälfte.

Versicherungspflichtige Personen

Nach § 25 f. SGB III sind u. a. folgende Personen versicherungspflichtig:

- Arbeitnehmer (keine geringfügig Beschäftigten)
- Auszubildende
- jugendliche Behinderte in Einrichtungen für Behinderte
- Wehrpflichtige und Zivildienstleistende.

Die Beitragsbemessungsgrenze beträgt aktuell (2011) in den alten Bundesländern 5.500 € (66.000 € pro Jahr) und in den neuen Bundesländern 4.800 € (57.600 € pro Jahr). Ab dieser Bruttoeinkommenshöhe steigt der abzuführende Betrag nicht mehr.

Die wichtigste Versicherungsleistung ist das Arbeitslosengeld (s. Abb.). Die Voraussetzungen für den Anspruch regeln die §§ 117 ff. SGB III. Weiterhin werden zahlreiche andere Leistungen erbracht (s. Tabelle).

Das Arbeitslosengeld

Angaben für Alleinstehende mit eigenem Haushalt pro Monat

Arbeitslosengeld I

Leistung für Personen, die in den vergangenen 2 Jahren vor der Arbeitslosmeldung und dem Beginn der Arbeitslosigkeit mindestens 12 Monate versicherungspflichtig beschäftigt waren (Regelanwartschaftszeit)*

Dauer des Erhalts
- Für bis 49-Jährige: 6 bis 12 Monate**
- Für ab 50-Jährige: 6 bis 48 Monate**

Höhe des Arbeitslosengeldes
- In der Regel 60 % des ermittelten Nettogehalts

- Eigenes Nebeneinkommen wird bei der Ermittlung mit berücksichtigt, eigenes Vermögen nicht

Zusätzliche Leistungen
- Keine; bei Bedarf kann zusätzlich ein Antrag auf Arbeitslosengeld II gestellt werden

*bis zum 1.8.2012 werden unter bestimmten Voraussetzungen auch kürzere Anwartschaftszeiten anerkannt (Bezugsdauer dann 3 bis 5 Monate)

**je nach Dauer der Einzahlung in die Arbeitslosenversicherung in den vergangenen 5 bzw. – bei kurzer Anwartschaft – in den vergangenen 2 Jahren

Arbeitslosengeld II („Hartz IV")

Grundsicherung für erwerbsfähige Personen im Alter von mindestens 15 Jahren, die ihren Lebensunterhalt nicht aus eigener Kraft und eigenen Mitteln decken können

Höhe des Regelsatzes
- 364 Euro; ab 2012 (geplant): 367 Euro + jährliche Anpassung an Preis- und Lohnentwicklung

- Eigenes Einkommen und Vermögen werden bei der Ermittlung der Höhe der Leistung mit berücksichtigt

Zusätzliche Leistungen
- Angemessene Kosten für Unterkunft und Heizung

- Eventuell Einmalleistungen als Darlehen oder Geld-/Sachleistung für Wohnungs-, Bekleidungserstausstattung und/oder Kosten für medizinische/therapeutische Geräte

Quelle: BA © **Globus** |4555|

Unter bestimmten Voraussetzungen kann der Leistungsbezug auch eingeschränkt oder eine Sperrzeit verhängt werden. Beispielsweise tritt eine Sperrzeit von 12 Wochen in Kraft, wenn der Arbeitnehmer (Auszubildende) das Arbeitsverhältnis (Berufsausbildungsverhältnis) selbst gelöst hat. Auszubildende sollten daher niemals voreilig einen Aufhebungsvertrag (→ Auflösungsvertrag) unterzeichnen.

Was leistet die Arbeitslosenversicherung?		
Leistungen an Arbeitneh-merinnen und Arbeitnehmer	Leistungen an Arbeitgebe-rinnen und Arbeitgeber	Leistungen an Träger
▶ Unterstützung der Beratung und Vermittlung (Bewer-bungskosten, Reisekosten, Vermittlungsgutscheine).	▶ Einstellung von Arbeit-nehmerinnen und Ar-beitnehmern (Einglie-derungszuschüsse, Einstellungszuschuss bei Neugründungen, Einstel-lungszuschuss bei Vertre-tung).	▶ Förderung der Berufsaus-bildung, (Ausbildungs-begleitende Hilfen, Be-rufsausbildung in einer außerbetrieblichen Einrich-tung; Übergangshilfen).
▶ Maßnahmen zur Verbesse-rung der Eingliederungsaus-sichten.		▶ Förderung von Einrichtun-gen zur beruflichen Aus- oder Weiterbildung oder zur beruflichen Rehabili-tation.
▶ Förderung der Aufnahme einer Beschäftigung, Mo-bilitätshilfen (z. B. Über-gangsbeihilfe, Reisekosten-beihilfe; Fahrkostenbeihilfe, Umzugskostenbeihilfe).	▶ Förderung der beruflichen Weiterbildung (Zuschuss zum Arbeitsentgelt für Un-gelernte).	▶ Förderung von Jugend-wohnheimen.
▶ Förderung der Aufnahme ei-ner selbständigen Tätigkeit.	▶ Förderung der Teilhabe be-hinderter Menschen am Ar-beitsleben (Berufliche Re-habilitation), (Zuschüsse zur Ausbildungsvergütung, Arbeitshilfen, Probebe-schäftigung).	▶ Zuschüsse zu Sozialplan-maßnahmen.
▶ Förderung der Berufsausbil-dung.		▶ Förderung von Arbeitsbe-schaffungsmaßnahmen.
▶ Förderung der beruflichen Weiterbildung.		▶ Förderung von Beschäfti-gung schaffenden Infra-strukturmaßnahmen.
▶ Förderung der Teilhabe be-hinderter Menschen am Arbeitsleben (berufliche Rehabilitation, z. B. Über-gangsgeld, Ausbildungs-geld).	▶ Leistungen zur berufli-chen Eingliederung schwer-behinderter und ihnen gleichgestellter Men-schen (Zuschüsse zur Aus-bildungsvergütung, Ein-gliederungszuschüsse für besonders betroffene schwerbehinderte Men-schen, Probebeschäfti-gung).	▶ Beauftragung von Trägern mit Eingliederungsmaß-nahmen.
▶ Entgeltersatzleistungen (z. B. Arbeitslosengeld, Über-gangsgeld, Insolvenzgeld).		
▶ Förderung der ganzjährigen Beschäftigung (Saison-Kurz-arbeitergeld, Zuschuss-Win-tergeld und Mehraufwands-Wintergeld).	▶ Leistungen nach dem Al-tersteilzeitgesetz.	
▶ Entgeltsicherung für ältere Arbeitnehmer.		
▶ Kurzarbeitergeld.		
▶ Transferleistungen.		

**www.deutsche-sozialversicherung.de/de/arbeitslosenversicherung/
leistungen.html**

www.deutsche-sozialversicherung.de/index.html

Arbeitslosigkeit

Als arbeitslos werden Personen bezeichnet, die arbeitsfähig und arbeitswillig sind, jedoch keine lohnabhängige Beschäftigung finden. Sind diese Personen bei der Arbeitsagentur als arbeitslos gemeldet, werden sie in der Arbeitslosenstatistik erfasst. Arbeitslose haben Anspruch auf Arbeitslosengeld. Siehe auch → Jugendarbeitslosigkeit.

Arbeitsrecht (in der Berufsausbildung)

Die Berufsausbildung ist in rechtskundlicher Hinsicht Bestandteil des Arbeitsrechts. Und dies macht die Sache etwas kompliziert. Denn in Deutschland existiert keine einheitliche Ordnung des Arbeitsrechts, d. h. es gibt kein einheitliches Gesetzbuch der Arbeit. Das Arbeitsrecht besteht vielmehr aus einer Vielzahl von Einzelgesetzen und anderen Rechtsquellen (z. B. Arbeitszeitgesetz, Betriebsverfassungsgesetz, Tarifvertrag). Es wird verstanden als „das Recht der abhängigen Arbeit oder das Sonderrecht der abhängigen (unselbständigen) Arbeitnehmer" (Linnenkohl 1999). Als eigenständiges Rechtsgebiet regelt es also die Rechtsbeziehungen zwischen → Arbeitgeber und → Arbeitnehmer. Es stellt sich die Frage: Sind Auszubildende – rechtlich gesehen – Arbeitnehmer? Die Antwort lautet: Es kommt darauf an. Prinzipiell und i. S. des → Berufsbildungsgesetzes (BBiG) sind → Auszubildende keine Arbeitnehmer. Denn während der „normale" Arbeitnehmer die Erbringung einer bestimmten Arbeitsleistung schuldet, steht bei Auszubildenden die → Lernpflicht, also die Aneignung der → beruflichen Handlungskompetenz, im Vordergrund. Als „Berufseinsteiger" sollen sie ja erst einen Beruf erlernen. Kurioserweise können Auszubildende im Sinne anderer Arbeitsgesetze jedoch plötzlich Arbeitnehmer sein. So findet man in § 5 des Betriebsverfassungsgesetzes (BetrVG) folgende Definition: „Arbeitnehmer i. S. dieses Gesetzes sind Arbeiter und Angestellte einschließlich der zu ihrer Berufsausbildung Beschäftigten (...)."

Mit dem BBiG vom 14. 8. 1969 wurde erstmals eine einheitliche rechtliche Systematisierung der Berufsausbildung erreicht. Dies darf jedoch nicht so verstanden werden, dass sämtliche Rechtsbeziehungen der an der Berufsausbildung beteiligten Menschen und Institutionen ausschließlich in diesem einen Gesetz geregelt werden. In der Berufsausbildung kommen verschiedene Rechtsquellen zum Tragen:

► **Gesetze:** z. B. → BBiG, → JArbSchG, → ArbZG
► **Verordnungen:** z. B. → Ausbildungsordnung, → Lehrpläne, → Prüfungsordnungen
► **Verträge:** z. B. → Ausbildungsvertrag, → Tarifvertrag

Siehe hierzu ausführlich → Rechtsquellen in der Berufsausbildung.

Arbeitsschutz

Der Arbeitsschutz ist der Teil des Arbeitsrechts, zu dem sämtliche Maßnahmen zählen, die dem Schutz der abhängig Beschäftigten vor Schäden und Gefahren dienen, die ihnen aus dem Arbeitsverhältnis entstehen können. Die Pflichten des Arbeitgebers sowie die Rechte und Pflichten der Arbeitnehmer werden im Arbeitsschutzgesetz (ArbSchG) vom 7. 8. 1996 geregelt.

So hat der Arbeitgeber die Gefahren durch eine Risikoanalyse zu ermitteln und zu dokumentieren sowie die Beschäftigten über Sicherheit und Gesundheitsschutz zu informieren und zu unterweisen. Das ArbSchG wird durch eine Vielzahl von Verordnungen konkretisiert (z. B. durch die „Verordnung über Sicherheit und Gesundheitsschutz bei der Arbeit an Bildschirmgeräten" vom 4. 12. 1996, siehe → Bildschirmarbeitsplatz). Ferner zählen auch die Träger der gesetzlichen Unfallversicherung (→ Berufsgenossenschaften) zum Bereich des Arbeitsschutzes. Sie haben das Recht, Vorschriften zum Arbeitsschutz zu erlassen. An diese Unfallverhütungsvorschriften sind Arbeitgeber und Arbeitnehmer gebunden. Der Arbeitsschutz wird überwacht von den Gewerbeaufsichtsämtern und einem sog. technischem Aufsichtsdienst.

Arbeitsschutzgesetz (ArbSchG)

→ Arbeitsschutz

Arbeitstage

Als Arbeitstage gelten i. d. R. die Wochentage von Montag bis Freitag (5-Tage-Woche) außer Feiertage, die auf einen dieser Wochentage fallen. Die Urlaubswoche wird mit fünf Tagen angerechnet. Werden im Ausbildungsvertrag (Arbeitsvertrag) 30 Arbeitstage → Urlaub vereinbart, erhält der Auszubildende (Arbeitnehmer) also sechs Wochen Urlaub.

Die Verwendung der Begriffe Arbeitstage und → Werktage kann verwirrend sein und führt nicht nur bei Auszubildenden häufig zu Ratlosigkeit.

MERKE

Als Faustregel bei einer „5-Tage-Woche" kann man sich merken:
► Urlaubsanspruch in Arbeitstagen: 1 Woche Urlaub = 5 Arbeitstage
► Urlaubsanspruch in Werktagen: 1 Woche Urlaub = 6 Werktage

Aufgrund der verschiedenen Feiertagsregelungen in den einzelnen Bundesländern ergibt sich eine unterschiedliche Anzahl an Arbeitstagen: Im Jahr 2011 liegt sie zwischen 249 und 254, im Jahr 2012 zwischen 248 und 253.

MERKE

2010 gab es nur 1,3 Arbeitstage mehr
Obwohl viele Feiertage in diesem Jahr auf ein Wochenende fielen, mussten die Arbeitnehmer nach Berechnungen des DIHK nur 1,3 mehr Tage arbeiten.
2010 war nicht das Jahr der Arbeitnehmer, möchten viele Berufstätige meinen: Der erste und zweite Weihnachtsfeiertag fallen auf ein Wochenende. Und schon

der 1. Mai, der Tag der Arbeit, war an einem Samstag. Doch das Gefühl, dass die Feiertage 2010 besonders günstig für die Unternehmen fallen, trügt. (...) „Wir hatten schon Jahre, die günstiger für die Unternehmen ausfielen als 2010", sagt DIHK-Chefvolkswirt Volker Treier. Die 1,3 Arbeitstage mehr als im Jahr 2009 kommen dadurch zustande, dass der 1. Mai von einem Freitag durch die üblichen Kalenderverschiebungen auf einen Samstag rutschte. Gleiches gilt für den ersten Weihnachtsfeiertag. (...)

„In den vergangenen Jahren gab es schon extremere Kalendereffekte", sagt Treier. 2004 bspw. habe es 4,7 Arbeitstage mehr gegeben als 2003. Das sei der stärkste Kalendereffekt seit der Wiedervereinigung gewesen. Die Verschiebung habe mit 0,5 Prozentpunkten zum Wirtschaftswachstum beigetragen, das damals 1,2 Prozent im Vergleich zum Vorjahr betrug. 2008 habe es 3,7 Arbeitstage mehr gegeben als 2007. Die Wirtschaft wuchs damals um ein Prozent, der Kalender-Effekt machte 0,35 Prozentpunkte aus. In diesem Jahr sind es 0,15 Prozentpunkte von den vom DIHK erwarteten 3,4 Prozent Wachstum.

Quelle: AFP, Die Zeit, 10. 12. 2010, gekürzt.

www.schnelle-online.info/Arbeitstage-pro-Jahr.html

Arbeitsunfähigkeit

Wird ein Auszubildender durch eine Erkrankung arbeitunfähig, so muss die Arbeitsunfähigkeit sowie die voraussichtliche Dauer dem Ausbildenden unverzüglich (d. h. am ersten Tag der Erkrankung) mitgeteilt werden (= Anzeigepflicht). Spätestens nach drei Kalendertagen muss der Auszubildende (bzw. Arbeitnehmer) seiner Nachweispflicht nachkommen und dem Ausbildenden (bzw. Arbeitgeber) eine Arbeitsunfähigkeitsbescheinigung vorlegen (→ Entgeltfortzahlungsgesetz). Jedoch ist der Ausbildende (bzw. Arbeitgeber) berechtigt, ein ärztliches Attest schon ab dem ersten Krankheitstag zu verlangen (Landesarbeitsgericht Köln AZ: 3 Sa 597/11). Nach Auffassung des LAG ist eine entsprechende Anweisung des Arbeitgebers aus rechtlichen Gründen nicht zu beanstanden, da sie nicht willkürlich oder diskriminierend sei. Entsprechendes gilt auch für Folgeerkrankungen. Die Verletzung der Anzeige- und Nachweispflicht kann (nach erfolgter Abmahnung) eine → Kündigung rechtfertigen. Während der Erkrankung hat sich der Auszubildende so zu verhalten, dass er möglichst bald wieder gesund und der Heilungsprozess nicht verzögert wird. → Krankheit

 INFO

Krank im Büro schadet Firma

Wer sich trotz Krankheit zur Arbeit schleppt, schadet seiner Firma mehr als mit einem gelben Schein. Die Mitarbeiter sind dann oft nur eingeschränkt einsatzfähig, machen häufiger Fehler und sind anfälliger für Unfälle. Wahrscheinlich dauert dann auch die Genesung länger. Kuriert sich der Arbeitnehmer nicht aus, kann die Krankheit sogar chronisch werden. Das ergab eine (...) Studie der Strategieberatung Booz & Company, bei der Zahlen zu Fehlzeiten und Arbeitnehmergehältern aus dem Jahr 2009 analysiert wurden.

Laut Studie entstehen den Firmen pro Jahr für jeden Mitarbeiter, der krank ins Büro kommt, Kosten von durchschnittlich 2.398 €. Diese sind deutlich höher als die Kosten für die tatsächlichen krankheitsbedingten Fehlzeiten von im Schnitt 1.199 € jährlich pro Arbeitnehmer. Hochgerechnet auf alle deutschen Unternehmen fielen so 2009 Kosten i. H. von etwa 129 Mia. € an.

Für die deutsche Volkswirtschaft bedeutet das laut der aktuellen Untersuchung, dass ihr jährlich bis zu 225 Mia. € und damit 9 % des gesamten Bruttoinlandsprodukts durch kranke Arbeitnehmer entgehen.

Quelle: *dapd, Frankfurter Rundschau*, 8. 6. 2011.

Arbeitszeit

Die Zeit, die der → Auszubildende dem → Ausbildenden zur Verfügung stellen muss.

Das Arbeitszeitgesetz (ArbZG) definiert die Arbeitszeit als „die Zeit vom Beginn bis zum Ende der Arbeit ohne die Ruhepausen" (§ 2 ArbZG). Das Gesetz sieht vor, dass die werktägliche Arbeitszeit der Arbeitnehmer acht Stunden nicht überschreiten darf. Allerdings kann sie auf bis zu zehn Stunden verlängert werden, wenn innerhalb von sechs Monaten oder 24 Wochen ein Ausgleich erfolgt und somit im Durchschnitt acht Stunden nicht überschritten werden.

Für → Jugendliche gelten die Bestimmungen des → Jugendarbeitschutzgesetzes (JArbSchG). Die Arbeitszeit kann auch in → Tarifverträgen geregelt sein. Der → Betriebsrat hat in Fragen, die die Arbeitszeit betreffen, ein Mitbestimmungsrecht (§ 87 BetrVG).

Arbeitszeit und Anrechnung der Berufsschulzeit

Grundsätzlich können volljährige → Auszubildende nach jedem Berufsschultag weiter im → Betrieb ausgebildet werden. Allerdings dürfen sie nicht länger als die betriebsüblichen täglichen Arbeitszeiten beschäftigt werden. Ein „Nachholen" der „ausgefallenen" Arbeitszeit nicht zulässig.

Das → Bundesarbeitsgericht (BAG) hat im Jahr 2001 entschieden, dass die Freistellungspflicht für die → Berufsschule auch die Pausen und die Wegezeiten zwischen Betrieb und Berufsschule mit einschließt (BAG, AZR 413/ 99).

Bei der Berechnung der Arbeitszeit kann der Fall eintreten, dass die anzurechnenden Berufsschulzeiten, Wegezeiten und betrieblichen Ausbildungszeiten in der Summe größer sind als die rein betriebliche Arbeitszeit. Wichtig: Diese Zeiten gelten nicht als Mehrarbeit!

Die folgenden Beispiele sollen die Berechnung verdeutlichen.

Beispiel

Der Auszubildende Johannes, 19 Jahre alt, beginnt am 1. 8. 2011 seine Ausbildung. Am ersten Tag erhält er von seinem Ausbilder, Herrn Müller, eine Einführung. Dieser teilt ihm auch mit, dass die betriebsübliche Arbeitszeit 37,5 Stunden die Woche beträgt und gibt Johannes die folgende Tabelle:

Die wöchentliche Arbeitszeit im Betrieb beträgt 37,5 Stunden und verteilt sich wie folgt:

Tag	Arbeitszeit (Uhrzeit)	Schichtzeit	Pause	Arbeitszeit
Mo	8:00 – 16:30	8,5 Std.	0,5 Std.	8,0 Std.
Di	8:00 – 16:30	8,5 Std.	0,5 Std.	8,0 Std.
Mi	8:00 – 16:30	8,5 Std.	0,5 Std.	8,0 Std.
Do	8:00 – 16:30	8,5 Std.	0,5 Std.	8,0 Std.
Fr	8:00 – 14:00	6,0 Std.	0,5 Std.	5,5 Std.
∑		40 Std.	2,5 Std.	37,5 Std.

Johannes ist etwas enttäuscht, dass er am Tag nur 30 Minuten Pause hat. Herr Müller klärt ihn darüber auf, dass dies nach dem Arbeitszeitgesetz seine Richtigkeit habe. Auch die Begriffe „Schichtzeit" und „Arbeitszeit" sind für Johannes neu. Daher erklärt Hr. Müller ihm auch, dass die Arbeitszeit die Zeit von Schichtbeginn bis Schichtende abzüglich der Pausen ist.

Fall 1:
Johannes besucht die für ihn zuständige Berufsschule, die sich in der vom Betrieb 10 Kilometer entfernten Stadt befindet. Er hat eine Wegezeit von 30 Minuten. Die Berufsschule findet als Teilzeitunterricht am Montag und Donnerstag statt. Der Montag ist ein „kurzer" Berufsschultag (bis 13 Uhr). Der Donnerstag ist ein „langer" Berufsschultag (bis 15 Uhr).

Tag	Arbeitszeit/ Berufsschulzeit (Uhrzeit)	Schichtzeit	Pause	Arbeitszeit/ Berufsschulzeit	Wegezeit	insgesamt anzurechnende Zeit	noch mögliche Arbeitszeit
Mo	8:00 – 13:00	5,0 Std.	-	5,0 Std.	0,5 Std.	5,5 Std.	2,5 Std.
Di	8:00 – 16:30	8,5 Std.	0,5 Std.	8,0 Std.	-	8,0 Std.	-
Mi	8:00 – 16:30	8,5 Std.	0,5 Std.	8,0 Std.	-	8,0 Std.	-
Do	8:00 – 15:00	7,0 Std.	-	7,0 Std.	0,5 Std.	7,5 Std.	(0,5 Std.)*
Fr	8:00 – 14:00	6,0 Std.	0,5 Std.	5,5 Std.	-	5,5 Std.	-
∑		35 Std.	1,5 Std.	33,5	1,0 Std.	34,5 Std.	3,0 Std.

37,5 Std.

* Rechnerisch ergibt sich zwar noch eine mögliche Restarbeitszeit von 0,5 Stunden, praktisch ist deren Verrichtung jedoch als unverhältnismäßig anzusehen.

Fall 2:
Die Berufsschule findet als Teilzeitunterricht am Montag und Freitag statt. Der Montag ist ein „kurzer" Berufsschultag (bis 13 Uhr). Der Freitag ein langer Berufsschultag (bis 15 Uhr).

Tag	Arbeitszeit/ Berufsschulzeit (Uhrzeit)	Schicht- zeit	Pause	Arbeitszeit/ Berufsschul- zeit	Wege- zeit	insgesamt anzurech- nende Zeit	noch mögliche Arbeitszeit
Mo	8:00 – 13:00	5,0 Std.	-	5,0 Std.	0,5 Std.	5,5 Std.	2,5 Std.
Di	8:00 – 16:30	8,5 Std.	0,5 Std.	8,0 Std.	-	8,0 Std.	-
Mi	8:00 – 16:30	8,5 Std.	0,5 Std.	8,0 Std.	-	8,0 Std.	-
Do	8:00 – 16:30	8,5 Std.	0,5 Std.	8,0 Std.	-	8,0 Std.	-
Fr	8:00 – 15:00	7,0 Std.	-	7,0 Std.		7,0 Std.	-
∑		37,5 Std.	1,5 Std.	36,0 Std.	0,5 Std.	36,5 Std.	2,5 Std.

39,0 Std.

Die beiden Beispiele zeigen, dass im Fall 1 die anzurechnenden Berufsschulzeiten, Wegezeiten und betrieblichen Ausbildungszeiten in der Summe der betrieblichen Arbeitszeit entsprechen – nämlich 37,5 Stunden in der Woche. Praktisch sind es jedoch sogar nur 37 Stunden, da es sich am Donnerstag nicht lohnt, für 30 Minuten in den Betrieb zurückzukehren; dies wäre unverhältnismäßig. Im Fall 2 hingegen wird Johannes insgesamt 39 Stunden in der Woche ausgebildet.

Arbeitszeitgesetz (ArbZG)

Das ArbZG ist ein Arbeitsschutzgesetz, das u. a. die Höchstdauer der werktäglichen Arbeitszeit und die Dauer der Ruhepausen festlegt. Es gilt grundsätzlich für alle Arbeitnehmer und für volljährige Auszubildende. Besondere Bedeutung kommt dem Gesetz in jenen Bereichen zu, in denen keine Tarifvereinbarungen existieren. Für → Jugendliche gelten die Regelungen des → Jugendarbeitsschutzgesetzes.

Die wichtigsten „Mindeststandards" des ArbZG

▶ Die werktägliche Höchstarbeitszeit beträgt 8 Stunden (ohne Pausen).

▶ Die werktägliche Höchstarbeitszeit darf auf bis zu 10 Stunden erhöht werden, wenn ein Ausgleich innerhalb von 6 Monaten erfolgt („statistischer" 8-Stunden-Tag).

▶ Samstage gelten als Werktage (48 Stunden-Woche).

▶ Die Mindestdauer der Ruhepausen beträgt bei einer Arbeitszeit von:

- 6-9 Stunden: 30 Minuten.

- über 9 Stunden: 45 Minuten.

▶ Zwischen Schichtende und Schichtbeginn müssen mindestens 11 Stunden Ruhezeit liegen.

▶ Niemand darf 6 Stunden ohne Pause beschäftigt werden.

Viele der Regelungen werden durch Ausnahmebestimmungen durchbrochen!

Arbeitszeugnis

Bescheinigung des → Arbeitgebers über die Tätigkeiten eines → Arbeitnehmers. Gemäß § 109 → Gewerbeordnung (GeWo) hat jeder Arbeitnehmer einen Rechtsanspruch auf ein schriftliches → Zeugnis.

Es werden zwei Arten unterschieden: das **einfache Arbeitszeugnis** enthält Angaben zu Art und Dauer der Beschäftigung. Das **qualifizierte Arbeitszeugnis** enthält darüber hinaus Angaben über die Leistung und das Verhalten des Arbeitnehmers.

Bei Beendigung des Berufsausbildungsverhältnisses hat der → Ausbildende dem → Auszubildenden gem. § 16 BBiG ein Zeugnis auszustellen. Ausführliche Erklärungen zum Ausbildungszeugnis unter dem Stichwort → Zeugnis.

Aufgabenstelle für kaufmännische Abschluss- und Zwischenprüfungen (AkA)

Die AkA ist eine Gemeinschaftseinrichtung der IHK, die im Jahre 1974 gegründet wurde. Sie entwickelt im Auftrag des Deutschen Industrie- und Handelskammertages (DIHK) Prüfungsaufgaben für kaufmännische und kaufmännisch-verwandte Ausbildungsberufe zur gemeinsamen Verwendung durch die angeschlossenen IHKs.

www.ihk-aka.de

Aufgabentypen

In den → Zwischen- und → Abschlussprüfungen gibt es unterschiedliche Aufgabentypen. Nach der Art der Antwort unterscheidet man zwischen:

▶ **gebundenen (programmierten) Aufgaben:** Die Antworten sind bereits vorgegeben bzw. formuliert und müssen vom Prüfling

- identifiziert (siehe Bsp. 1),
- zugeordnet (siehe Bsp. 2) oder in eine
- (sachlogische) Reihenfolge gebracht werden (siehe Bsp. 3).

Die Lösungen werden dann auf einen Lösungsbogen übertragen. Die Bsp. 1 bis 3 sind typische gebundene Aufgaben, wie sie in Zwischen- bzw. Abschlussprüfungen der IHK vorkommen.

▶ **ungebundenen Aufgaben:** Die Antwort ist nicht vorgegeben und muss vom Prüfling individuell formuliert werden. Insofern kann bei diesem Aufgabentyp auch die Ausdrucksfähigkeit von Bedeutung sein (z. B. Fachfragen, Aufsatz, Buchungsaufgaben, Fallbearbeitung, Fachbericht und Rechenaufgaben).

Beispiel

Bsp. 1: Multiple-Choice-Aufgabe

> Welche Informationen müssen Sie auf Grund der Liegerung an den Wareneinkauf übermitteln?
>
> 1. Den Packzettel   4. Die Versandanzeige
> 2. Den Bedarfsmeldeschein   5. Die Auftragsbestätigung
> 3. Die Wareneingangsmeldung

Bsp. 2: Zuordnungsaufgabe

> Sie werden damit beauftragt, in Absprache mit dem EDV-Leiter, neue Standard- und unternehmensspezifische Software für die Scholz & Co. KG zu beschaffen. Ordnen Sie zu, indem Sie die Kennziffern der 5 Softwareprodukte in die Kästchen neben den 5 Einsatzbereichen der Software eintragen! Übertragen Sie anschließend Ihre senkrecht angeordneten Lösungszifern in dieser Reihenfolge von links nach rechts in den Lösungsbogen!

Softwareprodukte	**Einsatzbereiche der Software**	
1. MS-Word, WordPerfect	Textverarbeitungsprogramm	■
2. MS-Access, dBase	Tabellenkalkulationsprogramm	■
3. Corel Draw, MS-Publisher, Adobe Photoshop	Grafikprogramme	■
4. MS-Excel, Calc	Kaufmännische Programme	■
5. PC-Kaufmann, Lexware, KHK classic Line, SAP	Datenbankprogramme	■

Bsp. 3: Reihenfolgen-Aufgaben

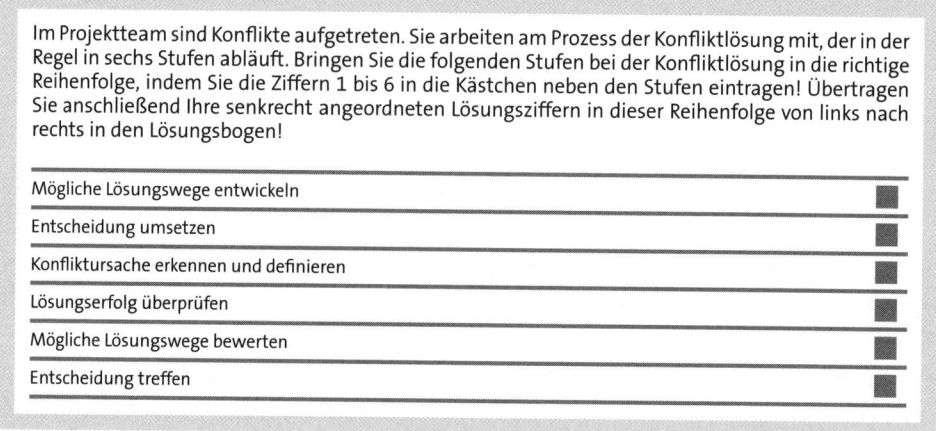

Im Projektteam sind Konflikte aufgetreten. Sie arbeiten am Prozess der Konfliktlösung mit, der in der Regel in sechs Stufen abläuft. Bringen Sie die folgenden Stufen bei der Konfliktlösung in die richtige Reihenfolge, indem Sie die Ziffern 1 bis 6 in die Kästchen neben den Stufen eintragen! Übertragen Sie anschließend Ihre senkrecht angeordneten Lösungsziffern in dieser Reihenfolge von links nach rechts in den Lösungsbogen!

Mögliche Lösungswege entwickeln	■
Entscheidung umsetzen	■
Konfliktursache erkennen und definieren	■
Lösungserfolg überprüfen	■
Mögliche Lösungswege bewerten	■
Entscheidung treffen	■

Quelle: Abschlussprüfung Winter 2010/2011, Kaufmann/Kauffrau im Groß- und Außenhandel.

Aufhebungsvertrag

→ Auflösungsvertrag

Auflösungsvertrag

Ein Auflösungsvertrag (auch: Aufhebungsvertrag) ist eine beiderseitige Vereinbarung, die das Ausbildungsverhältnis auflöst. Gemäß § 623 BGB bedarf diese Vereinbarung der Schriftform. Bei → Jugendlichen muss gem. § 108 BGB der gesetzliche Vertreter zustimmen. Der → Betriebsrat ist nicht zu beteiligen.

Wird die Auflösung von bestimmten Bedingungen abhängig gemacht, so darf durch diese auslösenden Bedingungen das Kündigungsschutzrecht nicht umgangen werden.

Beispiel

Im Ausbildungsvertrag wird vereinbart, dass das Ausbildungsverhältnis endet, wenn der Auszubildende im Berufsschulzeugnis des ersten Ausbildungsjahres in einem Lernfeld die Note 5 („mangelhaft") erbringt. Diese Vereinbarung ist unwirksam, weil ein solcher Sachverhalt keine Kündigung des Auszubildenden rechtfertigen würde.

Wird ein Auflösungsvertrag geschlossen und liegt kein → wichtiger Grund (z. B. gesundheitliche Gründe) vor, fällt ein eventueller Anspruch des Auszubildenden auf Arbeitslosengeld unter eine Sperrzeit von 12 Wochen (→ § 144 SBG III).

Ein Aufhebungsvertrag stellt eine wesentliche Änderung des Ausbildungsvertrages dar und muss daher der → zuständigen Stelle unverzüglich mitgeteilt werden. Auszubildende sollten sich nicht „überrumpeln" lassen und voreilig einen Auflösungsvertrag unterzeichnen. Es empfiehlt sich, einige Tage Bedenkzeit zu erbitten und sich ggf. beraten zu lassen.

Ausbildender

Umgangssprachlich der Ausbildungsbetrieb. Ein Ausbildender ist eine → natürliche oder → juristische Person, die andere zur Berufsausbildung einstellt. Ausbildender und → Ausbilder können z. B. in einem Kleinbetrieb ein und dieselbe Person sein. Siehe → § 10 Abs. 1 BBiG, → Eignung der Ausbildungsstätte, → Ausbilder.

Ausbilder

Personen, die vom → Ausbildenden beauftragt worden sind, die → Berufsausbildung in der Ausbildungsstätte tatsächlich durchzuführen, und die den → Auszubildenden die Ausbildungsinhalte unmittelbar, verantwortlich und im erforderlichen Umfang vermitteln. Ausbilder müssen persönlich und fachlich geeignet sein. → Ausbilder-Eignungsverordnung (AEVO)

Ausbilder-Eignungsverordnung (AEVO)

Die AEVO ist eine → Rechtsverordnung, in der die Ausbildung der → Ausbilder geregelt wird. Sie ist am 1. 3. 1999 in Kraft getreten und wurde am 1. 8. 2003 vorübergehend ausgesetzt, um die Ausbildungsbereitschaft der Betriebe zu erhöhen und ist zum 1. 8. 2009 wieder in Kraft getreten.

Eine Evaluation des BBiB aus dem Jahr 2006 über die Aussetzungsphase zeigte, dass die Zunahme an Ausbildungsbetrieben und Ausbildungsplätzen geringer ausfiel als erwartet. Hinsichtlich der Qualität der Ausbildung wurden negative Folgen registriert. In jenen Betrieben, die über kein nach AEVO befähigtes Personal verfügten, kam es zu einem Anstieg an Ausbildungsabbrüchen. Ferner hatten deren Auszubildende häufiger Schwierigkeiten und erbrachten schlechte Noten in den Prüfungen (vgl. Ulmer/Gutschow, BWP 3/2009).

Als Reaktion auf die Ergebnisse der Untersuchung wurde die AEVO zum 1. 8. 2009 wieder in Kraft gesetzt. Sie weist gegenüber der „alten" AEVO von 1999 folgende Neuerungen auf:

► Die Anforderungen an die berufs- und arbeitspädagogische Eignung der Ausbilder werden neu strukturiert.

► Das Anforderungsprofil wird anhand von vier → Handlungsfeldern mit bestimmten → Kompetenzen beschrieben.

► Inhaltliche Neuerungen aufgrund der Reform des BBiG von 2005 und neuer Erfordernisse an das → Ausbildungspersonal.

Gemäß der Verordnung haben Ausbilder für die Ausbildung in anerkannten Ausbildungsberufen nach dem Berufsbildungsgesetz den Erwerb der berufs- und arbeitspädagogischen Fertigkeiten, Kenntnisse und Fähigkeiten nachzuweisen (§ 1 AEVO). Die AEVO gilt für Ausbilder

► in Gewerbebetrieben
► in der Landwirtschaft
► in der Hauswirtschaft
► im Bergwesen
► im öffentlichen Dienst.

Sie gilt jedoch nicht für die freien Berufe.

Die Ausbilder in den Betreiben haben vielfältige Aufgaben: Sie organisieren den Ablauf der Ausbildung, erklären Aufgaben, geben Anweisungen, beurteilen Leistungen der Auszubildenden usw. Hierfür müssen sie geeignet sein und über „Know-how" verfügen. Das Anforderungsprofil des Ausbilders wird anhand von vier kompetenzorientierten → Handlungsfeldern (§§ 2, 3 AEVO) beschrieben:

1. Ausbildungsvoraussetzungen prüfen und Ausbildung planen
2. Ausbildung vorbereiten und bei der Einstellung von Auszubildenden mitwirken
3. Ausbildung durchführen
4. Ausbildung abschließen.

Der Nachweis der Eignung (§ 4 AEVO) wird in einer Prüfung erbracht, die aus einem schriftlichen und einem praktischen Teil besteht. Im schriftlichen Teil, der drei Stunden dauert, sind fallbezogene Aufgaben aus allen Handlungsfeldern zu bearbeiten. Der praktische Teil der Prüfung besteht aus einer höchstens 15-minütigen Präsentation einer Ausbildungssituation und einem 30-minütigen Fachgespräch.

 ACHTUNG

Wer vor dem 31. 7. 2009 als Ausbilder tätig war, ist vom Nachweis eines Zeugnisses (§ 5 AEVO) oder eines anderen Nachweises (§ 6 AEVO) befreit, wenn die bisherige Ausbildertätigkeit keinen Anlass zur Beanstandung gab.

www.bibb.de/dokumente/pdf/a1_bwp_04_2009_ulmer_gutschow.pdf
www.gesetze-im-internet.de/ausbeignv_2009/__4.html

Ausbildung der Ausbilder (AdA)

Die → Ausbilder in den → Betrieben haben eine wichtige Funktion. Daher schreibt § 28 Abs. 1 → BBiG vor, dass → Auszubildende nur ausbilden darf, wer persönlich (§ 29 AEVO) und fachlich (§ 30 AEVO) geeignet ist. Die Eignung wird durch eine Prüfung nachgewiesen. Rechtsgrundlage ist die → Ausbilder-Eignungsverordnung (AEVO).

Es existiert eine Vielzahl von Anbietern für „AdA-Lehrgänge": Neben Präsenz-Lehrgängen, die i. d. R. von den zuständigen Kammern angeboten werden, werden auch Fernlehrgänge von unterschiedlichen Trägern angeboten. Hinsichtlich Preis (300 bis 900 €), Dauer (3 bis 6 Monate) und beruflicher Zielgruppe unterscheiden sich die Angebote.

www.test.de/themen/bildung-soziales/weiterbildung/test/Ausbildung-der-Ausbil-der-Zurueck-auf-die-Schulbank-1667979-1660322/

Ausbildungsbegleitende Hilfen (abH)

Bei ausbildungsbegleitenden Hilfen (abH) handelt es sich um von der Bundesagentur für Arbeit (BA) geförderte Bildungsmaßnahmen für lernbeeinträchtigte oder sozial benachteiligte Jugendliche oder junge Erwachsene, die Schwierigkeiten haben, eine betriebliche Erstausbildung aufzunehmen oder deren erfolgreicher Abschluss dieser Ausbildung gefährdet ist. Die rechtlichen Rahmenbedingungen werden in den §§ 240 bis 247 → Sozialgesetzbuch (SGB) III geregelt.

Zu den Personen, die die Förderung in Anspruch nehmen können, zählen Ausbildungsplatzsuchende und Auszubildende (§§ 14, 15 SGB III).

Bei einer betrieblichen Ausbildung beginnt die Förderung frühestens mit dem Ausbildungsbeginn und endet spätestens sechs Monate nach Begründung eines Arbeitsverhältnisses.

Der Jugendliche/Auszubildende stellt einen Antrag auf Unterstützung bei der BA. Die Antragsstellung ist jederzeit möglich. Die BA entscheidet über die Teilnahme an der abH. Wird einer Teilnahme zugestimmt, beauftragt sie einen Träger mit der Erbringung der Förderung.

Zu den Trägern gehören regionale oder überregionale, private oder öffentliche Bildungseinrichtungen und Wohlfahrtsverbände. Die Bildungsträger arbeiten eng mit den Ausbildern im Betrieb und den Berufsschullehrern zusammen.

Die abH müssen Fertigkeiten, Kenntnisse und Fähigkeiten vermitteln, die über die üblichen Ausbildungsinhalte hinausgehen. Hierzu gehören Maßnahmen

► zum Abbau von Sprach- und Bildungsdefiziten
► zur Förderung der Fachtheorie und Fachpraxis
► zur sozialpädagogischen Begleitung.

Der Stützunterricht wird durch fachlich und pädagogisch geeignetes Personal erteilt. Der Unterricht findet im Umfang von mindestens drei Stunden in der Woche in Kleingruppen (maximal acht Personen) statt und wird zusätzlich zur Ausbildung im Betrieb erteilt. Er bezieht sich auf die berufsspezifischen Fächer oder auch auf die Grundlagenfächer Mathematik und Deutsch.

Sozialpädagogen unterstützen die Auszubildenden bei beruflichen und privaten Problemen (z. B. junge Mütter, die mit ihrer Situation überfordert sind; Prüfungsangst; Drogenprobleme; Gewalt) und versuchen die Entwicklung der jungen Menschen in

Gruppen- oder Einzelhilfe zu stabilisieren und zu fördern. Eine enge Zusammenarbeit zwischen allen Beteiligten ist dabei vorgesehen. Den Auszubildenden und den Betrieben entstehen keine Kosten. Die Maßnahmen werden vollständig von der BA finanziert.

Wie erhält ein Azubi die Förderung?

1. Der Azubi sollte sich zunächst mit seinem Ausbildenden abstimmen.
2. Anschließend nimmt der Azubi **Kontakt** mit einem Berufsberater der Agentur für Arbeit auf. Kontaktmöglichkeiten finden Sie hier: www.arbeitsagentur.de → „Partner vor Ort"
3. Für den **Antrag** werden folgende Unterlagen benötigt:
   - Ausbildungsvertrag
   - Lebenslauf
   - Abschluss- bzw. Abgangszeugnis der zuletzt besuchten Schule
   - aktuelles Zeugnis.
4. Die **Kosten** der Fördermaßnahmen trägt vollständig die Agentur für Arbeit.

www.arbeitsagentur.de

www.arbeitsagentur.de/zentraler-Content/Veroeffentlichungen/Ausbildung/Flyer-abH.pdf

Ausbildungsbeihilfe

→ Berufsausbildungsbeihilfe (BAB)

Ausbildungsberuf

Spezieller Begriff des → BBiG für rund 345 Berufe, die staatlich anerkannt und für die → Ausbildungsordnungen erlassen worden sind. → Jugendliche dürfen nur in staatlich anerkannten Ausbildungsberufen ausgebildet werden.

Ausbildungsbereiche sind Industrie und Handel, Handwerk, Landwirtschaft, Öffentlicher Dienst, Hauswirtschaft und Freie Berufe. Jeder Ausbildungsbereich besteht aus mehreren Berufsgruppen. Beispielsweise werden in der „Berufsgruppe 68" die Warenkaufleute (Kaufmann im Einzelhandel, Kaufmann im Groß- und Außenhandel, Buchhändler usw.) zusammengefasst.

Im Jahre 2010 erlernten insgesamt ca. 1,6 Mio. → Auszubildende einen staatlich anerkannten Ausbildungsberuf. Nach einer Erhebung des BBIB zum 30. 9. 2010 wurden im Zeitraum vom 1. 10. 2009 bis 30. 9. 2010 bundesweit 560.100 neue → Ausbildungsverträge abgeschlossen. Ein nennenswerter Teil der Auszubildenden verteilt sich – wie schon in den Vorjahren – auf nur einige wenige Berufe (siehe Tabelle): Rund ein Viertel aller neu abgeschlossenen Ausbildungsverträge entfallen auf nur sieben Berufe. Siehe auch Liste der Ausbildungsberufe im **Anhang**.

Rang	Berufe	Neue Ausbildungs-verträge (2010)
1	Kaufmann/-frau im Einzelhandel	29.740
2	Verkäufer/-in	27.527
3	Bürokaufmann/-frau	21.642
4	Kraftfahrzeugmechatroniker/-in	18.746
5	Industriekaufmann/-frau	17.959
6	Kaufmann/-frau im Groß- und Außenhandel	14.857
7	Koch/Köchin	14.763
8	Medizinische/-r Fachangestellte/-r	14.695
9	Friseur/-in	14.081
10	Bankkaufmann/-frau	13.397

Die „Top Ten" der Ausbildungsberufe 2010 (nach Anzahl der Vertragsneuabschlüsse)

(Quelle: *BBiB*)

Ausbildungsberufsbild

→ Berufsbild

Ausbildungsdauer

Die Ausbildungsdauer ist in den jeweiligen → Ausbildungsordnungen festgelegt. Sie ist im Regelfall auf höchstens drei Jahre zu begrenzen. Hierbei handelt es sich um eine Sollvorschrift („Soll heißt nicht „muss"), d. h. eine 3,5jährige Ausbildung ist unter bestimmten Voraussetzungen möglich. Die Ausbildungsdauer muss im Ausbildungsvertrag festgehalten werden. Unter bestimmten Voraussetzungen ist eine → Verkürzung oder Verlängerung möglich (§ 5 Abs. 1 Nr. 2 BBiG).

ausbildungsfremde Tätigkeiten

→ Ausbildungszweck, → fachfremde Tätigkeiten

Ausbildungskosten

Die → Kosten der betrieblichen Ausbildung hat normalerweise der → Ausbildende zu tragen. Hierzu gehören:

► Personal- und Sachkosten (→ Ausbildungsmittel)

► Kosten für Ausbildungsmaßnahmen und Ausbildungsveranstaltungen außerhalb der Ausbildungsstätte

► Kosten, die im Zusammenhang stehen mit außerbetrieblichen Bildungsmaßnahmen (z. B. Übernachtungs- und Verpflegungskosten).

Die Kosten, die im Zusammenhang mit dem Berufsschulbesuch stehen, hat grundsätzlich der → Auszubildende zu tragen. Ebenso hat der Auszubildende die Kosten für die → Arbeitskleidung zu zahlen. Tarifvertragliche oder einzelvertragliche Regelungen sind zu beachten.

Ausbildungsmarkt

Allgemein bezeichnet man als Markt den Ort, an dem sich Angebot und Nachfrage treffen und sich der Preis für ein bestimmtes Gut bildet.

Auf dem Ausbildungsmarkt treffen die Anbieter von Ausbildungsplätzen (die ausbildenden Unternehmen) und die Nachfrager nach Ausbildungsplätzen (die Ausbildungsplatzsuchenden, i. d. R. Schulabgänger) zusammen. Diese Marktgrößen können aus Sicht der einzelnen Marktteilnehmer und aus gesamtwirtschaftlicher Sicht betrachtet und definiert werden:

Marktgrößen Perspektive	Angebot	Nachfrage
Aus Sicht des einzelnen Marktteilnehmers	Der Entschluss und Wille eines Unternehmens, einen geeigneten Ausbildungsplatzsuchenden auch tatsächlich einzustellen.	Der Entschluss und Wille eines Ausbildungsplatzsuchenden, sich tatsächlich einstellen und ausbilden zu lassen.
Aus gesamtwirtschaftlicher Sicht	Die Gesamtzahl der Ausbildungsplätze, die von den Unternehmen zur Verfügung gestellt werden.	Die Gesamtzahl der Ausbildungsplatzsuchenden, die sich tatsächlich einstellen und ausbilden lassen wollen.

Die gesamtwirtschaftlichen Angebots- und Nachfragegrößen auf dem Ausbildungsmarkt lassen sich wie folgt berechnen:

Angebot = neu abgeschlossene Ausbildungsverträge + nicht besetzte Ausbildungsplätze

Nachfrage = neu abgeschlossene Ausbildungsverträge + ausbildungsplatzsuchende Personen

Die Größe von Angebot und Nachfrage ist von verschiedenen Faktoren abhängig, wie z. B. von der demografischen Entwicklung, der konjunkturellen Situation, der Eignung und Qualifizierung der Nachfrager usw.

Nach einer Erhebung des → Bundesinstituts für Berufsbildung (BBiB) wurden im Zeitraum vom 1. 10. 2009 bis 30. 9. 2010 bundesweit 560.100 neue Ausbildungsverträge abgeschlossen. Das sind 0,8 % weniger als im Jahr zuvor. Zusammen mit den unbesetzten Ausbildungsplätzen betrug das Ausbildungsplatzangebot somit 579.600 Plätze (./. 1.900 bzw. ./. 0,3 %). Ungeachtet des Rückgangs waren die Ausbildungsmarktchancen der Jugendlichen etwas besser als 2009. Denn die Ausbildungsplatznachfrage der Jugendlichen sank als Folge der demografischen Entwicklung stärker als das Angebot und lag 2010 nur noch bei 644.600 (./. 12.400 bzw. ./. 1,9 %). Damit standen rein rechnerisch je 100 Nachfragern 89,9 Ausbildungsangebote gegenüber (2009 = 88,5; Quelle: BiBB). Die Abbildung zeigt die Entwicklung des Ausbildungsmarkts in den Jahren 1992 bis 2008.

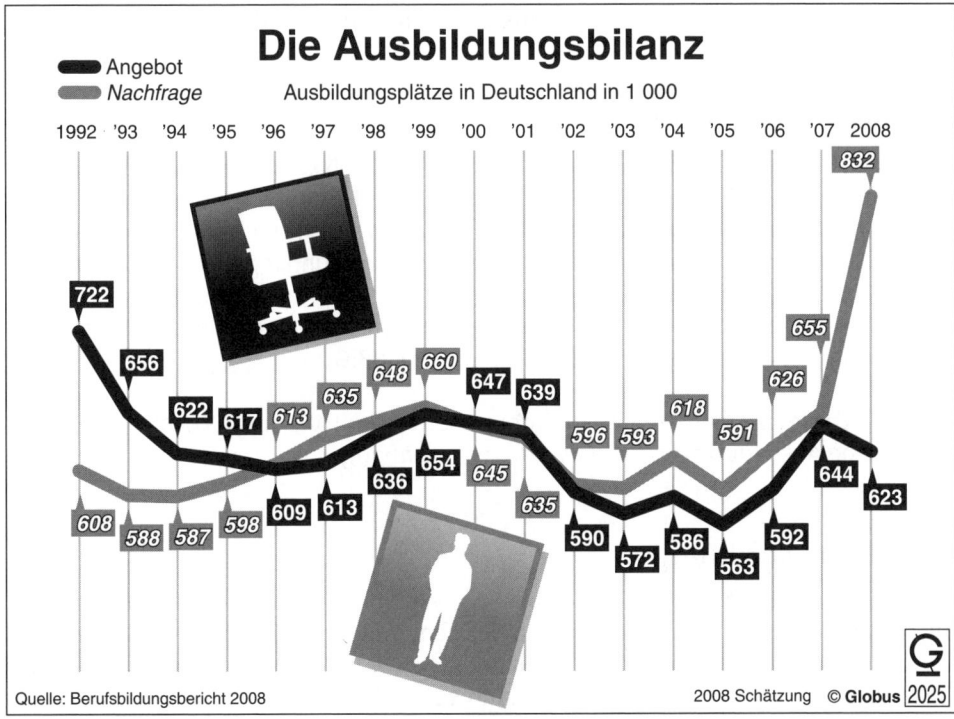

Die Ausbildungsbilanz

Ausbildungsplätze in Deutschland in 1 000

Angebot
Nachfrage

Quelle: Berufsbildungsbericht 2008

2008 Schätzung © Globus 2025

www.bibb.de

Ausbildungsmittel

Zu den Ausbildungsmitteln zählen alle Gebrauchsgegenstände, die Auszubildende – abhängig von den jeweiligen Ausbildungsinhalten – in ihrem Ausbildungsberuf zur Erlangung der Kenntnisse und Fähigkeiten benötigen.

Ausbildungsmittel, die zur Berufsausbildung und zum Ablegen der Prüfungen erforderlich sind, müssen Auszubildenden kostenlos zur Verfügung gestellt werden (§ 14 Abs. 1 Nr. 3 BBiG). Sie werden vom Ausbildenden leihweise zur Verfügung gestellt und müssen vom Auszubildenden pfleglich behandelt werden.

Je nach Ausbildungsberuf sind die Ausbildungsmittel unterschiedlich. Die in § 14 Abs. 1 Nr. 3 BBiG genannten Begriffe „Werkzeuge und Werkstoffe" sind als Oberbegriffe zu verstehen. Prinzipiell fallen hierunter alle für die jeweilige Berufsausbildung üblichen Hilfs- und Betriebsstoffe wie Werkzeuge, Maschinen, Geräte sowie die zur Be- und Verarbeitung erforderlichen Materialien.

Es müssen nur die Ausbildungsmittel kostenlos zur Verfügung gestellt werden, die für den betrieblichen Teil der Ausbildung benötigt werden. Hierzu zählen nicht die Ausbildungsmittel, die der Auszubildende für den Besuch der Berufsschule benötigt (z. B. Fachbücher). Diese müssten nur dann kostenlos vom Ausbildenden zur Verfügung gestellt werden, wenn sie zugleich der innerbetrieblichen Ausbildung dienen.

Ausbildungsnachweis

Alter Begriff: „Berichtsheft". Durch den neuen Begriff soll klargestellt werden, dass der Nachweis zwar schriftlich, jedoch nicht in Form eines Heftes zu führen ist. Das Führen eines Ausbildungsnachweises ist in allen → Ausbildungsordnungen vorgeschrieben. Die Auszubildenden müssen sie ordnungsgemäß führen und regelmäßig vorlegen. Der Ausbildende muss die Auszubildenden zur Führung des Ausbildungsnachweises anhalten und diese durchsehen und unterzeichnen. Sie sind eine Zulassungsvoraussetzung für die → Abschlussprüfung (§ 14 Abs. 1 Nr. 4 BBiG).

Hinweis: Vordrucke werden auf den Internetseiten der IHKs zum Download bereitgestellt. Siehe Ausbildungsnachweis-Vordruck im **Anhang**.

Ausbildungsordnung

Für jeden der rund 345 staatlich anerkannten → Ausbildungsberufe erlässt das zuständige Fachministerium im Einvernehmen mit dem Bundesministerium für Bildung und Forschung Ausbildungsordnungen. Es handelt sich dabei um Rechtsverordnungen mit Gesetzescharakter, die in ganz Deutschland verbindlich sind. In den Ausbildungsordnungen werden die Ausbildungsberufe beschrieben und es wird konkret festgelegt, welche → Fertigkeiten, Kenntnisse und Fähigkeiten während der → Berufsausbildung vermittelt werden müssen. Ferner werden in ihnen festgelegt:

► die Bezeichnung des Ausbildungsberufs
► die → Ausbildungsdauer
► sachliche und zeitliche Gliederung (→ Ausbildungsrahmenplan) und
► die Prüfungsanforderungen.

Siehe auch → Ordnung der Berufsausbildung (§§ 4, 5 BBiG).

Ausbildungspartnerschaft

→ Verbundausbildung

Ausbildungspersonal

Sämtliche Personen, die mit der Berufsausbildung im dualen System befasst sind.

Neben den Ausbildern (im „engeren" Sinne des BBiG), die nach der → AEVO qualifiziert sind, werden auch ca. 3,5 bis 4 Mio. „nebenamtliche" Fachkräfte in den → Betrieben (ausbildende Fachkräfte und Mitarbeiter, Ausbildungsbeauftragte) und überbetrieblichen Lernorten hinzugezählt. Zum Ausbildungspersonal gehören ferner die Lehrkräfte am Lernort → Berufsschule, die jedoch nicht unter den Regelungsbereich des BBiG fallen.

Ausbildungsplan

Der Ausbildende ist verpflichtet, die Ausbildung planmäßig, zeitlich und sachlich gegliedert durchzuführen, um sicherzustellen, dass das Ausbildungsziel in der dafür vorgesehenen Zeit erreicht werden kann. Dies setzt einen betrieblichen Ausbildungsplan voraus, der vom → Ausbildenden unter Zugrundelegung des (allgemeingültigen) → Ausbildungsrahmenplanes erstellt wird. Er weist den sachlichen Aufbau und die zeitliche Folge der Berufsausbildung aus. Während der Ausbildungsrahmenplan, der Bestandteil der jeweiligen → Ausbildungsordnung ist, lediglich eine Orientierung darstellt, ist der Ausbildungsplan an die betrieblichen und individuellen Gegebenheiten des Ausbildungsbetriebes angepasst. → Ordnung der Berufsausbildung

Gliederung des betrieblichen Ausbildungsplans	
Sachlicher Aufbau	Zeitliche Folge
▶ Er muss alle aufgeführten Fertigkeiten und Kenntnisse enthalten. ▶ Probezeit inhaltlich so gestalten, dass Aussagen über die Eignung und Interessen des Auszubildenden möglich sind. ▶ Fertigkeiten und Kenntnisse so zusammenfassen und gliedern, dass Ausbildungseinheiten bestimmten Funktionen oder Abteilungen zugeordnet werden können. ▶ Die Ausbildungseinheiten sollen überschaubar sein. Falls erforderlich, sachlich gerechtfertigte Unterabschnitte bilden. ▶ Anforderungen in den Zwischen- und Abschlussprüfungen berücksichtigen. ▶ Berücksichtigen, dass betriebliche und außerbetriebliche Maßnahmen sinnvoll ineinander greifen und aufeinander aufbauen. ▶ Es sollen erst die Grundlagen, und dann die spezielle Anwendung und die Festigung der vermittelten Fertigkeiten und Kenntnisse erfolgen.	▶ Wird in der Ausbildungsordnung eine zeitliche Folge zwingend vorgeschrieben, muss diese eingehalten werden (z. B. in den ersten beiden Monaten, im ersten Halbjahr, im ersten Ausbildungsjahr). ▶ Nach der Reihenfolge der Prüfungen gliedern. ▶ Nach sachlichen und pädagogischen Gesichtspunkten ordnen. ▶ Sind für die Vermittlung von Fertigkeiten und Kenntnissen zeitliche Richtwerte vorgegeben, kann innerhalb dieses Rahmens je nach den betrieblichen Gegebenheiten eine flexible Regelung getroffen werden. ▶ Überschaubare Abschnitte bilden (höchstens 6 Monate) und den Urlaub berücksichtigen. ▶ Falls möglich bzw. nötig, Unterabschnitte angeben (z. B. nach Monaten oder Wochen). ▶ Vertragliche Ausbildungszeit berücksichtigen. ▶ Einzelne Ausbildungsabschnitte können bei besonderen Leistungen gekürzt und bei besonderen Schwächen (unter Beachtung der vertraglichen Ausbildungszeit) verlängert werden. ▶ In begründeten Ausnahmefällen kann geringfügig von der Gliederung abgewichen werden. Dabei dürfen die Ziele der Ausbildung nicht beeinträchtigt werden (Abweichung mit Begründung festhalten!).

Ausbildungsrahmenplan

Der Ausbildungsrahmenplan ist Bestandteil der → Ausbildungsordnung für den jeweiligen staatlich anerkannten Ausbildungsberuf. Er gibt eine Anleitung für die sachliche und zeitliche Gliederung der Ausbildungsinhalte. Er wird konkretisiert durch den individuell vom Betrieb zu erstellenden → (betrieblichen) Ausbildungsplan. → Ausbildungsordnungen, → Ordnung der Berufsausbildung

Ausbildungsreife

Der Begriff „Ausbildungsreife" bezeichnet das Entwicklungsstadium bzw. die Qualifikation von Schulabgängern im Hinblick auf die bei Beginn einer Berufsausbildung bereits vorhandenen Kompetenzen, Einstellungen und Verhaltensweisen. Es geht also um die Frage, ob bzw. in welchem Maße ein Schulabgänger für eine Berufsausbildung geeignet ist.

Das → Bundesinstitut für Berufsbildung (BBiB) führte hierzu eine Befragung von 482 Fachleuten aus Berufsbildung und Betrieben durch. Unter den Befragten herrscht Einigkeit darin, dass zur Ausbildungsreife die Aspekte zählen, die unabhängig vom konkreten Beruf, also berufsübergreifend, vorhanden und bereits bei Antritt der Ausbildung vorhanden sein müssen.

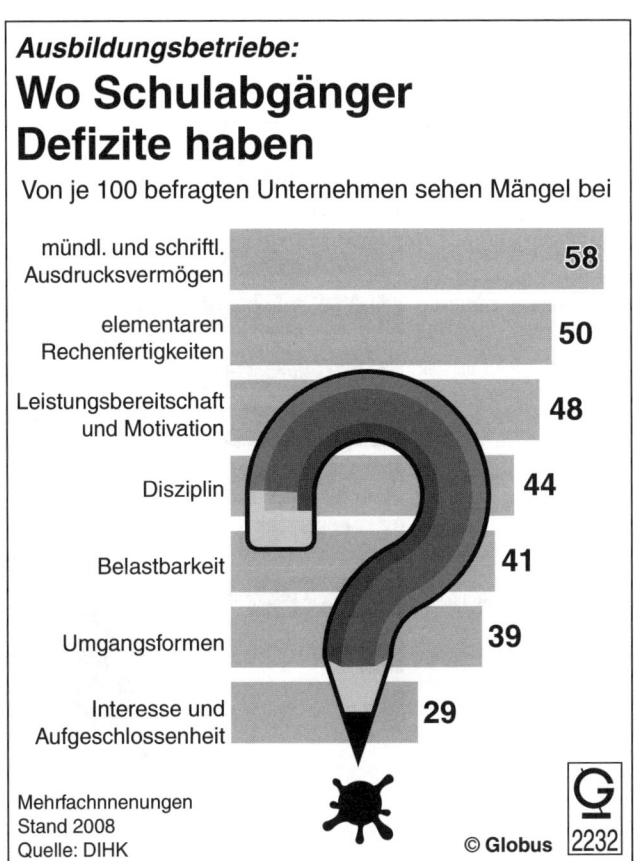

Ausbildungsbetriebe:

Wo Schulabgänger Defizite haben

Von je 100 befragten Unternehmen sehen Mängel bei

mündl. und schriftl. Ausdrucksvermögen	58
elementaren Rechenfertigkeiten	50
Leistungsbereitschaft und Motivation	48
Disziplin	44
Belastbarkeit	41
Umgangsformen	39
Interesse und Aufgeschlossenheit	29

Mehrfachnennungen
Stand 2008
Quelle: DIHK

© Globus 2232

Zur Ausbildungsreife zählen:

► Zuverlässigkeit
► Leistungsbereitschaft
► Verantwortungsbewusstsein
► Konzentrationsfähigkeit

- ► Durchhaltevermögen
- ► Beherrschung der Grundrechenarten
- ► Einfaches Kopfrechnen
- ► Sorgfalt
- ► Rücksichtnahme
- ► Höflichkeit
- ► Toleranz
- ► Fähigkeit zur Selbstkritik
- ► Konfliktfähigkeit
- ► Bereitschaft, sich in die betriebliche Hierarchie einzuordnen.

Nach einer Umfrage des Deutschen Industrie- und Handelskammertages (DIHK) konnten im Jahr 2007 rund 15 % der Unternehmen nicht alle Ausbildungsplätze besetzen. Insgesamt bezeichnete mehr als jedes zweite Unternehmen die mangelnde Ausbildungsreife der Schulabgänger als wichtigstes Ausbildungshemmnis. → Hard Skills und → Soft Skills

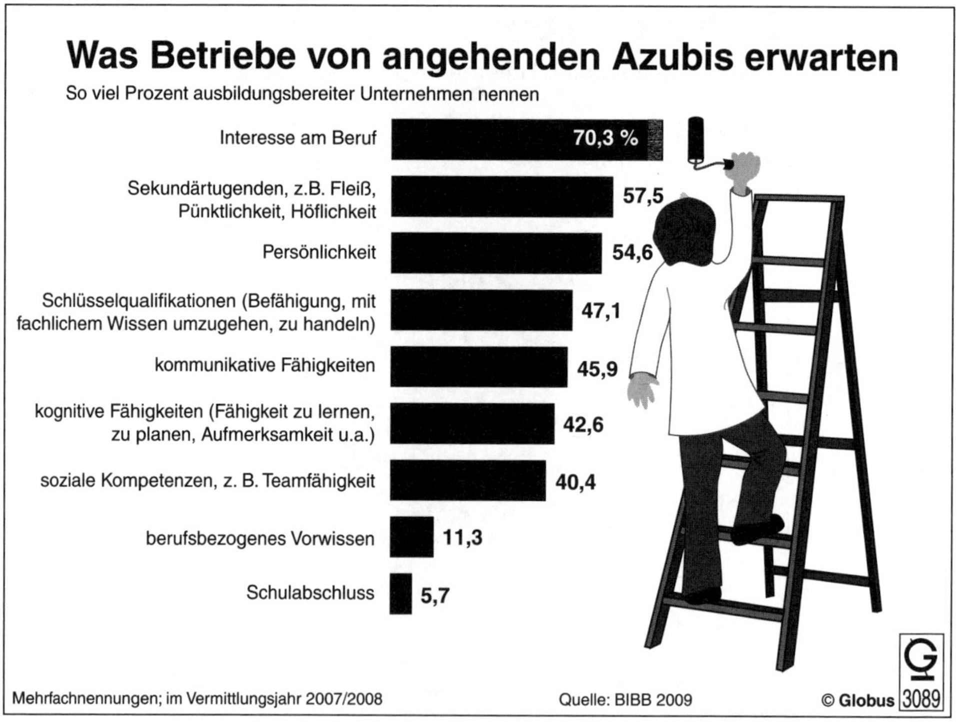

Was Betriebe von angehenden Azubis erwarten

So viel Prozent ausbildungsbereiter Unternehmen nennen

Interesse am Beruf	70,3 %
Sekundärtugenden, z.B. Fleiß, Pünktlichkeit, Höflichkeit	57,5
Persönlichkeit	54,6
Schlüsselqualifikationen (Befähigung, mit fachlichem Wissen umzugehen, zu handeln)	47,1
kommunikative Fähigkeiten	45,9
kognitive Fähigkeiten (Fähigkeit zu lernen, zu planen, Aufmerksamkeit u.a.)	42,6
soziale Kompetenzen, z. B. Teamfähigkeit	40,4
berufsbezogenes Vorwissen	11,3
Schulabschluss	5,7

Mehrfachnennungen; im Vermittlungsjahr 2007/2008   Quelle: BIBB 2009   © Globus 3089

 INFO

Viele Jugendliche sind nicht ausbildungsreif

Unternehmen finden nicht genug fähige Auszubildende. Jeder fünfte Ausbildungsvertrag wird vorzeitig gelöst. Ursache: die ungenügende schulische Qualifikation der Bewerber. (...) Die Bundesregierung äußert sich besorgt über die mangelnde Ausbildungsreife vieler Jugendlicher. Nach wie vor verließen zu viele die Schule ohne Abschluss. Jeder fünfte Ausbildungsvertrag (21,5 Prozent) werde vorzeitig wieder gelöst. Dies geht aus dem Entwurf des „Berufsbildungsberichts 2010" hervor (...).

Zunehmend klagten Unternehmen über Schwierigkeiten, für ihre angebotenen Ausbildungsplätze geeignete Bewerber zu finden, heißt es in der Darstellung. Als Hauptursache werde bei Betriebsumfragen „mangelndes Leistungsvermögen und die unzureichende schulische Qualifikation der Bewerber" genannt. (...)

Quelle: dpa, Focus 3. 3. 2010

Ausbildungsstätte

Betrieb oder Betriebsteil, in dem die Ausbildung stattfindet. Die Ausbildungsstätte muss nach Art und Einrichtung für die → Berufsausbildung geeignet sein. Es muss sichergestellt sein, dass in ihr die erforderlichen beruflichen Kenntnisse und Fertigkeiten vermittelt werden können (§ 27 BBiG).

Ausbildungsstart

→ Start in die Ausbildung

Ausbildungsstellenbilanz

Das Bundesministerium für Bildung und Forschung (BMBF) hat gem. § 86 BBiG den gesetzlichen Auftrag, die Entwicklung in der beruflichen Bildung kontinuierlich zu beobachten und der Bundesregierung bis zum 1. 4. eines jeden Jahres Bericht zu erstatten. In Anlehnung an § 86 BBiG wird in einer Ausbildungsstellenbilanz die Entwicklung von Angebot und Nachfrage auf dem Ausbildungsmarkt statistisch erfasst. Der Zeitraum reicht vom 1. 10. eines Jahres bis zum 30. 9. des Folgejahres. Siehe auch → Ausbildungsmarkt.

Ausbildungsverbund

→ Verbundausbildung

Ausbildungsvergütung

Das vertraglich vereinbarte Entgelt, das der → Ausbildende dem → Auszubildenden gem. § 17 BBiG zu zahlen hat. Die Ausbildungsvergütung muss „angemessen" sein und „mindestens jährlich" ansteigen (§ 17 Abs. 1 BBiG). Überstunden sind „besonders zu vergüten" oder durch Freizeit auszugleichen (§ 17 Abs. 3 BBiG). Eine ausführliche Erläuterung findet sich unter dem Stichwort → Vergütung, → Entgeltabrechnung.

Ausbildungsvertrag

Zivilrechtlicher, zweiseitiger Vertrag zwischen dem → Ausbildenden und dem → Auszubildenden, der ein Berufsausbildungsverhältnis begründet (§ 10 BBiG). Es handelt
sich dabei um einen Arbeitsvertrag, für dessen Abschluss, Ausgestaltung und Beendigung grundsätzlich die allgemeinen arbeitsrechtlichen Vorschriften gelten, wobei spe-
zialgesetzliche Bestimmungen des → Berufsbildungsgesetzes (BBiG) und des Jugendarbeitsschutzgesetzes (JArbSchG) zu beachten sind.

Der Ausbildungsvertrag ist vor Ausbildungsbeginn schriftlich auszufertigen und muss
folgende **Mindestangaben** enthalten (§ 11 BBiG):

1. Art, sachliche und zeitliche Gliederung sowie Ziel der → Berufsausbildung, insbesondere die Berufstätigkeit, für die ausgebildet werden soll;

2. Beginn und Dauer der Berufsausbildung (→ Ausbildungsdauer);

3. Ausbildungsmaßnahmen außerhalb der → Ausbildungsstätte;

4. Dauer der regelmäßigen täglichen Ausbildungszeit;

5. Dauer der → Probezeit;

6. Zahlung und Höhe der → Vergütung;

7. Dauer des → Urlaubs;

8. Voraussetzungen, unter denen der Berufsausbildungsvertrag gekündigt werden
kann;

9. ein in allgemeiner Form gehaltener Hinweis auf die → Tarifverträge, → Betriebs- oder
Dienstvereinbarungen, die auf das Berufsausbildungsverhältnis anzuwenden sind.

Das Vertragsformular des DIHK befindet sich im **Anhang**.

Ausbild gszeit

→ Ausbildungsdauer

Ausbildungszeugnis

→ Zeugnis, → Arbeitszeugnis

Ausbildungsziel

Gemäß BBiG hat die Berufsausbildung zum Ziel, „die für die Ausübung einer qualifizierten beruflichen Tätigkeit in einer sich wandelnden Arbeitswelt notwendigen beruflichen Fertigkeiten, Kenntnisse und Fähigkeiten (berufliche Handlungsfähigkeit)
in einem geordneten Ausbildungsgang zu vermitteln" (§ 1 BBiG). Ausbildende dürfen Auszubildenden daher nur Aufgaben und Tätigkeiten übertragen, die dem Ausbildungszweck dienen (§ 14 BBiG). Nach einer aktuellen Studie des DGB (Ausbildungsreport 2010) müsse jeder zehnte Auszubildende → fachfremde Tätigkeiten erledigen.

Das Ausbildungsziel wird in den → Ausbildungsordnungen sowie dem → Ausbildungsvertrag genauer geregelt. Die → Auszubildenden müssen an der → Berufsausbildung
aktiv mitwirken und sich bemühen, das Ausbildungsziel zu erreichen.

Auslandsaufenthalt

Das novellierte → Berufsbildungsgesetz reagiert auf die zunehmende Internationalisierung und bietet die Möglichkeit, einen zeitlich begrenzten Teil der → Berufsausbildung im Ausland zu absolvieren, „wenn dies dem Ausbildungsziel dient". Ein Auslandsaufenthalt ist auf ein Viertel der in der → Ausbildungsordnung festgeschriebenen
Ausbildungszeit begrenzt. Bei einer dreijährigen Ausbildung ist also ein bis zu neun-
monatiger Auslandsaufenthalt möglich. Er bedarf der Zustimmung des → Ausbildenden. Der → Auszubildende hat keinen Rechtsanspruch darauf. Ein Auslandsaufenthalt
ist in den → Ausbildungsvertrag aufzunehmen. Wird er während der Ausbildung vereinbart, muss die → IHK unverzüglich informiert werden. Während eines Auslandsaufenthalts muss der Auszubildende keine → Berufsschule besuchen (§ 2 Abs. 3 BBiG).

Rechtliche Aspekte der Ausbildung im Ausland

Voraussetzungen und Ziele:

Der Auslandaufenthalt wird nur dann als Bestandteil der Berufsausbildung angesehen, wenn er dem → Ausbildungsziel dient. Er muss also dazu beitragen, → berufliche
Handlungskompetenzen zu erwerben (§ 1 BBiG).

Dies ist zumindest der Fall, wenn die im Ausland vermittelten Ausbildungsinhalte denen im Inland entsprechen. Auch der Erwerb und die Förderung der Sprachkenntnisse
ließen sich dazu zählen.

Die Ausbildung im Ausland kann nur im Einverständnis mit dem Ausbildenden erfolgen. Der ausländische → Lernort muss geeignet sein, die Ausbildungsinhalte gem.
Ausbildungsordnung vermitteln zu können.

Art:

Der Auslandaufenthalt kann integraler Bestandteil der Ausbildung sein oder auch im
Rahmen einer Freistellung oder Beurlaubung durchgeführt werden. In diesem Fall hat
die zuständige Stelle, z. B. die IHK, über eine Anrechnung zu entscheiden.

Dauer:

Die Ausbildung im Ausland darf ein Viertel der in der → Ausbildungsordnung festgelegten → Ausbildungsdauer nicht überschreiten. Die zulässige Höchstdauer der Aus-
landsausbildung beträgt bei einer dreijährigen Ausbildung also neun Monate. Davon darf nur abgewichen werden, wenn sachliche Gründe vorliegen. Anrechnungen
oder Verkürzungen der Berufsausbildung (§§ 7, 8 BBiG) werden bei der Berechnung
der Dauer des Auslandsaufenthalts nicht berücksichtigt. Es wird also die in der Ausbildungsordnung festgelegte und nicht die individuelle Ausbildungsdauer berücksich-

tigt. Mehrere kürzere Auslandsaufenthalte sind möglich, sofern die zulässige Gesamtdauer nicht überschritten wird.

Vertrag:

Der Auslandsaufenthalt muss gem. § 11 Abs. 1 Nr. 3 BBiG im Ausbildungsvertrag niedergeschrieben sein. Allerdings kann er auch nachträglich hinzugefügt werden. Dies führt dann zu einer geänderten Vertragsniederschrift (§ 11 Abs. 4 BBiG) und muss der IHK mitgeteilt werden.

Rechte und Pflichten:

Die sich aus dem → Ausbildungsvertrag ergebenen Rechte und Pflichten werden durch den Auslandaufenthalt nicht berührt. So besteht bspw. weiterhin die Vergütungspflicht des Ausbildenden.

Ausbildungsvergütung:

Die Vergütung muss gem. § 17 BBiG weiterhin gezahlt werden. Sie kann nicht durch einzelvertragliche Vereinbarung ausgeschlossen werden (§ 25 BBiG).

Kosten:

Es existiert keine gesetzliche Regelung darüber, wer die → Kosten des Auslandsaufenthaltes zu tragen hat. Der Auszubildende hat keinen Rechtsanspruch darauf, dass der Ausbildende die Kosten (z. B. für Unterkunft und Verpflegung) übernimmt. Daher sollte dies rechtzeitig – also vor Beginn des Auslandsaufenthalts – geklärt werden. Wird im Vorfeld keine Regelung getroffen, kann der Auszubildende u. U. einen Anspruch auf Ersatz der Aufwendungen geltend machen (§§ 670, 675 BGB).

Berufsschule:

Für die Zeit des Auslandsaufenthalts muss der Auszubildende eine Befreiung vom Berufsschulunterricht beantragen. Im Ausland muss der Auszubildende keine Berufsschule besuchen; er kann die Ausbildung ausschließlich im Betrieb fortsetzen. Allerdings sollte der versäumte Schulstoff nachgeholt werden.

Überwachung:

Als zuständige Stelle muss die → IHK über den Auslandsaufenthalt informiert werden, um ihren gesetzlichen Beratungs- und Überwachungspflichten (§ 32 BBiG) nachkommen zu können. Allerdings sind ihre Möglichkeiten begrenzt. Sie kann bspw. die Berichtspflicht (Zwischen- und Endbericht) des Auszubildenden nutzen, mit ausländischen IHKs kooperieren und/oder über Mittlerorganisationen agieren. Dauert der Auslandsaufenthalt länger als vier Wochen, muss mit der zuständigen Stelle ein Plan abgestimmt werden (§ 76 Abs. 3 BBiG). Generell gilt: Je länger der Auslandsaufenthalt dauert, desto höhere Anforderungen werden an die Überwachung gestellt.

Ausland schweißt zusammen

Es gilt vielleicht nicht für alle Berufe gleichermaßen, aber Auslandserfahrung schadet nie. Schließlich sind die Märkte auch für mittelständische Unternehmen global geworden. Den Kontakt zu Geschäftspartnern oder Niederlassungen in anderen Ländern zu halten, wird nicht nur wegen der möglichen Sprachbarriere schnell zur Herausforderung. Mitarbeitern, die schon im Ausland gelebt haben, fällt das oft leichter.

„Auslandserfahrung heißt auch ein Plus an Sozialkompetenz und Sprachkompetenz", sagt Alexander Böhne. „Wer ins Ausland geht, lernt eine andere Sicht auf die Dinge kennen. Davon kann er auch beruflich profitieren", so der Personalexperte von der Bundesvereinigung der Arbeitgeberverbände (BDA) in Berlin. Das muss nicht direkt der Fall sein - also so, dass man bei seinem Auslandsaufenthalt etwas gelernt hat, das sich gleich im Beruf anwenden lässt. „Man profitiert davon auch, wenn man danach in völlig anderen Bereichen arbeitet." Für eine Exportnation sei es in jedem Fall von Vorteil, wenn Mitarbeiter möglichst früh Kenntnisse anderer Länder erwerben, sagt Barbara Fabian, Europa-Bildungsexpertin beim Deutschen Industrie- und Handelskammertag (DIHK) in Brüssel. „Kein anderes Land in Europa hat so viele Grenzen zu anderen." Die Bedeutung des Exports wachse noch - auch für mittelgroße Unternehmen. „Da hilft es einfach ziemlich genau zu wissen, wie die anderen ticken." (...)

Quelle: *Heimann*, Die Welt, 19. 7. 2008, gekürzt.

Weitere Informationen unter:
www.na-bibb.de

www.ahk.de

www.europaserviceba.de

www.wege-ins-ausland.de

www.eurodesk.de

www.ba-auslandsvermittlung.de

Außerbetriebliche Ausbildung

Der Begriff „außerbetriebliche Ausbildung" bezeichnet eine bestimmte Form der Berufsausbildung, mit der benachteiligte Jugendliche (z. B. mit Lernschwächen oder Behinderungen), die keinen betrieblichen Ausbildungsplatz finden, versorgt werden.

Vertragspartner des Auszubildenden ist eine gemeinnützige oder öffentlich-rechtliche Organisation, die für den praktischen Teil der Berufsausbildung zuständig ist.

Ob eine Ausbildung als „betriebliche" oder „außerbetriebliche" bezeichnet wird, ist abhängig von der Form der Finanzierung und nicht vom → Lernort: Wird die Ausbildung überwiegend (d. h. über 50 % der Kosten des praktischen Teils im ersten Ausbildungsjahr) durch öffentliche Mittel finanziert, gilt sie als „außerbetrieblich". Also kann auch eine Ausbildung, die (örtlich gesehen) in einem → Betrieb stattfindet, zur außerbetrieblichen Ausbildung zählen.

Rechtsgrundlagen der außerbetrieblichen Ausbildung sind das → Sozialgesetzbuch (§§ 100 Nr. 3, 235a, 236 und 242 SGB III) sowie Sonderprogramme des Bundes oder der Länder.

Die außerbetriebliche Ausbildung ist ein wichtiges Instrument zur Bekämpfung der Probleme auf dem → Ausbildungsmarkt. Ende 2008 befanden sich bundesweit 166.891 Auszubildende in einer öffentlich geförderten außerbetrieblichen Ausbildung; dies entspricht rund 10 % der Auszubildenden.

Aussperrung

Abwehrmaßnahme des → Arbeitgebers gegen einen → Streik. Mit der Möglichkeit der Aussperrung von Arbeitnehmern soll sichergestellt werden, dass die Machtverhältnisse von Gewerkschaften und Arbeitgeberverbänden prinzipiell gleich verteilt sind. Bei einer Aussperrung werden das Arbeitsverhältnis und die Lohnzahlungspflicht zeitweilig gelöst. Das Arbeitsverhältnis als solches bleibt weiterhin bestehen.

Streikberechtigte Auszubildende dürfen im Rahmen eines Arbeitskampfes ausgesperrt werden.

Auszubildender

Person, die auf der Grundlage eines → Ausbildungsvertrages im Rahmen eines geordneten Ausbildungsgangs eine → Berufsausbildung absolviert. In der Handwerksordnung wird auch noch die Bezeichnung → Lehrling verwendet.

Im Jahr 2010 absolvierten in Deutschland rund 1,6 Mio. Auszubildende eine Berufsausbildung im → dualen System. Siehe auch → Azubi, → Arbeitnehmer.

Azubi

(umgangssprachlich) Häufig verwendete Abkürzung für → Auszubildender.
→ Lehrling, → Ladenschwengel, → Stift

BAB
→ Berufsausbildungsbeihilfe

BAG
→ Bundesarbeitsgericht

BBiB
→ Bundesinstitut für Berufsbildung

BBiG
→ Berufsbildungsgesetz

Beendigung des Ausbildungsverhältnisses
Das Ausbildungsverhältnis kann enden durch:
1. Ablauf der → Ausbildungszeit
2. Bestehen der → Abschlussprüfung vor dem regulären Ende der Ausbildungszeit
3. Tod des Ausbildenden oder des Auszubildenden
4. → Auflösungsvertrag oder
5. → Kündigung.

In der Regel endet das Ausbildungsverhältnis mit dem Ende der → Ausbildungszeit (§ 21 Abs. 1 BBiG). Besteht der Auszubildende die → Abschlussprüfung vor dem Ende der vertraglich vereinbarten Ausbildungszeit, endet das Ausbildungsverhältnis mit Bekanntgabe des Prüfungsergebnisses durch den → Prüfungsausschuss. Wird dem → Auszubildenden das → Zeugnis nicht persönlich überreicht, sondern mit der Post zugeschickt, so endet das Ausbildungsverhältnis erst mit Zugang des → Zeugnisses (§ 21 Abs. 2 BBiG).

Das Ausbildungsverhältnis wird durch Tod des Auszubildenden beendet. Handelt es sich beim Ausbildenden um eine → natürliche Person, geht das Ausbildungsverhältnis auf die Erben über, die es dann kündigen können, falls sie den Betrieb nicht fortführen. Ist der Ausbildende eine → juristische Person bleibt das Ausbildungsverhältnis bestehen bzw. geht auf den neuen Betriebsinhaber über.

Das Ausbildungsverhältnis kann ferner durch eine beiderseitige Vereinbarung (→ Auflösungsvertrag/Aufhebungsvertrag) oder durch → Kündigung beendet werden.

Berichtsheft

Veralteter Begriff für → Ausbildungsnachweis.

berufliche Handlungsfähigkeit

→ Handlungsfähigkeit, → Kompetenz

Berufsausbildung

Die Berufsausbildung vermittelt die für die Ausübung einer qualifizierten beruflichen Tätigkeit notwendigen → Fertigkeiten, Kenntnisse und Fähigkeiten (→ Handlungsfähigkeit) in einem geordneten Ausbildungsgang, der (meist) im → „dualen System" stattfindet.

Die wichtigsten rechtlichen Grundlagen der Berufsausbildung sind das → Berufsbildungsgesetz (BBiG), das → Jugendarbeitsschutzgesetz (JArbSchG), die → Ausbildungsverordnung und der → Ausbildungsvertrag.

Berufsausbildungsbeihilfe (BAB)

Die BAB ist eine finanzielle Unterstützung des Staates für Auszubildende, die während einer beruflichen Ausbildung sowie einer berufsvorbereitenden Bildungsmaßnahme geleistet wird. Sie soll den Bedarf für den Lebensunterhalt und die Ausbildung sicherstellen. Auszubildende erhalten BAB, wenn sie während der Ausbildung nicht bei den Eltern wohnen können, weil der Ausbildungsbetrieb vom Elternhaus zu weit entfernt ist. Aber auch wenn Auszubildende in erreichbarer Nähe zum Elternhaus wohnen, können sie Ausbildungsbeihilfe unter der Bedingung erhalten, dass sie über 18 Jahre alt oder verheiratet sind bzw. waren oder mindestens ein Kind haben. Die Höhe des Zuschusses ist abhängig vom Einkommen der Auszubildenden und dem der Eltern bzw. des Ehepartners.

Wer hat Anspruch auf BAB?

Gemäß § 59 SGB III haben Auszubildende **Anspruch** auf BAB, „wenn

▶ die berufliche Ausbildung oder die berufsvorbereitende Bildungsmaßnahme förderungsfähig ist,

▶ sie zum förderungsfähigen Personenkreis gehören und die sonstigen persönlichen Voraussetzungen für eine Förderung erfüllt sind und

▶ ihnen die erforderlichen Mittel zur Deckung des Bedarfs für den Lebensunterhalt, die Fahrkosten, die sonstigen Aufwendungen und die Maßnahmekosten (Gesamtbedarf) nicht anderweitig zur Verfügung stehen."

Die BAB wird auf Antrag erbracht. Dieser ist bei der Agentur für Arbeit zu stellen, in deren Bezirk der Auszubildende seinen Wohnsitz hat. Wird die BAB erst nach Beginn der Ausbildung (oder der berufsvorbereitenden Maßnahme) beantragt, wird sie rückwirkend von dem Monat an geleistet, in dem die Leistung beantragt worden ist.

Ferner besteht für Auszubildende die Möglichkeit, einen Fahrtkostenzuschuss zu beantragen, wenn die Fahrtkosten zwischen Wohnung und → Berufsschule mehr als 50 € monatlich betragen. Der Antrag wird über die Berufsschule gestellt.

www.arbeitsagentur.de/nn_26394/Navigation/zentral/Buerger/Hilfen/Berufsausbildung/Berufsausbildung-Nav.html

http://babrechner.arbeitsagentur.de/

Berufsausbildungsvertrag
→ Ausbildungsvertrag

Berufsausbildungsvorbereitung
Die Berufsausbildungsvorbereitung zielt darauf ab, → Jugendlichen bzw. jungen Erwachsenen mit besonderem Förderbedarf Grundlagen für den Erwerb der beruflichen → Handlungsfähigkeit zu vermitteln und sie an eine → Berufsausbildung heranzuführen.

Zur Zielgruppe zählen gem. § 68 BBiG „lernbeeinträchtigte oder sozial benachteiligte Personen, deren Entwicklungsstand eine erfolgreiche Ausbildung in einem anerkannten → Ausbildungsberuf oder eine gleichwertige Berufsausbildung noch nicht erwarten lässt" (z. B. Jugendliche mit einem schwachen bzw. ohne Hauptschulabschluss, ausländische Jugendliche mit Sprachdefiziten oder ehemals drogenabhängige Jugendliche).

Die Berufsausbildungsvorbereitung soll die Persönlichkeitsentwicklung dieser Jugendlichen bzw. jungen Erwachsenen fördern und Defizite ausgleichen, damit sich deren Chancen auf dem Arbeitsmarkt verbessern.

Berufsbild
Das (Ausbildungs-)Berufsbild ist eine zusammenfassende Übersicht, in der die typischen Inhalte, Tätigkeitsbereiche und Qualifikationen, die Gegenstand der Berufsausbildung sind, beschrieben und verbindlich festgelegt werden. Das Berufsbild ist ein Berufsordnungsmittel und Teil der Ausbildungsordnung. Im Ausbildungsrahmenplan wird das (Ausbildungs-)Berufsbild konkretisiert.

Berufsbildung

Sektor des Bildungssystems, der auf den Erwerb von Kompetenzen gerichtet ist, die zur Ausübung eines Berufs qualifizieren. Das Hochschulsystem zählt nicht hierzu.

Gemäß § 1 Abs. 1 BBiG zählt zur Berufsbildung die → Berufsausbildungsvorbereitung, die → Berufsausbildung, die berufliche → Fortbildung und die berufliche → Umschulung.

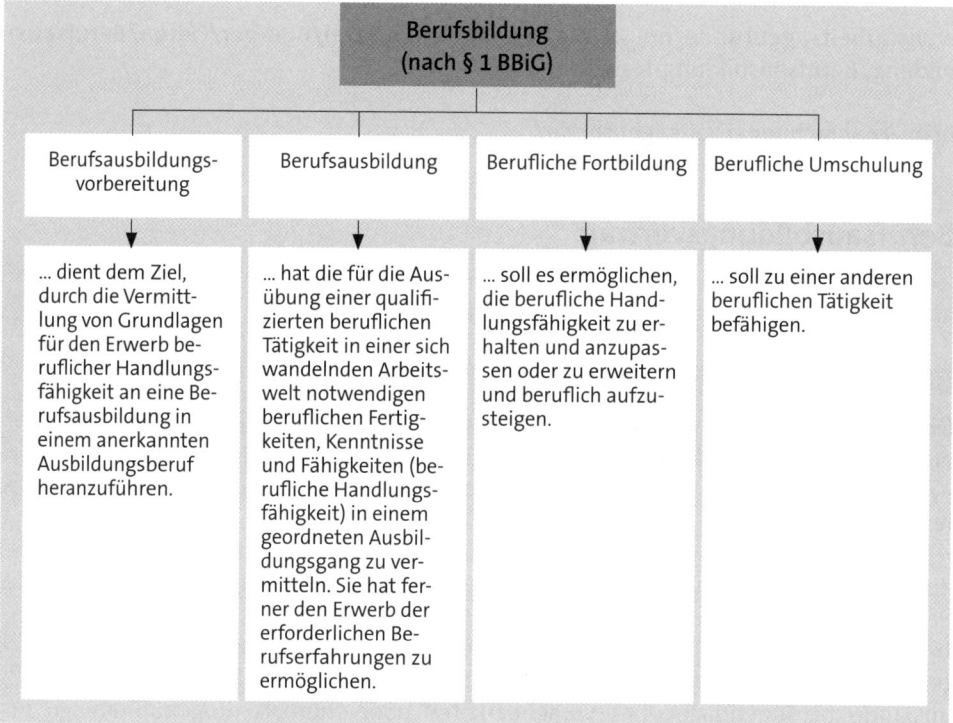

Berufsbildung (nach § 1 BBiG)			
Berufsausbildungs-vorbereitung	Berufsausbildung	Berufliche Fortbildung	Berufliche Umschulung
… dient dem Ziel, durch die Vermittlung von Grundlagen für den Erwerb beruflicher Handlungsfähigkeit an eine Berufsausbildung in einem anerkannten Ausbildungsberuf heranzuführen.	… hat die für die Ausübung einer qualifizierten beruflichen Tätigkeit in einer sich wandelnden Arbeitswelt notwendigen beruflichen Fertigkeiten, Kenntnisse und Fähigkeiten (berufliche Handlungsfähigkeit) in einem geordneten Ausbildungsgang zu vermitteln. Sie hat ferner den Erwerb der erforderlichen Berufserfahrungen zu ermöglichen.	… soll es ermöglichen, die berufliche Handlungsfähigkeit zu erhalten und anzupassen oder zu erweitern und beruflich aufzusteigen.	… soll zu einer anderen beruflichen Tätigkeit befähigen.

Berufsbildungsbericht

Der Berufsbildungsbericht wird gem. § 86 BBiG jährlich vom Bundesministerium für Bildung und Forschung (BMBF) herausgegeben. Er beschreibt die Entwicklung von Angebot und Nachfrage hinsichtlich der Ausbildungsplätze. Das → Bundesinstitut für Berufsbildung (BIBB) ist nach § 90 BBiG verpflichtet, an diesem mitzuwirken. Der Bericht soll

► den Stand und die voraussichtliche Weiterentwicklung der Berufsbildung darstellen,
► über Angebot und Nachfrage nach Ausbildungsplätzen berichten,
► eine Prognose für das laufende Kalenderjahr vornehmen,
► Vorschläge für die Sicherung des Angebots an Ausbildungsplätzen enthalten.

Seit 2009 erstellt das BIBB einen „Datenreport zum Berufsbildungsbericht", der als Informationsquelle und Datengrundlage für den Berufsbildungsbericht des BMBF dient. Siehe auch → Ausbildungsmarkt.

http://datenreport.bibb.de/html/index.html

www.bmbf.de/de/berufsbildungsbericht.php

Berufsbildungsgesetz (BBiG)

Das BBiG ist am 14. 9. 1969 in Kraft getreten. Es regelt den betrieblichen und außerbetrieblichen Teil der Berufsbildung; insbesondere die Berufsausbildungsvorbereitung, die Aus-, Weiter- und Fortbildung sowie die Umschulung.

Geschichte:

Bis zum Inkrafttreten des BBiG im Jahre 1969 beruhte die Berufsbildung „auf der Gewerbeordnung (1869), dem Handelsgesetzbuch (1897) und für das Handwerk auf der Handwerksordnung (1953)". Daneben existierten „vielfach außergesetzliche und regional unterschiedliche Regelungen zur Berufsausbildung". Jahrzehntelang wurde daher „von verschiedenen Seiten ein Berufsausbildungsgesetz gefordert", da die oben genannten Regelungen und gesetzlichen Bestimmungen „verstreut, veraltet, und unübersichtlich seien". Dieses juristische Durcheinander wurde durch das BBiG „zu einem bundeseinheitlichen rechtlichen Rahmen zusammengefügt und ergänzt" (siehe hierzu: Handwörterbuch der Sozialwissenschaften, Bd. 3, S. 431, sowie Bundesministerium für Bildung und Forschung, Duale Ausbildung sichtbar gemacht, S. 45).

Inhalt:

Das BBiG enthält u. a. Vorschriften

- ► zu den Ausbildungsinhalten
- ► zur Gestaltung des Ausbildungsvertrages
- ► zu den Pflichten der Auszubildenden und der Ausbildenden
- ► zur Kündigung
- ► zur Berufsschulpflicht
- ► zum Prüfungswesen (siehe Abbildung).

Reformbestrebungen und Ziele:

Im Juni 2004 wird zwischen Bundesregierung und Wirtschaftsverbänden ein „Ausbildungspakt" geschlossen: Die beteiligten Wirtschaftsverbände verpflichten sich „zur Bereitstellung der erforderlichen Anzahl von Ausbildungsplätzen und die Bundesregierung zu einer Novellierung des Berufsbildungsrechts" (*Wohlgemut*). Mit dieser Novellierung soll erreicht werden

- ► die beruflichen Bildung international auszurichten
- ► die Durchlässigkeit zwischen den Bildungssystemen zu erhöhen
- ► die Kooperation der Lernorte Betrieb und Berufsschule zu fördern

- das Prüfungswesen zu modernisieren
- die Bürokratie abzubauen.

Neues BBiG:

Im Jahre 2005 wurde das BBiG durch das Berufsbildungsreformgesetz (BerBiRefG) vom 23. 3. 2005 grundlegend erneuert. Die wesentlichen Neuerungen im BBiG, mit denen die Reform umgesetzt und die oben genannten Ziele erreicht werden sollen, sind:

- Teilausbildung im Ausland (§ 2 Abs. 3 BBiG)
- Stufenausbildung (§ 5 Abs. 2 Nr. 1 BBiG)
- neue Prüfungsformen („gestreckte Abschlussprüfung") (§ 5 Abs. 2 Nr. 2 BBiG)
- Anrechnung beruflicher Vorbildung (§ 7 BBiG)
- Verbundausbildung (§ 10 Abs. 4 BBiG)
- Vollzeitschulische Ausbildungsgänge (§ 43 Abs. 2 BBiG)
- Qualitätsverbesserung (§ 79 Abs. 1 und § 83 Abs. 1 BBiG).

 TIPP

Das BMBF stellt online eine Gegenüberstellung des alten und neuen BBiG zur Verfügung: http://www.bmbf.de/pubRD/synopse_BBiG_alt_neu.pdf

Das Berufsbildungsgesetz (BBiG) im Überblick:

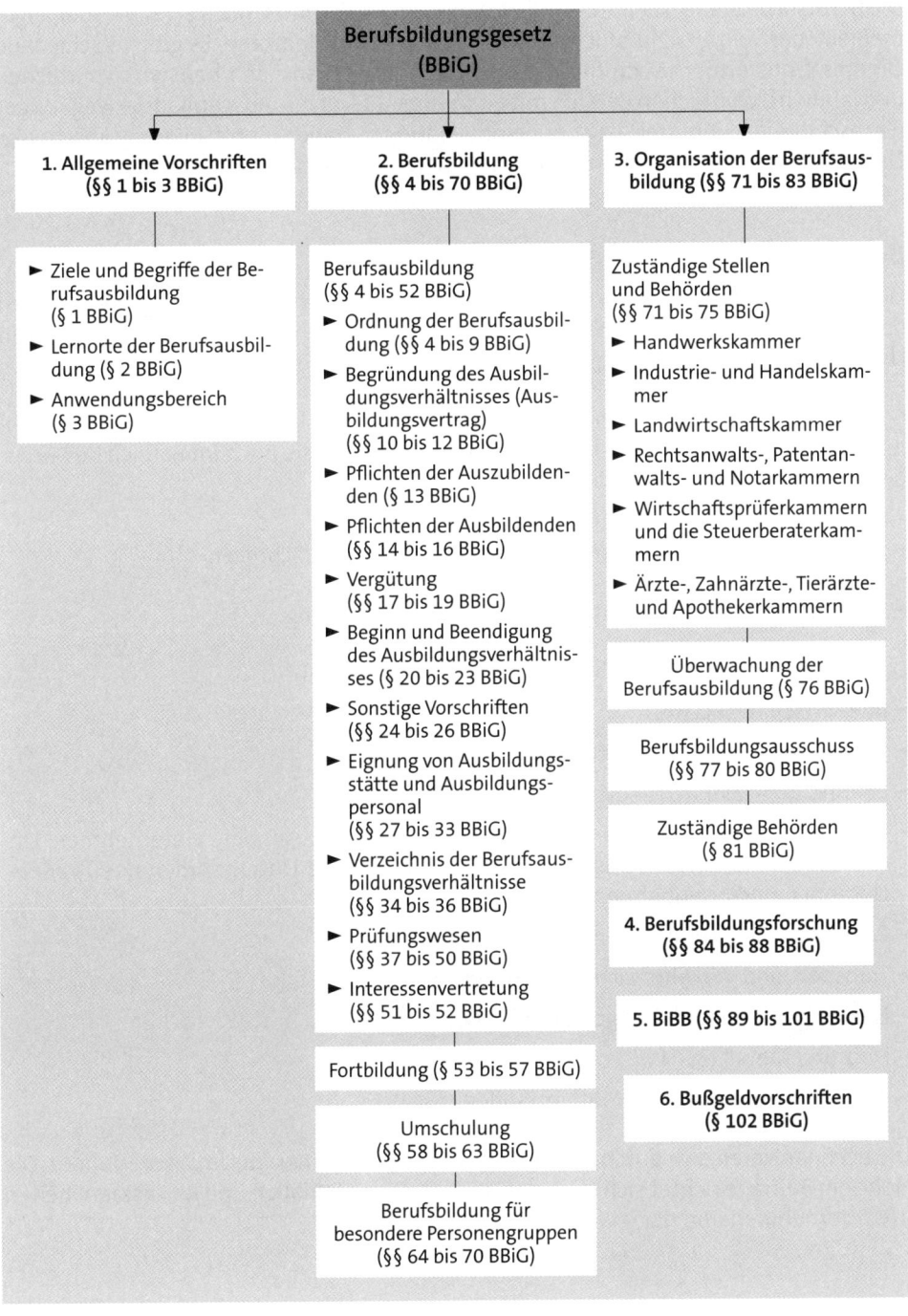

Berufsbildungsgesetz (BBiG)

1. Allgemeine Vorschriften (§§ 1 bis 3 BBiG)

- ► Ziele und Begriffe der Berufsausbildung (§ 1 BBiG)
- ► Lernorte der Berufsausbildung (§ 2 BBiG)
- ► Anwendungsbereich (§ 3 BBiG)

2. Berufsbildung (§§ 4 bis 70 BBiG)

Berufsausbildung (§§ 4 bis 52 BBiG)
- ► Ordnung der Berufsausbildung (§§ 4 bis 9 BBiG)
- ► Begründung des Ausbildungsverhältnisses (Ausbildungsvertrag) (§§ 10 bis 12 BBiG)
- ► Pflichten der Auszubildenden (§ 13 BBiG)
- ► Pflichten der Ausbildenden (§§ 14 bis 16 BBiG)
- ► Vergütung (§§ 17 bis 19 BBiG)
- ► Beginn und Beendigung des Ausbildungsverhältnisses (§ 20 bis 23 BBiG)
- ► Sonstige Vorschriften (§§ 24 bis 26 BBiG)
- ► Eignung von Ausbildungsstätte und Ausbildungspersonal (§§ 27 bis 33 BBiG)
- ► Verzeichnis der Berufsausbildungsverhältnisse (§§ 34 bis 36 BBiG)
- ► Prüfungswesen (§§ 37 bis 50 BBiG)
- ► Interessenvertretung (§§ 51 bis 52 BBiG)

Fortbildung (§ 53 bis 57 BBiG)

Umschulung (§§ 58 bis 63 BBiG)

Berufsbildung für besondere Personengruppen (§§ 64 bis 70 BBiG)

3. Organisation der Berufsausbildung (§§ 71 bis 83 BBiG)

Zuständige Stellen und Behörden (§§ 71 bis 75 BBiG)
- ► Handwerkskammer
- ► Industrie- und Handelskammer
- ► Landwirtschaftskammer
- ► Rechtsanwalts-, Patentanwalts- und Notarkammern
- ► Wirtschaftsprüferkammern und die Steuerberaterkammern
- ► Ärzte-, Zahnärzte-, Tierärzte- und Apothekerkammern

Überwachung der Berufsausbildung (§ 76 BBiG)

Berufsbildungsausschuss (§§ 77 bis 80 BBiG)

Zuständige Behörden (§ 81 BBiG)

4. Berufsbildungsforschung (§§ 84 bis 88 BBiG)

5. BiBB (§§ 89 bis 101 BBiG)

6. Bußgeldvorschriften (§ 102 BBiG)

Berufsfachschule

Die Berufsfachschule ist eine berufliche Vollzeitschulform, die nach Erfüllung der allgemeinen oder Vollzeitschulpflicht freiwillig besucht werden kann. Es gibt verschiedene Organisationsformen im kaufmännischen, technischen, sozialen, hauswirtschaftlichen und landwirtschaftlichen Bereich mit einjähriger (Berufsgrundschuljahr), zweijähriger (Fachschulreife) und drei- bzw. dreieinhalbjähriger Dauer (Berufsbildungsabschluss). Die Berufsfachschule vermittelt allgemeinbildende und berufliche Lerninhalte.

Berufsgenossenschaften (BG)

Die BG sind die Träger der gesetzlichen → Unfallversicherung. Sie sind Körperschaften des öffentlichen Rechts mit Selbstverwaltungsrecht. Für die versicherungspflichtigen Unternehmer besteht Zwangsmitgliedschaft.

Bei Arbeitsunfällen übernehmen die BG die Haftpflicht des Unternehmers. Neben ihren Aufgaben im Bereich der Unfallversicherung wirken sie auch im Bereich des → Arbeitsschutzes und der Unfallverhütung mit:

► Erlassen von Unfallverhütungsvorschriften
► Überwachung der Einhaltung von Unfallverhütungsvorschriften
► Informationsmaßnahmen
► Ausbildung im Arbeitsschutz und in der Unfallverhütung.

Es existieren neun gewerbliche BG für folgende Branchen:

► Bauwirtschaft (BG BAU)

► Handel und Warendistribution (BGHW)

► Energie Textil Elektro Medienerzeugnisse (BG ETEM)

► Banken, Versicherungen, Verwaltungen, freie Berufe, besondere Unternehmen, Unternehmen der keramischen und Glas-Industrie sowie Unternehmen der Straßen-, U-Bahnen und Eisenbahnen (VBG)

► Rohstoffe und Chemische Industrie (BG RCI)

► Transport und Verkehrswirtschaft (BG Verkehr)

► Nahrungsmittel und Gastgewerbe (BGN)

► Holz und Metall (BGHM)

► Gesundheitsdienst und Wohlfahrtspflege (BGW).

Die BG finanzieren sich durch die Beiträge der Unternehmer im Umlageverfahren. Die Höhe der Beiträge richtet sich nach der Häufigkeit von Unfällen und Berufskrankheiten im Unternehmen und der jeweiligen Branche.

Berufsschule

Die Berufsschule ist gem. § 2 Abs. 1 Nr. 2 BBiG ein Lernort der Berufsausbildung im → dualen System. Sie hat die Aufgabe, fachliche Kenntnisse und Fähigkeiten zu vermitteln und die allgemeine Bildung zu erweitern. Die Berufsschulen sind nach beruflichen Fachrichtungen gegliedert: gewerblich, kaufmännisch, hauswirtschaftlich, landwirtschaftlich, gemischt. In Deutschland existieren insgesamt 1.649 Berufsschulen. Die rechtlichen Regelungen für die Berufsschulen finden sich in den jeweiligen Schulgesetzen und Verordnungen der Länder.

INFO

Eine Zusammenstellung aller Schulgesetze findet man auf der Seite der → KMK (siehe URL am Ende des Artikels). Exemplarisch werden am Ende dieses Artikels die schulrechtlichen Regelungen des Landes Hessens nach dem Hessischen Schulgesetz (HSchG) skizziert.

Geschichte:

Zu Beginn des 19. Jh. kam die Industrialisierung nach Deutschland und brachte einen Entwicklungsschub mit sich, der insbesondere das gesellschaftliche und wirtschaftliche Leben der Menschen veränderte: Das Handwerk wurde zurückgedrängt und Fabriken entstanden. In einem sich rasant entwickelnden industriellen Produktionsprozess übernahmen Maschinen immer mehr Arbeitschritte. Dies führte zur Herausbildung neuer Organisationsstrukturen in den Fabriken. Dieser Wandel erforderte schließlich auch einen Wandel im Bildungswesen, denn die allgemeine Schulbildung reichte nun nicht mehr aus, den neuen Anforderungen der (industrialisierten) Wirtschaft gerecht zu werden und die Menschen für ihren Beruf zu qualifizieren.

Seit etwa 1880 gründeten Handelsvereine kaufmännische Fortbildungsschulen – die Vorläufer der Berufsschulen –, die sich seit etwa 1920 immer stärker etablierten und einen berufsbezogenen Fachunterricht ermöglichen. Als „Gründervater der Berufsschulen" in Deutschland gilt der Reformpädagoge und Bildungstheoretiker → *Kerschensteiner* (1854-1932). Dessen konzeptionelles Fundament der Berufsschule wurde theoretisch von → *Spranger* (1882-1963) weiterentwickelt. Erst nach dem Zweiten Weltkrieg wurden die Berufsschulpflicht und die Lerninhalte der Gesetzgebung der Länder unterworfen. Die Berufsschulen etablierten sich als Teilzeitpflichtschulen und wurden zu einem vollwertigen Partner im → dualen System.

Aufgabe:

Aufgabe des Berufsschulunterrichts ist es, die betriebliche Ausbildung fachtheoretisch zu fördern und zu ergänzen und die Allgemeinbildung zu vertiefen. Um den Ausbildungserfolg zu gewährleisten, sollen die → Lernorte (Betrieb und Berufsschule) miteinander kooperieren.

Teilnahme und Freistellungspflicht:

Durch das „duale System" der → Berufsausbildung ergibt sich für → Auszubildende die Pflicht zum Besuch der Berufsschule – auch wenn diese aufgrund ihres Alters nicht mehr schulpflichtig sind. Der → Auszubildende besucht die für den Beschäftigungsort zuständige Berufsschule. Der Unterricht findet je nach Bundesland und Ausbildungs-beruf einmal wöchentlich mit bis zu neun Stunden oder zweimal in der Woche mit etwa 12 bis 16 Stunden oder für einige Wochen als → Blockunterricht statt.

Ausbildende müssen die Auszubildenden für die Teilnahme am Berufsschulunterricht freistellen. Wenn Unterrichtsstunden ausfallen, die zwischen anderen Unterrichts-stunden liegen, besteht auch für diese Freistellungspflicht.

Beispiel

Der Berufsschultag dauert 8 Stunden, die 5. und 6. Stunde entfallen. Für diese Aus-fallzeit besteht Freistellung. Würde der Unterrichtstag vollständig ausfallen oder fal-len die letzten Randstunden des Berufsschultages aus, muss der Auszubildende in den Betrieb zurückkehren, sofern noch tatsächlich zu erbringende Ausbildungszeit im Be-trieb verbleibt.

Allerdings sollte dies (auch unter Berücksichtigung der Freistellungspflicht für die not-wendigen Wegezeiten) auch zumutbar sein. Unzumutbar ist die Rückkehr in den Be-trieb nach der Berufsschule dann, wenn die betriebsübliche bzw. gesetzlich höchstens zugelassene Restausbildungszeit in keinem Verhältnis zu der aufzuwendenden Wege-zeit steht und für eine sinnvolle Ausbildung zu kurz wäre.

Beginnt der Unterricht vor 9.00 Uhr, dürfen die Auszubildenden vor der Schule nicht beschäftigt werden. Dies ergibt sich aus § 19 Abs. 1 Nr. 2b JArbSchG und gilt auch für volljährige Auszubildende, die berufsschulpflichtig sind. Beim → Blockunterricht gilt die Freistellungspflicht für alle Tage, an denen tatsächlich (!) Unterricht stattfindet.

Pflicht des Ausbildenden:

Der Ausbildende hat neben der Freistellungspflicht auch die Pflicht, den Auszubilden-den zum Berufsschulunterricht anzuhalten. Das bedeutet, dass er kontinuierlich und aktiv auf den Auszubildenden einzuwirken hat, dass dieser die Berufsschule besucht und am Unterricht teilnimmt.

Pflicht des Auszubildenden:

Auszubildende haben sich zu bemühen, die berufliche Handlungsfähigkeit zu erwer-ben und aktiv und interessiert auf das Ausbildungsziel hinzuarbeiten. Das → Bundes-arbeitsgericht (BAG) vertritt die Auffassung, dass Auszubildende auch außerhalb der Ausbildungszeit ein bestimmtes Maß an geistigen Bemühungen aufzubringen haben (z. B. → Hausaufgaben anfertigen oder Bücher lesen).

Sonderregelungen für Minderjährige:

Dauert der Unterricht länger als fünf Unterrichtsstunden mit je 45 Minuten, dürfen → Jugendliche danach nicht mehr beschäftigt werden. Dies gilt aber nur für einen Berufsschultag in der Woche. Am zweiten Berufschultag darf der Auszubildende beschäftigt werden. Findet der Unterricht als → Blockunterricht mit mind. 25 Stunden pro Woche statt, dürfen Jugendliche danach nicht beschäftigt werden. Für volljährige Auszubildende besteht keine entsprechende gesetzliche Regelung. Sie dürfen auch nach der Berufsschule noch beschäftigt werden, wenn sie noch Arbeitszeit im Betrieb zu erbringen haben.

Rechtliche Regelungen in Hessen:

Im Folgenden wird exemplarisch Bezug genommen auf die Regelungen des Hessischen Schulgesetzes (HSchG) in der Fassung vom 14. 6. 2005 und die Verordnung über die Berufsschule vom 9. 9. 2002.

Gemäß § 39 HSchG vermittelt die Berufsschule fachliche Kenntnisse und Fähigkeiten und erweitert die allgemeine Bildung. Sie trägt zur Erfüllung der Aufgaben im Beruf und zur Mitgestaltung der Arbeitswelt und Gesellschaft in wirtschaftlicher, technischer, sozialer und ökologischer Verantwortung bei. Die Berufsschule gliedert sich in die **Grundstufe** und die darauf aufbauenden **Fachstufen**:

► 1. Ausbildungsjahr: Grundstufe
► 2. Ausbildungsjahr: Fachstufe 1
► 3. Ausbildungsjahr: Fachstufe 2.

Der **Unterricht** wird als Teilzeitunterricht oder als Blockunterricht erteilt und beträgt bezogen auf ein Schuljahr von 40 Wochen i. d. R. 12 Stunden in der Woche. Die Festlegung des Unterrichts regelt die Berufsschule in Abstimmung mit den Ausbildenden nach pädagogischen Gesichtspunkten und ihren unterrichtsorganisatorischen Möglichkeiten. In der dualen Berufsausbildung führt die Berufsschule zum schulischen Teil eines berufsqualifizierenden Abschlusses. In der Berufsschule können der Hauptschulabschluss (§ 13 Abs. 3 HSchG), der mittlere Abschluss (§ 13 Abs. 4 HSchG) oder die Fachhochschulreife (§ 13 Abs. 5 HSchG) erworben werden.

In § 62 HSchG wird die → **Berufsschulpflicht** geregelt. Sie beginnt nach der Beendigung der Vollzeitschulpflicht mit dem Ausscheiden aus einer Vollzeitschule und mit dem Eintritt in ein Ausbildungsverhältnis. Auszubildende, die in einem Ausbildungsverhältnis i. S. des Berufsbildungsgesetzes stehen, sind für die Dauer des Ausbildungsverhältnisses berufsschulpflichtig.

Das **Zeugnis** der Berufsschule wird in der Grundstufe am Ende des Schuljahres, in der Fachstufe am Ende jedes Schulhalbjahres erteilt. Am Ende des Berufsschulbesuchs wird ein Abschluss- oder Abgangszeugnis erteilt. Die **Zeugnisnoten** sind unter angemessener Berücksichtigung der Leistungsentwicklung während des Berufsschulbesuchs sowie der zeitlichen Anteile der → **Lernfelder** auf Beschluss der Klassenkonferenz zu bilden. Nach § 37 Abs. 3 BBiG wird eine Gesamtnote festgelegt, die als Ergebnis der berufsschulischen Leistung auf dem Abschlusszeugnis der Kammern ausgewiesen werden kann. Zur Bildung der Gesamtnote werden die Bewertungen sowohl aus dem beruflichen Lernbereich als auch aus dem allgemein bildenden Lernbereich des Pflicht- und Wahlpflichtunterrichts herangezogen. Die Rahmenstundentafel liefert über die Vorgabe der Stundenzahl die Gewichtung für die einzelnen Lernbereiche und Fächer.

www.berufsschulen.de

www.kmk.org/dokumentation/rechtsvorschriften-und-lehrplaene-der-laender
http://gus.his.de/

Berufsschullehrer

An den berufsbildenden Schulen werden Lehrer im Angestellten- und im Beamtenverhältnis beschäftigt. Sie unterrichten den allgemeinbildenden, fachtheoretischen und fachpraktischen Unterricht.

Berufsschullehrer sind ihren Abteilungen, Schwerpunkten oder Bereichen zugeordnet und können in den unterschiedlichen Schulformen eingesetzt werden: Neben der Teilzeitberufsschule (duales System) sind dies z. B. berufliche Gymnasien, Fachoberschulen, Berufsfachschulen, Berufsvorbereitung usw.

Aufgrund der vielfältigen länderspezifischen Regelungen und Voraussetzungen soll im Folgenden exemplarisch der Berufsschullehrer im kaufmännischen Bereich skizziert werden. Der fachtheoretische (z. B. Wirtschaftslehre) und allgemeinbildende Unterricht (z. B. Deutsch, Englisch, Mathe) wird von festangestellten, i. d. R. beamteten, akademisch gebildeten Lehrern (universitärer Abschluss) erteilt. Im Bereich Wirtschaft und Verwaltung sind dies überwiegend Diplom-Handelslehrer (Dipl.-Hdl.). In ihrer ersten Ausbildungsphase haben sie folgende Anforderungen erfüllt:

▶ 9-semestriges Studium der Wirtschaftspädagogik (BWL, VWL, Rechnungswesen, Recht, Pädagogik, Psychologie) nebst Wahlfach (z. B. Deutsch, Englisch, Mathe, Politik, Informatik)

▶ eine mindestens 12monatige, einschlägige fachpraktische Ausbildung

▶ fachdidaktische Studien (Schulpraktika).

Der akademische Abschluss (Diplom) befähigt zum Unterrichten in der Sekundarstufe II. Die Laufbahn bzw. die Dienstgrade der Diplom-Handelslehrer entsprechen denen der Lehrer an allgemeinbildenden höheren Schulen (Gymnasium). Nach dem universitären Abschluss (Diplom, zugleich 1. Staatsexamen) absolvieren sie den Vorbereitungsdienst (Referendariat) als Lehrer im Vorbereitungsdienst (LiV) bzw. Referendar und schließen diesen i. d. R. zweijährigen Ausbildungsabschnitt mit dem 2. Staatsexamen ab. Je nach Dienstlaufbahn sind sie hernach als Studienrat (StR.), Oberstudienrat (OStR.), Studiendirektor (StR.) oder Oberstudiendirektor (OStD) tätig; dies entspricht den Besoldungsgruppen A 13 bis A 16.

Die Fachlehrer sind als Angestellte oder Beamte im mittleren oder gehobenen Dienst tätig und vermitteln fachpraktische Lerninhalte (z. B. Bürowirtschaft). Einstellungsvoraussetzung ist eine entsprechende berufliche Qualifikation und ein mindestens dreisemestriger Fachschulbesuch bzw. ein Fachhochschulstudium sowie ein erfolgreich abgeschlossener Vorbereitungsdienst.

In Deutschland sind insgesamt rund 54.000 Lehrkräfte an 1.649 beruflichen Schulen beschäftigt, davon knapp 44.000 in der Berufsschule (duales System, vgl. hierzu Bundesministerium für Bildung und Forschung (BMBF), Grund- und Strukturdaten).

http://gus.his.de/

Berufsschulpflicht

Die allgemeine Schulpflicht und die Berufsschulpflicht werden in den Schulgesetzen der Bundesländer geregelt. Damit Auszubildende auch ihrer Pflicht zum Besuch der Berufsschule nachkommen können, haben Ausbildende Auszubildende für die Teilnahme am Berufsschulunterricht freizustellen (§ 15 BBiG).

Die Tabelle gibt einen Überblick über die länderspezifischen Regelungen zur Berufsschulpflicht:

Bundesland	Regelung zur Berufsschulpflicht
Baden-Württemberg	Die Berufsschulpflicht beginnt mit dem Ablauf der Pflicht zum Besuch einer allgemein bildenden Schule und endet mit dem Ablauf des Schuljahres in dem der oder die Schulpflichtige das 18. Lebensjahr vollendet, außer er oder sie steht zu diesem Zeitpunkt noch in einem Ausbildungsverhältnis.
Bayern	Wer in einem Ausbildungsverhältnis steht, ist zum Besuch der Berufsschule verpflichtet, längstens bis zum Ende des Schuljahrs, in dem das 21. Lebensjahr vollendet wird. Nicht berufsschulpflichtig sind Auszubildende mit Abitur oder Fachhochschulreife, sie sind jedoch berufsschulberechtigt.
Berlin	Nach Erfüllung der allgemeinen Schulpflicht wird berufsschulpflichtig, wer in einem Berufsausbildungsverhältnis i. S. des Berufsbildungsgesetzes steht. Die Schülerin oder der Schüler muss bis zum Ende des Berufsausbildungsverhältnisses die Berufsschule besuchen. Berufsschulpflichtig ist auch, wer an einem berufsvorbereitenden Lehrgang teilnimmt und das 20. Lebensjahr noch nicht vollendet hat. Von der Berufsschulpflicht ist auf Antrag zu befreien, wenn 1. die Berufsausbildung erst nach Vollendung des 21. Lebensjahres beginnt, 2. die oder der Auszubildende bereits eine abgeschlossene Berufsausbildung besitzt, 3. die oder der Auszubildende den Abschluss einer Berufsfachschule nachweist oder 4. die Befreiung zur Vermeidung von Härten erforderlich ist.

Brandenburg	Nach Erfüllung der Vollzeitschulpflicht beginnt die Berufsschulpflicht. Wer vor Vollendung des 21. Lebensjahres ein Berufsausbildungsverhältnis beginnt, ist bis zum Ende des Ausbildungsverhältnisses berufsschulpflichtig. Für Jugendliche ohne Berufsausbildungsverhältnis dauert die Berufsschulpflicht bis zum Ablauf des Schuljahres, in dem sie das 18. Lebensjahr vollenden. Berufsschulpflichtige, die das 18. Lebensjahr vollendet haben, können durch das staatliche Schulamt von der Berufsschulpflicht befreit werden. Die Berufsschulpflicht endet vor Vollendung des 18. Lebensjahres, wenn eine mindestens einjährige berufliche Förderung abgeschlossen wurde.
Bremen	Auszubildende erfüllen ihre Schulpflicht durch den Besuch der Berufsschule.
Hamburg	Auszubildende sind für die Dauer ihres Berufsausbildungsverhältnisses in Hamburg schulpflichtig, wenn sie ihre Ausbildungsstätte innerhalb Hamburgs haben. Die Schulpflicht dauert elf Schulbesuchsjahre, sie endet spätestens mit Vollendung des 18. Lebensjahres.
Hessen	Alle Auszubildenden sind für die Dauer ihrer Berufsausbildung berufsschulpflichtig. Jugendliche, die in keinem Ausbildungsverhältnis stehen, sind nach Erfüllung der verlängerten Vollzeitschulpflicht für die Dauer von drei Jahren, längstens bis zum Ende des Schulhalbjahres, in dem sie das 18. Lebensjahr vollenden, zum Besuch der Berufsschule berechtigt.
Mecklenburg-Vorpommern	Die Pflicht zum Besuch einer beruflichen Schule beginnt nach Verlassen einer Schule des Sekundarbereichs I und dauert 1. bei Bestehen eines Berufsausbildungsverhältnisses bis zum Ende der Ausbildungszeit, 2. ohne Bestehen eines Berufsausbildungsverhältnisses drei Schuljahre, jedoch längstens bis zum Ende des Schulhalbjahrs, in dem die Schülerin oder der Schüler das 18. Lebensjahr vollendet. Tritt ein Volljähriger in ein erstes Ausbildungsverhältnis i. S. des Berufsbildungsgesetzes ein, so hat er Anspruch auf Aufnahme in die Berufsschule.
Niedersachsen	Auszubildende sind für die Dauer ihres Berufsausbildungsverhältnisses berufsschulpflichtig. Wer an Maßnahmen der beruflichen Umschulung in anerkannten Ausbildungsberufen teilnimmt, kann die Berufsschule für die Dauer der beruflichen Umschulung besuchen.
Nordrhein-Westfalen	Wer vor Vollendung des 21. Lebensjahres ein Berufsausbildungsverhältnis beginnt, ist bis zu dessen Ende schulpflichtig. Für Jugendliche ohne Berufsausbildungsverhältnis dauert die Schulpflicht bis zum Ablauf des Schuljahres, in dem sie das 18. Lebensjahr vollenden. Wer nach dem Ende der Schulpflicht ein Berufsausbildungsverhältnis beginnt, ist berechtigt, die Berufsschule zu besuchen, solange das Berufsausbildungsverhältnis besteht.

Rheinland-Pfalz	Besteht nach Ablauf von zwölf Schuljahren noch ein Berufsausbildungs- verhältnis, so hat die oder der Auszubildende die Berufsschule bis zu des- sen Abschluss zu besuchen. Auszubildende, deren Berufsausbildungsverhältnis nach Beendigung der Pflicht zum Schulbesuch begründet worden ist, sind bis zu dessen Ab- schluss zum Besuch der Berufsschule berechtigt, längstens jedoch bis zur Vollendung des 25. Lebensjahres.
Saarland	Mit der Beendigung der allgemeinen Vollzeitschulpflicht beginnt die Pflicht zum Besuch der Berufsschule. Die Berufsschulpflicht dauert drei Jahre. Auszubildende sind unabhän- gig davon bis zur Beendigung des Berufsausbildungsverhältnisses berufs- schulpflichtig. Die Berufsschulpflicht endet für Jugendliche ohne Berufsausbildungs- verhältnis spätestens mit der Vollendung des 18. Lebensjahres, sofern sie nicht durch Begründung eines Berufsausbildungsverhältnisses wieder auflebt. Im Übrigen endet die Berufsschulpflicht spätestens mit der Voll- endung des 21. Lebensjahres. Liegt ein über das Ende der Berufsschulpflicht hinausgehendes Berufsaus- bildungsverhältnis vor oder wird ein solches nach dem Ende der Berufs- schulpflicht begründet, so kann die Berufsschule freiwillig bis zu dessen Beendigung besucht werden; dies gilt nicht für die Teilnahme an Maßnah- men der beruflichen Umschulung. Die Berufsschulpflicht entfällt oder endet vorzeitig mit der Entscheidung der Schulaufsichtsbehörde, dass die Ausbildung der oder des Berufsschul- pflichtigen den Besuch der Berufsschule entbehrlich macht, mit der Ehe- schließung, sofern die oder der Berufsschulpflichtige nicht in einem Be- rufsausbildungsverhältnis steht. Für Geistigbehinderte besteht keine Pflicht zum Besuch der Berufsschule.
Sachsen	Die Vollzeitschule dauert neun Schuljahre; die Berufsschulpflicht dauert i. d. R. drei Schuljahre. Die Berufsschulpflicht eines Auszubildenden endet mit dem Ende des Berufsausbildungsverhältnisses. Auszubildende, die vor Beendigung der Berufsschulpflicht ein Berufsausbildungsverhältnis begin- nen, sind bis zum Ende des Berufsausbildungsverhältnisses berufsschul- pflichtig. Auszubildende, die nach Beendigung der Berufsschulpflicht ein Berufsausbildungsverhältnis beginnen, können die Berufsschule oder die entsprechende berufsbildende Förderschule bis zum Ende des Berufsaus- bildungsverhältnisses besuchen.
Sachsen-Anhalt	Die Schulpflicht endet zwölf Jahre nach ihrem Beginn. Alle Schulpflichti- gen besuchen zunächst mindestens neun Jahre Schulen der Primarstu- fe und der Sekundarstufe I (Vollzeitschulpflicht). Sofern sie nicht anschlie- ßend allgemeinbildende Schulen besuchen, erfüllen sie ihre Schulpflicht durch den Besuch einer berufsbildenden Schule. Wer nach Beendigung der Schulpflicht eine Berufsausbildung nach dem Berufsbildungsgesetz oder der Handwerksordnung beginnt, ist verpflichtet, für die Dauer des Ausbildungsverhältnisses die Berufsschule zu besuchen.

Schleswig-Holstein	Die Berufsschulpflicht beginnt für Minderjährige mit dem Verlassen einer weiterführenden allgemein bildenden Schule oder eines Förderzentrums nach Erfüllung der Vollzeitschulpflicht und dauert bis zum Abschluss eines bestehenden Ausbildungsverhältnisses oder, wenn kein Ausbildungsverhältnis besteht, bis zum Ende des Schulhalbjahres, in dem die Schülerin oder der Schüler volljährig wird. Tritt eine Volljährige oder ein Volljähriger in ein Ausbildungsverhältnis für einen anerkannten Ausbildungsberuf ein, wird sie oder er bis zum Ende des Ausbildungsverhältnisses berufsschulpflichtig.
Thüringen	Die Berufsschulpflicht schließt an die Vollzeitschulpflicht an. Wer in einem Ausbildungsverhältnis nach dem Berufsbildungsgesetz oder der Handwerksordnung steht, ist zum Besuch der Berufsschule verpflichtet. Die Berufsschulpflicht endet mit dem Abschluss einer anerkannten Berufsausbildung, spätestens zum Ende des Schuljahres, in dem das 21. Lebensjahr vollendet wird. Personen, die nicht mehr berufsschulpflichtig sind und sich in einem Ausbildungsverhältnis befinden, sind zum Besuch der Berufsschule berechtigt. Personen mit einem Umschulungsvertrag kann für die Dauer der Umschulung der Besuch der Berufsschule gestattet werden.

Stand: 1. 3. 2011

Besichtigung

Als Unterrichtsmethode ist die Besichtigung eine Form der Exkursion, durch die sich Schüler Informationen an einem außerschulischen Lernort beschaffen. Allerdings haben die Schüler bei der Besichtigung – im Gegensatz zu einer Erkundung – i. d. R. nicht die Möglichkeit, den Verlauf aktiv mitzugestalten. Sie können lediglich Beobachtungen machen und diese später im Unterricht auswerten und besprechen.

In der beruflichen Bildung nimmt die Betriebsbesichtigung eine nicht unwichtige Stellung ein. Sie kann für beide Seiten – also für Unternehmen und Schüler – nützlich sein: Die Schüler gewinnen praktische Eindrücke. Sie erleben und erfahren die betriebliche Realität mit allen Sinnen. Auch können Besichtigungen ein erster Schritt sein, um Kontakte mit Unternehmen zu knüpfen, um so ein Praktikums- oder Berufsausbildungsverhältnis anzubahnen. Insofern können auch Unternehmen davon profitieren, wenn sie Besichtigungen anbieten und mit Schulen kooperieren. Insbesondere in Zeiten eines drohenden → Fachkräftemangels kann die Besichtigung der Bewerbergewinnung dienlich sein.

Betrieb

Als Betrieb bezeichnet man eine örtliche, technische und organisatorische Wirtschaftseinheit zum Zwecke der Erstellung von Gütern und Dienstleistungen. Häufig werden die Begriffe „Betrieb" und „Unternehmen" synonym verwendet. Den Begriff „Betrieb" verwendet man vorwiegend im technisch-produktionswirtschaftlichen Sinne, den Begriff „Unternehmen" im rechtlichen und finanzwirtschaftlichen Sinne. Ein Unternehmen kann also aus mehreren Betrieben bestehen.

Betriebs- und Geschäftsgeheimnis

Zum Betriebs- und Geschäftsgeheimnis zählen schutzwürdige Tatsachen und Vorgänge, die im Zusammenhang mit dem Geschäftsbetrieb stehen und die nach dem Willen des Betriebsinhabers der Geheimhaltung unterliegen.

▶ **Betriebsgeheimnisse** betreffen den technischen Betriebsablauf, insbesondere Herstellung und Herstellungsverfahren (Erfindungen, Verfahrensmethoden, Rezepte, besondere technische Handgriffe usw.).

▶ **Geschäftsgeheimnisse** beziehen sich auf den allgemeinen Geschäftsverkehr des Unternehmens (Kunden- und Preislisten, Kalkulationen, Bilanzen, Investitionsvorhaben, Umsatzzahlen, Angebote, Auskünfte).

Darüber hinaus versteht man unter dem Begriff „Betriebs- und Geschäftsgeheimnis" sämtliche als vertraulich anzusehenden Daten, die im Zusammenhang mit der Beschäftigung stehen, z. B. auch die Höhe der → Ausbildungsvergütung.

Gemäß § 13 Satz 2 Nr. 6 BBiG sind Auszubildende „verpflichtet, über Betriebs- und Geschäftsgeheimnisse Stillschweigen zu wahren". Diese Verschwiegenheitspflicht gegenüber jeder dritten Person besteht auch über die Beendigung des Ausbildungsverhältnisses hinaus.

Ein Pflichtverstoß kann schadensersatzpflichtig machen und zur → Abmahnung bzw. → Kündigung führen. Nur in extremen Einzelfällen scheint es gerechtfertigt, dass sich Arbeitnehmer (bzw. Auszubildende) über die Verschwiegenheitspflicht hinwegsetzen; z. B. wenn der Arbeitgeber (bzw. der Ausbildende) eine Straftat begeht.

Betriebsrat

Die rechtliche Grundlage der betrieblichen Mitbestimmung ist das → Betriebsverfassungsgesetz (BetrVG). Als wichtigstes Organ des BetrVG hat der Betriebsrat vielfältige Aufgaben wahrzunehmen und ist darüber hinaus mit zum Teil umfangreichen Rechten ausgestattet. Durch ihn erfolgt die Mitbestimmung im Betrieb.

Wahl:

Betriebsräte können bereits in Betrieben mit fünf Arbeitnehmern errichtet werden (§ 1 BetrVG). Die rechtlichen Bestimmungen zur Zusammensetzung und Wahl des Betriebsrates finden sich in den §§ 7 bis 20 BetrVG sowie in der Wahlordnung zum BetrVG. Die Zahl der Betriebsratsmitglieder richtet sich nach der Anzahl der wahlberechtigten Arbeitnehmer im Betrieb (§ 9 BetrVG):

Anzahl der wahlberechtigten Arbeitnehmer im Betrieb	Größe des Betriebsrates
5 bis 20	1 Person
21 bis 50	3 Mitglieder
51 bis 100	5 Mitglieder
101 bis 200	7 Mitglieder
201 bis 400	9 Mitglieder
401 bis 700	11 Mitglieder
701 bis 1000	13 Mitglieder
...	... *

*) Die weitere Erhöhung der Arbeitnehmeranzahl erfolgt in 500er Schritten. Dabei erhöht sich die Größe des Betriebsrates um jeweils zwei Mitglieder.

Aufgaben:

Der Betriebsrat hat ein sog. „freies Mandat", d. h. er ist an keinerlei Weisungen gebunden. Er nimmt im eigenen Namen Aufgaben und Rechte wahr, die ihm durch das BetrVG zugewiesen sind. Dabei gilt das Gebot der vertrauensvollen Zusammenarbeit zwischen Arbeitgeber und Betriebsrat (§ 2 BetrVG).

Zu den allgemeinen Aufgaben des Betriebsrates (§ 80 BetrVG) gehören bspw. die

► Überwachung von geltenden Gesetzen, Verordnungen, Unfallverhütungsvorschriften, Tarifverträgen und Betriebsvereinbarungen;

► Beantragung von Maßnahmen, die dem Betrieb und der Belegschaft dienen;

► Durchsetzung und Förderung der Gleichberechtigung;

► Zusammenarbeit mit der Jugend- und Auszubildendenvertretung;

► Eingliederung und Förderung Schwerbehinderter und sonstiger schutzbedürftiger Personen;

► Förderung der Beschäftigung älterer Arbeitnehmer;

► Förderung der Integration ausländischer Arbeitnehmer;

► Förderung und Sicherung der Beschäftigung;

► Förderung von Maßnahmen zum Arbeitsschutz und betrieblichen Umweltschutz.

Vorraussetzungen in der Praxis: Damit der Betriebsrat seine Aufgaben erfüllen kann, müssen bestimmte **Voraussetzungen** erfüllt sein:

Der Betriebsrat benötigt	Regelung im BetrVG
Zeit	Der BR darf seine Arbeit unterbrechen. Er kann auch völlig freigestellt werden (§§ 37 Abs. 2, 38 BetrVG).
Geld	Die Betriebsratsarbeit verursacht Kosten. Diese sind vom Arbeitgeber zu tragen. Zum Beispiel für Räume, Büromaterial, Kommunikationstechnik, Fahrtkosten (§ 40 Abs. 2 Satz 2 BetrVG).
Informationen	Nach § 80 BetrVG ist der BR rechtzeitig und umfassend über alles zu informieren, was zur Erfüllung seiner Aufgaben notwendig ist. Zum Beispiel Einsichtnahme in jede Form von Bilanz oder Darstellung der wirtschaftlichen Lage. Hierzu sind Kopien, Durchschriften oder sogar Originale vorzulegen. Nach Rechtsprechung hat der BR auch Anspruch auf einen Internetzugang (BAG, NZA 2004, S. 280).
Sachkunde	Der BR kann Schulungs- und Bildungsveranstaltungen besuchen (§ 37 Abs. 6 und 7 BetrVG). Außerdem können sachkundige Kollegen, außerbetriebliche Sachverständige oder Berater herangezogen werden (§§ 80 Abs. 2 und 3, 111 BetrVG).
Unabhängigkeit	Nicht selten kommt es zu Konfrontationen zwischen Arbeitgeber und BR. Daher darf kein Betriebsratsmitglied benachteiligt werden (§ 78 Abs. 2 BetrVG). Ferner genießen sie einen weit reichenden Kündigungsschutz (§ 103 BetrVG, § 15 KSchG).

Rechte:

Hinsichtlich der Beteiligung ist der Betriebsrat ist mit starken und mit schwachen Rechten ausgestattet. Diese Beteiligungsrechte sind gestuft geregelt und reichen von einfachen Informationsrechten bis hin zu echten Mitbestimmungsrechten. Dabei umfassen zwingenderweise die Rechte einer höheren Stufe immer die Rechte der jeweils niederen Stufe. Das ist logisch, da der Betriebsrat bspw. erst einmal informiert werden muss, bevor er in irgendeiner Weise mitwirken bzw. mitbestimmen kann.

Grundsätzlich gilt hinsichtlich der Ausgestaltung der Beteiligungsrechte folgender Grundsatz: „Die unternehmerische Entscheidung ist mitbestimmungsfrei; je stärker der einzelne betroffen wird, desto intensiver werden Mitwirkung und Mitbestimmung" (*Hromadka*).

Auf der untersten Stufe steht das **Informationsrecht**. Der Betriebsrat hat hierbei keine Möglichkeit, Einfluss auf eine Entscheidung zu nehmen. Er muss jedoch nach § 80 BetrVG über betriebliche Angelegenheiten informiert bzw. unterrichtet werden. Das ist wichtig, weil ihm bspw. die allgemeine Aufgabe zugeschrieben wird, zu überwachen, ob die Arbeits- und Umweltschutzgesetzte eingehalten werden (§ 89 BetrVG). Er kann aber auch Einsicht in Unterlagen und Bilanzen verlangen. Dabei steht ihm sogar das Recht zu, einen Sachverständigen zu Rate zu ziehen. Denn was nützt einem das Recht, z. B. Einsicht in die Bilanzen zu nehmen, wenn man nicht erkennt, was sie aussagen?

Die nächst höhere Art der Beteiligung ist das **Mitwirkungsrecht**. Hier kommt dem BR ein Mitspracherecht zu – letztendlich entscheidet aber der Arbeitgeber. Bedeutsam ist die Mitwirkung insbesondere in personellen Angelegenheiten (§§ 92 ff. BetrVG). So hat der BR bei der Personalplanung ein Beratungs- bzw. Vorschlagrecht. Bei personellen Einzelmaßnahmen (§ 99 BetrVG), z. B. bei der Kündigung von Mitarbeitern, muss der BR angehört werden. Aber auch in wirtschaftlichen Angelegenheiten hat der BR ein Mitwirkungsrecht; dies ist der Fall, wenn Betriebsänderungen (§ 111 BetrVG) geplant sind. Dazu zählen bspw. Stilllegung, Verlegung, Zusammenschlüsse oder die Spaltung von Betrieben sowie die Einführung neuer Arbeitsmethoden oder Fertigungsverfahren.

Die stärkste Form der Beteiligung ist das **„echte" Mitbestimmungsrecht**. Hier wird dem Betriebsrat ein paritätisches Mitgestaltungsrecht eingeräumt. Dies ist insbesondere der Fall in den sog. sozialen Angelegenheiten. Der Arbeitsrechtler **Däubler** nennt es das „Herzstück der Betriebsverfassung", da sie den Schwerpunkt der Betriebsratstätigkeit bilden. Sie umfassen nach § 87 Abs. 1 Satz 1 bis 13 BetrVG Fragen zu folgenden Angelegenheiten:

- ► Ordnung des Betriebes
- ► Arbeitszeit und Pausen
- ► Auszahlung der Arbeitsentgelte
- ► Urlaub
- ► Einführung und Anwendung von technischen Einrichtungen, die zur Überwachung der Arbeitnehmer geeignet sind
- ► Unfallverhütung und Gesundheitsschutz
- ► betriebliche Sozialeinrichtungen und Wohnraum
- ► Lohngestaltung und leistungsbezogene Entgelte (z. B. Prämien)
- ► Grundsätze über das betriebliche Vorschlagswesen
- ► Fragen zur Gruppenarbeit.

 INFO

Jeder zweite Beschäftigte ohne Betriebsrat

München – Jeder zweite Arbeitnehmer in Deutschland arbeitet in einer Firma, in der es keinen Betriebsrat gibt. (...) Generell gilt: In großen Konzernen ist die betriebliche Mitbestimmung üblich, in kleinen Betrieben gibt es sie kaum. Allerdings hängt es nicht allein von der Firmengröße ab, ob es einen Betriebsrat gibt oder nicht. Dies zumindest zeigt eine Studie der technischen Universität München, deren Forschungsergebnisse jetzt veröffentlicht worden sind.

Die Gruppe der Soziologen hat vier Typen von Betrieben ohne Betriebsrat ausgemacht. Diese haben eines gemeinsam: „Konflikte werden systematisch individualisiert. Die Beschäftigten bekommen das zu spüren", sagt Wissenschaftler Stefan Lücking, der die Forschungsergebnisse (...) ausgewertet hat.

„Wichtige rechtliche Bestimmungen, die Arbeitnehmer schützen können, wenn ihr Arbeitgeber in Schwierigkeiten gerät, greifen nur, wenn es einen Betriebsrat gibt", betont Heide Pfarr, Arbeitsrechtlerin und Wissenschaftliche Direktorin des WSI in der Hans-Böckler-Stiftung. „Fehlt ein Betriebsrat, dann laufen Mitbestimmungsrechte bei der Einführung von Kurzarbeit, bei Kündigungen und Massenentlassungen und vor allem die Verpflichtung zur Vereinbarung eines Sozialplans schlicht leer", warnt Pfarr.

(...) Ein Sprecher der IG-Metall (...) sagte: „Es gibt weiße Flecken. In vielen Betrieben fehlen Betriebsräte. Doch gerade jetzt zeigt sich, wie wichtig Betriebsräte in Firmen sind. Ohne Beteiligung der Arbeitnehmer sind Unternehmenskrisen nicht zu bewältigen." Nach einer Untersuchung (...) haben in Deutschland gerade elf Prozent aller betriebsratsfähigen Unternehmen einen Betriebsrat. Damit sind nur 45 Prozent der Beschäftigten in Betrieben mit fünf und mehr Arbeitnehmern durch ein solches Gremium vertreten.

Die Forschungsgruppe der Technischen Universität München hat bei den betriebsratslosen Unternehmen jetzt folgende Typen ausgemacht:

Prekäre Dienstleistung: Diese gibt es vor allem bei Discountern, Wachdiensten, Betrieben der Gebäudereinigung und im Gastgewerbe. „Ausgerechnet in dem Bereich, in dem eine effektive Interessenvertretung besonders nötig wäre, existieren nur in Ausnahmefällen Betriebsräte", resümiert Soziologe Lücking. Das sei meist von den Arbeitgebern so gewünscht. Bereits die Organisation eines Unternehmens solle eine gemeinsame Interessenvertretung der Belegschaft behindern, haben die Forscher festgestellt.

Patriarchale Familienunternehmen: Dort sei oft die Gunst des Chefs wichtiger als eine objektive Leistungsbewertung. Die Beschäftigten akzeptierten die Strukturen, solange sie glaubten, davon zu profitieren. Konflikte führten in diesem Klima aber leicht zu Entlassungen, „jede Form von Kritik wird von vornherein stigmatisiert", so die Studie.

New Economy: Oft lehne das Management einen Betriebsrat ab, auch Tarifverträge spielten kaum eine Rolle. Soweit es dem Unternehmen nutze, gewähre es den Beschäftigten weitgehende Autonomie. Die Beschäftigten akzeptierten ihrerseits bereitwillig Phasen mit exzessiven Arbeitszeiten, so die Untersuchung.

Hochspezialisierte Industrie: Die Firmen sind laut Studie oft in ländlichen Gebieten angesiedelt. Das Geschäftsmodell besteht darin, hohe Qualität zu entsprechenden Preisen zu liefern, und das möglichst flexibel. Das erkläre den Charakter der Beziehung zwischen Unternehmen und Beschäftigten, so Lücking. Es werde Anerkennung gegen Flexibilität getauscht, Vertrauen gegen Loyalität. Die Arbeitgeber böten den Beschäftigten informelle Formen der Interessenvertretung an.

Quelle: *Haas*, Süddeutsche Zeitung, 26. 2. 2009, gekürzt.

Betriebsvereinbarung

Eine Betriebsvereinbarung ist eine privatrechtliche und kollektivarbeitsrechtliche Vereinbarung, die zwischen Arbeitgeber und → Betriebsrat schriftlich abgeschlossen wird (§ 77 BetrVG). Sie regelt für den jeweiligen Betrieb die individuellen Rechtsbeziehungen zwischen → Arbeitgeber und → Arbeitnehmer hinsichtlich betrieblicher Arbeitsbedingungen und betriebsverfassungsrechtlicher Fragen. Somit dient die Betriebsvereinbarung dem „harmonischen Ausgleich der Interessen der Belegschaft und des Betriebes" und ist „geeignet, konfliktäre Entwicklungen zu regulieren oder zu verhindern und damit das leistungsdeterminierende Betriebsklima positiv zu beeinflussen" (Hamel).

Die Betriebsvereinbarung ist Gesetz und → Tarifvertrag nachrangig; sie gilt jedoch unmittelbar und zwingend zugunsten aller Arbeitsverhältnisse (mit Ausnahme der leitenden Angestellte). Arbeitsentgelte und andere Regelungen, die im Tarifvertrag geregelt werden, können nicht Inhalt einer Betriebsvereinbarung sein – es sei denn, der Tarifvertrag enthält eine Öffnungsklausel. Soweit nichts anderes vereinbart ist, können Betriebsvereinbarungen mit einer Frist von drei Monaten gekündigt werden.

Im öffentlichen Dienst gelten Regelungen von Dienstvereinbarungen, die die Besonderheiten des öffentlichen Dienstes berücksichtigen.

In die Niederschrift von → Ausbildungsverträgen ist ein „in allgemeiner Form gehaltener Hinweis" auf die Tarifverträge und Betriebs- oder Dienstvereinbarungen aufzunehmen, die auf das Berufsausbildungsverhältnis Anwendung finden (§ 11 Abs. 1 Nr. 9 BBiG). Wie konkret dieser „in allgemeiner Form gehaltene Hinweis" sein muss, ist nicht geklärt. In der Vertragspraxis ist bspw. folgende Formulierung typisch: „Im Übrigen finden auf das Ausbildungsverhältnis die einschlägigen Tarifverträge sowie Betriebsvereinbarungen Anwendung."

Betriebsverfassungsgesetz (BetrVG)

Das BetrVG regelt die Interessenvertretung der Arbeitnehmer in den Betrieben durch die betriebsverfassungsrechtlichen Organe, insbesondere den → Betriebsrat. Es schränkt die Direktionsbefugnis des → Arbeitgebers ein und schützt die Interessen der → Arbeitnehmer. Das BetrVG gilt nicht für den öffentlichen Dienst; dort finden das Personalvertretungsgesetz des Bundes bzw. die Personalvertretungsgesetze der Länder Anwendung.

Neben den Aufgaben, Rechten und Pflichten des Betriebsrats enthält das BetrVG auch die Bestimmungen für die → Jugend- und Auszubildendenvertretung (JAV). Es gilt für alle → Arbeitnehmer und → Auszubildenden eines → Betriebes mit mindestens fünf wahlberechtigten Arbeitnehmern. Vom BetrVG nicht erfasst werden Arbeitgeber, Vorstandvorsitzende, Geschäftsführer, Prokuristen und sonstige leitende Angestellte. Ausführliche Erklärungen: → Betriebsrat, → Jugend- und Auszubildendenvertretung.

Beurteilungsbogen

Der Beurteilungsbogen ist ein Formular, das dem → Ausbilder zur Bewertung und Beurteilung des → Auszubildenden dient und auch die Grundlage für das → Beurteilungsgespräch bildet.

Im Ausbildungsverhältnis soll der Auszubildende den Beruf erlernen und Kompetenzen erwerben, die auf → berufliche Handlungsfähigkeit abzielen. Im Arbeitsverhältnis steht die Erbringung einer bestimmten Arbeitsleistung durch den → Arbeitnehmer im Vordergrund. Da sich das Ausbildungsverhältnis also grundlegend von einem normalen Arbeitsverhältnis unterscheidet, müssen auch teilweise andere Beurteilungskriterien und Beurteilungsmaßstäbe herangezogen werden und im Beurteilungsbogen zum Tragen kommen (z. B. „Lerntempo" statt „Arbeitstempo").

In → § 94 Abs. 2 BetrVG ist geregelt, dass der Betriebsrat bei der Aufstellung der Beurteilungsgrundsätze ein Mitbestimmungsrecht hat.

Beurteilungsfehler

Bei Beurteilungen (z. B. Personalbeurteilungen) kommt es häufig zu Fehlbeurteilungen, die bewusst oder unbewusst geschehen können. Beispielsweise kann der Beurteiler bewusst falsch beurteilen, um einen unerwünschten Mitarbeiter „wegzuloben" oder zu schaden. Eine unbewusste Fehlbeurteilung kann bspw. aufgrund von Missverständnissen erfolgen (z. B. wenn Fragen oder Antwortvorgaben in einem Beurteilungsbogen nicht verstanden oder missverstanden werden).

Besondere Beachtung gilt den unbewussten Beurteilungsfehlern aufgrund von Wahrnehmungsverzerrungen. Bekanntestes Beispiel hierfür ist der Halo-Effekt. Er entsteht, wenn der Beurteiler (Vorgesetzter, Ausbilder, Lehrer) bei der zu beurteilenden Person (Arbeitnehmer, Auszubildender, Schüler) aufgrund einer festgestellten Eigenschaft oder Leistung auf weitere Eigenschaften oder Leistungen schließt oder auf diese auf die Gesamtpersönlichkeit überträgt. Ein einmal getroffenes positives oder negatives Urteil hinsichtlich eines Merkmals strahlt also auf die Urteile hinsichtlich anderer Merkmale aus.

Beispiel

„Wenn ein Schüler in Mathematik gut ist, muss er auch in anderen Fächern gut sein."

Beurteilungsfehler lassen sich durch geeignete Beurteilungsverfahren und Beurteilungstraining reduzieren.

Beurteilungsgespräch

Das Beurteilungsgespräch ist ein wichtiger Bestandteil der Personalbeurteilung. Es kann als Führungsinstrument im Rahmen eines dialogischen Managements angesehen werden. In seiner Doppelfunktion dient es sowohl dem Arbeitnehmer (Auszubildenden) als auch dem Arbeitgeber (Ausbildenden), da Soll-Ist-Abweichungen einschließlich etwaiger Ursachen diskutiert werden. Am Ende des Gesprächs steht i. d. R. ein Beurteilungsergebnis bzw. eine Zielvereinbarung.

Beurteilungsgespräche können unterschiedliche Funktionen haben:
► Motivationsfunktion
(z. B. Leistung anerkennen, Überlegungen zur Gehaltsentwicklung)
► Soziale Funktion
(z. B. Besprechen von Kooperation und Kommunikation)
► Beratungsfunktion
(z. B. Aufzeigen von Stärken und Schwächen)
► Entwicklungsfunktion
(z. B. Besprechen von beruflichen Wünschen und Zielen des Mitarbeiters).

Beurteilungsgespräche sollten als periodische Gespräche verstanden werden, d. h. sie sollten regelmäßig einmal bis zweimal pro Jahr geführt werden. In der Berufsausbildung empfiehlt es sich, ein Gespräch am Ende der → Probezeit (z. B. nach vier Mona-

ten) und nach der → Zwischenprüfung (nach der Hälfte der Ausbildungszeit) durchzuführen. Das Gespräch sollte auf der Grundlage eines → Beurteilungsbogens erfolgen.
Er strukturiert das Gespräch und macht die Beurteilung bzw. deren Kriterien transparent. Im **Anhang** findet sich ein Beurteilungsbogen, der als Grundlage für ein solches
Gespräch dienen kann.

Der → Betriebsrat hat gem. § 94 Abs. 2 BetrVG ein Mitbestimmungsrecht bei der Aufstellung von Beurteilungsgrundsätzen. Der Arbeitnehmer hat das Recht, seine Personalbeurteilung erörtert zu bekommen (§ 82 Abs. 2 BetrVG) und dazu Stellung zu nehmen; er kann ein Betriebsratsmitglied hinzuziehen.

http://karrierebibel.de/mitarbeiter-im-check-so-fuhren-sie-beurteilungsgesprache/

INFO

Das Beurteilungsgespräch - David gegen Goliath?

Dem jährlichen Beurteilungsgespräch mit dem Chef sehen viele Angestellte
mit Hilflosigkeit entgegen: „Der sitzt doch eh am längeren Hebel!". Resignation
schadet aber meist nur dem Mitarbeiter selbst.

Wer sich im Beurteilungsgespräch nicht traut, persönliche Interessen respektive
die eigene Sicht der Dinge zum Thema zu machen, vermeidet den Konflikt zwar
für den Moment, der Gegenstand der Meinungsverschiedenheit bleibt jedoch
bestehen und bietet nicht selten langfristig Grund zum Ärger. Wie aber soll ihr
Chef einen Mißstand aus dem Weg räumen, wenn er gar nicht weiß, daß dieser existiert? (...)

Sollte Ihre Einschätzung von der Ihres Vorgesetzten abweichen, ist es an Ihnen,
dies im Gespräch zu thematisieren. Gemäß allgemein akzeptierter Feedbackre-
geln sollten Sie sich dabei zunächst die Rückmeldung des Vorgesetzten anhören,
bevor Sie Ihren Einwand deutlich machen. Dann jedoch ist es nicht nur Ihr Recht,
sondern im eigenen Interesse auch Ihre Pflicht, vom Chef konkrete Beispiele ein-
zufordern, anhand derer er die Bewertung festmacht. An diesem Punkt wird
dann auch die Vorbereitung Ihres Vorgesetzten transparent: Hat er sich wirklich
tiefergehende Gedanken gemacht oder eher nach subjektiver Einschätzung und
Intuition geurteilt? Beachten Sie in diesem Zusammenhang auch, dass Ihre Führungskraft nicht primär die zurückliegenden zwei bis vier Wochen reflektiert.
Dies ist häufig der Fall, da dieser Zeitraum in der Erinnerung stets am prägnan-
testen verankert ist. Der Vorgesetzte ist jedoch gefordert, Ihre Leistung über das
gesamte Jahr zu bewerten.

Im Sinne eines nachhaltig guten Arbeitsverhältnisses sollten Sie die offene Kon-
frontation vermeiden. Natürlich sollen Sie Ihrer Meinung Ausdruck verleihen,
doch versuchen Sie nicht primär, die Eindrücke Ihres Vorgesetzten zu widerle-
gen, sondern vielmehr Ihre Perspektive der Dinge zu schildern und dies auch
entsprechend konstruktiv zu formulieren. Also weniger in der Form: „Das sehen
Sie völlig falsch! ..." sondern eher: „Aus meiner Perspektive stellt sich dieser As-

pekt etwas anders dar. Folgende Situationen untermauern meine Einschätzung: ..." Es geht darum, jedem die eigene Sichtweise zu belassen und über den gemeinsamen Abgleich der unterschiedlichen Perspektiven zu einer Annäherung zu gelangen.

Wie häufig erlebt, werden Beurteilungen oftmals an Situationen festgemacht, die nicht unbedingt die erfolgskritischen Prozesse der jeweiligen Position auszeichnen - aber genau dies sind die Momente, in welchen Wertschöpfung stattfindet und anhand derer demnach auch Ihr Verhalten beziehungsweise Ihre Fähigkeiten beurteilt werden sollten. Eine Diskussion darüber, daß Sie beim gemeinsamen Bier am Abend in der Gruppe zuwenig Teamgeist bewiesen und sich phasenweise abgegrenzt haben, darf im Mitarbeitergespräch nicht zu einer negativen Bewertung im Aspekt Teamfähigkeit führen. Sollte dies dennoch geschehen; scheuen Sie sich nicht, Ihren Vorgesetzten auf den beruflichen Kontext zu verweisen - denn ein gutes Beurteilungssystem zeichnet sich u. a. dadurch aus, dass es persönliches Verhalten, Eigenschaften und Fähigkeiten entlang wertschöpfungsrelevanter Prozesse bewertet und nicht anhand willkürlich herangezogener Beobachtungsmomente.

Quelle: *Gechter*, Frankfurter Allgemeine Zeitung, 9. 5. 2003, gekürzt.

Bewerbungsgespräch

→ Einstellungsgespräch

Bildschirmarbeitsplatz

(auch: Computerarbeitsplatz) Um optimale Arbeitsbedingungen an einem Bildschirmarbeitsplatz zu schaffen, müssen Sicherheitsrichtlinien und -regeln eingehalten werden. Diese werden in der EG-Richtlinie 90/270/EWG vom 29. 5. 1990 festgehalten und durch die Bildschirmarbeitsverordnung (BildscharbV) vom 4. 12. 1996 in nationales Recht umgesetzt.

Wie müssen Bildschirmarbeitsplätze gestaltet sein?

Bildschirm:

► Die Zeichen müssen scharf, deutlich und ausreichend groß sein sowie einen angemessenen Zeichen- und Zeilenabstand haben.

► Das Bild muss stabil und frei von Flimmern sein; es darf keine Verzerrungen aufweisen.

► Helligkeit und Kontrast müssen einfach einstellbar sein und den Verhältnissen der Arbeitsumgebung angepasst werden können.

► Der Bildschirm muss frei von störenden Reflexionen und Blendungen sein.

► Das Bildschirmgerät muss frei und leicht drehbar und neigbar sein.

Tastatur:

► Die Tastatur muss vom Bildschirmgerät getrennt und neigbar sein, damit eine ergonomisch günstige Arbeitshaltung eingenommen werden kann.

► Die Tastatur und sonstige Eingabemittel müssen auf der Arbeitsfläche variabel angeordnet werden können.

► Die Arbeitsfläche vor der Tastatur muss ein Auflegen der Hände ermöglichen.

► Die Tastatur muss eine reflexionsarme Oberfläche haben.

► Form und Anschlag der Tasten müssen eine ergonomische Bedienung der Tastatur ermöglichen.

► Die Beschriftung der Tasten muss bei normaler Arbeitshaltung lesbar sein.

Sonstige Arbeitsmittel:

► Arbeitstisch bzw. Arbeitsfläche muss eine ausreichend große und reflexionsarme Oberfläche besitzen und eine flexible Anordnung des Bildschirmgeräts, der Tastatur, des Schriftguts und der sonstigen Arbeitsmittel ermöglichen.

► Ausreichender Raum für eine ergonomisch günstige Arbeitshaltung muss vorhanden sein.

► Ein separater Ständer für das Bildschirmgerät kann verwendet werden.

► Der Arbeitsstuhl muss ergonomisch gestaltet und standsicher sein.

► Der Vorlagenhalter muss stabil und verstellbar sein und so angeordnet werden können, dass unbequeme Kopf- und Augenbewegungen möglichst eingeschränkt werden.

► Eine Fußstütze ist auf Wunsch zur Verfügung zu stellen, wenn eine ergonomisch günstige Arbeitshaltung ohne Fußstütze nicht erreicht werden kann.

Arbeitsumgebung:

► Am Bildschirmarbeitsplatz muss ausreichender Raum für wechselnde Arbeitshaltungen und -bewegungen vorhanden sein.

Quelle: *BildscharbV* (Anhang) vom 4. 12. 1996

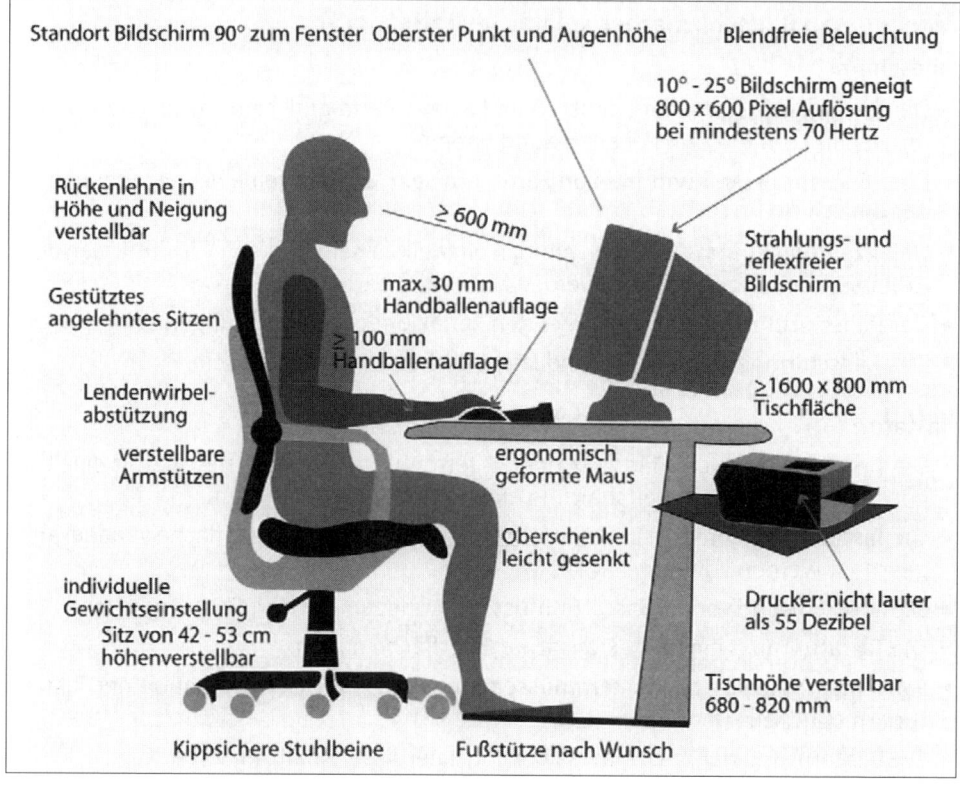

Der optimale Bildschirmarbeitsplatz

http://bundesrecht.juris.de/bundesrecht/bildscharbv/gesamt.pdf

Bildungswesen (in der BRD)

Am 13. 2. 1970 legte der Deutsche Bildungsrat einen Neuentwurf zur Gestaltung des → Bildungswesens in der BRD vor. Die Ziele dieses Strukturplans waren u. a.: Chancengleichheit, ein durchgängiges Grundkonzept des wissenschaftsbestimmten Lernens und ein horizontales nach Stufen gegliedertes Bildungswesen mit folgenden Bereichen:

► Elementarbereich: vom 3. bis 6. Lebensjahr (Schulbeginn)

► Primarbereich: 1. bis 4. Schuljahr

► Sekundarbereich I: 5. bis 10. Schuljahr

► Sekundarbereich II: alle Bildungsgänge, die auf dem Sek. I aufbauen

► Tertiärbereich: Hochschulen und sonstige berufsqualifizierende Bildungsgänge

► Weiterbildungsbereich: unterschiedliche Formen der allgemeinen, beruflichen und wissenschaftlichen Weiterbildung.

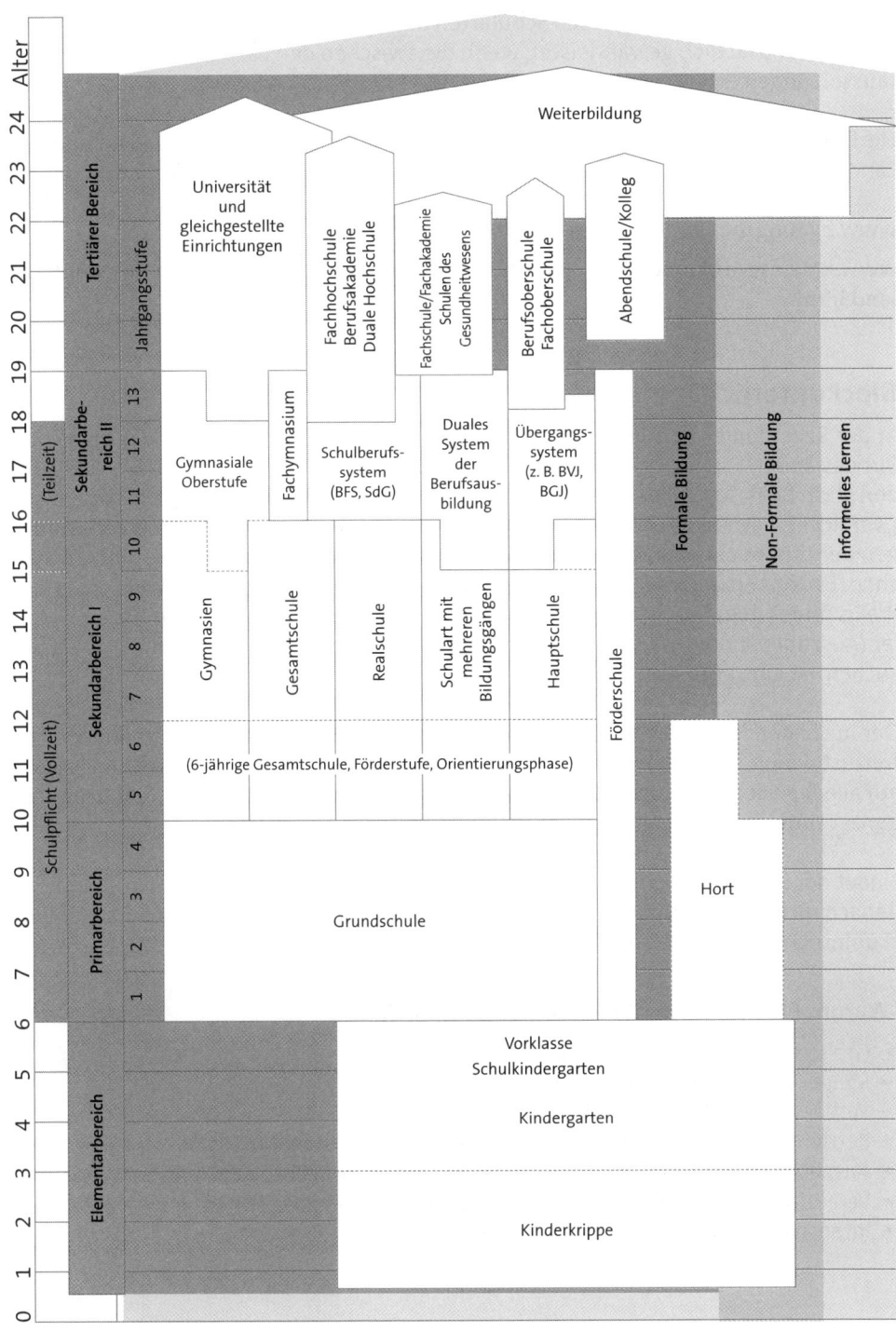

Bildungsorte und Lernwelten in der BRD

Quelle: *Bildungsbericht* (2010), S. X.

Die Durchlässigkeit zwischen den Schularten und die Anerkennung der Schulabschlüsse sind grundsätzlich gewährleistet, wenn die zwischen den Ländern vereinbarten Voraussetzungen erfüllt werden.

Die Dauer der allgemeinen Schulpflicht (Vollzeitschulpflicht) beträgt neun Jahre (in vier Ländern zehn Jahre) und die anschließende → (Teilzeit-)Berufsschulpflicht drei Jahre.

www.bildungsbericht.de/daten2010/bb_2010.pdf

www.kmk.org/dokumentation/das-bildungswesen-in-der-bundesrepublik-deutschland.html

Blockunterricht

In der Regel findet der Berufsschulunterricht – je nach Schulgesetzen der einzelnen Bundesländer – an ein bis zwei Tagen in der Woche mit einem Umfang von 9-12 Stunden statt. Beim sog. „Blockunterricht" werden die Unterrichtstage zusammengezogen („verblockt"). Der Blockunterricht wird in den einzelnen Schulgesetzen und Verordnungen der Länder geregelt. Seine Dauer beträgt unterschiedlich zwischen 3 und 16 Wochen. Es können auch mehrere Blöcke in einem Schuljahr vorgesehen werden. In der Praxis findet man häufig Trimesterblöcke und sechswöchige Halbblöcke. Da die Schüler (Auszubildenden) während des Blockunterrichts nicht den Ausbildungsbetrieb besuchen, ist eine gute Abstimmung zwischen Betrieb und Berufsschule erforderlich.

Der Ausbildende hat den Auszubildenden für die Teilnahme am Berufsschulunterricht freizustellen (§ 15 BBiG). Beim Blockunterricht bezieht sich diese Freistellungspflicht auf alle Tage der Berufsschulwoche, an denen der Unterricht stattfindet. Fällt bspw. ein ganzer Unterrichtstag aus, muss der Auszubildende in den Betrieb gehen.

Findet der Blockunterricht mit mind. 25 Stunden pro Woche statt, dürfen Jugendliche danach nicht beschäftigt werden. Aber auch für Jugendliche gilt: Fällt ein ganzer Blockunterrichtstag aus, müssen sie in den Betrieb gehen. → Berufsschule

Warum Blockunterricht? – Erwartungen & Ziele

► Größere Kontinuität der Lernprozesses
► Steigerung der Lernmotivation
► Verbesserung des Lernerfolgs
► Betriebe können Kapazitäten besser einteilen und nutzen
► Auszubildende können sich voll auf einen Lernort konzentrieren
► Vereinfachung der Durchführung von (umfangreichen) Projekten
► Intensivierung des Lehrer-Schüler-Verhältnisses

Brainstorming

(engl. „Gehirnsturm") Kreative Problemlösungsmethode, die 1953 von *Osborn* in der Werbebranche entwickelt und schnell als Methode in die Bildungsarbeit übernommen wurde.

Die Grundidee: Zu einem (möglichst spezifischen und eng gefassten) Thema oder Problem soll der Einzelne in einer kurzen Zeitphase jeden Gedanken – sei er auch noch so trivial und scheinbar belanglos – frei äußern. Während der Assoziationsphase ist jede Form der Kritik und/oder Bewertung durch die anderen Personen verboten. Dadurch soll der Kreativitätsprozess gefördert werden. Die geäußerten Ideen können (schriftlich) festgehalten und in weiteren Arbeitsphasen sortiert, erläutert, ergänzt und bewertet werden.

Die Hauptleistung des Brainstorming liegt im sog. Synergieeffekt: verschiedene Sichtweisen und Erfahrungen wirken als nützlicher Stimulus zusammen und können neue, bislang unbewusste Einfälle erzeugen.

Wird das Brainstorming als Methode im Unterricht eingesetzt, „sollte sich der äußere Rahmen in möglichst vielen Aspekten von einer „normalen" Unterrichtsstunde abheben", um die notwendige entspannte Arbeitsatmosphäre zu ermöglichen. Hinsichtlich der idealen Gruppengröße wird eine Teilnehmerzahl zwischen 6 und 15 angegeben. Jede Gruppe benötigt einen Gruppenleiter und einen Protokollführer. Die Zeitspanne sollte ca. 20 bis 30 Minuten betragen (*Staudte*).

Bundesarbeitsgericht (BAG)

Oberster Gerichtshof auf Bundesebene im Bereich der → Arbeitsgerichtsbarkeit. Der Sitz des BAG ist Erfurt. Rechtsgrundlage ist das Arbeitsgerichtsgesetz.

Bundesinstitut für Berufsbildung (BIBB)

Das BiBB ist eine Anstalt des öffentlichen Rechts, die zum Geschäftsbereich des Bundesministeriums für Bildung und Forschung gehört. Das 1970 errichtete Institut mit Sitz in Bonn ist ein unabhängiges Forschungsinstitut im Bereich der beruflichen Bildung und hat nach § 90 BBiG folgende Aufgaben:

► Beratung der Bundesregierung in Fragen der Berufsausbildung
► Vorbereitung von Ausbildungsordnungen und sonstigen Rechtsverordnungen
► Mitwirkung an der Durchführung der Berufsbildungsstatistik
► Planung, Weiterentwicklung und Unterstützung überbetrieblicher Berufsbildungsstätten
► Führung und Veröffentlichung des Verzeichnisses der anerkannten Ausbildungsberufe
► Mitwirkung an der internationalen Zusammenarbeit in der beruflichen Bildung.

Nach einer Selbstbeschreibung des Instituts ist das BIBB „das nationale und internationale Kompetenzzentrum zur Erforschung und Weiterentwicklung der beruflichen Aus-
und Weiterbildung. Ziele seiner Forschungs-, Entwicklungs- und Beratungsarbeit sind,
Zukunftsaufgaben der Berufsbildung zu identifizieren, Innovationen in der nationalen
wie internationalen Berufsbildung zu fördern und neue, praxisorientierte Lösungsvor-
schläge für die berufliche Aus- und Weiterbildung zu entwickeln" (BiBB).

www.bibb.de

Bundesvereinigung der Deutschen Arbeitgeberverbände (BDA)
→ Arbeitgeberverbände

Bürgerliches Gesetzbuch (BGB)
Das am 1. 1. 1900 in Kraft getretene BGB regelt das Privatrecht, d. h. die Rechtsbeziehungen der Bürger untereinander. Es wird festgelegt, „welche Freiheiten, Rechte,
Pflichten und Risiken die Menschen im Verhältnis zueinander haben" (*Köhler*). Wesentliche Bestandteile des bürgerlichen Rechts sind das Vertragsrecht, Eigentumsrecht, Familienrecht und Erbrecht.

Das BGB ist in fünf Bücher aufgeteilt:

1. **Allgemeiner Teil**
   (enthält Begriffsbestimmungen, Vorschriften über Sachen und Personen, allgemeine Regeln zum Vertragsabschluss)
2. **Schuldrecht**
   (enthält Regeln, die das Schuldverhältnis – also die Beziehung zwischen Gläubiger
   und Schuldner – betreffen, insbesondere durch Verträge, wie z. B. Kaufvertrag, Miet-
   vertrag, Dienstvertrag/„Arbeitsvertrag")
3. **Sachenrecht**
   (regelt die „dinglichen Rechte", z. B. Eigentum)
4. **Familienrecht**
   (enthält Vorschriften für Ehe und Verwandtschaft)
5. **Erbrecht**
   (regelt vermögensrechtliche Folgen beim Tod und die Rechtsstellung der Erben)

Prinzipiell gelten auch die Regeln des BGB auch für ein Ausbildungsverhältnis. Allerdings sind die speziellen Regelungen des BBiG zu beachten.

Das BGB im Ausbildungsverhältnis

In der Berufsausbildung sind die Regelungen des BGB z. B. in folgenden Fällen von Bedeutung:

► Ein Jugendlicher schließt einen Ausbildungsvertrag ab. Er ist beschränkt geschäftsfähig (§§ 106, 183, 184 BGB).

► Ein Auszubildender verursacht grob fahrlässig einen Schaden und ist somit schadensersatzpflichtig (§ 823 BGB).

► Ein Auszubildender fertigt ein Prüfungsstück an. Es ist Eigentum des Auszubildenden (§ 903 BGB, Entscheidung des Landesarbeitsgerichts München im Jahr 2002, AZ. 4 Sa 758/01).

► An einem Werkstück, das ein Auszubildender herstellt, erwirbt der Ausbildende das Eigentum, da er als Hersteller gilt (§ 950 BGB).

► Der Ausbildende kündigt dem Auszubildenden und muss dabei die Schriftform wahren (§ 126 BGB).

Burn-out

(engl. „Ausbrennen") Das Burn-out-Syndrom [1] ist ein Zustand der totalen (emotionalen) Erschöpfung mit verminderter Leistungsfähigkeit, dem eine hohe Arbeitsbelastung und Selbstüberforderung vorausgegangen ist.

„Burn-out" ist das Resultat eines langsam verlaufenden Prozesses. Zwischen Experten herrscht Uneinigkeit darüber, ob es sich bei Burn-out um eine „echte" Krankheit oder um ein persönliches Problem bei der Lebensbewältigung handelt. Die **Ursachen** (siehe Abb. nächste Seite) liegen im Zusammenwirken vielfältiger Stressfaktoren, vor allem im

► persönlichen Bereich
► Beruf
► privaten Umfeld.

Entwicklung:

Burn-out ist ein seit vielen Jahren bekanntes Phänomen. Zuerst wurde es vor allem bei Personen festgestellt, die in sozialen, beratenden und pflegenden Berufen tätig sind und bei denen ein intensiver und belastender Umgang mit Menschen besteht. Mittlerweile wird Burn-out in vielen unterschiedlichen Berufen beobachtet. In zahlreichen Medien wird mittlerweile sogar von einer neuen „Volkskrankheit" gesprochen.

Beispiel

Titelthema des „Spiegel" vom 24. 1. 2011: „Volk der Erschöpften"; „Frankfurter Rundschau" vom 19. 4. 2011: „Volkskrankheit Burn-out"; „Hamburger Abendblatt" vom 24. 9. 2011: „Burn-out wird Epidemie"; ZDF-Sendung „Maybrit Illner" vom 6. 10. 2011: „Burn-out – muss bald ganz Deutschland auf die Couch?".

Nach einem Bericht des „Hamburger Abendblatt" vom 14. 10. 2011 befinde sich „jeder zehnte Berufstätige kurz vor Burn-out". Die Anzahl der Fehltage wegen psychischer Erkrankungen sei in den letzten elf Jahren um 60 % gestiegen und jeder achte Fehltag sei mittlerweile auf eine psychische Erkrankung zurückzuführen. Burn-out stehe auf Platz vier dieser Diagnosen („Probleme mit Bezug auf Schwierigkeiten bei der Lebensbewältigung"). 2010 wurden von den 3,51 Mio. Mitgliedern der Techniker-Krankenkasse 9248 wegen des Burn-out-Syndroms behandelt. Nach Berechnungen der AOK wurden im Jahr 2010 von den insgesamt mehr als 34 Mio. gesetzlich krankenversicherten Beschäftigten in Deutschland knapp 100.000 Menschen für insgesamt mehr als 1,8 Mio. Tage wegen eines Burn-out krankgeschrieben.

---

[1] Syndrom: Krankheitsbild, das sich aus dem Zusammentreffen verschiedener charakteristischer Symptome (Krankheitszeichen) ergibt.

Ursachen von Burn-out		
Stressfaktoren in der Persönlichkeit	**Stressfaktoren im Beruf (Arbeit und Organisation)**	**Sonstige Stressfaktoren**
► Streben nach Perfektion bzw. Hochleistung ► Starke Identifikation mit der Arbeit ► Mangelnde Selbstachtung ► Labiles Selbstwertgefühl ► Neigung zu Sorgen und Depressionen ► „Helfersyndrom" (Aufopferung, um eigene Erlebnisse, Probleme zu kompensieren) ► Krankhafter Ehrgeiz	► Rollenkonflikte bzw. Rollenüberlastung ► Besonders langer und intensiver zwischenmenschlicher Kontakt ► Schlechte bzw. mangelhafte Ausbildung ► Neueinstieg in den Beruf ► Wechsel in der Organisation (z. B. neuer Vorgesetzter, neuer Arbeitsplatz) ► Unklare Zielformulierungen bzw. Zielkonflikte innerhalb eines Teams ► Geringe Entscheidungsfreiheit ► Routine ► Unterforderung bzw. Überforderung ► Kein Feedback (z. B. Lob, Anerkennung) ► Mangelnde Unterstützung des Vorgesetzten ► „Multitasking", ständige Bereitschaft bzw. Erreichbarkeit (Handy, E-Mail)	**Privates und familiäres Umfeld:** ► Einsamkeit ► Probleme in der Ehe bzw. Familie ► Kein „funktionierendes" soziales Umfeld (Freundschaften) ► Doppelbelastung von Arbeit und Familie (z. B. Alleinerziehende, Pflegefall in der Familie) **Gesellschaftliches Umfeld:** ► Zunehmende Anonymität und Unpersönlichkeit ► Wertewandel ► Unsicherheit und erhöhtes Risiko auf den Märkten (Finanzmarkt, Arbeitsmarkt)

Zu den typischen **Symptomen** des Burn-out-Syndroms gehören bspw.

► Angstzustände und innere Unruhe
► „Gefühl der Leere"
► Frustration
► permanente Ermüdung und Erschöpfung
► Schlafstörungen
► Konzentrationsstörungen
► Herzbeschwerden
► Magen und Darmbeschwerden
► Schwindelattacken.

Verlauf:

Burn Out ist nicht als Zustand zu verstehen, sondern entwickelt sich über einen längeren Zeitraum und durchläuft dabei verschiedenen Phasen. Es gibt zahlreiche Theorien über einen solchen Verlauf. Der in der Grafik dargestellte Verlauf ist angelehnt an dem Modell von *Edelwich/Brodsky*:

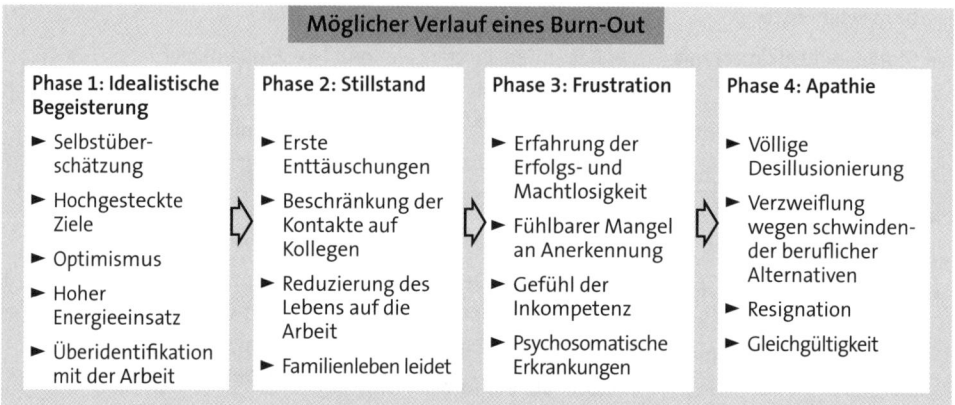

Möglicher Verlauf eines Burn-Out

Phase 1: Idealistische Begeisterung	Phase 2: Stillstand	Phase 3: Frustration	Phase 4: Apathie
► Selbstüber- schätzung	► Erste Enttäuschungen	► Erfahrung der Erfolgs- und Machtlosigkeit	► Völlige Desillusionierung
► Hochgesteckte Ziele	► Beschränkung der Kontakte auf Kollegen	► Fühlbarer Mangel an Anerkennung	► Verzweiflung wegen schwinden- der beruflicher Alternativen
► Optimismus	► Reduzierung des Lebens auf die Arbeit	► Gefühl der Inkompetenz	► Resignation
► Hoher Energieeinsatz	► Familienleben leidet	► Psychosomatische Erkrankungen	► Gleichgültigkeit
► Überidentifikation mit der Arbeit			

Maßnahmen zur Prävention bzw. Intervention können auf die Person oder auf die Organisation abzielen:

► Verbesserung der beruflichen Qualifikation (Weiterbildung)
► Schaffung eines positiven Betriebsklimas
► Stärkung der Persönlichkeit (z. B. Maßnahmen zum Stressabbau, Supervision)
► (regelmäßiges) Führen von Mitarbeitergesprächen
► Vereinbarung von realistischen Zielen
► Zuweisung von abwechslungsreichen Tätigkeiten
► Optimierung der Arbeitsbedingungen (Arbeitsschutz)
► Einplanung von ausreichenden Erholungsphasen.

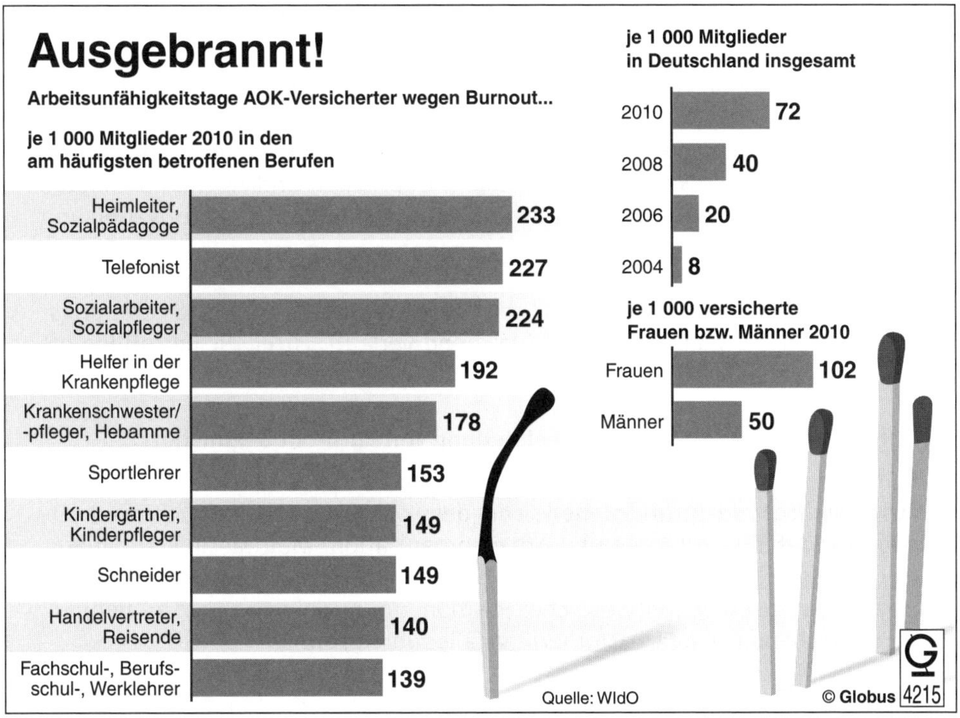

Ausgebrannt!

Arbeitsunfähigkeitstage AOK-Versicherter wegen Burnout...

je 1 000 Mitglieder 2010 in den am häufigsten betroffenen Berufen

Beruf	Tage
Heimleiter, Sozialpädagoge	233
Telefonist	227
Sozialarbeiter, Sozialpfleger	224
Helfer in der Krankenpflege	192
Krankenschwester/-pfleger, Hebamme	178
Sportlehrer	153
Kindergärtner, Kinderpfleger	149
Schneider	149
Handelvertreter, Reisende	140
Fachschul-, Berufsschul-, Werklehrer	139

je 1 000 Mitglieder in Deutschland insgesamt

Jahr	Tage
2010	72
2008	40
2006	20
2004	8

je 1 000 versicherte Frauen bzw. Männer 2010

	Tage
Frauen	102
Männer	50

Quelle: WIdO

© Globus 4215

Seit 2004 ist die Zahl der Krankheitstage gesetzlich versicherter Arbeitnehmer in Deutschland aufgrund der Diagnose Burnout um ein Vielfaches gestiegen. Waren es zum Beispiel bei den AOK-Versicherten 2004 noch rund acht Tage je 1.000 Mitglieder, so waren es 2010 mit 72 Tagen bereits neunmal so viele. Die Analyse des Wissenschaftlichen Instituts der AOK (WIdO) zeigt, dass besonders Frauen von dem Zustand physischer und psychischer Erschöpfung betroffen sind. So kamen aufgrund dieser Diagnose 2010 auf je 1 000 bei der AOK versicherte Frauen 102 Fehltage. Das waren doppelt so viele wie bei den Männern, die 2010 auf 50 Fehltage kamen. Beim Vergleich der Berufsgruppen zeigt sich, dass vor allem Beschäftigte in helfenden und erzieherischen Berufen burnoutanfällig sind. An erster Stelle zu nennen sind hier die Heimleiter und Sozialpädagogen, die 2010 auf 233 Arbeitsunfähigkeitstage kamen. Am zweithäufigsten findet sich die Diagnose „Ausgebrannt" bei den Telefonisten (227 Fehltage), am dritthäufigsten bei den Sozialarbeitern und -pflegern (224 Fehltage).

INFO ⓘ

Burn-out-Syndrom: Psychischen Stress erkennen (Interview)

(...) Antworten geben Anja Kluth, Diplom-Psychologin und Verhaltenstherapeutin, Hamburg und Gerd Koschik, Leiter Personal- und Sozialwesen bei Ara, Langenfeld.

Werden Burn-out-Symptome von den Betroffenen rechtzeitig erkannt?

Kluth: Zunächst erlebt man sich als unentbehrlich, arbeitet freiwillig mehr, verdrängt eigene Bedürfnisse, kann schlechter abschalten, wird erschöpfter. Langsam reduziert sich das Engagement – die Empathie für andere nimmt ab und mündet eventuell sogar in Zynismus, die Lust an der Arbeit geht verloren. Dann werden emotionale Reaktionen, vor allem Depression und Aggression, lauter, gefolgt von einem Abbau der kognitiven Leistungsfähigkeit, der Motivation und Kreativität.

Oft (...) führt der Burn-out-Prozess (...) langsam zu Verzweiflung und Hoffnungslosigkeit. Da der ganze Prozess schleichend verläuft, ist er für Betroffene oft nicht rechtzeitig als Krankheit erkennbar.

Durch welche Faktoren wird die Entstehung von Burn-out begünstigt?

Kluth: Die Entstehung von Burn-out (...) wird nicht nur durch einen Risikofaktor ausgelöst. Im Vordergrund stehen sicher der wachsende Arbeitsdruck bei unveränderten Arbeitsstrukturen und Arbeitsorganisation; Multitasking, andauernde mediale Belastung, Globalisierung, extrem hohe eigene Leistungserwartungen in häufig sehr verantwortlicher Position, um nur einige Dinge zu nennen, die schleichend in eine Überforderungsfalle führen können.

Frauen stehen zudem oft in der Doppelbelastung von Arbeit und Familie. Daneben gibt es natürlich auch innere Faktoren, die eine Rolle spielen, wie etwa die eigene Konstitution, das Fehlen von Ressourcen und soziale Kompetenzen, die je nach Ausprägung einem Burn-out entgegenstehen können. Ganz wichtig erscheint auch das soziale - also berufliche und private - Umfeld, welches bei hohem Arbeitspensum oft vernachlässigt wird und dann nicht mehr ausreichend stützend zur Seite steht, wenn es gebraucht wird.

Welche Faktoren machen Mitarbeiter am häufigsten krank?

Koschik: Zum einen sind dies leistungsbedingte Faktoren wie Über- oder Unterforderung sowie zu ehrgeizige Vorgaben durch den Betrieb. Daneben können zwischenmenschliche Probleme mit Vorgesetzten oder Kollegen einzelne Mitarbeiter zermürben. Und schließlich sind unter Umständen auch private Probleme dafür verantwortlich, dass Arbeitnehmer ihren Job nicht mehr ausüben können.

Was können Unternehmen tun, um psychosomatische Erkrankungen ihrer Mitarbeiter von vornherein möglichst zu verhindern?

Koschik: Am wichtigsten ist die Schaffung und Erhaltung eines positiven Betriebsklimas, die Mitarbeiter sollten in Gesprächen ein Feedback zu ihrer Leistung und zu ihrem Verhalten bekommen. Wenn es geht, sollten in diesem positiven Arbeitsumfeld alters-, leistungs- und wo nötig auch leidensgerechte Arbeitsplätze geschaffen werden. Wünschenswert sind daneben regelmäßige Weiterbildungsmaßnahmen in allen Abteilungen, aufgeteilt in leistungs- und verhaltensbezogene Schulungen. Und schließlich sollten sich die Mitarbeiter an

Entscheidungsprozessen, etwa bei der Installation neuer Software, beteiligen dürfen. Zu den so genannten soft skills kann darüber hinaus die Schaffung und Einhaltung von Ethik-Richtlinien gehören.

Ältere Arbeitnehmer, die in ihrem Job überfordert sind, haben Angst vor Veränderungen, weil sie fürchten, keine neue Stelle zu finden. Was raten Sie diesen Beschäftigten bzw. wie gehen Sie damit als Arbeitgeber um?

Koschik: Wir beraten gemeinsam mit dem Betriebsrat und den jeweiligen Vorgesetzten, ob wir diese Mitarbeiter im Bedarfsfall auf gleichwertige andere Arbeitsplätze versetzen können. Prinzipiell bemühen wir uns aber von vornherein um die Schaffung von altersgerechten und leistungsangepassten Arbeitsplätzen.

Quelle: HNA vom 27. 5. 2011(djd), stark gekürzt (im Original zehn Fragen).

Das vollständige Interview ist auf folgender Seite zu finden:

www.hna.de/gesundheit/allgemein/burn-out-syndrom-psychischen-stress-1261099.html

Coaching

(engl. „betreuen", „trainieren") Professionelle (meist längerfristige) Beratung und Entwicklung einer Person (z. B. eines Mitarbeiters) im beruflichen Kontext mit dem Ziel, den „persönlichen Reifegrad des Mitarbeiters zu steigern" (*Wöhe*).

Man unterscheidet zwischen (betriebs-)internem und externem Coaching. Der interne Coach kann ein Vorgesetzter oder ein Mitarbeiter sein. Der externe Coach kann hingegen auch frei wählbar sein. Die Ausbildung zum Coach ist nicht geregelt.

Coaching kann sich sowohl auf Einzelpersonen als auch auf Gruppen bzw. Organisationen beziehen. „Als Instrument der Personalentwicklung dient es dazu, die Problemlösungs- und Lernfähigkeit der Mitarbeiter zu verbessern, gleichzeitig die individuelle Veränderungsfähigkeit zu erhöhen und schließlich das Spannungsfeld zwischen den persönlichen Bedürfnissen, den wahrzunehmenden Aufgaben (Rolle) und den übergeordneten Unternehmenszielen auszubalancieren" (*Thommen/Achleitner*).

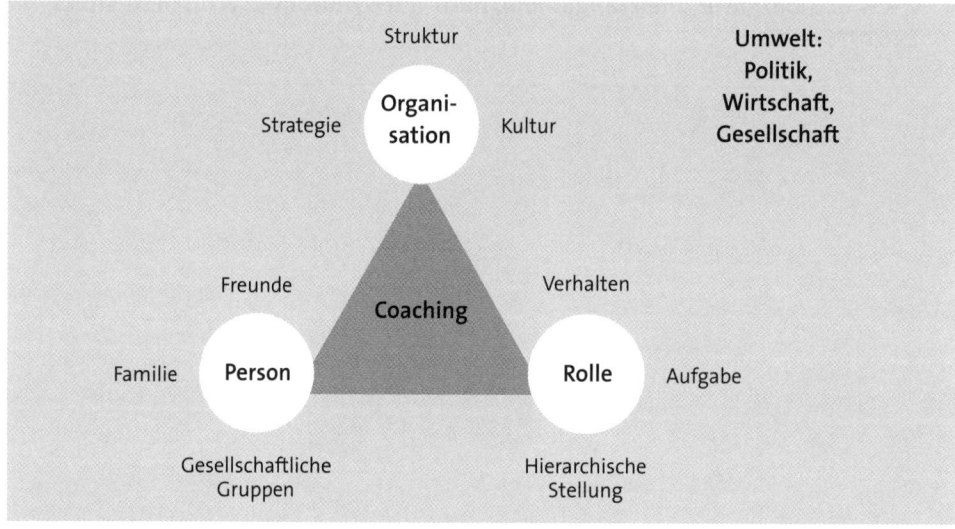

Spannungsfeld Coaching

(Quelle: *Thommen/Achleitner*: Allgemeine Betriebswirtschaftlehre, 6. Aufl., Wiesbaden 2009, S. 833.)

Computerarbeitsplatz

→ Bildschirmarbeitsplatz

Computergestütztes Lernen

(engl.: computerbased training [CBT]) Lernen, das sich mittels computergestützten Selbstlernprogrammen (z. B. auf Datenträgern oder über Inter- bzw. Intranet) vollzieht.
→ E-Learning

Curriculum

Häufig synonym verwendet mit dem Begriff „Lehrplan". Der Begriff „Curriculum" wurde in Deutschland bis etwa 1800 verwendet und dann abgelöst von der Bezeichnung „Lehrplan" bzw. „Lehrgang". Mit der Wiedereinführung des Begriffs „Curriculum" durch *Robinsohn* (1967) wird dieser nun „ausdrücklich in Distanz zu dem traditionellen Lehrplan verwendet" (*Böhm*, 1994). Durch eine intensive Curriculumforschung, insbesondere in den 1970er Jahren, wurden Lehrpläne hinsichtlich der Ziele, Inhalte und Methoden untersucht und auch reformiert. Einige Unterschiede zwischen Curriculum und (traditionellem) Lehrplan werden in der folgenden Tabelle gegenübergestellt:

Unterschiede zwischen Curriculum und (traditionellem) Lehrplan

Curriculum	(traditioneller) Lehrplan
► Orientierung an den Lernzielen, die eine überprüfbare (beobachtbare und messbare) Veränderung des Schülerverhaltens bewirken.	► Orientierung an dem „Lernstoff", den der Lehrer vermitteln soll (= geordnete Zusammenfassung von Lehrinhalten).
► Curriculum als Prozess (dynamisch).	► Lehrplan als Struktur (statisch).
► Lernziele werden klassifiziert und systematisiert.	► Kein schlüssiger Zusammenhang zwischen Zielen, Inhalten und Methoden; Mehrdeutige, uneinheitliche Formulierung der Ziele.
► Zielt auf Verwendungsorientierung (Qualifizierung).	► Zielt auf Persönlichkeitsentwicklung (Bildung).

Die „curricularen Lehrpläne" (*Jongebloed*, 2006) der beruflichen Bildung sind ein Kompromiss aus beiden Varianten. Die Lehrinhalte entspringen den jeweiligen Berufsbildern (Ausbildungsordnung) und müssen abgestimmt werden mit den Lehrplänen der Berufsschule. In diesen Lehrplänen werden Lernfelder beschrieben, „aus denen dann Ziel- und Inhaltsformulierungen abzuleiten sind, die das didaktische Geschehen in der Berufsschule strukturieren" (*Jongebloed*).

Datenschutz

Schutz des Einzelnen vor missbräuchlicher Nutzung seiner personenbezogenen Daten; dies sind „Einzelangaben über persönliche oder sachliche Verhältnisse einer bestimmten oder bestimmbaren Person" (Duden Recht). Rechtliche Grundlage ist das Bundesdatenschutzgesetz (BDSG).

Der Datenschutz umfasst folgende Grundregel:

▶ Die Verarbeitung und Nutzung personenbezogener Daten ist nur aufgrund einer Einwilligung des Betroffenen oder einer gesetzlichen Erlaubnis oder Anordnung zulässig. Verarbeiten ist das Speichern, Verändern, Übermitteln, Sperren und Löschen von Daten; Nutzen ist jede darüber hinaus erfolgte Datenverwendung.

▶ Die gesetzlichen Rechte der Betroffenen auf Auskunft, Berichtigung, Löschung und Sperrung personenbezogener Daten können durch Rechtsgeschäft (Vereinbarung) weder ausgeschlossen noch beschränkt werden.

▶ Im nicht öffentlichen Bereich erfasst der gesetzliche Datenschutz nur die Verarbeitung und Nutzung von geschäftsmäßigen, beruflichen oder gewerblichen Dateien. Die Zulässigkeit richtet sich nach dem Zweck eines Vertragsverhältnisses oder vertragsähnlichen Vertrauensverhältnisses oder ergibt sich aus einer Abwägung berechtigter Interessen und schutzwürdiger Belange.

Im Bereich des Datenschutzes gilt der Grundsatz der Fremdkontrolle:

▶ Im **öffentlichen Bereich** sind unabhängige Datenschutzbeauftragte eingesetzt, die die Einhaltung der Vorschriften überwachen, Beratungstätigkeiten übernehmen sowie Beschwerden und Hinweise entgegen nehmen.

▶ Werden im **nicht öffentlichen Bereich**, also z. B. in **Unternehmen**, personenbezogene Daten verarbeitet, „müssen nach dem BDSG betriebliche Datenschutzbeauftragte bestellt werden, wenn i. d. R. mindestens fünf Arbeitnehmer ständig mit der Datenverarbeitung beschäftigt sind. Die Datenschutzbeauftragten sind der Geschäftsleitung unmittelbar zu unterstellen" (Duden Recht).

 MERKE

Datenschutz umfasst:

▶ Rechtmäßigkeit
▶ Zweckmäßigkeit
▶ Einwilligung
▶ Erforderlichkeit
▶ Transparenz
▶ Datensicherheit
▶ Kontrolle

104

Deutscher Gewerkschaftsbund (DGB)

Der DGB wurde im Jahre 1949 gegründet und ist die größte gewerkschaftliche Dachorganisation im deutschsprachigen Raum. Im DGB sind acht → Gewerkschaften mit insgesamt rund 6,2 Mio. Mitgliedern organisiert.

INFO

Selbstbeschreibung des DGB

„Der Deutsche Gewerkschaftsbund (DGB) steht für eine solidarische Gesellschaft. Er ist die Stimme der Gewerkschaften gegenüber den politischen Entscheidungsträgern, Parteien und Verbänden in Bund, Ländern und Gemeinden. Er koordiniert die gewerkschaftlichen Aktivitäten. Als Dachverband schließt er keine Tarifverträge ab. (...) Er ist - wie seine Mitgliedsgewerkschaften - pluralistisch und unabhängig, aber keineswegs politische neutral. Er bezieht Position im Interesse der Arbeitnehmerinnen und Arbeitnehmer.

Die Mitgliedsgewerkschaften des DGB handeln mit den Arbeitgebern Tarifverträge, u. a. zu Einkommen, Arbeitszeiten, Urlaub aus, im Falle eines Arbeitskampfes organisieren sie den Streik und zahlen den Mitgliedern Streikunterstützung.

Sie helfen bei der Gründung von Betriebsräten, unterstützen die Beschäftigten bei betrieblichen Konflikten und vertreten sie bei Streitigkeiten mit ihrem Arbeitgeber, Gewerkschaftsmitglieder genießen kostenlosen Rechtsschutz."

Quelle: *DGB*

Deutscher Qualifikationsrahmen für Lebenslanges Lernen (DQR)

Instrument zur systematischen Ordnung und Bewertung von Qualifikationen (Bildungsabschlüssen), um diese international vergleichbar zu machen. Der DQR ist die nationale Umsetzung des Europäischen Qualifikationsrahmens (EQR) und beschreibt bildungsbereichsübergreifend alle formalen Qualifikationen des deutschen Bildungssystems. Hierzu gehören die **Bereiche**:

► Schule
► Berufliche Bildung
► Hochschulbildung
► Weiterbildung.

Der DQR soll eine angemessene Bewertung und Vergleichbarkeit deutscher Qualifikationen ermöglichen und zielt darauf ab, Gleichwertigkeiten und Unterschiede von Qualifikationen transparenter zu machen, um die Berufschancen und die Mobilität von Lernenden und Beschäftigten innerhalb Europas zu fördern. Dazu beschreibt er die Kompetenzen und Fertigkeiten und ein bestimmtes Ausbildungslevel. Es wird praktisch „ein Einheitsraster über die Bildung gelegt: Der DQR besteht aus acht Qualifikationsstufen, denen in einer Matrix Fertigkeiten und Kompetenzen zugeordnet sind" (Der Tagesspiegel, 14. 10. 2011).

Dem DQR liegt die Idee zugrunde, „dass man in Deutschland dem Prinzip näher kommt: Wichtig ist, was jemand kann, und nicht, wo es gelernt wurde. Durch den DQR wird damit das lebenslange Lernen insgesamt gestärkt werden" (AK DQR, 22. 3. 2011, S. 6.)

Konkret werden mit dem DQR folgende **Ziele** verfolgt:

▶ Transparenz, Verständlichkeit und Vergleichbarkeit der Ausbildungsgänge (national und international)

▶ verbesserte Information für Studieninteressierte und Arbeitgeber

▶ Unterstützung der Evaluation und Akkreditierung

▶ Erleichterung der Curriculumentwicklung

▶ höhere Vergleichbarkeit der Qualifikationen im europäischen und internationalen Kontext.

Der DQR hat seinen Ursprung im Europäischen Qualifikationsrahmen (EQR) vom 23. 4. 2008. Danach sollen bis 2010 nationale Qualifikationssysteme oder -rahmen geschaffen werden, die sich auf den EQR beziehen. Damit soll sichergestellt werden, „dass sich alle neuen Qualifikationen, die ab 2012 erteilt werden, auf das geeignete EQR-Niveau beziehen" (BiBB).

 INFO

Abitur soll mehr wert sein als Ausbildung

Politiker loben gern die Qualität der dualen Ausbildung in Deutschland. Dennoch wollen sie das Abitur in einem neuen Vergleichsmodell auf eine höhere Stufe stellen – mit enormen Folgen für Einstellungen und Löhne. Die Gewerkschaften laufen Sturm.

Ist das Abitur mehr wert als eine Ausbildung? Welche Kompetenzen sind wichtiger: Shakespeare im Original lesen oder ein Computernetzwerk aufbauen zu können? Um diese Fragen ist ein großer Streit zwischen Gewerkschaften und den Spitzenverbänden der Wirtschaft auf der einen und den Kultusministern auf der anderen Seite entbrannt. Bei dem Konflikt geht es um den „Deutschen Qualifikationsrahmen" (DQR), der bis Ende des Jahres entwickelt werden soll.

Mit dem Stufenmodell sollen in Zukunft alle Abschlüsse vergleichbar werden, unabhängig davon, ob sie in der Schule, im Beruf, an der Hochschule und in der Weiterbildung abgelegt wurden. Acht Abstufungen sind vorgesehen, wobei immer Fachwissen und Sozialkompetenzen einberechnet werden.

Mit einem Hauptschulabschluss kommt man auf Stufe 2, mit einer Promotion auf Stufe 8. Später soll auch informelles Lernen in das Ranking einfließen. Nach einer Empfehlung der Europäischen Union erstellen alle Mitgliedsstaaten ähnliche Qualifikationsrahmen.

Die Beteiligten, neben den Sozialpartnern und den Kultusministern gehören auch Bildungsministerin Annette Schavan (CDU) und Vertreter aus der Wissenschaft dazu, haben sich weitgehend geeinigt. Strittig bleibt aber die Frage, auf welche Stufe das Abitur gehört, und auf welche die dualen Ausbildungen.

Gewerkschaften und Arbeitgeber fordern, Abitur, Fachabitur und dreijährige Ausbildungen gleichberechtigt auf die Stufe 4 zu stellen. Zweijährige Ausbildungen sollen der Stufe 3 zugerechnet werden. Doch die Kultusminister favorisieren die Zuordnung des Abiturs auf Stufe 5. Nach ihren Plänen würde der Großteil an Ausbildungen auf der Stufe 3 und 4 angesiedelt, nur in wenigen Fällen auf Stufe 5. Gewerkschaften und Arbeitgeber laufen nun Sturm gegen die Kultusminister. (...)

Die Gewerkschaften sprechen intern sogar von einem regelrechten „Kulturkampf" mit den Kultusministern. Dass der Streit mit so einem großen Nachdruck geführt wird, verwundert nicht. Denn der Qualifikationsrahmen wird weitreichende Konsequenzen für das Arbeitsleben haben. Ab 2012 werden alle Zeugnisse mit einem Verweis auf das DQR-Niveau versehen.

Auch ist davon auszugehen, dass sich die Einstufungen auf die Einstellungspraxis von Unternehmen in ganz Europa auswirken werden. Und sie könnten über kurz oder lang auch Auswirkungen auf Tarifverhandlungen haben, etwa wenn Arbeitgeber mit dem Verweis auf die Stufen Lohnkürzungen in Ausbildungsberufen fordern. (...)

Quelle: *Ata*, SZ vom 17. 10. 2011, gekürzt.

Niveaustufen und Abschlüsse des DQR	
1	„grundlegendes Allgemeinwissen"
2	Hauptschulabschluss
3	zweijährige Berufsausbildung
4	dreijährige Berufsausbildung
5	Allgemeine Hochschulreife (Abitur), Fachgebundene Hochschulreife (FOS-Abschluss)
6	Bachelor, Meisterbrief
7	Master, Diplom
8	Promotion

(Stand: 25. 10. 2011)

Ab 2012 soll die Stufe eines Abschlusses auf dem jeweiligen Zeugnis bzw. der jeweiligen Abschlussbescheinigung ausgewiesen werden.

www.deutscherqualifikationsrahmen.de

Didaktik

(griech. sowohl „lehren" bzw. „unterweisen" als auch „lernen" bzw. „belehrt werden")
Bezeichnung für die Theorie und Praxis des Lehren und Lernens. Der Begriff „Didaktik"
kann unterschiedlich verwendet werden, z. B. im Hinblick auf bestimmte Schulformen
(z. B. Sekundarstufe II), Schulfächer (Fachdidaktik) oder Bereiche (z. B. Didaktik der Berufsbildung). Ferner kann er sich auch beziehen auf die Bildungsinhalte bzw. den Lehrplan (*Was wird unterrichtet?*) oder die Didaktik der Methode (*Wie wird unterrichtet?*).

Es existiert eine Vielzahl didaktischer Modelle und Positionen. Zu den wichtigsten didaktischen Modellen (und deren Hauptvertretern) zählen die

- bildungstheoretische Didaktik (*Klafki/Weniger*),
- informationstheoretische Didaktik (*Cube/Frank/Weltner*),
- lerntheoretische Didaktik (*Heimann/Schulz*),
- kritisch-kommunikative Didaktik (*Schaller/Schäfer*).

In der beruflichen Bildung nimmt die sog. **Lernfelddidaktik** seit Mitte der 1990er Jahre
eine herausragende Stellung ein. → Lernfelder, → Curriculum

Direktionsrecht

(→ Weisungsrecht) Der Arbeitgeber hat gem. §§ 315 BGB und 106 GewO das Recht,
dem Arbeitnehmer Weisungen zu erteilen, die Art und Weise, Inhalt, Ort und Zeit der
Arbeitsleistung betreffen. Da die Dienste im Arbeitsvertrag ledig lich rahmenmäßig
festgelegt sind, werden sie durch die Weisungen des Arbeitgebers konkretisiert.

Im Ausbildungsverhältnis sind Auszubildende gem. § 13 Nr. 3 BBiG dazu verpflichtet,
den Weisungen zu folgen, die ihnen im Rahmen der Berufsausbildung von weisungsberechtigten Personen erteilt werden (→ Weisungsgebundenheit). Zu den weisungsberechtigten Personen gehören neben dem Ausbildenden und den Ausbildern bspw.
die zuständigen Sachbearbeiter, Abteilungsleiter, Meister und Sicherheitsbeauftragte,
mit denen der Auszubildende in einem Arbeitszusammenhang steht bzw. mit diesen
zusammenarbeitet. Das Weisungsrecht darf sich nur im Rahmen der Berufsausbildung
bewegen. Die Weisungsgebundenheit findet ihre Grenze in den Grundrechten (z. B. in
den Persönlichkeitsrechten). Die für „normale" Arbeitsverhältnisse geltende Regelung
des § 106 GewO findet auch in der Berufsausbildung Anwendung (§ 10 Abs. 2 BBiG).

Diskriminierung

(lat. discretio = Unterscheidung) Jemanden durch unterschiedliche Behandlung benachteiligen, ausgrenzen oder im Ansehen oder Ruf schädigen. → Allgemeines Gleichbehandlungsgesetz (AGG)

Duales System

Die → Berufsausbildung in Deutschland findet an zwei → Lernorten statt; zum überwiegenden Teil im Betrieb und zum anderen in der → Berufsschule. Der Betrieb bildet praktisch und berufsbezogen aus, die Berufsschule theoretisch berufsbezogen und auch berufsübergreifend. Zwischen den beiden Lernorten ist eine Abstimmung erforderlich. So wird z. B. in der → Ausbildungsordnung festgelegt, dass die Prüfungsinhalte der Zwischen- und → Abschlussprüfung sich auch auf den in der → Berufsschule vermittelten Lehrstoff beziehen. Auch in anderen Punkten, wie bspw. Urlaubszeiten und Schulische Fehlzeiten, müssen sich beide Lernorte miteinander abstimmen. Für den betrieblichen Part der Ausbildung gilt Bundesrecht, für den schulischen Teil gelten die Schulgesetzte der Länder. → Auszubildende sind zum Besuch der → Berufsschule verpflichtet.

Ziel der (dualen) Berufsausbildung:

Gemäß Berufsbildungsgesetz (§ 1 Abs. 3 BBiG) hat die Berufsausbildung das Ziel, „die für die Ausübung einer qualifizierten beruflichen Tätigkeit in einer sich wandelnden Arbeitswelt notwendigen beruflichen Fertigkeiten, Kenntnisse und Fähigkeiten (berufliche Handlungsfähigkeit) in einem geordneten Ausbildungsgang zu vermitteln" und „den Erwerb der erforderlichen Berufserfahrungen zu ermöglichen".

Lernen und Arbeiten:

Das Prinzip von Lernen und Arbeiten ist ein wesentliches Merkmal dieser Form der Berufsausbildung und zielt auf den Erwerb von Handlungskompetenz ab. Umgesetzt wird dies durch eine inhaltlich-zeitliche Verzahnung der beiden Lernorte. Der Betrieb vermittelt dem Auszubildenden fachpraktisches Wissen, die Berufsschule fachtheoretische Bildung.

Beispiel

Ein Auszubildender lernt im Betrieb, wie er einen Beleg bucht, indem er den Buchungsbetrag und die entsprechende Kontonummer in die Benutzeroberfläche der verwendeten Software (z. B. DATEV oder SAP) eingibt. In der Berufsschule wird dieses Buchen i. d. R. mit Hilfe von sog. „T-Konten" simuliert. Die Schüler lernen somit auf sehr anschauliche und logische Weise die Technik der Buchführung und der Vorgang des Buchens wird in einen größeren Sinnzusammenhang eingebettet.

Im Gegensatz zum praktischen Lernen im Betrieb lernt der Auszubildende in der Berufsschule nicht nur fachtheoretisches Wissen, sondern erweitert auch seine Allgemeinbildung. Die Leistungen der Berufsschulen dürfen hier nicht unterschätzt werden. Den Fächern Deutsch und Englisch bspw. kommt nicht nur im Bereich der Allgemeinbildung eine hohe Bedeutung zu, sondern auch im Berufsleben.

Betrieb und Berufsschule:

Die erste berufliche Qualifikation junger Menschen, die „eine Lehre machen", wird als duale Berufsausbildung bezeichnet, weil sie an zwei Lernorten stattfindet: Einerseits im → Betrieb (oder in öffentlichen Verwaltungen oder Praxen selbständiger Berufe) sowie an überbetrieblichen Lernorten, andererseits in der → Berufsschule. Im Betrieb bilden die Ausbilder die Auszubildenden nach dem Ausbildungsplan aus und vermitteln die berufliche Handlungsfähigkeit. Die Ausbilder müssen folgende formale Qualifikationen erfüllen: Meisterprüfung oder eine Abschlussprüfung mit berufspädagogischer Eignung oder ein Hochschulexamen und Berufserfahrung oder die Zulassung oder Approbation bei den freien Berufen. Die Berufsschule fördert und ergänzt die betriebliche Ausbildung fachtheoretisch (Fachunterricht) und vervollständigt und vertieft die Allgemeinbildung (Verhältnis etwa 60 % : 40 %). In den Berufsschulen kann – je nach Land und Ausbildungsberuf – der Unterricht folgendermaßen stattfinden: einmal wöchentlich bis zu 9 Stunden, zweimal wöchentlich mit 12 bis 16 Stunden oder als Blockunterricht mit einer Dauer von zwei bis sechs Wochen.

Bund und Länder:

Die Ausbildung ist auch noch in anderer Hinsicht dual: Die Ausbildung in den Betrieben (oder öffentlichen Verwaltungen oder Praxen) wird bundeseinheitlich durch das Berufsbildungsgesetz (BBiG) und Ausbildungsordnungen geregelt. Für den Berufsschulunterricht sind die Kultusministerien der Länder zuständig, die gesonderte Lehrpläne erlassen.

Zuständige Stellen:

Für die Durchführung der Ausbildung sind die sog. „zuständigen Stellen" verantwortlich, die im Auftrag des Staates handeln und staatlich-hoheitliche Aufgaben übernehmen. Dies sind die → Industrie- und Handelskammern, Handwerkskammern, Rechtsanwalts- und Notarkammern usw. Sie sind öffentlich-rechtliche Körperschaften und haben Zwangsmitgliedschaft für ihre Unternehmen.

Zu ihren **Aufgaben** gehören:

► Überwachung der betrieblichen Ausbildung
► Feststellung der Eignung von Ausbildungspersonal
► Beratung der Betriebe und Auszubildenden
► Planung und Durchführung der Prüfungen (Prüfungsordnungen erlassen, Prüfungsausschüsse bilden, Zwischen- und Abschlussprüfungen abnehmen)
► Eintragung/Registrierung der Ausbildungsverträge.

Finanzierung, Kosten, Nutzen:

Noch zu Beginn des 20. Jahrhunderts mussten Lehrlinge dem Lehrherrn ein Lehrgeld zahlen, um die ihm entstehenden → Kosten (z. B. für Unterbringung und Verpflegung) auszugleichen. Heute ist die Berufsausbildung für Auszubildende kostenlos.

Es existiert eine privatwirtschaftliche und öffentliche Mischfinanzierung: Die Kosten der betrieblichen Ausbildung (z. B. für → Ausbildungsvergütung, Sozialleistungen, Ausbilder, Verwaltung) tragen die Unternehmen i. d. R. vollständig selbst. Die Kosten des Berufsschulunterrichts tragen die jeweiligen Länder (z. B. Personalkosten für Lehrer) und Schulträger, also kreisfreie Städte und Landkreise (z. B. für Sachausgaben und Kosten für Verwaltungspersonal). Die betrieblichen Kosten der Ausbildung stellen ein nicht zu unterschätzendes Problem dar. Viele Unternehmen bilden nicht aus, da sie die Kosten nicht tragen wollen oder können.

Eine Kosten-Nutzen-Kalkulation der Unternehmen sieht vereinfacht wie folgt aus:

> Bruttokosten der Ausbildung
> ./. Erträge
> ———————————————
> = Nettokosten / Nettoertrag

Für die meisten Ausbildungsbetriebe stehen Kosten und Nutzen ihrer Auszubildenden in einem guten Verhältnis zueinander: Die Mehrheit der Unternehmen gab in einer Befragung des Bundesinstituts für Berufsbildung (BIBB) an, sie seien mit dem Verhältnis zufrieden oder sehr zufrieden. Dabei zahlen die Unternehmen durchschnittlich pro Jahr und Auszubildenden 3.596 € drauf. Am teuersten sind Auszubildende im Öffentlichen Dienst (Nettokosten: 7.234 €) und in Industrie und Handel (4.607 €), deutlich geringer sind die Kosten in der Landwirtschaft (962 €) und in den Freien Berufen (268 €).

Eignung der Ausbildungsstätte

Eine Ausbildung darf nur in geeigneten Ausbildungsstätten durchgeführt werden. Der ausbildende Betrieb muss über eine entsprechende Ausstattung sowie über ausreichend qualifiziertes Ausbildungspersonal verfügen. Die → Ausbildungsstätte ist geeignet, wenn die Voraussetzungen erfüllt sind, um die nach der Ausbildungsordnung vorgeschriebenen → beruflichen Fertigkeiten, Kenntnisse und Fähigkeiten in vollem Umfang zu vermitteln. Auch ist es möglich, dass die Teile, die ein Betrieb nicht abdecken kann, in anderen (überbetrieblichen) Ausbildungsstätten vermittelt werden. Die zuständigen Stellen (z. B. die IHK) überwachen die Eignung. Zur Eignung der Ausbilder siehe auch → Ausbilder-Eignungsverordnung (AEVO).

E-Learning

(engl. *electronic learning* = elektronisches Lernen, elektronisch unterstütztes Lernen) Synonym werden auch folgende Begriffe verwendet: computergestütztes Lernen, Computer-based Training, Online-Lernen (Onlinelernen), multimediales Lernen.

Seit ca. Mitte der 1990er Jahre hat sich der Begriff E-Learning etabliert. Hierunter versteht man grundsätzlich jene Formen des Lernens, bei denen elektronische und/oder digitale Medien zum Einsatz kommen und die Präsentation und Distribution von Lernmaterialien unterstützen. E-Learning findet heute in vielen Lernbereichen Anwendung.

Die Form des E-Learning ist abhängig von der verwendeten Technologie. Man unterscheidet bspw. zwischen computerbasiertem Lernen und webbasiertem Lernen. Beim computerbasierten Lernen kommt Lernsoftware zum Einsatz (z. B. CD-ROM, DVD). Beim webbasierten Lernen werden die Lerninhalte nicht mittels Datenträger verbreitet, sondern online von einem Webserver (Internet oder Intranet) abgerufen. Vorteile beim webbasierten Lernen sind die vielfältigen Interaktions- und Verknüpfungsmöglichkeiten (Multimedia-Anwendungen).

E-Learning im Unterricht

Lehrer sollten auch beim computergestützen Lernen im Unterricht zuvor die folgenden grundlegenden didaktischen Fragen klären:

► Welche Voraussetzungen (Vorkenntnisse) hinsichtlich des E-Learning bringen die Schüler jeweils mit?

► Welche Lernziele, Kompetenzen sollen mit E-Learning erreicht werden? Ist das E-Learning auch wirklich sinnvoll?

► Auf welche Lernumgebung (individuelles Lernen, eigenständiger Lernplatz, Teamarbeit) treffen die Schüler beim E-Learning?

Beachten Sie beim Einsatz von E-Learning, dass die Schüler...

► nicht zu „Gefangenen" des PCs gemacht werden!
► dort „abgeholt werden, wo sie stehen"!
► sich nicht im „Datendschungel" verirren!

Einstellungsinterview

→ Einstellungsgespräch

Einstellungsgespräch

(auch Bewerberinterview, Vorstellungsgespräch) Im Rahmen der Bewerberauswahl ein Gespräch zwischen dem Ausbildenden und dem potenziellen Auszubildenden, das dem Austausch von Informationen dient, die als notwendig für den Abschluss des Ausbildungsvertrags angesehen werden. Dem Gespräch vorausgegangen ist i. d. R. ein Auswahlverfahren aufgrund der Bewerberunterlagen (Bewerbungsschreiben, Lebenslauf, Zeugnisse etc.). Insofern zielt dieses Gespräch schon auf eine Vertragsanbahnung ab.

Der Ausbildende hat ein → Fragerecht hinsichtlich jener Aspekte, die mit dem Ausbildungsverhältnis in einem Zusammenhang stehen und an denen er ein berechtigtes Interesse hat. Durch das Einstellungsgespräch können beide Gesprächsparteien Eindrücke voneinander gewinnen, Unsicherheiten abbauen und Vorstellungen konkretisieren.

Der Ausbildende bzw. die Personen, die das Gespräch führen, müssen das Gespräch sorgfältig vorbereiten und anschließend auswerten bzw. bewerten. Neben der Organisation des Gesprächs ist die → Kommunikation im Gespräch von hoher Bedeutung. Das Schaubild zeigt einen möglichen Verlauf eines Einstellungsgesprächs.

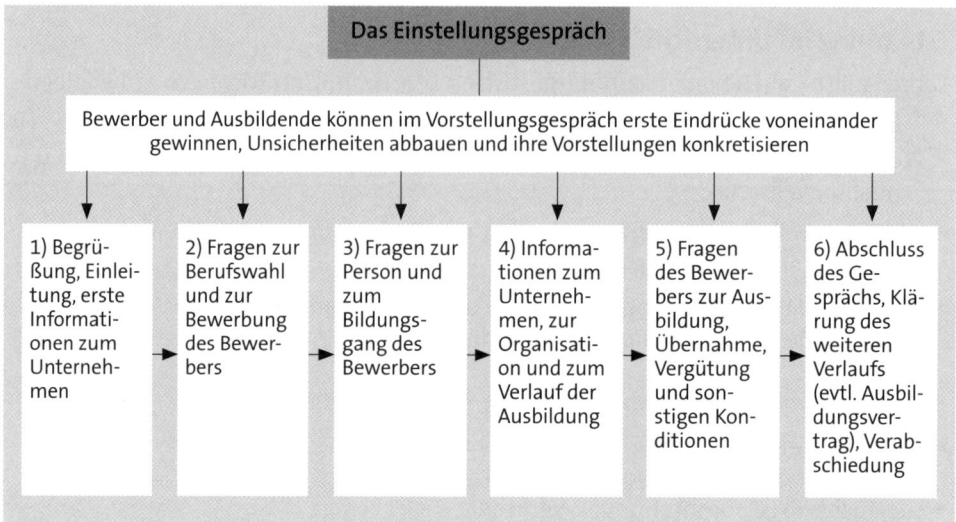

Das Einstellungsgespräch					
Bewerber und Ausbildende können im Vorstellungsgespräch erste Eindrücke voneinander gewinnen, Unsicherheiten abbauen und ihre Vorstellungen konkretisieren					
1) Begrüßung, Einleitung, erste Informationen zum Unternehmen	2) Fragen zur Berufswahl und zur Bewerbung des Bewerbers	3) Fragen zur Person und zum Bildungsgang des Bewerbers	4) Informationen zum Unternehmen, zur Organisation und zum Verlauf der Ausbildung	5) Fragen des Bewerbers zur Ausbildung, Übernahme, Vergütung und sonstigen Konditionen	6) Abschluss des Gesprächs, Klärung des weiteren Verlaufs (evtl. Ausbildungsvertrag), Verabschiedung

Entgeltabrechnung

Arbeitnehmer (bzw. Auszubildende) haben gem. § 108 GewO Anspruch auf eine schriftliche Lohn-/Gehaltsabrechnung bzw. eine Abrechnung der Ausbildungsvergütung. Sie sollen somit in die Lage versetzt werden, die Berechnung ihres Entgeltanspruchs nachvollziehen und überprüfen zu können. Daher muss die Abrechnung mindestens Angaben enthalten über:

► den Abrechnungszeitraum
► die Zusammensetzung des Arbeitsentgelts bzw. der Ausbildungsvergütung.

Bezüglich der Zusammensetzung sind insbesondere folgende Angaben erforderlich:

► Art und Höhe der Zuschläge
► Zulagen
► sonstige Vergütungen
► Art und Höhe der Abzüge
► Abschlagszahlungen
► Vorschüsse.

Die Abzüge sind sämtlich einzeln aufgelistet anzugeben:

► → Lohnsteuer
► → Kirchensteuer
► → Solidaritätszuschlag
► → Arbeitslosenversicherung (AN-Anteil)
► → Krankenversicherung (AN-Anteil)
► → Rentenversicherung (AN-Anteil)
► → Pflegeversicherung (AN-Anteil)

Berechnungsschema für eine Entgeltabrechnung

Bruttoverdienst

+ Vermögenswirksame Leistungen (AG-Anteil)

+ weitere Zahlungen (z. B. Treueprämie)

= Steuerpflichtiges Bruttoentgelt

./. Lohnsteuer (siehe jeweilige Lohnsteuerklasse)

./. Kirchensteuer (8 % bzw. 9 % von der Lohnsteuer)

./. Solidaritätszuschlag (5,5 % von der Lohnsteuer)

./. Rentenversicherung (AN-Anteil: 50 % von 19,9 %)

./. Krankenversicherung (AN-Anteil: 8,2 %)*

./. Arbeitslosenversicherung (AN-Anteil: 50 % von 3 %)

./. Pflegeversicherung (AN-Anteil: 50 % von 1,95 %)

./. Zusatzbeitrag Pflegeversicherung (Kinderlose ab 23. Lebensjahr: 0,25 %)

./. Sachbezüge

= Nettoentgelt (nach Abzug der Steuern und Pflichtbeiträge)

./. Vermögenswirksame Leistungen (AN-Anteil)

./. Persönliche Abzüge

+ Steuer- und sozialversicherungsfreie Zulagen

= Auszahlungsbetrag (Überweisung an den Arbeitnehmer)

(*Seit 1. 1. 2011 trägt der Arbeitgeber 7,3 % und der Arbeitnehmer 8,2 %.)

Ausbildungsverhältnis:

Die Verpflichtung zur Abrechnung besteht zunächst im ersten Ausbildungsmonat. Danach besteht sie nur, wenn sich die Angaben gegenüber der letzten Abrechnung geändert haben (§ 108 Abs. 2 GewO).

Da die → Ausbildungsvergütung jährlich ansteigt, muss der Auszubildende also wenigstens im ersten Ausbildungsmonat des 1., 2. und 3. (ggf. auch 4.) Ausbildungsjahres eine schriftliche Lohnabrechnung erhalten. Zusätzliche Abrechnungen sind erforderlich, wenn sich die monatliche Vergütung ändert (z. B. aufgrund von Weihnachts- oder Urlaubsgeld oder Überstundenvergütung). Außerdem hat der Auszubildende das Recht, jederzeit eine Verdienstbescheinigung vom Arbeitgeber zu verlangen.

In den meisten Fällen werden Auszubildende der Lohnsteuerklasse I (ledig, ohne Kinder) zugeordnet. Liegt die **Ausbildungsvergütung unter 896,99 €**, muss von der Ausbildungsvergütung nach der derzeit gültigen Monatslohnsteuertabelle **keine Lohnsteuer** abgeführt werden. Erst wenn dieser Betrag überschritten wird, muss der Auszubildende auch die Lohnsteuer und den Solidaritätsbeitrag von der Brutto-Ausbildungsvergütung einbehalten und an das Finanzamt abführen.

Entgeltfortzahlung im Krankheitsfall

Auszubildenden ist gem. § 3 Abs. 3 Entgeltfortzahlungsgesetz (EFZG) im Krankheitsfall die Vergütung bis zur Dauer von sechs Wochen weiter zu zahlen. → Vergütung

Erkrankung

→ Arbeitsunfähigkeit

Expertenbefragung

Handlungsorientierte Unterrichtsmethode, bei der Schüler einen Experten befragen, um zu einem bestimmten Thema, einem Problem oder zu einer Fragestellung Informationen zu gewinnen. Dazu können die Schüler Experten an deren Arbeitsort aufsuchen oder diese in den Unterricht einladen.

Nach *Ruschel* erfüllt die Expertenbefragung folgende didaktische Funktionen:

Informationsfunktion:	Lernende lernen, sich personale Informationsquellen aus erster Hand und ohne Umwege zu erschließen.
Motivationsfunktion:	Lernende werden intrinsisch motiviert. Ihre Lernbereitschaft wird gesteigert, der Lernerfolg gesichert.
Beziehungsfunktion:	Neben den kognitiven Zielen des Wissenserwerbs werden auch affektive Lernziele realisiert.
Rückkoppelungsfunktion:	Die direkte Kommunikation verringert Missverständnisse und Informationsverluste, ermöglicht Vertiefung und Besinnung.

Eine Expertenbefragung kann in folgenden Schritten ablaufen:
► Thema, Problem oder Fragestellung identifizieren.
► Geeigneten Experten finden und erste Kontaktaufnahme.
► Erstellen eines Fragenkatalogs.
► Organisatorische Vorbereitung und Planung (evtl. Rücksprache mit Experten).
► Durchführung der Expertenbefragung.
► Ergebnisse festhalten und auswerten.
► Dokumentation bzw. Präsentation der Ergebnisse.

Expertenbefragung

Berufsschüler im Ausbildungsberuf „Kaufmann/Kauffrau im Groß- und Außenhandel" haben im Rahmen des Unterrichts (Lernfeld 5: „Personalwirtschaftliche Aufgaben wahrnehmen") einen Personaler der BMW Niederlassung Frankfurt zum Thema „Bewerberauswahl" in den Unterricht eingeladen.
Der Ausbildungsspezialist hielt nach einer kurzen Vorstellungsrunde einen einleitenden Kurzvortrag zum Thema. Aufgrund einer angenehmen Unterrichtsatmosphäre wandelte sich der geplante Vortrag schnell hin zu einem „lockeren" Fachgespräch zwischen Schülern und dem Experten. Anschließend konnten die Schüler gezielt ihre vorbereiteten Fragen stellen. Anhand von Praxismaterial (Bewerbungen, Checklisten) konnte das Thema „Bewerberauswahl" praxisbezogen vertieft werden. Dabei zeigten sich die Schüler über die gesamte Zeitspanne hinweg motiviert und konzentriert. Was hat das gebracht? Nun, neben dem Erwerb von praxisrelevanten Fachkompetenzen konnten die Schüler auch ihre Kommunikationsfähigkeit trainieren und Sozialkompetenzen ausbauen. Und: Diesen Unterricht werden die Beteiligten wohl so schnell nicht vergessen – er hat nämlich Spaß gemacht!
(An dieser Stelle nochmals herzlichen Dank an Hr. Carl-Alexander Kirchner, BMW Niederlassung Frankfurt.)

www.adalbert-ruschel.de/downloades/methode%20expertenbefragung.pdf

Externen-Zulassung (zur Abschlussprüfung)

Das → BBiG sieht vor, dass eine Zulassung zur Abschlussprüfung auch „in besonderen Fällen" möglich ist (§ 45 BBiG). Dies betrifft insbesondere Personen, die keine Ausbildung in dem einschlägigen Beruf absolviert haben. Eine solche externe Zulassung zur Abschlussprüfung ist möglich, wenn man nachweist, dass man „mindestens das Eineinhalbfache der Zeit, die als Ausbildungszeit vorgeschrieben ist, in dem Beruf tätig gewesen ist, in dem die Prüfung abgelegt werden soll." Beträgt die reguläre Ausbildungszeit für den Ausbildungsberuf drei Jahre, muss der Arbeitnehmer, der extern zugelassen werden möchte, also über mindestens 4,5 Jahre Berufserfahrung verfügen.

Der Nachweis kann durch Auskünfte jeder Art (z. B. durch Selbstauskünfte oder Auskünfte der Arbeitsagentur), durch Urkunden oder Zeugen erbracht werden. Die Auskünfte sollten Angaben darüber enthalten, welche Tätigkeiten ausgeübt worden sind. Diese Tätigkeiten sollten auch die wichtigsten Inhalte des angestrebten Berufs abdecken (für Kaufleute im Groß- und Außenhandel sind dies z. B. die Bereiche Rechnungswesen, Ein- und Verkauf, Lagerhaltung).

Über die Zulassung zur Abschlussprüfung entscheidet die → zuständige Stelle. Hält sie die Zulassungsvoraussetzungen nicht für gegeben, so entscheidet der Prüfungsausschuss.

Wer sich einer Externen-Prüfung unterziehen möchte, sollte an einem Vorbereitungs-kurs teilnehmen. Die zuständige Kammer (z. B. die → IHK) bietet i. d. R. Listen mit An-bietern von Vorbereitungslehrgängen für die Zwischen- und Abschlussprüfung an. Auch werden dort Anträge zum Download bereitgestellt.

www.frankfurt-main.ihk.de/berufsbildung/ausbildung/pruefung/externenprue-fung/index.html

www.ihk-kassel.de/solva_docs/Zulassung_in_besonderen_Faellen_21122009.pdf

www.duesseldorf.ihk.de/produktmarken/Publikationen/AusWeiterbildung/M6_Ex-ternenzulassung.pdf

Fachfremde Tätigkeiten

Das → BBiG schreibt vor, dass → Auszubildenden nur Aufgaben übertragen werden dürfen, die dem → Ausbildungszweck dienen und ihren körperlichen Kräften angemessen sind (§ 14 BBiG). Bei Jugendlichen sind die Beschäftigungsverbote nach den §§ 22 bis 31 JArbSchG zu beachten. Eine Aufgabe bzw. Tätigkeit dient dann dem Ausbildungszweck, wenn sie geeignet ist, den Ausbildungszweck unmittelbar oder mittelbar zu fördern. Sie muss also der systematischen Vermittlung beruflicher Fertigkeiten und Kenntnisse dienen. Ob es sich um eine zulässige oder unzulässige Aufgabe handelt, muss unter Berücksichtigung des Berufsbildes und des Zeitumfangs im Einzelfall geprüft werden.

MERKE

Wird bspw. im Handwerk ein Auszubildender damit beauftragt, die Werkstatt zu fegen, ist dies zulässig. Allerdings muss diese Tätigkeit in einem angemessenen Verhältnis zu den berufsspezifischen Tätigkeiten stehen. Grundsätzlich dürfen den Auszubildenden keine berufsfremden Tätigkeiten (Hilfs- und Nebenarbeiten) übertragen werden. Eine zulässige Tätigkeit kann unzulässig werden, wenn sie keinen Zuwachs an beruflichen Fertigkeiten und Kenntnissen mehr vermittelt. Daher dürfen grundsätzlich keine Routinearbeiten verlangt werden.

Der Auszubildende darf die Verrichtung von Aufgaben verweigern, wenn diese nicht dem Ausbildungszweck dienen. Der Ausbildende darf diese Verweigerung nicht arbeitsrechtlich sanktionieren. Das Übertragen von ausbildungsfremden Tätigkeiten stellt eine → Ordnungswidrigkeit gem. § 102 Abs. 1 Nr. 3 BBiG dar, die mit Geldbuße bis zu 5.000 € geahndet werden kann. Siehe auch → Ausbildungsziel und den Zeitungsbericht „Ausbeutung statt Ausbildung" unter dem Stichwort → Konflikte in der Ausbildung.

Fachkompetenz

Wird von der Kultusministerkonferenz (KMK) definiert als „die Bereitschaft und Befähigung, auf der Grundlage fachlichen Wissens und Könnens Aufgaben und Probleme zielorientiert, sachgerecht, methodengeleitet und selbständig zu lösen und das Ergebnis zu beurteilen" (KMK 2007). Siehe auch → Hard Skills, berufliche → Handlungsfähigkeit.

Fachkräftemangel

Bezeichnung für eine – aus Unternehmenssicht prekäre – Arbeitsmarktsituation, in der das Angebot an qualifizierten Arbeitskräften so gering ist, dass die Unternehmen ihren erforderlichen Personalbedarf nicht decken können. Nach Definition der Bundesagentur für Arbeit (BA) liege Fachkräftemangel vor, wenn Stellen länger als im Durchschnitt unbesetzt bleiben und es weniger als 150 Arbeitslose pro 100 Jobangebote gibt - oder es dort weniger Arbeitslose als gemeldete Stellen gibt.

Bis zum Jahr 2025 werden laut BA bis zu 6,5 Mio. Arbeitskräfte fehlen, darunter ca. 2,4 Mio. Akademiker. Dem drohenden Fachkräftemangel soll mit verschiedenen arbeitsmarkt- und bildungspolitischen Maßnahmen begegnet werden. Ob tatsächlich ein Fachkräftemangel droht, wird zwischen Experten kontrovers diskutiert. So kommt das Deutsche Institut für Wirtschaftsforschung zu dem Ergebnis: „Für einen aktuell erheblichen Fachkräftemangel sind in Deutschland kaum Anzeichen zu erkennen" (DIW Wochenbericht Nr. 46/2010).

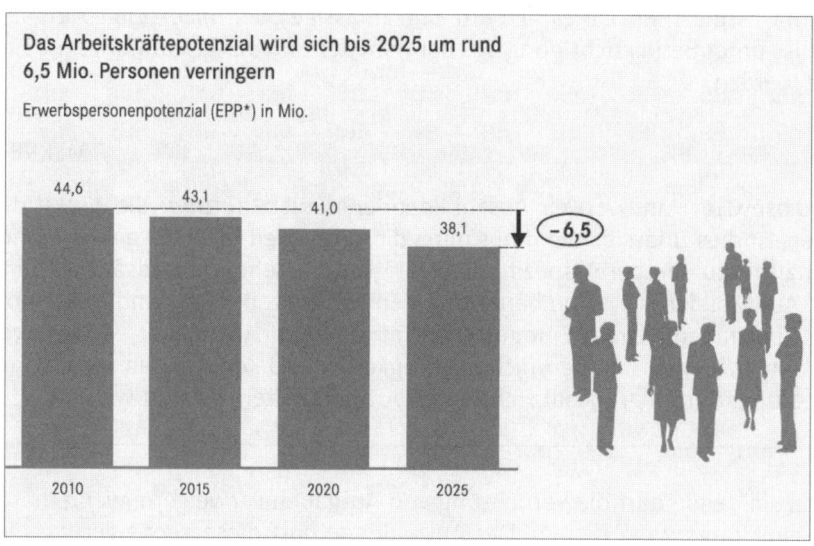

(Quelle: BA, Perspektive 2025 – Neue Wege zur Personalgewinnung, 2011, S. 4.)

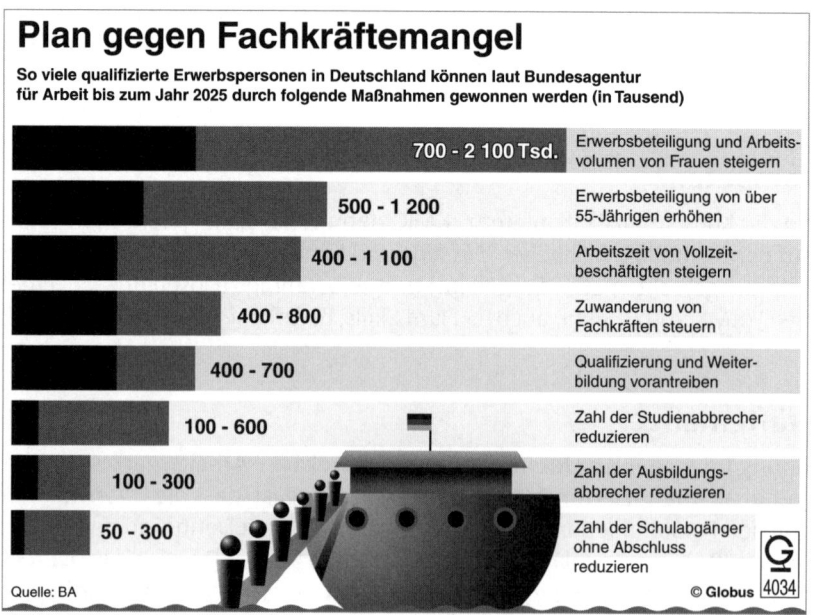

Fachkräftemangel? – „Dann soll die Wirtschaft gefälligst Fachkräfte ausbilden"

So äußerte sich Alt-Bundeskanzler Helmut Schmidt am 14. 12. 2010 in einer TV-Diskussionsrunde zum Thema Fachkräftemangel.

Was kann Ihr Unternehmen also tun, um geeignete Auszubildende zu rekrutieren? Hierzu ein paar Tipps für die Bewerbergewinnung:

Internet professionell nutzen:
► Insbesondere die Jugendlichen bzw. Heranwachsenden nutzen stark virtuelle Medien. Nutzen Sie geeignete und professionelle Plattformen im Internet (Bewerberportale).
► Bieten Sie auf ihrer Homepage Möglichkeiten an, sich online / elektronisch zu bewerben.
► Sagen Sie klar, welche Berufsbilder ausgebildet werden, was von den Bewerbern erwartet wird – und auch was Sie selbst bieten.
► Stellen Sie ihr Untenehmen multimedial (z. B. in einem Kurzfilm) vor.

Potenzielle Azubis kennen lernen:
► Bieten Sie Praktika an und lernen Sie so potenzielle Azubis kennen. Nehmen Sie hierzu Kontakte mit den Berufsschulen in der Region auf. Insbesondere in den Schulformen Fachoberschule und Berufsfachschule müssen die Schüler Praktika absolvieren.
► Präsentieren Sie ihr Unternehmen auf Ausbildungsmessen.
► Bieten Sie einen „Tag der offenen Tür" an.

Stärken hervorheben:
Im Marketing bedeutet USP (Unique Selling Proposition) soviel wie „einzigartiges Verkaufsargument" bzw. „einzigartiges Verkaufsversprechen". Heben Sie also ihre Qualitäten (in Print- und Onlinemedien) hervor und benennen Sie klar, welche Vorteile, welche Möglichkeiten eine Ausbildung in ihrem Unternehmen bietet.

Kooperationen eingehen:
► Knüpfen Sie Netzwerke zu anderen Unternehmen, Institutionen und Organisationen (Bildungseinrichtungen, Gewerkschaften usw.).
► Bieten Sie Betriebsbesichtigungen für Schulklassen an.

www.arbeitsagentur.de/zentraler-Content/Veroeffentlichungen/Sonstiges/Perspektive-2025-Wege-zur-Personalgewinnung.pdf
www.mckinsey.de/downloads/presse/2011/wettbewerbsfaktor_fachkaefte.pdf
www.diw.de/documents/publikationen/73/diw_01.c.363686.de/10-46-1.pdf

Fachliche Eignung

Grundsätzlich müssen die Ausbilder eine Abschlussprüfung in einer dem Ausbildungs-beruf entsprechenden Fachrichtung bestanden haben und eine „angemessene Zeit" praktisch in diesem Beruf tätig gewesen sein. Statt einer Abschlussprüfung nebst Pra-xiserfahrung gilt auch eine Meisterprüfung oder ein Hochschulexamen mit Berufser-fahrung als fachliche Eignung. Der → Ausbilder muss zudem eine gewisse persönliche Reife erlangt haben. Das Mindestalter von 24 Jahren ist im neuen BBiG weggefallen. → Ausbilder-Eignungsverordnung (AEVO)

 INFO

Die fachliche Eignung der Ausbilder

Um fachlich geeignet zu sein, müssen Ausbilder die erforderlichen

► beruflichen Fertigkeiten und Kenntnisse
► berufs- und arbeitspädagogischen Kenntnisse

besitzen.

Gemäß → Ausbilder-Eignungsverordnung (AEVO) müssen die berufs- und ar-beitspädagogischen Kenntnisse durch ein Zeugnis oder einen anderen Nach-weis nachgewiesen werden. (Ausnahme für Ausbildungsverhältnisse zwischen 1. 8. 2003 und 31. 7. 2009!)

Fachstufe

Zweites (Fachstufe 1) bzw. drittes Jahr (Fachstufe 2) des schulischen Teils der Berufs-ausbildung in der → Berufsschule. → Grundstufe

Fahrtkosten (zur Berufsschule)

Die Fahrtkosten, die dem Auszubildenden im Zusammenhang mit dem Besuch der zu-ständigen Berufsschule entstehen, sind nicht vom Ausbildenden zu tragen. Der Aus-zubildende hat keinen Anspruch darauf, dass der Ausbildende diese Fahrtkosten über-nimmt. Existieren allerdings andere Regelungen im Betrieb („betriebliche Übung"), so ist der Ausbildende dazu verpflichtet. Auch wenn ein nicht berufsschulpflichtiger Aus-zubildender auf Veranlassung des Ausbildenden die Berufsschule zu besuchen hat, muss der Ausbildende die Kosten hierfür tragen. Der Ausbildende hat ferner die Kos-ten zu tragen, wenn er veranlasst, dass der Auszubildende eine andere Bildungsein-richtung als die zuständige Berufsschule zu besuchen hat.

Fahrtkostenzuschuss

→ Berufsausbildungsbeihilfe (BAB)

Fallstudie

Eine handlungsorientierte, zu den Simulationsverfahren gehörende Unterrichtsmethode, die die Entscheidungsfähigkeit der Schüler fördert. Die Fallstudienmethode hat eine lange Tradition. Sie wurde seit Beginn des 20. Jh. an der Harvard Business School im betriebswirtschaftlichen Bereich eingesetzt und zu einem geschlossenen Lehrsystem ausgebaut, so dass „die Fallmethode gelegentlich auch Harvard-Methode genannt wird" (*Kaiser*). Charakteristisch ist für diese Methode, dass „sie die Schüler mit praktischen Fällen aus unterschiedlichen Lebensbereichen konfrontiert und so in erster Linie von praktischer Lebensbewältigung ausgeht und nicht von theoretischer Wissensvermittlung" (*Kaiser*).

Der Lernprozess läuft bei einer Fallstudie in folgenden Schritten ab: Die Schüler werden mit einem problembehafteten Fall aus der Praxis konfrontiert, erfassen das Problem, erschließen sich die relevanten fachwissenschaftlichen Informationen, wägen alternative Lösungsmöglichkeiten gegeneinander ab, treffen eine Entscheidung und begründen sie.

INFO

Wie sollte eine gute Fallstudie sein?

Der in der Fallstudie enthaltene Fall sollte...

► lebens- und wirklichkeitsnah und so gefasst sein, dass ein unmittelbarer Bezug zu den bisherigen Erfahrungen und Erlebnissen sowie künftige Lebenssituationen der Schüler hergestellt werden kann,

► eine Interpretation aus Sicht der Teilnehmenden eröffnen,

► problem- und konflikthaltig sein,

► überschaubar und unter den zeitlichen Rahmenbedingungen und den individuellen Voraussetzungen (Kenntnisse, Fähigkeiten und Fertigkeiten der Schüler) lösbar sein,

► mehrere Lösungsmöglichkeiten zulassen.

(Anforderungen nach *Kaiser/Kaminski*, vgl. Mathes: Wirtschaft unterrichten, S. 189 f.)

Fehlzeiten

Unentschuldigte Fehlzeiten des Auszubildenden stellen eine erhebliche Pflichtverletzung dar und können zur → Abmahnung und fernerhin zur → Kündigung führen. Diese Fehlzeiten muss der Ausbildungsbetrieb nicht vergüten. Sie können vom → Urlaub nur abgezogen werden, wenn dies vereinbart wurde (z. B. im Tarifvertrag oder im Ausbildungsvertrag) und wenn dadurch der gesetzliche Mindesturlaub nicht unterschritten wird. Tarifliche, betriebliche oder einzelvertragliche Abweichungen sind zu beachten.

Fertigkeiten und Kenntnisse

Der Begriff Fertigkeiten beschreibt ein inhaltlich bestimmbares Können; sie sind automatisiert, so dass sie ohne Einschalten des Bewusstseins vollzogen werden können (z. B. lesen, schreiben). Unter dem Begriff Kenntnisse versteht man das in Lernvorgängen erworbene Wissen über Sachverhalte und soziale Zusammenhänge. Sie bedürfen zur ständigen Verfügbarkeit der häufigen Übung und Wiederholung. Das Begriffspaar aus dem alten → Berufsbildungsgesetz wird seit der Reform des BBiG im Jahre 2005 um den Begriff der „Fähigkeiten" ergänzt. Neu eingeführt wurde der Begriff der → beruflichen Handlungsfähigkeit. → Kompetenz

Fortbildung (berufliche)

Alle Lernprozesse, die nach Beendigung der beruflichen Erstausbildung erfolgen und die es einem ermöglichen, die berufliche Handlungsfähigkeit im bisherigen Berufsfeld zu erhalten und an neue Entwicklungen anzupassen oder zu erweitern und beruflich aufzusteigen.

Beispiel

Ein Buchhalter lernt die neu in Kraft getretenen handelsrechtlichen Regelungen.

Fortzahlung

→ Vergütung

Fragerecht (des Ausbildenden)

Recht des Arbeitgebers bzw. Ausbildenden, beim Bewerbungsgespräch dem Bewerber Fragen zu stellen, die mit dem künftigen Arbeits- bzw. Ausbildungsverhältnis im Zusammenhang stehen, mit dem Ziel, zu ergründen, ob der Bewerber für die Stelle geeignet ist. Auf diese zulässigen Fragen muss der Bewerber wahrheitsgemäß antworten; auf unzulässige Fragen hingegen muss er nicht antworten – hier besteht das „Recht auf Lüge". Der Grund dafür ist folgender: Hinsichtlich des Fragerechts („Was darf gefragt werden?") besteht ein Konflikt, da zwischen dem betrieblichen Interesse des Arbeitgebers und dem Persönlichkeitsrecht des Bewerbers abzuwägen ist. Also sind grundsätzlich nur jene Fragen im Bewerbungsgespräch zulässig, an denen der Arbeitgeber (Ausbildende) ein **berechtigtes** Interesse hat. Alles andere wäre bloße Neugier.

Welche Fragen sind im Bewerbungsgespräch unzulässig?

Unzulässig sind Fragen nach:

► Vermögensverhältnissen

► Heirat

► Kinderwunsch

► Schwangerschaft

► Krankheiten (aber: Fragen nach einer AIDS-Erkrankung (nicht Infektion!) sowie nach einer Schwerbehinderung sind grundsätzlich zulässig!)

► Parteizugehörigkeit (Ausnahme: Tendenzbetriebe)

► Gewerkschaftszugehörigkeit (Ausnahme: Tendenzbetriebe)

► Religionszugehörigkeit (Ausnahme: Tendenzbetrieb)

Freistellung (zur Prüfung)

Auszubildende sind für die Teilnahme an einer → Zwischen-, Abschluss- oder Wiederholungsprüfung vom Ausbildenden freizustellen. Die Freistellungspflicht bezieht sich auf den Prüfungstag.
Für die Zeit der Freistellung ist die Ausbildungsvergütung fortzuzahlen. → Jugendliche sind auch für den Tag, welcher der → Abschlussprüfung unmittelbar vorangeht, freizustellen. Diese Freistellung wird mit acht Stunden auf die Arbeitszeit angerechnet. Die → Ausbildungsvergütung wird auch hierfür fortgezahlt. In der Praxis wird häufig den volljährigen Auszubildenden für den Tag, der der Prüfung vorausgeht, (Sonder-)Urlaub für die Prüfungsvorbereitung gewährt.

Gebundene Aufgaben
→ Aufgabentypen

Gehaltsabrechnung
→ Entgeltabrechnung

Geldbuße
→ Ordnungswidrigkeit

Geschäftsgeheimnis
→ Betriebs- und Geschäftsgeheimnis

Gesetz
→ Rechtsquellen (Berufsausbildung)

Gesetzliche Rentenversicherung (GRV)
→ Rentenversicherung, gesetzliche (GRV)

Gesetzliche Vertreter
Gesetzliche Vertreter sind i. d. R. die Eltern (§§ 1626, 1629 BGB). Besteht keine elterliche Sorge, werden Minderjährige durch Pfleger oder Vormund vertreten (§§ 1773, 1915 BGB). → Verträge, die von beschränkt Geschäftsfähigen (Personen zwischen dem siebten und 18. Lebensjahr) abgeschlossen werden, müssen vom gesetzlichen Vertreter genehmigt werden. Schließt ein Minderjähriger einen Ausbildungsvertrag ab, muss der gesetzliche Vertreter zustimmen (§ 113 BGB findet hier keine Anwendung). Hingegen ist das Grundrecht der Koalitionsfreiheit ein höchstpersönliches Recht und steht auch Minderjährigen zu; also darf bspw. ein 16jähriger Auszubildender ohne die Zustimmung seines gesetzlichen Vertreters in eine Gewerkschaft eintreten. → Jugendliche, → Minderjährige

Gestreckte Abschlussprüfung
Als gestreckte Abschlussprüfung bezeichnet man eine Abschlussprüfung in zwei zeitlich auseinander fallenden Teilen. Sie ersetzt die Zwischenprüfung und ist ein erster anrechenbarer Teil der Abschlussprüfung. Das Prüfungsergebnis setzt sich also aus zwei Teilen zusammen, die zu unterschiedlichen Zeitpunkten im Verlaufe der Ausbildung ermittelt werden. Der Hintergrund ist in der Tatsache zu sehen, dass die Zwi-

schenprüfung häufiger Kritik ausgesetzt ist, da nicht deren Ergebnis für die Abschlussprüfung relevant ist, sondern lediglich die Teilnahme.

Seit der Novellierung des BBiG im Jahre 2005 kann erstmals die Ausbildungsordnung vorsehen, „dass die Abschlussprüfung in zwei zeitlich auseinander fallenden Teilen durchgeführt wird" (§ 5 Abs. 2 BBiG). Die Prüfung ist erst dann abgeschlossen, wenn auch der
zweite Teil abgelegt wurde. Gemäß § 37 Abs. 1 BBiG ist der erste Teil der Abschlussprüfung nicht eigenständig wiederholbar. Die gestreckte Abschlussprüfung wurde in einigen Ausbildungsberufen erprobt und in diesen seit kurzem auch eingeführt; bspw. seit
dem 1. 7. 2009 in dem Ausbildungsberuf Kaufmann/Kauffrau im Einzelhandel.

Gewerbeordnung (GewO)

Gesetz des öffentlichen Rechts, das Regelungen zum Gewerbe enthält. Es ist am
21. 6. 1869 in Kraft getreten und galt zuerst für das Gebiet des Norddeutschen Bundes, dann allmählich für das gesamte Deutsche Reich. Die GewO geht vom Grundsatz
der Gewerbefreiheit aus. Sie regelt bspw. die Einteilung der Gewerbe (z. B. stehendes
Gewerbe, Reisegewerbe, Messen, Ausstellungen und Märkte), bestimmt Zulassung,
Umfang und Ausübung eines Gewerbes, enthält arbeitsrechtliche Vorschriften (z. B. →
Weisungsrecht, → Arbeitszeugnis, Berechnung und Zahlung des Arbeitsentgelts) sowie Straf- und Bußgeldvorschriften.

INFO

Früher wurde in der GewO auch das Lehrlingswesen geregelt. Sie enthielt die allgemein für → Lehrlinge aller Branchen geltenden Bestimmungen, die heute im
→ BBiG bzw. im → JArbSchG enthalten sind.

So findet man in der GewO in der Fassung von 1892 bspw. folgende Bestimmungen:

„Die Gewerbeunternehmer sind verpflichtet, (...) ihren Arbeitern unter achtzehn
Jahren, welche eine (...) Fortbildungsschule besuchen, hierzu die erforderliche
(...) Zeit zu gewähren" (§ 120 GewO).

„Der Lehrling ist der väterlichen Zucht des Lehrherrn unterworfen. Demjenigen
gegenüber, welcher an Stelle des Lehrherrn seine Ausbildung zu leiten hat, ist er
zur Folgsamkeit verpflichtet" (§ 127 GewO).

Gewerkschaften

Vereinigungen, in denen sich → Arbeitnehmer zusammenschließen, um ihre Interessen (und die der gesamten Arbeitnehmer) in wirtschaftlicher, sozialer und politischer
Hinsicht solidarisch wahrzunehmen und im politischen System zur Geltung zu bringen. Artikel 9 Abs. 3 Grundgesetz (GG) billigt „jedermann" für „alle Berufe" die Koalitionsfreiheit zu. Das heißt, dass sich „jeder" gewerkschaftlich organisieren darf.

Der Ursprung der Gewerkschaften liegt in der zweiten Hälfte des 19. Jahrhunderts, also in der Wirtschaftsepoche, die als „Industrialisierung" bezeichnet wird. Die damals vorherrschenden extrem schlechten Arbeitsbedingungen (Kinderarbeit, schlechte Entlohnung, sehr lange Arbeitszeiten) führten dazu, dass die Arbeiter sich in „Selbsthilfevereinen" zusammenschlossen, aus denen schließlich die Gewerkschaften hervorgegangen sind. Im Jahre 1869 wurden Gewerkschaften erstmalig rechtlich zugelassen. Vier Jahre später wurde der erste Tarifvertrag vereinbart (10-Stunden-Tag der Buchmacher). Am 5. 7. 1919 wurde als Dachverband der Allgemeine Deutsche Gewerkschaftsbund (ADGB) gegründet. Er war der Nachfolger der Generalkommission der Gewerkschaften Deutschlands.

Heute ist der 1949 gegründete Deutsche Gewerkschaftsbund (DGB) die Dachorganisation, der acht Einzelgewerkschaften angehören (s. u.). Bei seiner Gründung zählte er knapp 5,5 Mio. Mitglieder (1950). Nach der Wiedervereinigung waren knapp 12 Mio. Arbeitnehmer (1991) im DGB organisiert. Seit dem sank die Mitgliederzahl kontinuierlich auf knapp 6,2 Mio. Mitglieder (2010).

Der DGB und seine Mitgliedsgewerkschaften

DGB	DGB Deutscher Gewerkschaftsbund	6.193.252
Mitgliedsgewerkschaften	Branchenzugehörigkeit (Beschäftigte)	Mitglieder (2010)
IG Bau Industriegewerkschaft Bauen-Agrar-Umwelt	Baugewerbe, Baustoffindustrie, industrielle Dienstleistungen, Agrar- u. Forstwirtschaft, Gebäudemanagement, Umweltschutz	314.568
IG BCE Industriegewerkschaft Bergbau, Chemie, Energie	Bergbau, chemische Industrie, Energie-, Glas-, Keramik-, Kunststoff- u. Papier-industrie	675.606
EVG [1)] Eisenbahn und Verkehrsgewerkschaft	Deutsche Bahn AG, Lokführer, Zugbegleiter	232.485
GEW Gewerkschaft Erziehung und Wissenschaft	Schulen, Universitäten, Kindergärten	260.297
IGM Industriegewerkschaft Metall	Metall- u. Elektroindustrie, Autoindustrie, Kfz-Betriebe, Textil-, Möbel-, Holzindustrie	2.239.588

NGG Gewerkschaft Nahrung-Genuss-Gaststätten	Gastronomie, Hotellerie, Nahrungsmittel- u. Tabakindustrie	205.646
GdP Gewerkschaft der Polizei	Polizei	170.607
ver.di [2] Vereinigte Dienstleistungsgesellschaft	alle Dienstleistungsbetriebe, öffentlicher Dienst	2.094.455

[1] Am 30. 10. 2010 haben sich die Gewerkschaft der Eisenbahner Deutschlands (Transnet) und die Verkehrsgewerkschaft GDBA zur Eisenbahn- und Verkehrsgewerkschaft (EVG) zusammengeschlossen.

[2] Im Jahre 2000 haben sich folgende Gewerkschaften zur Vereinigten Dienstleistungsgewerkschaft ver.di zusammengeschlossen: Deutsche Angestelltengewerkschaft (DAG), Deutsche Postgewerkschaft (DPG), Gewerkschaft Handel, Banken und Versicherungen (HBV), Industriegewerkschaft Medien (IG Medien) und Gewerkschaft Öffentliche Dienste, Transport und Verkehr (ÖTV).

Auch Auszubildenden steht das Grundrecht der Koalitionsfreiheit (Art. 9 Abs. 3 GG) zu. Dies gilt auch für jugendliche Auszubildende. Auszubildende sind überwiegend in der DGB-Jugend organisiert. Der eigenständige Jugendverband setzt sich zusammen aus allen Mitgliedern der acht Mitgliedsgewerkschaften des DGB. Zurzeit sind in ihm rund 485.000 Menschen im Alter bis 27 Jahre organisiert. Als Interessenvertretung junger Arbeitnehmer legt die DGB-Jugend ihren Schwerpunkt auf die Interessen junger Menschen im Zusammenhang mit Ausbildung und Praktikum.

Die Frage nach einer Gewerkschaftszugehörigkeit im Vorstellungsgespräch ist unzulässig (Ausnahme: sog. Tendenzbetriebe). Wird ein Bewerber auf einen Arbeitsplatz bzw. Ausbildungsplatz nach einer Gewerkschaftszugehörigkeit gefragt, hat er das „Recht auf Lüge".

 TIPP

Online-Beratung für Azubis

Mit der Online-Beratungsstelle „Dr. Azubi" stellt der DGB ein für Auszubildende sehr nützliches Forum bereit, in dem sie ihre Probleme und Fragen rund um das Thema Ausbildung stellen können.

Im Archiv sind aktuell (Dezember 2011) mehr als 7.900 Beiträge einsehbar.

Die Nutzung des Forums ist kostenlos; eine Mitgliedschaft in der Gewerkschaft ist nicht zwingend.

→ Tarifvertrag, → Tarifautonomie, → Tarifvertrag, → Tarifvertragsparteien,
→ Tarifverhandlungen

www.dgb.de
www.dgb-jugend.de/ausbildung/online-beratung

Gleitzeit

Art der Arbeitszeitorganisation, bei der der Arbeitnehmer die Möglichkeit hat, die Lage
der individuellen Arbeitszeit zu wählen. Die Betriebsarbeitszeit wird unterteilt in Kern-
zeitphasen und Gleitzeitphasen. Während der Kernzeit besteht für den Arbeitnehmer
Anwesenheitspflicht. In den Gleitzeitphasen, die der Kernzeitphase vor- und nachgela-
gert sind, kann der Arbeitnehmer Beginn und Ende seiner Arbeitszeit nach eigenem Ermessen unter Berücksichtigung der anfallenden Arbeit selbst bestimmen.

Beispiel

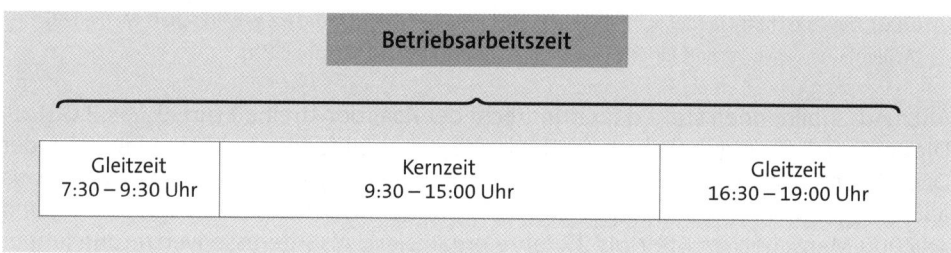

Wenn im Ausbildungsbetrieb in gleitender Arbeitszeit gearbeitet wird, können auch
Auszubildende in Gleitzeit arbeiten. Allerdings muss sichergestellt sein, dass während
dieser Zeit ein → Ausbilder anwesend ist.

Grundstufe

Erstes Jahr des schulischen Teils der Berufsausbildung in der → Berufsschule. → Fachstufe

Haftung

„Haftung" bedeutet, dass jemand für einen Schaden, der einer anderen Person entstandenen ist, rechtlich „geradestehen" muss. Verletzt der **Auszubildende** schuldhaft (also vorsätzlich oder fahrlässig) seine Pflichten (z. B. gem. § 13 BBiG oder aus dem Ausbildungsvertrag) oder begeht er eine unerlaubte Handlung (z. B. aus § 823 BGB), kann er sich schadensersatzpflichtig machen, wenn durch sein Verhalten dem Ausbildenden oder anderen Personen ein Schaden entsteht. Der **Ausbildende** haftet gegenüber dem Auszubildenden wie in einem „normalen" Arbeitsverhältnis. Gegebenenfalls bestehen Schadensersatzansprüche, wenn der Ausbildende seine Aufklärungspflicht bei oder vor Vertragsabschluss oder bei vorzeitiger Beendigung des Ausbildungsverhältnisses (§ 23 BBiG) verletzt. Der Ausbildende kann auch haftbar gemacht werden, wenn er seine Ausbildungspflicht verletzt. → Schadensersatz

Handlungsfähigkeit (berufliche)

Die Begriffe „berufliche Handlungsfähigkeit" und „berufliche Handlungskompetenz" werden zum Teil synonym verwendet, da sie beide von einer ganzheitlichen Sichtweise menschlicher Arbeits- und Lerntätigkeit ausgehen.

Das Berufsbildungsgesetz (BBiG) verwendet in § 1 Abs. 3 BBiG den Begriff der beruflichen Handlungsfähigkeit: „Die Berufsausbildung hat die für die Ausübung einer qualifizierten beruflichen Tätigkeit in einer sich wandelnden Arbeitswelt notwendigen beruflichen Fertigkeiten, Kenntnisse und Fähigkeiten (berufliche Handlungsfähigkeit) in einem geordneten Ausbildungsgang zu vermitteln."

Der ideale Lehrling
Was sich Betriebe von Auszubildenden wünschen
Angaben in %

Merkmal	%
Zuverlässigkeit	94
Beherrschen des Lesens, Schreibens, Rechnens	91
Teamfähigkeit	87
Leistungsbereitschaft	85
Höflichkeit/Freundlichkeit	78
Verantwortungsbewusstsein	75
gutes Allgemeinwissen	68
Selbstständigkeit	65
Ausdauer/Belastbarkeit	60
Kritikfähigkeit	48
Konfliktfähigkeit	40
Englischkenntnisse	29
wirtschaftliche Kenntnisse	29
naturwissenschaftl. Kenntn.	17
Medienkompetenz	9

8975 © Globus   Mehrfachnennungen   Stand 2003   Quelle: BIBB, DIHK

Die → Kultusministerkonferenz (KMK) verwendet den Begriff „berufliche Handlungs-kompetenz" (→ Kompetenz). Das Bundesministerium für Bildung und Forschung un-terteilt die berufliche Handlungsfähigkeit in Fach-, Methoden- und Sozialkompetenz:

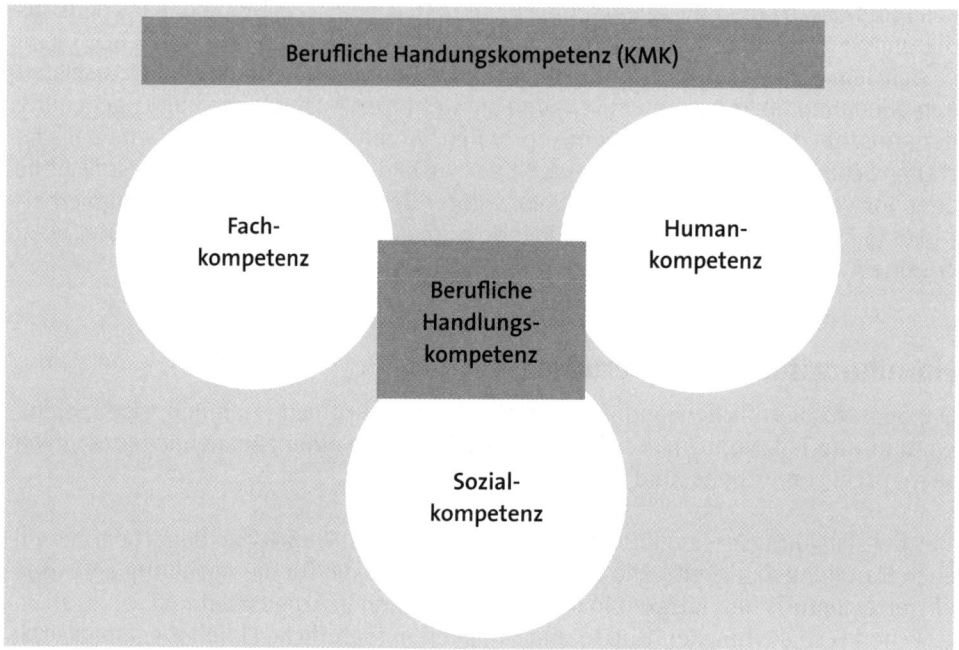

Berufliche Handlungsfähigkeit (nach BMBF)
(Quelle: *www.prueferportal.org/html/755.php*)

→ Ausbildungsreife, → Handlungsfelder, → handlungsorientierter Unterricht, → Hard Skills, → Soft Skills

Handlungsfelder

In der → handlungsorientierten (lernfeldorientierten) Wirtschaftsdidaktik die Bezeich-nung für ein Tätigkeitsfeld, das die individuelle Lebenssituation des Lernenden (z. B. im Betrieb) widerspiegeln und als komplexe Aufgabenstellung problemorientiert formu-liert werden sollte. Handlungsfelder werden didaktisch aufbereitet zu → Lernfeldern. Die Organisationsstruktur der vier neuen Handlungsfelder in der neuen AEVO (§§ 2, 3 AEVO) wurde an die gegenwärtigen Anforderungen, die an die Ausbilder gestellt wer-den, angepasst und orientiert sich am Ablauf der Ausbildung. Die von den Ausbildern zu erwerbenden berufs- und arbeitspädagogischen Fertigkeiten, Kenntnisse und Fä-higkeiten werden als → Kompetenzen formuliert.

Handlungsfelder	Kompetenzen
Handlungsfeld 1: **Ausbildungsvoraus-** **setzungen prüfen und** **Ausbildung planen** (Lehrgangsdauer: 20 %)	1. Vorteile und Nutzen der betriebliche Ausbildung darstellen und begründen. 2. Bei Planungen und Entscheidungen hinsichtlich des betrieblichen Ausbildungsbedarfs mitwirken (rechtliche, tarifvertragliche und betriebliche Rahmenbedingungen). 3. Strukturen und Schnittstellen des Berufsbildungssystems darstellen. 4. Ausbildungsberufe für den Betrieb auswählen und dies begründen. 5. Die Eignung des Betriebes für die Ausbildung im angestrebten Ausbildungsberuf prüfen. Prüfen, ob und inwieweit Ausbildungsinhalte durch Maßnahmen außerhalb der Ausbildungsstätte vermittelt werden können (über- und außerbetriebliche Ausbildung und Verbundausbildung) 6. Möglichkeiten des Einsatzes von auf die Berufsausbildung vorbereitenden Maßnahmen einschätzen. 7. Im Betrieb die Aufgaben der an der Ausbildung Mitwirkenden unter Berücksichtigung ihrer Funktionen und Qualifikationen abstimmen.
Handlungsfeld 2: **Ausbildung vorberei-** **ten und bei der Einstel-** **lung von Auszubilden-** **den mitwirken** (Lehrgangsdauer: 20 %)	1. Auf Grundlage einer Ausbildungsordnung einen betrieblichen Ausbildungsplan erstellen, der sich insbesondere an berufstypischen Arbeits- und Geschäftsprozessen orientiert. 2. Möglichkeiten der Mitwirkung und Mitbestimmung der betrieblichen Interessenvertretungen in der Berufsbildung berücksichtigen. 3. Kooperationsbedarf ermitteln und sich inhaltlich sowie organisatorisch mit den Kooperationspartnern (Berufsschule) abstimmen. 4. Kriterien und Verfahren zur Auswahl von Auszubildenden anwenden (auch unter Berücksichtigung ihrer Verschiedenartigkeit). 5. Berufsausbildungsvertrag vorbereiten und Eintragung bei der zuständigen Stelle veranlassen. 6. Möglichkeiten prüfen, ob Teile der Berufsausbildung im Ausland durchgeführt werden können.

Handlungsfeld 3: Ausbildung durchführen (Lehrgangsdauer: 45 %)	1. Lernförderliche Bedingungen und motivierende Lernkultur schaffen, Rückmeldungen geben und empfangen.
	2. Probezeit organisieren, gestalten und bewerten.
	3. Betriebliche Lern- und Arbeitsaufgaben entwickeln und gestalten (aus dem betrieblichen Ausbildungsplan und den berufstypischen Arbeits- und Geschäftsprozessen).
	4. Ausbildungsmethoden und -medien zielgruppengerecht auswählen und situationsspezifisch einsetzen.
	5. Auszubildende bei Lernschwierigkeiten unterstützen (durch individuelle Gestaltung der Ausbildung und Lernberatung). Bei Bedarf ausbildungsunterstützende Hilfen einsetzen und prüfen, ob Verlängerung der Ausbildungszeit möglich ist.
	6. Auszubildenden zusätzliche Ausbildungsangebote machen (insbesondere in Form von Zusatzqualifikationen). Prüfen, ob Verkürzung der Ausbildungsdauer und vorzeitige Zulassung zur Abschlussprüfung möglich ist.
	7. Soziale und persönliche Entwicklung von Auszubildenden fördern, Probleme und Konflikte rechtzeitig erkennen sowie auf eine Lösung hinwirken.
	8. Leistungen feststellen und bewerten, Leistungsbeurteilungen Dritter und Prüfungsergebnisse auswerten, Beurteilungsgespräche führen, Rückschlüsse für den weiteren Ausbildungsverlauf ziehen.
	9. Interkulturelle Kompetenzen zu fördern.
Handlungsfeld 4: Ausbildung abschließen (Lehrgangsdauer: 15 %)	1. Auszubildende auf die Abschluss- oder Gesellenprüfung vorbereiten (unter Berücksichtigung der Prüfungstermine) und die Ausbildung zu einem erfolgreichen Abschluss führen
	2. Auszubildende für die Prüfungen bei der zuständigen Stelle anmelden auf durchführungsrelevante Besonderheiten hinweisen,
	3. Ein schriftliches Zeugnis erstellen (auf Grundlage von Leistungsbeurteilungen)
	4. Auszubildende über betriebliche Entwicklungswege und berufliche Weiterbildungsmöglichkeiten informieren und beraten.

www.bibb.de/dokumente/pdf/empfehlung_135_rahmenplan_aevo.pdf

Handlungskompetenz

→ Handlungsfähigkeit, berufliche

Handlungsorientierter Unterricht

Handlungsorientierter Unterricht ist ein am Konstruktivismus angelehntes didaktisches Konzept, das die Selbstorganisation, Selbsttätigkeit und Selbständigkeit der Lernenden in den Mittelpunkt rückt. Somit bildet handlungsorientierter Unterricht einen Gegenpol zum lehrerzentrierten Unterricht („Frontalunterricht").

Handlungsorientierter Unterricht strebt die Überwindung dualistischer Arbeitskonzepte (*Kopfarbeit und Handarbeit*) und dualistischer Bildungsauffassungen (*Wissen und Tun, Denken und Handeln, Arbeiten und Lernen*) an. Ihm liegt die Überzeugung zugrunde, „dass Denken und Handeln zusammengehören, dass sich Denken aus dem praktischen Handeln entwickelt, und dass sich das Denken wiederum im praktischen Handeln zu bewähren hat. Denken und Handeln sind füreinander sowohl Ursache als auch Wirkung" (*Rebmann/Tenfelde/Schlömer*).

Handlungsorientierter Unterricht wendet sich „gegen die belehrende Vermittlung einseitig kognitiven Wissens und gegen die rezeptive, passive Schülersituation im herkömmlichen Unterricht" (*Schaub/Zenke*). Der Lernende ist also nicht mehr Konsument, sondern vielmehr Produzent, der aktiv am Lernprozess beteiligt ist und diesen konstruiert und mitgestaltet.

Das folgende Schaubild verdeutlicht den idealtypischen Ablauf eines handlungsorientierten Unterrichts.

Der handlungsorientierte Lernprozess

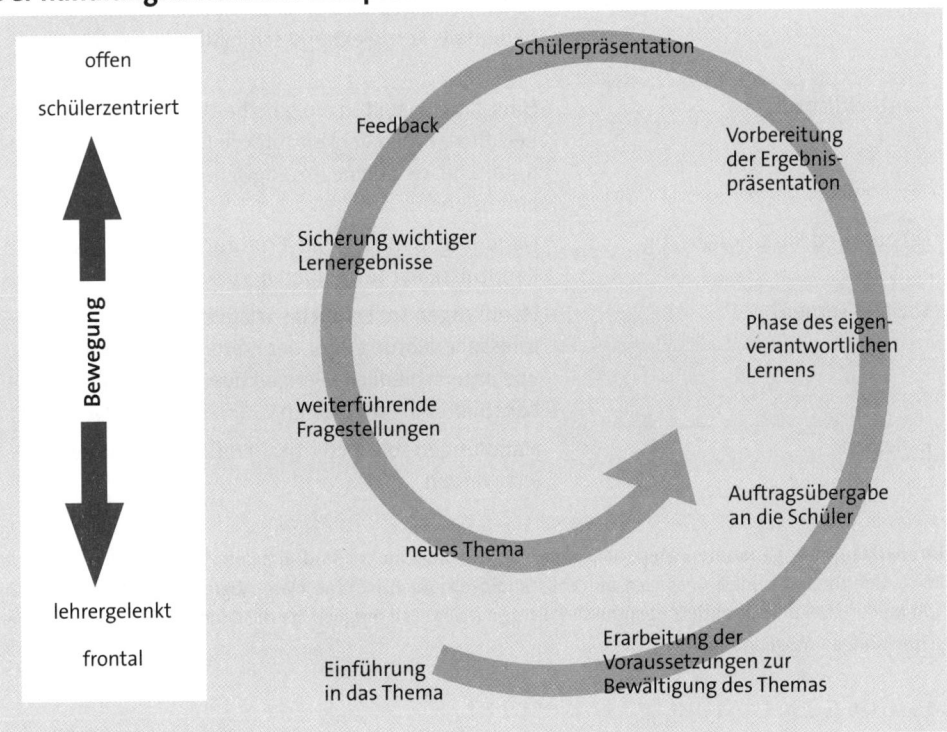

(Quelle: *Mattes*: Methoden für den Unterricht, 2002, S. 3.)

Die Programmatik der Handlungsorientierung durchdringt alle relevanten Ebenen der Berufsausbildung und manifestiert sich auf

1. bildungspolitischer Ebene (Berufsbildungsgesetz, Ausbildungsordnungen, Rahmenlehrpläne),

2. didaktisch-curricularer Ebene (KMK-Rahmenvereinbarung über die Berufsschule, Lernfeldkonzept seit 1996),

3. didaktisch-unterrichtlicher Ebene (Unterricht in der Berufsschule, Ausbildung der Ausbilder).

Handlungsorientierter Unterricht wird auf der didaktisch-unterrichtlichen Ebene durch verschiedene Merkmale charakterisiert (s. Tabelle) und lässt sich durch eine Vielzahl unterschiedlicher → Unterrichtsmethoden verwirklichen.

Merkmale und Orientierungspunkte handlungsorientierten Unterrichts	
Merkmale	Orientierungspunkte
Lernen für Handeln	An Situationen anknüpfen, die für die Berufsausübung bedeutsam sind.
Lernen durch Handeln	Ausgangspunkt des Lernens sind Handlungen, die möglichst selbst ausgeführt werden.
Selbsttätigkeit und Selbständigkeit	Handlungen müssen von den Lernenden möglichst selbständig geplant, durchgeführt, überprüft, gegebenenfalls korrigiert und schließlich bewertet werden.
Ganzheitlichkeit	Handlungen sollten ein ganzheitliches Erfassen der beruflichen Wirklichkeit fördern (z. B. technische, ökonomische, rechtliche, ökologische, soziale Aspekte einbeziehen).
Lebens- und Situationsbezug	Handlungen müssen die Erfahrungen, Interessen und Kenntnisse der Lernenden berücksichtigen
Soziales Lernen	Handlungen sollen auch soziale Prozesse, z. B. der Interessenerklärung oder der Konfliktbewältigung, sowie unterschiedliche Perspektiven der Berufs- und Lebensplanung einbeziehen.
Reflexion	Handlungen sollten (kritisch) reflektiert und evaluiert werden

(Anmerkung: Die genannten Merkmale und Orientierungspunkte sind angelehnt an den Hinweisen der KMK. Sie erheben keinen Anspruch auf Vollständigkeit. Auch ist eine klare Abgrenzung bzw. Zuordnung von Merkmalen und Orientierungspunkten nicht in jedem Fall möglich, da die Grenzen fließend und Überschneidungen möglich sind.)

Handwerkskammer

Körperschaft des öffentlichen Rechts und → zuständige Stelle in der handwerklichen Berufsausbildung. Die Handwerkskammer vertritt die (wirtschaftlichen) Interessen des Handwerks. Zur Handwerkskammer gehören nach § 90 → Handwerksordnung (HWO) „die Inhaber eines Betriebs eines Handwerks und eines handwerksähnlichen Gewerbes des Handwerkskammerbezirks sowie die Gesellen, andere Arbeitnehmer mit einer abgeschlossenen Berufsausbildung und die Lehrlinge dieser Gewerbetreibenden". Die Aufgaben der Handwerkskammern werden in § 91 HWO geregelt. Hierzu gehören bspw.

► die Interessen des Handwerks zu fördern

► die Berufsausbildung zu regeln (§ 41 HWO), Vorschriften hierfür zu erlassen sowie ihre Durchführung zu überwachen (§ 41a HWO)

► → Prüfungsordnungen zu erlassen und → Prüfungsausschüsse einzurichten

► Vermittlungsstellen zur Beilegung von Streitigkeiten einzurichten

► notleidende Handwerker sowie Gesellen und anderer Arbeitnehmer mit einer abgeschlossenen Berufsausbildung zu unterstützen

► Sachverständige zu bestellen und zu vereidigen.

Die gesetzlichen Bestimmungen für die Berufsausbildung im Handwerk werden in den §§ 21 bis 44b HWO geregelt.

Handwerksordnung (HWO)

Gesetz zur Ordnung des Handwerks vom 17. 9. 1953. Mit der Reform der HWO am 1. 1. 2004 traten umfassende Neuregelungen im Handwerksrecht in Kraft. Die HWO umfasst 125 Paragraphen und gliedert sich in fünf Teile.

Inhalt der Handwerksordnung (HWO)

Teil	Regelungsinhalte	§§
1	Ausübung eines Handwerks oder handwerksähnlichen Gewerbes	1 bis 20
2	Berufsbildung im Handwerk	21 bis 44b
3	Meisterprüfung, Meistertitel	45 bis 51d
4	Organisation des Handwerks	52 bis 116
5	Bußgeld-, Übergangs- und Schlussvorschriften	117 bis 125

http://bundesrecht.juris.de/hwo/

Hard Skills

(engl. „harte Fähigkeiten") Dazu zählen die fachlichen Kompetenzen, wie die Allgemeinbildung und das Fachwissen. → Fachkompetenz, → Soft Skills

Beispiel

Grundlegende Beherrschung der deutschen Sprache in Wort und Schrift, mathematische Kenntnisse, Grundkenntnisse wirtschaftlicher Zusammenhänge.

Harvard-Methode

→ Fallstudie

Hausaufgaben

Arbeitsaufträge des Lehrers an die Schüler, die als Ergänzung des Schulunterrichts dienen und im häuslichen Bereich angefertigt werden sollen. Hausaufgaben sollen Schüler anregen, sich mit einer im Unterricht behandelten Thematik intensiver auseinanderzusetzen und → Kompetenzen zu festigen und zu vertiefen. Sie können auch der Vorbereitung dienen. Sie dürfen jedoch keinen ausgefallenen Unterricht ersetzen. Umfang und Modalitäten der Hausaufgaben werden häufig in Schulordnungen bzw. gesonderten Erlassen geregelt (z. B. im Bundesland Hessen in § 28 der Verordnung zur Gestaltung des Schulverhältnisses vom 21. 6. 2000). Je nach landesrechtlichen Regelungen fließen Hausaufgaben in einem begrenzten Maße in die Leistungsbewertung ein. Der Lehrer ist verpflichtet, Hausaufgaben (zumindest stichprobenmäßig) zu kontrollieren.

Gemäß § 13 BBiG haben sich → Auszubildende „zu bemühen, die → berufliche Handlungsfähigkeit zu erwerben, die zum Erreichen des Ausbildungsziels erforderlich ist." Das bedeutet, dass Auszubildende verpflichtet sind, aktiv und interessiert auf das Ausbildungsziel hinzuarbeiten. Nach Auffassung des → BAG haben Auszubildende auch außerhalb der Ausbildungszeit ein bestimmtes Maß an geistigen Bemühungen (z. B. das Lesen von Büchern) aufzubringen.

Hinsichtlich Umfang und Bearbeitungszeit der erteilten Hausaufgaben sollte bei Teilzeitberufsschülern die betriebliche Ausbildungszeit (Arbeitszeit) berücksichtigt werden. Die Hausaufgaben sollten also in einem angemessenen Verhältnis stehen.

Welchen (pädagogischen) Effekt Hausaufgaben haben, ist unter Experten umstritten (siehe Zeitungsbericht).

Hausaufgaben bringen nichts

Wenn es nach Wissenschaftlern der Universität Dresden geht, sollten Lehrer nie wieder Hausaufgaben aufgeben. Eine Studie ergab: Ob Schüler Hausaufgaben machen oder nicht, ist eigentlich egal - zu besseren Noten führen sie jedenfalls nicht.

Hausaufgaben sind blöd, Schüler wussten das schon immer. Nach dem Unterricht noch zwei oder drei Stunden Vokabeln pauken und Matheaufgaben lösen - für viele ist das Zeitverschwendung. Tatsächlich bringen Hausaufgaben den Schülern nicht besonders viel, hat eine Studie der Technischen Universität Dresden ergeben. Mehr noch: Sie haben angeblich keinen Effekt auf die Schulleistungen. (...)

Nicht die Hausaufgaben seien für den Erfolg der Schüler entscheidend, sondern die pädagogische Betreuung. Lehrer sollten ihren Schülern im Unterricht lieber Lernstrategien vermitteln und Inhalte durch Übungs- und Förderangebote vertiefen (...). Dann könnten die Schulen die Hausaufgaben endlich abschaffen - eine Last, die nach Ansicht der Forscher der TU Dresden nicht mehr ist als ein „pädagogisches Ritual".

Quelle: *mer/dpa,* Der Spiegel (Schulspiegel), 31. 1. 2008, gekürzt.

Heranwachsende

→ Adoleszenz, → Jugendliche

Humankompetenz

Wird von der → Kultusministerkonferenz (KMK) definiert als „die Bereitschaft und Befähigung, als individuelle Persönlichkeit die Entwicklungschancen, Anforderungen und Einschränkungen in Familie, Beruf und öffentlichem Leben zu klären, zu durchdenken und zu beurteilen, eigene Begabungen zu entfalten sowie Lebenspläne zu fassen und fortzuentwickeln. Sie umfasst Eigenschaften wie Selbständigkeit, Kritikfähigkeit, Selbstvertrauen, Zuverlässigkeit, Verantwortungs- und Pflichtbewusstsein. Zu ihr gehören insbesondere auch die Entwicklung durchdachter Wertvorstellungen und die selbstbestimmte Bindung an Werte" (KMK 2007). → Kompetenzen, → Soft Skills

Industrie- und Handelskammer (IHK)

Die IHK ist eine gesetzlich bestimmte Einrichtung (Körperschaft des öffentlichen Rechts), die als regionale Selbstverwaltungsorganisation organisiert ist. In Deutschland gibt es 80 IHK (s. Tabelle), deren Dachorganisation der Deutsche Industrie- und Handelskammertag (DIHK) ist. Die IHK vertritt die Interessen der Unternehmen aus den Bereichen Handel, Industrie und Verkehr. Alle im Kammerbezirk tätigen Gewerbetreibenden (außer Handwerk, Landwirtschaft und freie Berufe) gehören der IHK als Pflichtmitglied an. Zu den Aufgaben der IHK gehören die Wahrnehmung der Interessen ihrer Mitglieder, die Förderung der Wirtschaft, Unterstützung und Beratung sowie die Mitwirkung an der gewerblichen und kaufmännischen Berufsausbildung. Die IHK finanziert sich durch die Beiträge ihrer Mitglieder. Die IHK als sog. → „zuständige Stelle" sind für die Durchführung der Ausbildung verantwortlich. Zu deren **Aufgaben** gehören:

► Eintragung/Registrierung der Ausbildungsverträge

► Überwachung der betrieblichen Ausbildung

► Feststellung der Eignung von Ausbildungspersonal

► Beratung der Betriebe und Auszubildenden

► Planung und Durchführung der Prüfungen (Prüfungsordnungen erlassen, Prüfungsausschüsse bilden, Zwischen- und Abschlussprüfungen abnehmen).

Übersicht: 80 IHK's in Deutschland

Bundesland	Anzahl	Standorte
Baden-Württemberg	12	Freiburg, Heidenheim, Heilbronn, Karlsruhe, Konstanz, Mannheim, Pforzheim, Reutlingen, Stuttgart, Ulm, Villingen-Schwenningen, Weingarten
Bayern	9	Aschaffenburg, Augsburg, Bayreuth, Coburg, München, Nürnberg, Passau, Regensburg, Würzburg
Berlin	1	Berlin
Brandenburg	3	Cottbus, Frankfurt (Oder), Potsdam
Bremen	2	Bremerhaven, Bremen
Hamburg	1	Hamburg
Hessen	10	Darmstadt, Dillenburg-Wetzlar (Lahn-Dill), Frankfurt am Main, Hanau, Fulda, Gießen-Friedberg, Kassel, Limburg, Offenbach, Wiesbaden
Mecklenburg-Vorpommern	3	Neubrandenburg, Rostock, Schwerin
Niedersachsen	7	Braunschweig, Emden, Hannover, Lüneburg, Oldenburg, Osnabrück, Stade
Nordrhein-Westfalen	16	Aachen, Arnsberg, Bielefeld, Bochum, Bonn, Detmold, Dortmund, Düsseldorf, Duisburg, Essen, Hagen, Köln, Krefeld - Mönchengladbach - Neuss, Münster, Siegen, Wuppertal
Rheinland-Pfalz	4	Koblenz, Mainz, Ludwigshafen, Trier
Saarland	1	Saarbrücken
Sachsen	3	Chemnitz, Dresden, Leipzig
Sachsen-Anhalt	2	Halle, Magdeburg
Schleswig-Holstein	3	Flensburg, Kiel, Lübeck
Thüringen	3	Erfurt, Gera, Suhl

www.dihk.de/inhalt/ihk/

www.dihk.de/inhalt/ihk/adressen.pdf

Insolvenz

(lat. *solvere* = auflösen, eine Schuld abtragen) Zahlungsunfähigkeit (hier: eines Unternehmens). Gemäß der Insolvenzordnung vom 1. 1. 1999 liegt eine Insolvenz vor, wenn eine → natürliche oder → juristische Person nicht mehr in der Lage ist, die fälligen Zahlungsverpflichtungen vollständig und fristgerecht zu erfüllen. Kapitalgesellschaften gelten als insolvent, wenn die Verbindlichkeiten das Vermögen übersteigen (= Überschuldung). Im Jahr 2009 registrierte das Statistische Bundesamt 32 700 Insolvenzen; im Jahr 2010 lag die Zahl bei rund 33 100 Fällen.

Da eine Insolvenz den Verlust des Arbeitsplatzes bzw. Ausbildungsplatzes zur Folge haben kann, ist es für den Arbeitnehmer bzw. Auszubildenden wichtig, die ersten **„Warnsignale"** zu erkennen:

▶ Rechnungen werden nicht bezahlt

▶ regelmäßiger Eingang von Mahnungen

▶ verspätete oder gar keine Zahlung von Löhnen, Gehältern und Ausbildungsvergütungen

▶ Lieferanten liefern nur noch gegen Barzahlung und Vorkasse

▶ auffallend viele Kündigungen.

Treffen mehrere Punkte zu, sollte der Arbeitnehmer bzw. Auszubildende reagieren. Beispielsweise kann bei Nichtzahlung von Lohn, Gehalt oder Ausbildungsvergütung nach schriftlicher Mahnung die Arbeit verweigert werden. Außerdem hat der Arbeitnehmer bzw. Auszubildender das Recht zur fristlosen → Kündigung.

Die Insolvenz als solche stellt keinen Grund für die Kündigung eines Ausbildungsverhältnisses dar. Eine betriebsbedingte Kündigung ist nur gerechtfertigt, wenn eine tatsächliche weitere Ausbildungsmöglichkeit fehlt, wie z. B. bei einer Betriebsstilllegung. Werden nur Betriebsteile stillgelegt, ist die Fortsetzung der Ausbildung zumutbar.

Insolvenzgeld für Auszubildende:

Wenn der Ausbildungsbetrieb die Ausbildungsvergütung nicht zahlen kann, haben Auszubildende einen Anspruch auf Insolvenzgeld gem. §§ 183 ff. SGB III, wenn ein sog. Insolvenzereignis vorliegt:

▶ die Eröffnung des Insolvenzverfahrens

▶ der Antrag auf Eröffnung des Insolvenzverfahrens wird mangels Masse abgewiesen

▶ die vollständige Beendigung der Betriebstätigkeit.

Das Insolvenzgeld wird grundsätzlich für die drei Monate, die vor dem Insolvenzereignis liegen, gezahlt und umfasst i. d. R. die Höhe der Nettoausbildungsvergütung. Der Antrag auf Insolvenzgeld ist innerhalb von zwei Monaten nach dem Insolvenzereignis zu stellen.

Interessenvertretung

Spezielle Form der Beteiligungsmöglichkeit für außerbetriebliche Auszubildende gem. § 51 BBiG. Auszubildende, die in „einer sonstigen Berufsbildungseinrichtung außerhalb der schulischen und betrieblichen Berufsbildung" ausgebildet werden, können eine kollektivrechtliche Interessenvertretung errichten. Zu diesen Einrichtungen zählen Betriebe, deren einziger Betriebszweck das Ausbilden ist (z. B. Ausbildungswerkstätten oder Bildungseinrichtungen nach dem SGB III). Diese „außerbetrieblichen Auszubildenden" waren bisher von der Bildung einer Interessenvertretung ausgeschlossen, da sie keine Arbeitnehmer i. S. des → Betriebsverfassungsgesetzes (BVerfG) sind und

somit keine Wahlberechtigung zum → Betriebsrat oder zur → Jugend- und Auszubildendenvertretung (JAV) haben.

Die Interessenvertretung ist vergleichbar mit einer Jugend- und Auszubildendenvertretung. Sie ist auch in einem Arbeitsgerichtsprozess (→ Arbeitsgerichtsbarkeit) par-
teifähig.

Wann kann eine Interessenvertretung gebildet werden?

Gemäß § 51 BBiG können Auszubildenden eine Interessenvertretung wählen,
wenn

► die praktische Berufsbildung in einer „sonstigen" Berufsbildungseinrichtung
  stattfindet

► i. d. R. mindestens fünf Auszubildende beschäftigt sind

► die Wahlberechtigung zum Betriebsrat oder zur Jugend- und Auszubildendenvertretung fehlt.

Internet

Weltweiter Verbund von Computern und Netzwerken. Dieses größte und bekannteste
Wide Area Network wird im privaten und geschäftlichen Bereich zur Kommunikation
sowie zur Übermittlung von Daten und Informationen genutzt.

Seit seiner Entwicklung im Jahre 1969 – zunächst zu militärischen Zwecken – machte das Internet seit Mitte der 1990er Jahre eine stürmische Entwicklung durch: Waren 1993 erst eine Million Rechner vernetzt, wurde im Jahr 2005 bereits die Milliarden-
grenze überschritten. Seit 2011 gibt es weltweit mehr als 2 Mrd. Internetnutzer.

Zu den gebräuchlichsten Diensten und Nutzungsmöglichkeiten gehören:

► E-Mail: Senden und Empfangen elektronischer Briefe, die neben Texten auch komplexe Dateien, Bilder, Filme oder Musik als Anhang enthalten können.

► WWW (World Wide Web): Informationen und Daten können multimedial präsentiert und mit Hyperlinks (Querverweisen) verknüpft werden.

► FTP (File Transfer Protocol): Ein Dienst, mit dem Dateien übertragen werden können.

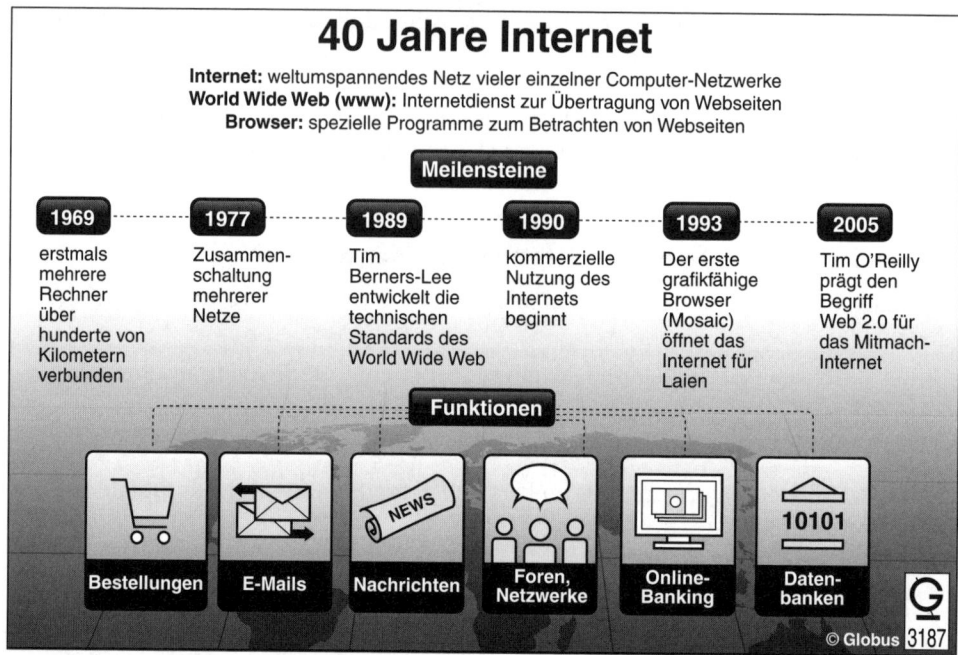

40 Jahre Internet

Internet: weltumspannendes Netz vieler einzelner Computer-Netzwerke
World Wide Web (www): Internetdienst zur Übertragung von Webseiten
Browser: spezielle Programme zum Betrachten von Webseiten

Meilensteine

1969	1977	1989	1990	1993	2005
erstmals mehrere Rechner über hunderte von Kilometern verbunden	Zusammen-schaltung mehrerer Netze	Tim Berners-Lee entwickelt die technischen Standards des World Wide Web	kommerzielle Nutzung des Internets beginnt	Der erste grafikfähige Browser (Mosaic) öffnet das Internet für Laien	Tim O'Reilly prägt den Begriff Web 2.0 für das Mitmach-Internet

Funktionen

Bestellungen · E-Mails · Nachrichten · Foren, Netzwerke · Online-Banking · Daten-banken

10101

© Globus 3187

Von Unternehmen wird das Internet auf vielfache Art und Weise eingesetzt, da sich sowohl Kostenvorteile als auch strategische Wettbewerbsvorteile erzielen lassen.

Beispiel

▶ E-Commerce: Durch die Abwicklung von Handelsgeschäften über das Internet lassen sich jene Kosten senken, die typischerweise bei der Abwicklung von Geschäften anfallen (Gebühren, Porto, Fahrtkosten, Zeit usw.).

▶ Telearbeit: Raumkosten und Fahrtkosten werden gesenkt. Arbeit in virtuellen Teams ist (international) möglich – auch rund um die Welt ohne Zeitverlust.

▶ Bessere Informationsbeschaffung für unternehmerische Entscheidungen

▶ Kostengünstige Kommunikation und Videokonferenzen in hoher Qualität zu geringen Kosten

Für Jugendliche und Heranwachsende ist die Nutzung des Internets und anderer „moderner" Informations- und Kommunikationstechnologien eine Selbstverständlichkeit: Sie gehören jener Generation an, die mit dem Internet aufgewachsen ist. Dies kann sich positiv auf die Berufsausbildung auswirken, wenn diese Kompetenzen von den Auszubildenden sinnvoll in das Unternehmen eingebracht bzw. von den Ausbildern weiter gefördert werden.

Allerdings kann ein „selbstverständlicher" Umgang mit dem Internet auch Probleme mit sich bringen, wenn den Auszubildenden nicht bewusst ist, dass diese Technologie eine wichtige betriebliche Funktion hat und nicht – wie im privaten Bereich – überwiegend der Unterhaltung dient. Einer Studie zufolge sind 2,4 % der Jugendlichen (14-24 Jahre) „internetabhängig" und 13,6 % werden der Kategorie „problematische Internetnutzer" zugeordnet (FR vom 27. 9. 2011). Insbesondere in den Bereichen Datensicherheit und Datenschutz verfügen Jugendliche beim Eintritt in das Berufsleben zuweilen nicht über die erforderliche Umsicht. Dies kann sich konkret bemerkbar machen in einem nicht angemessenen Umgang mit sensiblen Daten oder wenn z. B. Daten oder Programme auf betriebliche Rechner heruntergeladen werden.

Private Internetznutzung im Unternehmen

▸ Die private Internetnutzung muss vom Ausbildenden vorher genehmigt werden. Dies kann z. B. auch durch den → Ausbildungsvertrag oder eine → Betriebsvereinbarung erfolgen.

▸ Jedes Kommunikationsmittel bedarf einer Genehmigung. Erlaubt der Ausbildungsbetrieb z. B. ausdrücklich die private Telefonnutzung, bedeutet das nicht, dass auch das Internet privat genutzt werden darf.

▸ Gestattet der Ausbildende (pauschal) die private Nutzung des Internet, „ist grundsätzlich alles erlaubt, was die Betriebstätigkeit nicht stört, keine erheblichen unzumutbaren Kosten verursacht und das Betriebssystem nicht gefährdet" (Küttner).

▸ Der Ausbildende hat das Recht zu überprüfen, ob die Nutzung des Internet privat oder dienstlich erfolgt. Er darf z. B. die Empfängerdaten und Adressen prüfen und auswerten.

▸ Eine inhaltliche Kontrolle von E-Mails (auch von Telefongesprächen) durch den Ausbildenden ist unzulässig. Dies ist ein unverhältnismäßiger Eingriff in die Intimsphäre des Auszubildenden.

▸ Eine vom Ausbildenden nicht genehmigte private Nutzung von Internet und Telefon rechtfertigt eine → Abmahnung.

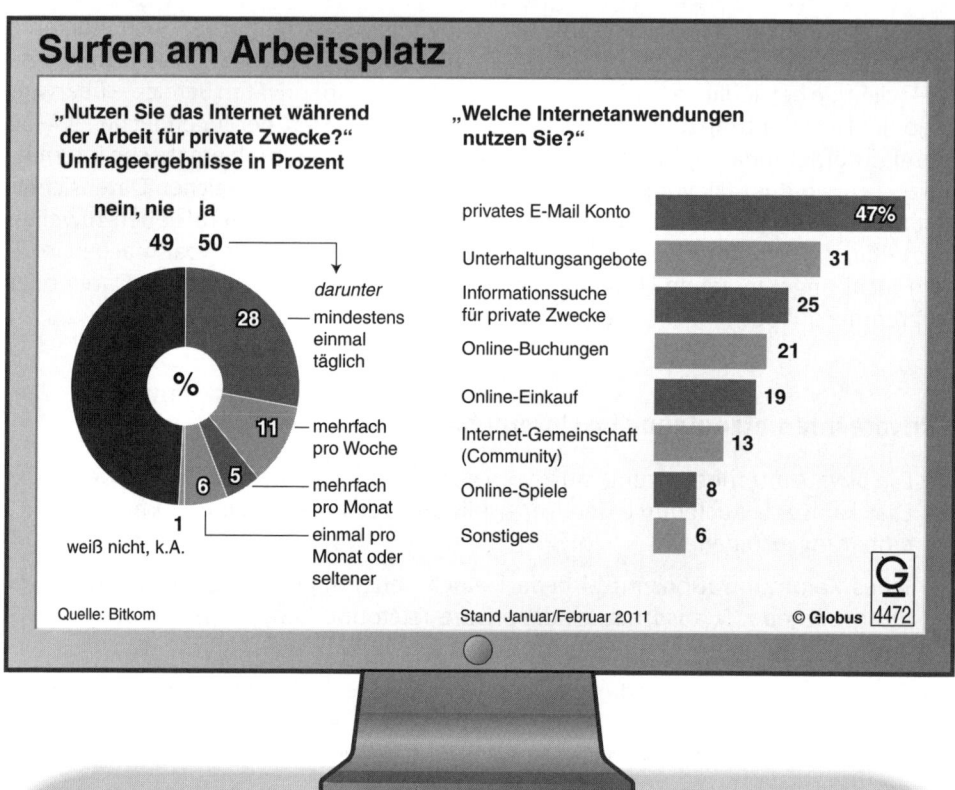

Surfen am Arbeitsplatz

„Nutzen Sie das Internet während der Arbeit für private Zwecke?"
Umfrageergebnisse in Prozent

nein, nie   ja
49   50

darunter
28 — mindestens einmal täglich
%
11 — mehrfach pro Woche
6 5 — mehrfach pro Monat
1
weiß nicht, k.A.
— einmal pro Monat oder seltener

„Welche Internetanwendungen nutzen Sie?"

privates E-Mail Konto	47%
Unterhaltungsangebote	31
Informationssuche für private Zwecke	25
Online-Buchungen	21
Online-Einkauf	19
Internet-Gemeinschaft (Community)	13
Online-Spiele	8
Sonstiges	6

Quelle: Bitkom

Stand Januar/Februar 2011

© Globus 4472

146

Jugendarbeitslosigkeit

Arbeitslosigkeit von jungen Menschen zwischen dem 15. und 25. Lebensjahr, die

► nach Beendigung der Schule keinen Ausbildungsplatz finden

► nach Beendigung ihrer Ausbildung nicht übernommen werden bzw. keinen Arbeitsplatz finden

► ihren Arbeitsplatz wieder verloren haben.

Jugendliche ohne abgeschlossene Ausbildung sind besonders stark von Jugendarbeitslosigkeit und von Armut bedroht. In Deutschland sind aktuell (Juni 2011) rund 430.000 junge Menschen (9,1 %) zwischen 15 und 24 Jahren arbeitslos. Damit hat Deutschland die drittniedrigste Jugendarbeitslosenquote in Europa (EU-Durchschnitt 20,5 %). Dies liegt u. a. daran, dass viele jungen Menschen in Deutschland länger zur Schule gehen und sich in staatlich geförderten Übergangsmaßnahmen befinden – somit werden sie auch nicht von der Arbeitslosenstatistik erfasst. → Arbeitslosigkeit

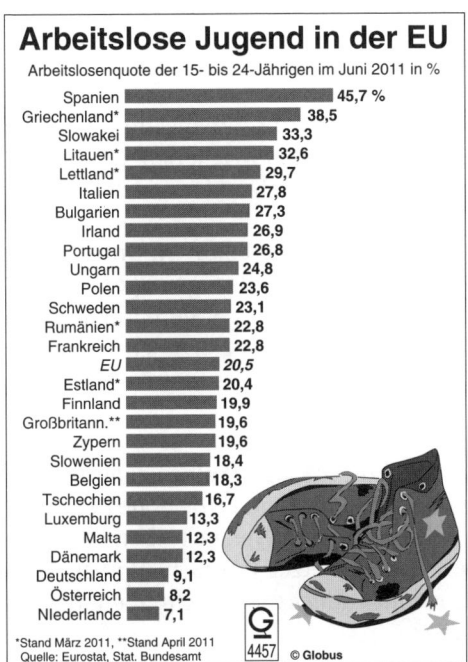

Arbeitslose Jugend in der EU
Arbeitslosenquote der 15- bis 24-Jährigen im Juni 2011 in %

Land	%
Spanien	45,7 %
Griechenland*	38,5
Slowakei	33,3
Litauen*	32,6
Lettland*	29,7
Italien	27,8
Bulgarien	27,3
Irland	26,9
Portugal	26,8
Ungarn	24,8
Polen	23,6
Schweden	23,1
Rumänien*	22,8
Frankreich	22,8
EU	20,5
Estland*	20,4
Finnland	19,9
Großbritann.**	19,6
Zypern	19,6
Slowenien	18,4
Belgien	18,3
Tschechien	16,7
Luxemburg	13,3
Malta	12,3
Dänemark	12,3
Deutschland	9,1
Österreich	8,2
Niederlande	7,1

*Stand März 2011, **Stand April 2011
Quelle: Eurostat, Stat. Bundesamt

4457 © Globus

Entwicklung der Jugendarbeitslosigkeit in Deutschland (2000 – 2010)

2000	2001	2002	2003	2004	2005	2006	2007	2008	2009	2010
9,5 %	9,1%	9,7%	9,9%	9,9%	12,5%	10,8%	8,5%	7,2%	8,0%	10,2%

Jugendliche und junge Erwachsene unter 25 Jahren. Quelle: BA/Globus Infografik.

www.dgb-jugend.de/themen/jugendarbeitslosigkeit/die_lage_in_deutschland

Jugendarbeitsschutzgesetz (JArbSchG)

Das JarbSchG vom 12. 4. 1976 schützt junge Menschen unter 18 Jahren vor körperlichen, seelischen, geistigen und sittlichen Gefährdungen im Rahmen einer Beschäftigung. Wer noch keine 15 Jahre alt ist, gilt als Kind, wer zwischen 15 und 18 Jahre alt ist, gilt als Jugendlicher. Das JArbSchG gilt für jede Form der Beschäftigung (Praktikum, Berufsausbildung, Arbeitsverhältnis und sonstige Formen) von Kindern und Jugendlichen.

Die wichtigsten Regelungen des JArbSchG

► Grundsätzliches Verbot von Kinderarbeit

► 40-Stunden-Woche bei fünf Arbeitstagen

► die tägliche Höchstarbeitszeit soll 8 Stunden nicht überschreiten (Ausnahmen sind vorgesehen)

► Beschäftigung nur zwischen 6 Uhr und 20 Uhr

► Urlaubsanspruch je nach Alter zwischen 25 und 30 Tagen (→ Urlaub)

► Verbot von Akkordarbeit

Jugendliche

Junge Menschen ab dem vollendeten 13. Lebensjahr bis zum vollendeten 17. Lebensjahr (14 bis 18 Jahre). Junge Menschen zwischen dem 18. und 21. Lebensjahr bezeichnet man als Heranwachsende, da sie sich in der → Adoleszenz befinden.

Bei der Beschäftigung jugendlicher Mitarbeiter im Unternehmen (i. d. R. Auszubildende und Praktikanten) ist deren körperliches, geistiges, emotionales sowie beruflich-soziales Entwicklungsstadium zu berücksichtigen und angemessen mit ihnen umzugehen. So befinden sich die Jugendlichen z. B. noch im Wachstumsprozess; dadurch bedingt können Überbelastungen (zu langes Stehen, einseitige Bewegungen usw.) zu dauerhaften Schäden führen.

Die Arbeitswissenschaft stellt diesbezüglich eine Reihe von Erkenntnissen (z. B. Sicherheitsbestimmungen) zur Verfügung, denen eine hohe Bedeutung zukommt; insbesondere zum körperlichen Schutz am Arbeitsplatz. Neben der Einhaltung der Bestimmungen des → Jugendarbeitschutzgesetzes (JArbSchG) muss der Ausbildende außerdem darauf achten, dass die für Jugendliche vorgeschriebenen → ärztlichen Untersuchungen durchgeführt werden.

 MERKE

Ferner müssen im Betrieb ausgehängt werden:

► JArbSchG
► Anschrift der → zuständigen Stelle
► Angaben über → Arbeitszeiten und → Ruhepausen.

Siehe auch → Minderjährige, → Jugend- und Auszubildendenvertretung, → gesetzliche Vertreter.

Jugend- und Auszubildendenvertretung (JAV)

Die JAV ist die Interessenvertretung der jugendlichen → Arbeitnehmer und → Auszubildenden in den Betrieben. Die Vorschriften für die JAV in → Betrieben der Privatwirtschaft werden in §§ 60 bis 73b → Betriebsverfassungsgesetz (BetrVG) geregelt. Für die JAV im öffentlichen Dienst gelten die Vorschriften des Bundespersonalvertretungsgesetzes (BPersVG) bzw. der Landespersonalvertretungsgesetze (LPersVG). Ursprünglich sah das BetrVG von 1972 lediglich eine Jugendvertretung vor. Da es aber immer mehr Auszubildende über 18 Jahre gab, wurde sie 1988 umgewandelt in eine Jugend- und Auszubildendenvertretung.

Stellung der JAV im Betrieb:

Ansprechpartner und Adressat aller Aktivitäten der JAV ist der → Betriebsrat (BR) und nicht der Arbeitgeber, da die JAV kein selbständiges Mitbestimmungsorgan ist. Die JAV arbeitet mit dem BR partnerschaftlich zusammen und konzentriert sich auf die besonderen Belange der → Jugendlichen und Auszubildenden.

Wahl:

Die regelmäßigen Wahlen zur JAV finden zeitversetzt zur Wahl des Betriebsrats alle zwei Jahre im Zeitraum 1. 10. bis 30. 11. statt. Sind die Wahlen außerhalb dieser Zeit, sind die Bestimmungen anzuwenden, wie sie auch für die BR-Wahl gelten. Die regelmäßige Amtszeit der JAV beträgt also zwei Jahre; sie beginnt mit der Bekanntgabe des Wahlergebnisses. Die Wahl zu JAV wird eingeleitet durch den Betriebsrat; er bestellt den Wahlvorstand. Wahlberechtigt sind alle im Betrieb beschäftigten Jugendlichen bzw. Auszubildenden, die das 25. Lebensjahr noch nicht vollendet haben. Wählbar sind alle Arbeitnehmer und Auszubildenden, die dass 25. Lebensjahr noch nicht beendet haben. Für die Wählbarkeit ist keine Mindestdauer der Betriebszugehörigkeit vorgeschrieben (§ 61 BetrVG). Die Wahl erfolgt unmittelbar und geheim

Größe und Zusammensetzung:

Die Größe und Zusammensetzung der JAV wird in § 62 BetrVG geregelt. Maßgeblich hierfür ist die Anzahl der Wahlberechtigten im Betrieb, d. h. die jugendlichen Arbeitnehmer bzw. Auszubildenden unter 25 Jahren (§ 60 Abs. 1 BetrVG):

Wahlberechtigte	Anzahl der JAV-Mitglieder
5 bis 20	1
21 bis 50	3
51 bis 150	5
151 bis 300	7
301 bis 500	9
501 bis 700	11
701 bis 1 000	13
mehr als 1000	15

Die JAV soll sich aus den unterschiedlichen Beschäftigungsarten und Ausbildungsberufen zusammensetzen. Die Geschlechter müssen ihrem zahlenmäßigen Verhältnis entsprechend in der JAV vertreten sein.

Aufgaben:

Die allgemeinen Aufgaben der JAV regelt § 70 BetrVG. Die JAV ist Ansprechpartner der Auszubildenden und nimmt deren Anregungen, Vorschläge und Beanstandungen entgegen und beantragt beim BR, diese Angelegenheiten zu erledigen. Insbesondere gilt dies für Maßnahmen, die den Berufsbildungsbereich betreffen oder im Zusammenhang mit der Übernahme oder Gleichstellung stehen. Die JAV hat auch darüber zu wachen, dass die für Auszubildenden geltenden rechtlichen Regelungen eingehalten bzw. durchgeführt werden, die sich aus Gesetzen, Verordnungen, → Tarifverträgen und → Betriebsvereinbarungen ergeben. Die JAV informiert die Jugendlichen bzw. Auszubildenden über den aktuellen Stand von Verhandlungen. Daher ist es notwendig, dass die JAV selbst Informationen vom BR erhält. Dieser hat die JAV „rechtzeitig und umfassend" zu unterrichten.

Rechte:

Der JAV werden gegenüber dem BR Rechte eingeräumt – nicht gegenüber dem Arbeitgeber! Die JAV kann zu den BR-Sitzungen Vertreter entsenden. Werden in einer BR-Sitzung Themen behandelt, die besonders die Auszubildenden betreffen, so hat die gesamte JAV ein Teilnahmerecht (z. B. Fragen der Berufsausbildung, → Kündigung eines Auszubildenden). In solchen Sitzungen haben die JAV-Mitglieder volles Stimmrecht. Werden nach Ansicht der JAV durch einen BR-Beschluss wichtige Interessen der Auszubildenden erheblich beeinträchtigt, kann die JAV diesen Beschluss für die Dauer einer Woche aussetzen lassen (§ 66 Abs. 1 BetrVG). Bleibt der BR bei seiner Position oder ändert er sie nur unerheblich, ist eine wiederholte Aussetzung nicht möglich. Mit Zustimmung des BR sind Betriebsbegehungen möglich.

Organisation/„interne" Rechte:

Eine etwas größere Eigenständigkeit hat die JAV, wenn es um ihre interne Organisation geht. Nach § 65 Abs. 2 BetrVG kann die JAV Sitzungen einberufen, sich eine Geschäftsordnung geben und die Jugendlichen bzw. Auszubildenden über Aktivitäten informieren. In Betrieben mit mehr als 50 jugendlichen Arbeitnehmern bzw. Auszubildenden unter 25 Jahren, kann die JAV Sprechstunden während der Arbeitszeit abhalten (§ 69 BetrVG). Ferner haben die JAV-Mitglieder das Recht auf Schulung und Fortbildung. Diese Bildungsveranstaltungen müssen Kenntnisse vermitteln, die für die Arbeit der JAV erforderlich oder als geeignet anerkannt sind.

Kündigungsschutz und Weiterbeschäftigung:

Ebenso wie die Mitglieder des BR genießen auch die Mitglieder der JAV Kündigungsschutz. Allerdings entscheidet der BR darüber, ob im Einzelfall der Kündigung zuzustimmen ist.

Im Jahre 1974 wurde § 78a in das BetrVG aufgenommen, der es JAV-Mitglieder (und Ersatzmitgliedern) ermöglicht, nach Beendigung ihrer Ausbildung in einem Arbeitsverhältnis weiterbeschäftigt zu werden. Dazu muss das JAV-Mitglied innerhalb der letzten drei Monate vor Beendigung des Ausbildungsverhältnisses schriftlich vom Ausbildenden die Weiterbeschäftigung verlangen. Kraft Gesetzes kommt somit ein Arbeitsverhältnis auf unbestimmte Zeit zustande. Will sich der Ausbildende dagegen wehren, muss er einen Antrag auf gerichtliche Entscheidung stellen, der spätestens zwei Wochen nach Beendigung des Ausbildungsverhältnisses beim zuständigen Arbeitsgericht eingegangen sein muss.

INFO

Operation Übernahme

Federal Mogul und die Industriegewerkschaft Metall streiten vor dem Landesarbeitsgericht um die Übernahme eines gewählten Jugendvertreters und Auszubildenden in ein unbefristetes Beschäftigungsverhältnis. Ende offen.

„Maurice Behrent – § 78a – Operation Übernahme", so stand es Gelb auf Schwarz auf der Rückseite der bedruckten T-Shirts von etwa 30 bis 40 Jugendauszubildendenvertretern aus NRW, die sich gestern vor dem Landesarbeitsgericht in Düsseldorf zur Solidaritätskundgebung versammelten. Anlass dazu gab der Gerichtstermin im laufenden Verfahren des Automobilzulieferers Federal Mogul aus Burscheid gegen seinen gewählten Jugendauszubildendenvertreter (JAVi) Maurice Behrent.

Nach Abschluss seiner dreijährigen Ausbildung wurde ihm lediglich ein befristeter Arbeitsvertrag im Unternehmen angeboten. Diesen lehnte Behrent jedoch ab und berief sich auf § 78a, der den Schutz Auszubildender in besonderen Fällen regelt. Im Fall Behrent bedeutet dies laut der Gewerkschaft IG Metall, dass den Mitgliedern der Jugendvertretung eine Ausübung ihres Amtes ohne Furcht vor Nachteilen für ihre künftige berufliche Entwicklung ermöglicht wird. Eine unbefristete Übernahme des JAVis kann der Arbeitgeber lediglich verhindern, indem er Gründe darlegt, die eine Weiterbeschäftigung unzumutbar machen. Eben dies galt es nun in zweiter Instanz vor dem Landesarbeitsgericht in Düsseldorf zu prüfen.

Während die Personalleitung von Federal Mogul angab, es hätte derzeit und in der Vergangenheit keine offenen Stellen im kaufmännischen Bereich gegeben – insgesamt haben aufgrund der Krise 131 Mitarbeiter das Unternehmen verlassen –, beharrte Mario Utess, Jurist der IG Metall Köln-Leverkusen, auf das Recht des Jugendvertreters auf Übernahme nach seiner Ausbildung. „Wir halten die Argumente des Unternehmens für vorgeschoben und werden nicht zulassen, dass ein ein Stück Mitbestimmung auf dem Altar der Krise geopfert wird", sagte Utess. (...)

Auf die Frage des vorsitzenden Richters, ob Federal Mogul nicht doch eine Möglichkeit sehe, dem gewählten Jugendvertreter noch eine Arbeitsstelle anzubieten, reagierte das anwesende Mitglied der Unternehmens-Personalleitung ablehnend.

„Jugendauszubildenden-Vertreter werden in manchen Betrieben weniger gerne übernommen, da sie oftmals als ‚unbequem' für den Betrieb wahrgenommen werden", sagte Björn Fitzek, Fachsekretär für Jugend bei IG Metall Köln-Leverkusen im Anschluss an die Gerichtsverhandlung.

Der vorsitzende Richter ließ den Rechtseinspruch zu, der Prozess wird nun in die nächste Instanz gehen. „Wenn nötig, ziehen wir auch bis nach Erfurt vor das Bundesarbeitsgericht", sagte Gewerkschaftsvertreter Mario Utess anschließend bestimmt.

Quelle: Rheinische Post, 26. 2. 2010, gekürzt.

---

www.jav.info/Startseite

www.betriebsrat.com/jugendvertretung

www.jav-wahlhelfer.de/

Juristische Person

Eine juristische Person ist ein Zusammenschluss von Personen zu einer Organisation (Personenvereinigung). Rechtsfähigkeit erlangt sie durch Eintragung in ein öffentliches Register (z. B. Handelsregister, Vereinsregister). Wie eine → natürliche Person ist auch die juristische Person Träger von Rechten und Pflichten. Sie ist partei-, handlungs- und deliktfähig und handelt durch ihre Organe (z. B. Vorstand). Sie verliert ihre Rechtsfähigkeit durch Löschung aus dem Register. Man unterscheidet juristische Personen des öffentlichen Rechts und des Privatrecht.

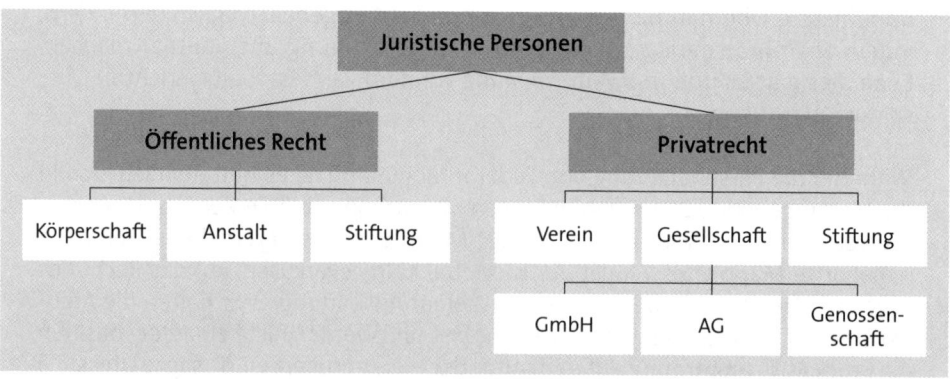

Kammer

1. Berufsständige Körperschaft öffentlichen Rechts. → Zuständige Stelle, → IHK
2. Spruchkörper eines Gerichts. → Arbeitsgerichtsbarkeit

Kenntnisse

→ Fertigkeiten und Kenntnisse

Kerschensteiner, Georg

(* 29. 7. 1854, † 15. 1. 1932) Bedeutender Reformpädagoge, (Berufs-) Bildungstheoretiker und Begründer der (fachlich gegliederten) Berufsschule. *Kerschensteiner* wirkte als Lehrer, Politiker und Professor in München. Er war Vorsitzender des 2. Deutschen Kunsterziehungstages in Weimar (1903), Mitbegründer des Bundes für Schulreform (1908), Mitglied des deutschen Ausschusses für Erziehung und Unterricht (1915) und Präsident des Pädagogischen Kongresses in Weimar (1926). In den Jahren 1900 bis 1906 gestaltete er die Münchner Fortbildungsschulen zu fachlich gegliederten → Berufsschulen um und führte den Arbeitsunterricht als Schulfach in der Volksschule ein.

Seine bildungstheoretischen Ansätze sind eng an → *Sprangers* Kultur- und Wertephilosophie angelehnt. *Kerschensteiner* wollte den Gegensatz von Bildung und Ausbildung aufheben, indem er die Berufsbildung an die „Pforte zur Menschenbildung" stellte. Der „Weg zum idealen Menschen" führte nach seiner Auffassung „über den brauchbaren Menschen". Er gilt als genialer Praktiker und Organisator, der sich für ein begabungs- und entwicklungsgemäßes Schulsystem einsetzte. Sein pädagogischer Ansatz lässt sich mit dem Prinzip der Handlungsorientierung umschreiben: „Das Wesen des Menschen um diese Zeit ist Arbeiten, Schaffen, Wirken, Probieren, Erfahren, Erleben, um ohne Unterlass im Medium der Wirklichkeit zu lernen."

Veröffentlichungen: Die staatsbürgerliche Erziehung der deutschen Jugend (1901), Grundfragen der Schulorganisation (1907), Begriff der Arbeitsschule (1912), Charakterbegriff und Charaktererziehung (1912), Das Grundaxiom des Bildungsprozesses und seine Folgerungen für die Schulorganisation (1917), Die Seele des Erziehers und das Problem der Lehrerbildung (1921), Autorität und Freiheit als Bildungsgrundsätze (1924), Theorie der Bildung (1926), Theorie der Bildungsorganisation (hg. 1933).

Kirchensteuer

Steuer, die durch öffentlich-rechtliche Religionsgemeinschaften gegenüber → natürlichen Personen erhoben wird, die Mitglieder in diesen Religionsgemeinschaften sind. Die Kirchensteuer wird nach Landesrecht als Zuschlag von 8 % bzw. 9 % auf die Einkommenssteuer erhoben und von den Arbeitnehmern im Lohnabzugsverfahren durch die Finanzbehörden eingezogen. Sie beträgt aktuell (2011) in Bayern und Baden-Württemberg 8 % und in allen anderen Bundesländern 9 %. Gezahlte Kirchensteuern sind als Sonderausgabe vom Gesamtbetrag der Einkünfte abzugsfähig (§ 10 Abs. 1 Nr. 4 EStG).

Kommunikation

Unter Kommunikation versteht man den Austausch von Informationen mittels Sprache oder jedes anderen Zeichensystems (z. B. die Programmiersprache bei Computern). Dabei verschlüsselt der Sender Informationen, die dann vom Empfänger entschlüsselt werden.

Ein sehr bekanntes Kommunikationsmodell – das Sender-Empfänger-Modell – geht auf die Mathematiker *Shannon* und *Weber* (1949) zurück. Dies ist jedoch sehr informationstheoretisch-nachrichtentechnisch ausgerichtet und kann daher nicht dazu beitragen, die zwischenmenschliche Kommunikation mit all ihren psychologischen Facetten, insbesondere Problemen und Störungen der menschlichen Interaktion, zu erklären.
Ein erstes Modell, das brauchbar ist, die zwischenmenschliche Kommunikation zu beschreiben, ist das sog. Organonmodell (*organon* = gr. „Werkzeug") des deutschen Sprachwissenschaftlers *Bühler* (1934). Ein sprachliches Zeichen bzw. eine sprachliche Botschaft hat danach drei Funktionen:
1. Ausdrucksfunktion (Symptom): Der Sender (Sprecher) drückt Ideen, Gedanken, Gefühle aus.
2. Darstellungsfunktion (Symbol): Der Sprecher bezieht sich auf Gegenstände bzw. Sachverhalte in der Welt.
3. Appellfunktion (Signal): Der Empfänger (Hörer) wird angeredet bzw. aufgefordert.

Beispiel

Der Ausruf „Feuer!" drückt die Angst des Senders (1.) aus, ist eine Darstellung des Sachverhalts (2.) und richtet einen Appell an den Empfänger, dass er Hilfe leisten möge (3.).

Wer kennt das nicht: Man unterhält sich mit dem Gesprächspartner, sagt etwas, doch der andere versteht das ganz anders, als es gemeint war. Das Modell von *Bühler* stößt hier an seine Grenzen. Der Kommunikationspsychologe *Schulz von Thun* hat die menschliche Kommunikation untersucht und das dreiseitige Modell um eine sehr wichtige, vierte Seite ergänzt: die Beziehungsseite. Sein bekanntes Kommunikationsmodell – das „Kommunnikationsquadrat" – beschreibt, wie Störungen in der zwischenmenschlichen Kommunikation entstehen und wie sich diese lösen lassen. Die Grundzüge dieses Modells werden im Infokasten dargestellt.

Friedemann Schulz von Thun:

Der vierfache Gehalt einer Äußerung: das Kommunikationsquadrat

„Wenn ich als Mensch, wenn ich als Führungskraft (selbstverständlich auch als Ausbilder oder Auszubildender!, Anm. L. W.) etwas von mir gebe, bin ich auf vierfache Weise wirksam. Jede meiner Äußerungen enthält, ob ich will oder nicht, vier Botschaften gleichzeitig:

► eine Sachinformation (*worüber ich informiere*)
► eine Selbstkundgabe (*was ich von mir zu erkennen gebe*)
► einen Beziehungshinweis (*was ich von dir halte und wie ich zu dir stehe*)
► einen Appell (*was ich bei dir erreichen möchte*).

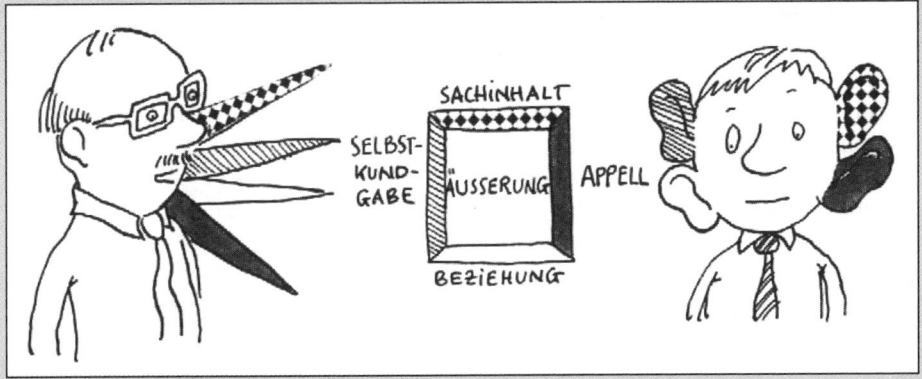

Das Vier-Schnäbel- und Vier-Ohren-Modell

(...) Der **Sachinhalt** ist meist direkt ausgesprochen, wir sagen: explizit. Im professionellen Kontext spielt er die Hauptrolle oder, sagen wir vorsichtiger, sollte er die Hauptrolle spielen. Sachlichkeit ist die Tugend von Menschen, die miteinander zu arbeiten haben, unabhängig davon, ob sie sich mögen und „miteinander können". (...)

Auf der Sachebene des Gesprächs gilt zum einen das **Wahrheitskriterium** wahr oder unwahr (zutreffend/nicht zutreffend), zum anderen das Kriterium der **Relevanz**: Sind die angeführten Sachverhalte für das anstehende Thema von Belang/nicht von Belang? Zum Dritten erscheint das Kriterium der **Hinlänglichkeit**: Sind die angeführten Sachhinweise für das Thema ausreichend, oder muss vieles andere auch bedacht sein? (...)

Die Sachebene des Gesprächs ist von großer Bedeutung. Die sach- und menschengerechten Lösungen stehen und fallen nicht selten mit der Qualität des Diskurses auf dieser Ebene. (...)

Die **Beziehungsseite**. Ob ich will oder nicht: Wenn ich jemanden anspreche, gebe ich (durch Formulierung, Tonfall, Begleitmimik) auch zu erkennen, wie ich zum Anderen stehe und was ich von ihm halte – jedenfalls bezogen auf den aktuellen Gesprächsgegenstand. In jeder Äußerung steckt somit auch ein Beziehungshinweis, für welchen der Empfänger oft ein besonders sensibles (über)empfindliches Ohr besitzt. Aufgrund dieses Ohres wird entschieden: Wie fühle ich mich behandelt durch die Art, in der du mit mir sprichst? (...)

Die **Selbstkundgabe-Seite**. Immer, wenn ich etwas von mir gebe, gebe ich auch etwas von mir (kund, preis)! Jede Äußerung enthält auch, ob ich will oder nicht, eine Selbstkundgabe: einen Hinweis darauf, was in mir vorgeht, wie mir ums Herz ist, wofür ich stehe und wie ich meine Rolle auffasse. Dies kann wiederum explizit (ausdrücklich) geschehen („Ich-Botschaft") oder implizit (mit gemeint, aber nicht ausdrücklich gesagt).
Wie schon der Sach- und Beziehungs-Schnabel, so kann auch der Selbstkundgabe-Schnabel sehr unterschiedlich gewachsen sein. Manche Menschen benutzen ihn zur (positiven) Selbstdarstellung („Sieh her, so bin ich!"), manche eher im Sinne der Authentizität: „Ich zeige mich so, wie ich bin, wie mir innerlich zumute ist." Ideal wäre es, wenn Ihre Authentizität als Führungskraft erkennbar, aber je nach Situation unterschiedlich ausgeprägt ist. (...)

Die **Appell-Seite**. Wenn ich das Wort ergreife und an jemanden richte, will ich auch Einfluss nehmen; ich will den anderen nicht nur „erreichen", sondern auch etwas „bei ihm erreichen". Die Macht des Wortes ist für Führungskräfte (und für Ausbilder!, Anm. L. W.) von besonderer Bedeutung, denn der Führungsauftrag enthält die Herausforderung, Menschen zu leiten, zu bewegen, zu motivieren.

Manche Mitarbeiter klagen: „Mein Chef hört sich gern reden, aber je länger ich zuhöre, umso weniger weiß ich, was er von mir will. Wenn er das bloß mal klar sagen würde!"
Kommunikation ist ein Tango, der (mindestens) zu zweit getanzt wird. Statt zu leiden und zu klagen, könnte der Mitarbeiter in die Rolle des Klärungshelfers schlüpfen und dem Chef zurückmelden, was sein Appell-Ohr aufgeschnappt hat und wo er noch vor einem Rätsel steht."

Quelle: *Schulz von Thun/Ruppel/Stratmann*: Miteinander reden: Kommunikationspsychologie für Führungskräfte. Reinbek bei Hamburg: Rowohlt 2003, S. 33-40 (stark gekürzt).

Kommunikationsprobleme lassen sich in den allermeisten Fällen auf die Beziehungsebene zurückführen. Dies gilt für den privaten Bereich ebenso wie für das Berufsleben. Für Ausbilder und Auszubildende ist es wichtig, Kommunikationsprobleme schnell zu lösen. Zunehmende (internationale) Arbeitsteilung, Spezialisierung sowie Teamarbeit erfordern optimale Information und Kommunikation im Unternehmen. Die Kommunikation hat hier eine zentrale Bedeutung. Sie ist das „Schmiermittel", das die betrieblichen Abläufe ermöglicht und dafür sorgt, dass die betrieblichen Sachaufgaben erfüllt und somit auch die Unternehmensziele erreicht werden.

„Die Kommunikation dient jedoch außer der Übertragung betriebsnotwendiger Informationen auch der Mitarbeitermotivation. Indem die Kommunikation den Mitarbeitern das Wissen um betriebliche Zusammenhänge und den Stellenwert der eigenen Tätigkeit vermittelt und ihnen Einblick in die Hintergründe und Notwendigkeit der Anforderungen gibt, fördert sie das Interesse an der Arbeit und die Identifikation mit den Unternehmenszielen. Die Fähigkeit einer Führungskraft, mit Menschen „durch das Wort" umzugehen bzw. sie für ihre Tätigkeiten zu gewinnen, ist demgemäß von großer Bedeutung" (*Jung*).

Kompetenz

Der Begriff „Kompetenz" hat unterschiedliche Bedeutungen. Im allgemeinen Sprachgebrauch wird mit ihm z. B. der Zuständigkeitsbereich eines Mitarbeiters für bestimmte Gebiete oder Aufgaben beschrieben. In der Pädagogik bzw. → Didaktik bezieht er sich auf die Fähigkeiten einer Person, z. B. auf die angeborene Fähigkeit oder eine gelernte Fähigkeit zum eigenverantwortlichen Handeln.

In der Berufs- und Wirtschaftspädagogik nimmt der Begriff „berufliche Handlungskompetenz" einen hohen Stellenwert ein. So werden die Lehrpläne für den berufsbezogenen Unterricht ausschließlich kompetenzorientiert formuliert. In den Handreichungen für die Erarbeitung von Rahmenlehrplänen versteht die → Kultusministerkonferenz (KMK) unter beruflicher Handlungskompetenz „die Bereitschaft und Befähigung des Einzelnen, sich in beruflichen, gesellschaftlichen und privaten Situationen sachgerecht durchdacht sowie individuell und sozial verantwortlich zu verhalten. Handlungskompetenz entfaltet sich in den Dimensionen von Fachkompetenz, Humankompetenz und Sozialkompetenz. [...] Bestandteil sowohl von Fachkompetenz als auch von Humankompetenz als auch von Sozialkompetenz sind Methodenkompetenz, kommunikative Kompetenz und Lernkompetenz" (KMK 2007, S. 10).

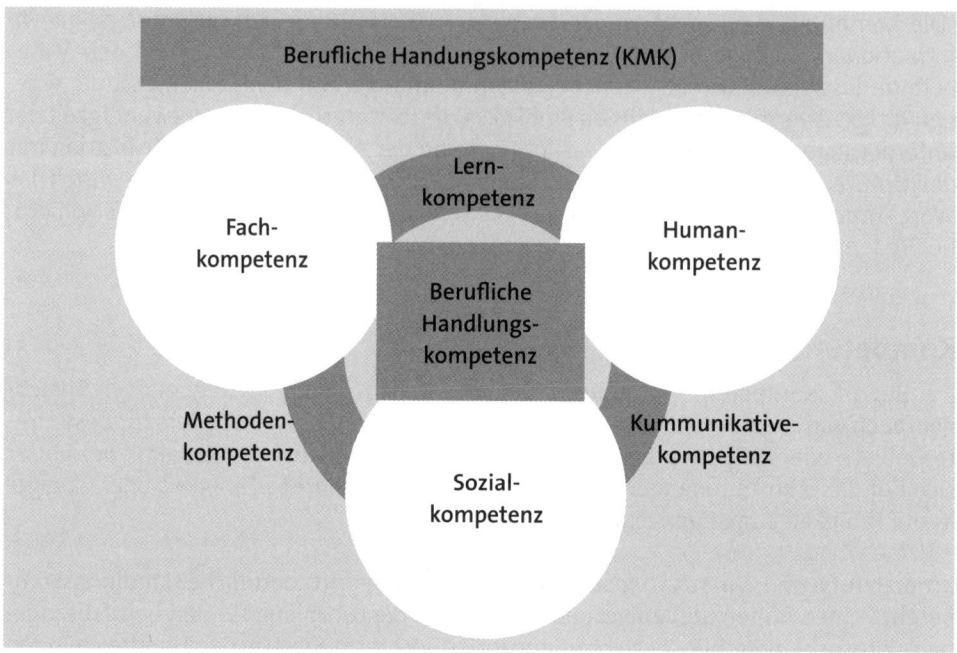

Berufliche Handlungskompetenz
(Quelle: BBiB/BMB, www.prueferportal.org/html/755.php)

Seit der PISA-Studie nimmt der Kompetenzbegriff auch im allgemeinbildenden Schulwesen einen immer höheren Stellenwert ein. In den letzten Jahren ist ein regelrechter Popularitätsschub des Kompetenzbegriffes zu beobachten. So findet man bspw. in den Richtlinien für Bürokaufleute des Landes Nordrhein-Westfalen den Begriff der „ökologischen Kompetenz". Von einigen Erziehungswissenschaftlern werden die vielfältigen Kompetenzbegriffe sehr kritisch diskutiert und auch abgelehnt mit der Begründung, dass sie „meist weder theoretisch noch empirisch fundierte Ad-hoc-Setzungen nach jeweiligem Bedarf sind" (*Krautz*). → Handlungsfähigkeit (berufliche)

www.bildung-wissen.eu/beitraege/Krautz-Bildung-als-Anpassung.pdf

Konflikt

(lat. Zusammenstoß, Kampf, Zwiespalt) Als Konflikt bezeichnet man eine Situation, in der gegensätzliche Interessen, Ziele, Vorstellungen oder Handlungen zusammenstoßen.
Ein **Konflikt** liegt vor, wenn

► mindestens zwei Parteien versuchen, mit ihrem Handeln die eigenen Ziele durchzusetzen

► die Ziele der Parteien voneinander abweichen

► die Parteien sich wechselseitig in ihrem Verhalten beeinflussen

- die Handlungen der einen Partei Auswirkungen haben auf die Handlung der anderen Partei.

Es gibt verschiedene personelle **Konfliktkonstellationen**:

- **Individualkonflikt:** psychologischer Konflikt (Zwiespalt), der in einer Person abläuft (= intrapersonaler Konflikt).
- **Sozialer Konflikt:**
  a) ein Konflikt zwischen zwei oder mehreren Personen (= interpersonaler Konflikt).
  b) ein Konflikt zwischen Gruppen (= Intergruppenkonflikte).

Konflikte können unterschiedliche **Grundformen** haben:

- **Offen:** Die Beteiligten wissen, dass sie einen Konflikt haben (auch wenn die Ursache noch unklar ist).
- **Verdeckt:** Den Beteiligten ist der Konflikt (noch) nicht bewusst, sie „spüren" nur, dass etwas nicht stimmt.
- **Verschoben:** Es liegt ein Konflikt vor, der aber nicht an der Stelle ausgetragen wird, wo er entstanden ist. Er verschiebt sich auf einen anderen Bereich. Dadurch ist er für Betroffene schwer nachzuvollziehen.

Konflikte in der Ausbildung

Obwohl die meisten Ausbildungen positiv verlaufen, kommt es immer wieder zu → Konflikten, die im schlimmsten Fall sogar zu einem Abbruch der Ausbildung führen (s. Abb.). Nach einer Studie des BiBB betrage die „echte" Abbrecherquote pro Ausbildungsjahrgang 6,6 bis 10 %. Konflikte in der Ausbildung können in ihrer Erscheinungsform sehr vielfältig sein und sich auf verschiedene Ursachen zurückführen lassen. Gerade beim Einstieg in das Berufsleben prallen die unterschiedlichen Sichtweisen von Auszubildenden und Ausbildern aufeinander.

Nicht selten herrscht eine abweichende Auffassung vor, welche konkreten Pflichten man habe:

- Azubis klagen z. B. über Mehrarbeit, → fachfremde Tätigkeiten, nicht korrekte → Vergütung, Missachtung der → Ausbildungsordnung oder ein schlechtes Betriebsklima.
- Ausbilder bemängeln sehr häufig Anpassungsschwierigkeiten der Azubis. Doch nicht nur mangelhafte → Soft Skills stellen ein Problem dar – zunehmend sehen sich die Ausbildungsbetriebe auch mit teils erheblichen Mängeln bei den → Hard Skills konfrontiert.

Auch können die unterschiedliche Voraussetzungen und → Kompetenzen, die die Schulabgänger mit in die Ausbildung bringen, Ursache dafür sein, dass die jungen Azubis in ihrem Ausbildungsberuf überfordert oder aber auch unterfordert werden. Und manchmal stimmt eben einfach „die Chemie" nicht.

Lehre abgebrochen

Gründe, warum Jugendliche
ihre Lehre vorzeitig beenden in %
(Mehrfachnennungen)

Schwierigkeiten mit Vorgesetzten/Ausbildern	44
Lehre entsprach nicht den Vorstellungen	42
finanzielle Probleme	33
anderer Ausbildungswunsch	29
Ausbildung zu anstrengend/schwierig	16
gesundheitliche Probleme	15
private Gründe	15
lieber Schule/ Uni besuchen	12
lieber andere Arbeit annehmen	10

© Globus

8392 Quelle: IAB/iw

 INFO

Ausbeutung statt Ausbildung

Zu viele Überstunden, fachfremde Arbeiten. Jeder dritte Lehrling ist laut dem Ausbildungsreport 2010 unzufrieden.

Berlin – Zu viele Überstunden, schlechte Anleitung durch Vorgesetzte, fachfremde Arbeiten und geringe Bezahlung – so zeichnet der Ausbildungsreport 2010 des Deutschen Gewerkschaftsbundes (DGB) den Alltag vieler Lehrlinge. Ein angehender Maurer, der sich im dritten Lehrjahr befindet, schildert im Rahmen des Berichts zum Beispiel: „Entweder schrubben wir Lehrlinge den Hof, machen Gartenarbeiten oder schippen Schnee." Erst einmal habe er während seiner Ausbildung auch gemauert.

Laut Umfrage beileibe kein Einzelfall – jeder zehnte Azubi klagt darüber, dass häufig oder gar täglich solche fachfremden Arbeiten erledigt werden müssen. Besonders oft betroffen seien davon Friseure und Kfz-Mechaniker, bei denen fast jeder dritte beziehungsweise jeder Vierte Arbeiten verrichten muss, die nichts mit dem Beruf zu tun haben.

Auch in anderen Branchen werden Azubis gern als günstige Arbeitskräfte genutzt. Insgesamt gaben 40,2 Prozent aller befragten Auszubildenden an, regelmäßig Überstunden zu leisten. 2009 waren es 42 Prozent gewesen. Köche in Ausbildung müssen durchschnittlich zehn Überstunden pro Woche ableisten, Hotel- und Restaurantfachleute mehr als acht Stunden. DGB-Vizechefin Ingrid Sehrbrock kommentierte das bei der Vorstellung der Umfrage so: „In manchen Branchen muss man eher von Ausbeutung als von Ausbildung sprechen."

Der deutsche Hotel- und Gaststättenverband wies die Vorwürfe aber zurück: „Viele Bewerber informieren sich im Voraus nicht richtig und gehen mit falschen

Erwartungen in die Ausbildung", sagte eine Verbandssprecherin. Die Branche verlange eine hohe Belastbarkeit und viel Motivation.

Branchenübergreifend klagen besonders Azubis in Firmen mit weniger als fünf Mitarbeitern über Probleme. Überdurchschnittlich häufig fehle es an Ausbildern – und je kleiner der Betrieb, umso öfter müssten Überstunden geleistet werden.

Gewerkschaftsbund fordert unangemeldete Kontrollen in den Betrieben

Im Durchschnitt verdienen die Auszubildenden laut der Studie 577,31 Euro. Es klafft aber eine deutliche Gehaltslücke zwischen den Geschlechtern: 601 Euro werden in männlich dominierten Berufen verdient, in weiblich dominierten sind es nur 489 Euro. Auch bekommen Lehrlinge in solchen Branchen im Schnitt zwei Urlaubstage weniger als in „männlichen" Berufen.

Viele Jugendliche steuern nach eigenen Angaben in eine ungewisse Zukunft: Im dritten Lehrjahr weiß nur jeder Fünfte, ob er in seinem Ausbildungsbetrieb auch übernommen wird. DGB-Bundesjugendsekretär René Rudolf wäre es aber am liebsten, „wenn die jungen Menschen schon zu Beginn wissen, ob sie bei erfolgreicher Ausbildung übernommen werden". Durch die schlechte Übernahmesituation seien junge Menschen mehr denn je von prekärer Beschäftigung bedroht.

Schon heute arbeiten nach DGB-Angaben nur noch 1,2 Millionen in normalen Arbeitsverhältnissen, das sind 400 000 weniger als vor zehn Jahren. Rund 1,5 Millionen 20- bis 29-Jährige haben keinen Berufsabschluss. Trotz der Situation am Arbeitsmarkt bricht laut Berufsbildungsbericht immer noch jeder fünfte seine Ausbildung ab.

Sehrbrock fordert die Kammern und die Gewerbeaufsicht zum Handeln auf: Unangemeldete Kontrollen seien Pflicht, um die Probleme in den Ausbildungsbetrieben zu beseitigen. „Notfalls muss man auch darüber nachdenken, diesen Betrieben die Ausbildungsberechtigung zu entziehen." Die Handelskammern stecken aber in einer Zwickmühle. Unter vorgehaltener Hand heißt es: „Wenn wir für mehr Ausbildungsplätze werben sollen, sind Kontrollen eher störend." Außerdem fehle es an Personal, um die Aufsicht zu verstärken.

Quelle: *Nestler/Schwinghammer*, Frankfurter Rundschau, 2. 9. 2010.

Konfliktlösung

Zur Lösung von → Konflikten stehen den beteiligten Personen mehrere Möglichkeiten zur Verfügung. Sie können sich bspw. an die → zuständige Stelle wenden und in einem → Schlichtungsverfahren den Konflikt angehen. Sollte dies zu keinem Ergebnis führen, steht der Weg zum Arbeitsgericht (→ Arbeitsgerichtsbarkeit) offen. Doch sollte zunächst versucht werden, in einem persönlichen Gespräch das Problem zu klären. Je eher ein Gespräch stattfindet, desto größer ist die Wahrscheinlichkeit, den Konflikt zu lösen bzw. eine Eskalation zu vermeiden.

Das Gespräch sollte sorgfältig vorbereitet werden: Zunächst muss man sich klar machen, was man erreichen will („Was ist mein Ziel?"/„Was ist mein Motiv?"). Es ist hilfreich, sich die wichtigen Punkte zu notieren. Ferner müssen die Rahmenbedingungen für ein Gespräch stimmen. Es sollte zu einem passenden Zeitpunkt an einem ungestörten Ort stattfinden.

Im Gespräch müssen einige grundlegende Verhaltensregeln beachtet werden: Es sollte sachlich, ruhig und konkret auf die Missstände aufmerksam gemacht werden. Die Konfliktparteien sollten ihre Kritikpunkte, Ziele, Wünsche und Forderungen klar benennen. Viele Menschen begehen den Fehler, von der eigenen Wahrnehmung auf die anderer zu schließen. Ein gewisses Maß an Empathie – also die Fähigkeit, sich in andere Menschen hineinzuversetzen – kann hilfreich sein, den Standpunkt und die Argumente des anderen zu verstehen („Welche Ursachen kann das Verhalten des Anderen haben?" „Wie fühlt er/sie sich?" „Welche Ängste, Wünsche, Hoffnungen hat er/sie?")

Meistens erreicht man im Gespräch mehr, wenn man so genannte „Ich-Botschaften" sendet, anstatt dem Gesprächspartner mit „Du-Botschaften" Vorwürfe zu machen und ihn unter Druck zu setzen. „Du-Botschaften" können beim Gesprächspartner als Vorwurf ankommen und eine Abwehrhaltung provozieren. Formulieren Sie daher „Ich-Botschaften".

Beispiel

„Ich habe Angst, dass ich wegen der vielen Überstunden meine Prüfung nicht bestehe".
Und nicht: *„Sie sind Schuld, wenn ich meine Prüfung nicht bestehe!"*

Halten Sie am Ende des Gesprächs das Ergebnis schriftlich fest. Kann der Konflikt nicht durch ein persönliches Gespräch gelöst werden, kann man auf die Hilfe Dritter zurückgreifen, um sich professionell beraten und unterstützen zu lassen. Diese Aufgabe fällt in erster Linie den Ausbildungsberatern der „zuständigen Stelle" (z. B. der → IHK) zu. Auszubildende können sich auch an den → Betriebsrat bzw. die → Jugend- und Auszubildendenvertretung (JAV) wenden. Als eine weitere Anlaufstelle für Auszubildende hat sich die Online-Beratungsstelle „Dr. Azubi" des → Deutschen Gewerkschaftsbundes (DGB) einen Namen gemacht. → Schlichtung

www.dgb-jugend.de/ausbildung/online-beratung

Regeln zur Konfliktlösung

1. **Lass' dir Zeit!** => Denkpause, Abstand, Abreagieren, Runterfahren! => Eventuell Gespräche aufschieben, um sich innerlich zu wappnen (z. B.: „Wenn es Ihnen recht ist, würde ich gerne morgen mit Ihnen darüber sprechen.").

2. **Öffne Dich!** => Öffne die Ohren und höre hin! => Sei selbstkritisch! => Versuche, den Gesprächspartner wirklich zu verstehen und frage nach! => „Aktives Zuhören": Signalisiere dem Gesprächspartner verbal (z. B. „hm", „ja", „ok") und/oder nonverbal (z. B. Nicken), dass du zuhörst und „bei der Sache bist".

3. **Sag', wie es dir geht!** => Was ist dein Gefühl? Was ist dein Interesse? Was wünschst du dir? Worum bittest du?

4. **Erfindet Lösungen!** => Gemeinsam nachdenken und Ideen sammeln. => Welche Möglichkeiten gibt es, unsere Interessen zu vereinbaren? => Bereit sein, Kompromisse einzugehen.

5. **Neu entscheiden!** => Neue Situation schaffen! => Vereinbarungen für die Zukunft treffen!

INFO

Streit als Azubi vermeiden

Die Beziehung zum Ausbilder ist oft entscheidend: Sie bestimmt für Jugendliche maßgeblich mit, wie sie ihre Zeit im Betrieb empfinden. Wer schon in den ersten Tagen vorprescht und alles besser weiß, steht mit seinem Ausbilder schnell auf Kriegsfuß. „Oft entstehen Probleme durch einfache Sachen, die die Kommunikation betreffen», sagt Stephanie Ackermann, Ausbildungsberaterin bei der IHK Berlin.

Neben selbstverständlichen Regeln wie Pünktlichkeit, Pausen nicht überziehen oder keine Privatgespräche führen, spiele oft der Ton eine wichtige Rolle. „Viele Azubis sind es nicht gewohnt, Dinge erst einmal aufzunehmen und eigene Erfahrungen zu sammeln, bevor sie Gegenvorschläge machen", erklärt Ackermann. Stattdessen halten sie bei Anweisungen schnell dagegen. „Das heißt natürlich nicht, dass man nicht nachfragen darf oder Ideen nicht einbringen kann." Geschickter ist es aber, sich damit in den ersten Wochen noch etwas zurückzuhalten.

Konflikte lassen sich auch vermeiden, wenn Jugendliche ihren Ausbilder auf dem Laufenden halten: „Er gibt ihnen eine Aufgabe, und diese geben sie wieder zurück", sagt Ackermann. In der Zwischenzeit sei es wichtig, dass Auszubildende Rückmeldungen geben wie „Ich schaffe es nicht rechtzeitig" oder „Ich bin damit fertig".

Dieses Feedback dürfen Jugendliche auch von ihrem Ausbilder einfordern. Wer gerne wissen möchte, wo er mit seinen Leistungen steht, bittet am besten um ein Gespräch. Dies sei auch eine gute Gelegenheit anzusprechen, wenn etwas unklar ist oder man sich geärgert hat: „Lassen Sie die Sachen nicht hochkochen", empfiehlt Ackermann. Haben Azubis das Gefühl, mit ihrem Ausbilder die Sache nicht klären zu können, sollten sie sich an eine andere Stelle wenden. In größeren Betrieben hilft der Betriebsrat weiter, in kleineren der nächsthöhere Vorgesetzte. „Zuerst sollte man aber den Kontakt zum Ausbilder suchen", sagt Ackermann. (dpa/tmn)

Quelle: HNA, 11. 6. 2011.

Kosten

Geldmäßig bewerteter Verzehr von Produktionsfaktoren, der zur betrieblichen Leistungserstellung erforderlich ist. Betriebswirtschaftlich zählen die Kosten der Berufsausbildung zu den → Personalkosten.

Zu den Kosten der Berufsausbildung siehe auch → Ausbildungskosten und → duales System.

Krankenkasse (gesetzliche)

Krankenkassen sind die Träger der gesetzlichen Krankenversicherung (GKV) nach dem → Sozialgesetzbuch (SGB V). Als Körperschaften des öffentlichen Rechts mit Selbstverwaltung sind sie finanziell und organisatorisch selbständig, unterliegen jedoch der staatlichen Aufsicht. Die GKV ist nicht gewinnorientiert. Die Finanzierung erfolgt über die Beiträge ihrer Mitglieder. Die Höhe der Beiträge richtet sich nach den aktuellen Ausgaben. Die Krankenkassen schließen Verträge mit Leistungserbringern, ziehen die Beiträge von den Mitgliedern bzw. Arbeitgebern ein und regeln die Bezahlung der erbrachten Leistungen.

Man unterscheidet folgende Kassenarten:

- ▶ Allgemeine Ortskrankenkassen (AOK)
- ▶ Betriebskrankenkassen (BKK)
- ▶ Innungskrankenkassen (IKK)
- ▶ Landwirtschaftliche Krankenkassen (LKK)
- ▶ Knappschaften
- ▶ Ersatzkassen.

Die Zahl der gesetzlichen Krankenkassen ist in den vergangenen Jahren deutlich zurückgegangen. Mitte der 90er-Jahre existierten in Deutschland weit über 1000 gesetzliche Kassen, mittlerweile (2011) ging die Zahl auf 155 zurück. Da die Kassen aufgrund des demografischen Wandels unter einem enormen finanziellen Druck stehen, wird es in Zukunft wohl verstärkt zu Fusionen kommen. Rund 70 Mio. Menschen sind in der

GKV versichert. Die größte Gruppe (43 %) sind die Pflichtversicherten, 26 % sind als Familienangehörige (Ehepartner, Kinder) beitragsfrei mitversichert.

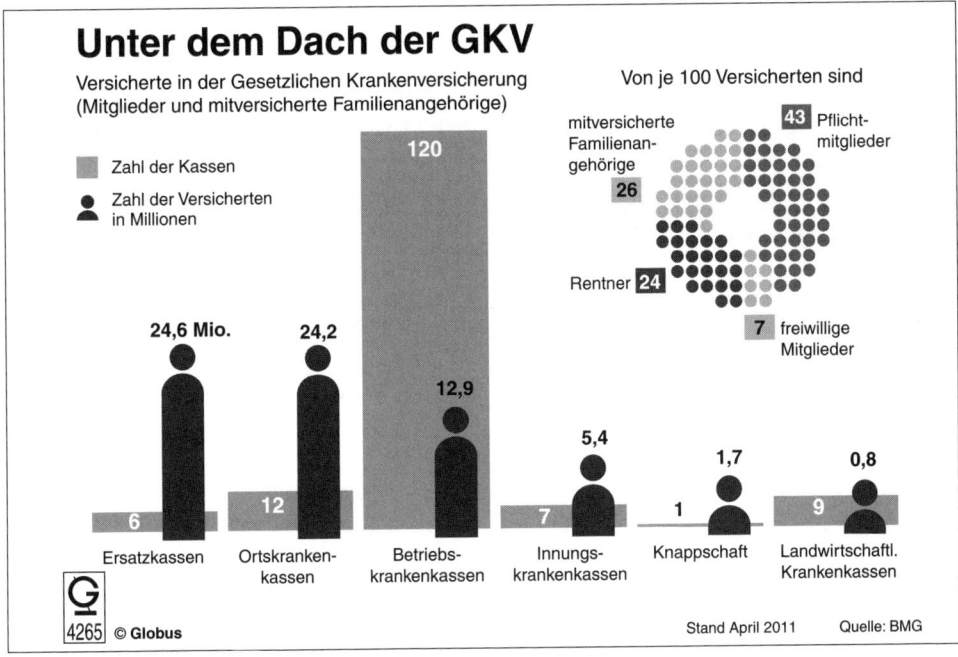

Krankenversicherung (gesetzliche)

Die Gesetzliche Krankenversicherung (GKV) wurde im Jahr 1893 eingeführt und ist somit der älteste Teil der deutschen Sozialversicherung. Die GKV ist eine Pflichtversicherung, in der rund 90 % der Bevölkerung versichert sind. Rechtsgrundlage ist das fünfte Sozialgesetzbuch (SGB V). Die Krankenversicherung hat die Aufgabe, „die Gesundheit der Versicherten zu erhalten, wiederherzustellen oder ihren Gesundheitszustand zu bessern. (...) Die Krankenkassen haben den Versicherten dabei durch Aufklärung, Beratung und Leistungen zu helfen und auf gesunde Lebensverhältnisse hinzuwirken" (§ 1 SGB V).

Versicherungspflichtig sind die in § 5 SGB V genannten Personen. Hierzu zählen u. a.:

► abhängig Beschäftigte (Arbeiter, Angestellte, Auszubildende)
► Bezieher von Arbeitslosengeld I und II
► behinderte Menschen in Einrichtungen
► Studenten
► Praktikanten
► Rentner.

Zu dem versicherten Personenkreis gehören außerdem noch die freiwillig versicherten Personen (§ 9 SGB V) und die Familienversicherten, also Ehegatten, Lebenspartner und die Kinder eines Mitglieds (§ 10 SGB V).

Die GKV umfasst **Leistungen**:

- ► zur Krankheitsverhütung (z. B. Primärprävention, betriebliche Gesundheitsförderung, medizinische Vorsorge)
- ► zur Familienplanung (z. B. Sterilisation, Schwangerschaftsabbruch)
- ► zur Früherkennung von Krankheiten (bei Erwachsenen und Kindern)
- ► zur Krankheit (z. B. ärztliche und zahnärztliche Behandlung, Versorgung mit Arznei-Verband- und Heilmitteln, Rehabilitationsmaßnahmen, Krankengeld)
- ► sonstige (z. B. Zuschuss zum Zahnersatz, Übernahme von Fahrtkosten, Leistungen bei Schwangerschaft und Mutterschutz).

Die Leistungen werden nur auf Antrag erbracht. Bei ärztlicher und zahnärztlicher Behandlung ist die Vorlage der Krankenversicherungskarte ausreichend.

Bestimmte Leistungen können eine Zuzahlung der Versicherten erforderlich machen (z. B. Medikamente, Praxisgebühr).

Träger der GKV sind die gesetzlichen Krankenkassen (§ 4 SGB V), z. B. die

- ► Ortskrankenkassen
- ► Betriebskrankenkassen
- ► Innungskrankenkassen
- ► Ersatzkassen.

Die **Finanzierung** der Leistungen erfolgt durch die Beiträge. Bis zum Jahr 2005 haben die Arbeitgeber und die Arbeitnehmer diese je zur Hälfte getragen. Seither müssen die Arbeitnehmer den Beitrag für Krankengeld und Zahnersatz (0,9 %) alleine tragen. Der Beitragssatz beträgt seit 1. 1. 2011 15,5 %, davon trägt der Arbeitnehmer 8,2 und der Arbeitgeber 7,3 %-Punkte. Seit 1. 1. 2009 existiert ein Gesundheitsfond, in den die Versicherungsbeiträge sowie ein Bundeszuschuss einfließen. Aus diesem Fonds erhalten dann die Krankenkassen Zuweisungen, mit denen die Ausgaben für Gesundheitsleistungen und Verwaltungskosten finanziert werden.

Jeder Versicherte hat das Recht, seine **Krankenkasse** frei zu wählen. Da es bei den Beiträgen keine Unterschiede gibt, ist es empfehlenswert, die Leistungen bzw. den Service der Krankenkassen miteinander zu vergleichen.

Krankheit

Die Definition des Begriffes „Krankheit" ist äußerst schwierig und davon abhängig, in welchem Zusammenhang er benutzt wird: Der Begriff Krankheit kann im medizinischen oder im sozialrechtlichen Sinne verwendet werden. Als Maßstab wird von einem durchschnittlich gesunden Menschen („Normalzustand") ausgegangen. Unter medizinischen Gesichtspunkten kann die Grenze zwischen „gesund" und „krank" fließend sein. Krankheit ist das Gegenteil von Gesundheit und kann verstanden werden als eine Abweichung vom „normalen" physiologischen und/oder psychologischen Zustand, der zu Funktionseinschränkungen führt bzw. die „normale" Funktionsfähigkeit des Menschen einschränkt. Im sozialrechtlichen Sinne wird Krankheit vom Bundessozialgericht definiert als „ein regelwidriger Körper- oder Geisteszustand, der entweder Behandlungsbedürftigkeit oder → Arbeitsunfähigkeit oder beides zur Folge hat."

INFO

Jung, unterfordert, krank

Ein Ergebnis, das Besorgnis auslöst: Dem Gesundheitsreport zufolge sind junge Arbeitnehmer häufiger krank als der Durchschnitt. Was sind die Gründe dafür?

Junge Arbeitnehmer sind öfter krank als der Durchschnitt. Das geht aus dem jährlichen Bericht der Deutschen Angestellten-Krankenkasse (DAK) über den Gesundheitszustand deutscher Angestellter hervor. Auf 100 junge Versicherte kamen im vergangenen Jahr 132 Krankheitsfälle. Bei den Arbeitnehmern insgesamt waren es nur 111. (...)

Nun widmete sich der Bericht erstmals konkret den jungen Arbeitnehmern zwischen 18 und 29. „Über diese Gruppe ist bislang wenig bekannt", sagt Hans-Dieter Nolting, Geschäftsführer des Berliner Iges-Instituts, das den Bericht im Auftrag der DAK erstellte. „Es ist aber eine wichtige Lebensphase, in der es um die Integration in die Arbeitswelt geht und darum, eine eigene Lebensführung zu finden."

Hinter den vielen Krankmeldungen verbergen sich vor allem Atemwegs- und Infektionskrankheiten, die bei den Jungen einen deutlich größeren Anteil als bei den Arbeitnehmern insgesamt ausmachen; ihre Fehlzeiten sind dafür aber auch vergleichsweise kürzer. Wenn es nicht um Husten, Schnupfen und Heiserkeit, sondern um psychische Beschwerden geht, sind die Jungen in etwa gleich stark betroffen wie der Durchschnitt. „Viele junge Arbeitnehmer erwartet ein unstetes Berufsleben in oftmals unsicheren Arbeitsverhältnissen", sagt der DAK-Vorstandsvorsitzende Herbert Rebscher. Diese Unsicherheit könne Auswirkungen auf soziale Beziehungen, aber auch auf die Gesundheit haben. (...) Doch wie belastend wird der Arbeitsalltag wahrgenommen? „Etwas" beziehungsweise „sehr belastend", antworteten 71,4 Prozent. Jeder Dritte fühlt sich obendrein von der Arbeit unterfordert - auch das kann Stress auslösen. Dieser Stress kann krank machen: Wer nicht in seinem Wunschberuf arbeitet (laut Studie sind das rund ein Viertel), ist anfälliger für Krankheiten und wird häufiger krankgeschrieben. „Wenn man eine Tätigkeit als inhaltlich erfüllend und stimulierend empfindet, wirkt das präventiv", sagt Iges-Geschäftsführer Nolting.

Die Studie zeigt zudem, dass die Symptome, die sich zu Krankheiten ausweiten können, zunehmen. So könnten sich Kopfschmerzen, Erschöpfungserscheinungen und andere „stress related symptoms" in Richtung von Depressionen oder körperlicher Krankheiten entwickeln. Vorbeugend könnte nach Einschätzung der Krankenkassen-Experten schon ein Bewusstseinswandel wirken: „Es wäre schon gut, wenn man unsichere Berufsaussichten als Normalität der Zukunftserwartungen in Schule und Ausbildung transportieren könnte", sagt DAK-Chef Rebscher.

Ein anderes Ergebnis der Studie hingegen spricht für das seelische Wohlbefinden junger Arbeitnehmer: Die allermeisten sehen optimistisch den vielen vor ihnen liegenden Berufsjahren entgegen. Den Satz „Meine berufliche Zukunft sieht gut aus", bejahten fast 80 Prozent.

Quelle: *Jakat*, Süddeutsche Zeitung, 15. 2. 2011, gekürzt.

Krankmeldung

→ Arbeitsunfähigkeit

Kultusministerkonferenz (KMK)

Die Ständige Konferenz der Kultusminister der Länder der Bundesrepublik Deutschland (Kurzform: Kultusministerkonferenz [KMK]) ist eine freiwillige Arbeitgemeinschaft der Kultusminister der Länder. Sie wurde 1948 gegründet. Nach Art. 30, 70 ff. GG steht den Bundesländern die Kulturhoheit zu; sie sind in der Ausgestaltung ihres Bildungswesens frei. Der KMK kommt eine Koordinierungsfunktion zwischen den einzelnen Bundesländern zu. Sie behandelt nach ihrer Geschäftsordnung „Angelegenheiten der Bildungspolitik, der Hochschul- und Forschungspolitik sowie der Kulturpolitik von überregionaler Bedeutung mit dem Ziel einer gemeinsamen Meinungs- und Willensbildung und der Vertretung gemeinsamer Anliegen" (KMK). Somit wird ein im Großen und Ganzen einheitliches Bildungswesen gewährleistet.

Zu den Aufgaben der KMK zählen:

▶ die Übereinstimmung oder Vergleichbarkeit von Zeugnissen und Abschlüssen zu vereinbaren

▶ auf die Sicherung von Qualitätsstandards in Schule, Berufsbildung und Hochschule hinzuwirken

▶ die Kooperation von Einrichtungen der Bildung, Wissenschaft und Kultur zu befördern.

Bedingt durch das → duale System, ist die gesetzliche Regelung der betrieblichen Berufsausbildung (z. B. → BBiG, → JArbSchG) Angelegenheit des Bundes, während die Berufsbildung in den Schulen (→ Berufsschule) in die Kompetenz der Länder fällt. Die hier notwendige Abstimmung erfolgt im Zusammenwirken zwischen Bundesregierung und Kultusministerkonferenz.

Zu den **Aufgaben der KMK in der beruflichen Bildung** zählen:

▶ Gegenseitige Information zu Entwicklungen auf dem Gebiet der beruflichen Bildung in den Ländern

▶ Erarbeitung von Rahmenlehrplänen für den berufsbezogenen Unterricht in der Berufsschule und Abstimmung mit den Ausbildungsordnungen

▶ Entwicklung ergänzender Angebote der beruflichen Erstausbildung an Berufsfachschulen, Koordinierung des Angebots sowie bei der Bedarfsfeststellung

▶ Entwicklung von Angeboten der beruflichen Weiterbildung in Abstimmung mit den Fachverbänden der Wirtschaft auf der Ebene der Fachschulen

▶ Entwicklung von Vereinbarungen zur gegenseitigen Anerkennung von Abschlüssen und Berechtigungen zum Hochschulzugang über berufliche Bildungsgänge

▶ Koordinierung berufsbildungspolitischer Initiativen z. B. zum Thema Gleichwertigkeit von allgemeiner und beruflicher Bildung

▶ Sicherung der Ausbildung in Splitterberufen durch Vereinbarung über länderübergreifende Schulstandorte in der Berufsschule

▶ Entwicklung von arbeitsmarktfähigen Zusatzangeboten für Leistungsstärkere, Europaqualifikation, Fremdsprachen

▶ Zusammenarbeit mit den Spitzenverbänden der Arbeitnehmer und Arbeitgeber wie auch mit den einschlägigen Fachverbänden

▶ Vereinbarungen zur Förderung spezieller Personengruppen an beruflichen Schulen (z. B. Behinderte, Lernbeeinträchtigte)

▶ Vereinbarungen zur Lehrerausbildung und zu länderübergreifender Lehrerfortbildung

▶ Mitwirkung im Rahmen der internationalen, europäischen und bilateralen Zusammenarbeit in der beruflichen Bildung.

http://www.kmk.org

Kurzvortrag

In einem Kurzvortrag (bis 15 Minuten) vermittelt der Redner seinem Publikum gezielt Informationen zu einem bestimmten Thema.

Zu den **Arbeitsschritten** gehören:
1. Thema bzw. Problem formulieren
2. Informationsrecherche durchführen (z. B. Internet, Fachbücher, Fachzeitschriften)
3. Material ordnen und auswerten
4. Informationen gliedern
5. Stichwortzettel oder → Mindmap erstellen
6. Kurzvortrag vorbereiten (ausformulieren und üben: Rhetorik, Körpersprache)
7. Kurzvortrag halten (Verständlichkeit, Anschaulichkeit, Lebendigkeit, Blickkontakt).

Der Kurzvortrag besteht aus den **Phasen:**
1. Einleitung (Thema nennen, Gliederung vorstellen, Interesse wecken)
2. Hauptteil (Schwerpunkte zum Thema)
3. Schluss (Zusammenfassung, Konsequenzen, Ausblick).

(Technische) **Hilfsmittel**, die den mündlichen Vortrag unterstützen, sind z. B. Wandtafel, Smart-Bord, Flipchart, Tageslichtprojektor, Powerpoint und Beamer.

Siehe auch → Lehrervortrag.

Kündigung

Die Kündigung (§ 22 BBiG) ist eine einseitige, empfangsbedürftige Willenserklärung einer Vertragspartei (Ausbildender oder Auszubildender) mit dem Ziel, das Ausbildungsverhältnis zu beenden. Eine Kündigung des Ausbildungsverhältnisses ist nur in der → Probezeit problemlos möglich. Danach soll sie zum Schutze der Auszubildenden nur ausnahmsweise möglich sein. Nach der Probezeit ist also nur eine außerordentliche Kündigung aus wichtigem Grund möglich.

Die Schriftform ist grundsätzlich vorgeschrieben (§§ 22 Abs. 3 BBiG und 126 BGB). Eine Kündigung per FAX, E-Mail oder SMS ist nicht zulässig. Existiert ein Betriebsrat bzw. Personalrat, so muss dieser vor Ausspruch der Kündigung gehört werden. Die Kündigung wird wirksam, sobald sie dem Vertragspartner zugegangen ist (§ 130 BGB). Minderjährige sind beschränkt geschäftsfähig und können daher nur mit Einwilligung der gesetzlichen Vertreter kündigen. Eine Kündigung, die gegenüber einem Minderjährigen erklärt wird, ist unwirksam.

Während der Probezeit kann das Ausbildungsverhältnis von beiden Vertragspartnern ohne Angabe von Gründen und ohne Einhalten einer Kündigungsfrist – also jederzeit – gekündigt werden.

Nach der Probezeit ist eine Kündigung nur aus → wichtigem Grund möglich (Ausnahmen: Insolvenz oder Berufswechsel). Das → Bundesarbeitsgericht (BAG) hat entschieden, dass ein wichtiger Grund, der den → Ausbildenden berechtigt, das Berufsausbildungsverhältnis nach der Probezeit zu kündigen, nur dann gegeben ist, wenn Tatsachen vorliegen, aufgrund derer dem Ausbildenden unter Berücksichtigung aller Umstände des Einzelfalls und unter Abwägung der Interessen des Ausbildenden und des Auszubildenden die Fortsetzung des Berufsausbildungsverhältnisses bis zum Ablauf der Ausbildungszeit nicht zugemutet werden kann. An das Vorliegen eines wichtigen Grundes werden umso strengere Anforderungen gestellt, je länger das Ausbildungsverhältnis bereits bestanden hat. Das heißt: Je länger das Ausbildungsverhältnis fortgeschritten ist, desto schwieriger ist eine Kündigung. Kurz vor der Prüfung ist eine Kündigung so gut wie ausgeschlossen.

Bei einer Kündigung aus wichtigem Grund müssen die Gründe im Kündigungsschreiben angegeben werden. Eine Kündigungsfrist muss gem. § 22 Abs. 2 Nr. 1 BBiG nicht eingehalten werden. Wichtig ist jedoch, dass die Kündigung innerhalb von 14 Tagen nach Kenntnisnahme des wichtigen Grundes ausgesprochen wird.

Praxisfälle: Kündigung aus wichtigem Grund

Folgende ausgewählte Beispiele rechtfertigen eine Kündigung durch den Ausbilden-den:

► Grobe Beleidigung

► ausländerfeindliche, rassistische und nationalsozialistische Äußerungen

► Diebstahl

► Straftat gegen das Betäubungsmittelgesetz (z. B. Konsum von Alkohol und Dro-gen) im Betrieb

► unentschuldigtes Fehlen in der Berufsschule („Schwänzen")

► unerlaubte Nutzung von Arbeits- und Betriebsmitteln (z. B. private Internetnut-zung)

► Verstoß gegen Ausbildungszeiten

► beharrliche Weigerung, die Berufsschularbeiten zu erledigen.

Folgende ausgewählte Beispiele rechtfertigen eine Kündigung durch den Auszubil-denden:

► Verstoß gegen das Jugendarbeitsschutzgesetz

► Körperverletzung

► systematisch schlechte Behandlung

► fehlende Berechtigung zur Ausbildung

► Ausbildungsvergütung wird nicht gezahlt

► der Ausbildende verweigert dem Auzubi die Teilnahme an einem von der Innung vorgeschriebenen Fortbildungskurs.

(Vgl. *Wohlgemut* u. a.: Berufsbildungsgesetz. Kommentar für die Praxis, 3. Auf. Bund Verlag 2006, S. 272 ff.)

In einigen Fällen ist eine Kündigung aufgrund gesetzlicher Vorschriften nicht möglich bzw. stark eingeschränkt:

► Für **schwangere Auszubildende** besteht ein Kündigungsverbot schon während der Probezeit und gilt bis vier Monate nach der Entbindung (§ 9 MuSchG).

► Während der **Elternzeit** (früher Erziehungsurlaub) besteht ein Kündigungsverbot (§ 18 BErzGG).

► **Schwerbehinderten Auszubildenden** kann nur dann gekündigt werden, wenn zuvor das Integrationsamt zugestimmt hat (§§ 85 und 91 SGB).

► **Mitgliedern des Betriebsrats bzw. der Jugend- und Auszubildendenvertretung** kann nur gekündigt werden, wenn der Betriebsrat zustimmt. Eine Kündigung ist im Regel-fall ausgeschlossen (§ 15 KSchG).

Ladenschwengel

Veralteter, abwertender Begriff für einen kaufmännischen → Lehrling. → Stift

Lebenslanges Lernen

Bezeichnung für notwendige (insbesondere berufsbezogene) Lernprozesse, die der Verbesserung von Wissen, → Qualifikationen und → Kompetenzen dienen und die über die gesamte Lebenszeit eines Menschen hinweg erfolgen.

Die Ursachen für die Notwendigkeit einer lebenslangen Weiterbildung sind z. B. ein rapider technologischer Fortschritt und der demografische Wandel. Lebenslanges Lernen ermöglicht Arbeiternehmern einen erreichten beruflichen Status zu erhalten und beugt einem → Fachkräftemangel vor.

Lehrplan

(auch: Rahmenplan, Rahmenlehrplan, Rahmenrichtlinien) Eine vom → Kultusministerium erlassene Verwaltungsvorschrift oder Rechtsverordnung, die der pädagogischen Arbeit in Schule und Unterricht einen verbindlichen Rahmen gibt. Der Lehrplan ist auf bestimmte Schularten, Schulstufen, Lernbereiche und/oder Schulfächer bezogen. Der Lehrplan für den → Berufschulunterricht ist nach → Lernfeldern geordnet. Er enthält Aussagen über Ziele, Themen, Inhalte und Vorschläge zur Umsetzung des Unterrichts. Lehrer haben aufgrund ihrer pädagogischen Freiheit das Recht, den Unterricht in der konkreten Situation eigenverantwortlich zu gestalten.

www.bildungsserver.de/zeigen.html?seite=487
www.kmk.org/bildung-schule/berufliche-bildung/rahmenlehrplaene-zu-ausbildungsberufen-nach-bbighwo/liste.html

Lehre

Veralteter Begriff für → Ausbildung.

Lehrervortrag

Der Lehrervortrag ist eine relativ kurze, mündliche Erklärung eines fachwissenschaftlichen Begriffs, Sachverhalts oder Zusammenhangs und ist – obwohl häufig als „veraltet" und „lehrerzentriert" verschrien – eine geeignete Methode, um Informationen in konzentrierter und gut strukturierter Form an die Schüler weiterzugeben. Er eignet sich besonders für die Einführung in ein Thema, die Problempräzisierung und die Zusammenfassung. Wie jede Unterrichtsmethode, so hat auch der Lehrervortrag Vor- und Nachteile (s. u.). → Kurzvortrag

Vor- und Nachteile des Lehrervortrags	
Vorteile	Nachteile
► Konzentrierte und strukturierte Form der Informationsvermittlung	► Lehrerzentriert
► Informationen können gut strukturiert bzw. auch problematisierend präsentiert werden	► Inhaltlicher Absolutheitsanspruch
	► Hohe Konzentrationsfähigkeit der Schüler erforderlich
► Sicherstellung, dass Sachverhalte richtig dargestellt werden	► Geringe Aktivität der Schüler
	► Intensive Vorbereitung erforderlich
► Zusammenhänge und Probleme können verdeutlicht und vertieft werden	

Wie sollte ein guter Lehrervortrag sein?

► übersichtliche Gliederung; Anfang und Ende sollten klar erkennbar sein

► angemessene Länge („Der Lehrer kann über alles reden, nur nicht über zehn Minuten!")

► ansprechend, lebendig, humorvoll

► freies Sprechen

► Beispiele bringen

► deutliche Sprache

► wenige Fremdwörter (ggf. erklären)

► ggf. visuelle Unterstützung (Tafel, Smart-Bord, Beamer, OHP)

Lehrgeld

Seit dem Mittelalter wurde der → Lehrling in die häusliche Gemeinschaft des → Lehrherrn aufgenommen und musste Lehrgeld bezahlen. „Später bezahlte der Lehrherr Kostgeld, wenn er den Lehrling in dessen Familie belässt." (Handwörterbuch des Kaufmanns, Bd. III, Hanseatische Verlagsanstalt 1927, S. 676.) Heute haben Auszubildende gem. § 17 BBiG Anspruch auf eine angemessene → Ausbildungsvergütung.

Lehrherr

Veralteter Begriff für → Ausbildender.

„Lehrjahre sind keine Herrenjahre!"

Sprichwort, das besagt, dass jemand, der sich noch in der → Lehre (Ausbildung) befindet, in seinen Ansprüchen bescheiden sein müsse.

Lehrling

Veralteter Begriff für → Auszubildender, der jedoch in der Handwerksordnung (HWO) noch verwendet wird (§ 21 HWO). In der DDR war er die offizielle Bezeichnung.

Lehrvertrag

Veralteter Begriff für → Ausbildungsvertrag.

Lernfelder

Die → Kultusministerkonferenz (KMK) definiert Lernfelder als „didaktisch aufbereitete → Handlungsfelder" (KMK 1999). Der Lernfeldansatz ist ein Mitte der 1990er Jahre entstandenes didaktisches Konzept für den Berufsschulunterricht, das seit 1996 durch Lehrpläne verbindlich umgesetzt wird. Ziel des Lernfeldansatzes ist „die verbesserte Umsetzung von schulisch erworbenem Wissen in die Praxis der Lernenden. Es geht also um den Transfer von Wissen in Handeln" (*Sloane*).

Die Strukturierung des berufsbezogenen Unterrichts erfolgt nicht mehr in den traditionellen Fächern, sondern in Form von Lernfeldern. Sie werden aus Handlungsfeldern (Tätigkeitsfeldern) abgeleitet und handlungsorientiert gestaltet. In der Unterrichtsarbeit werden Lernfelder in Form von Lernsituationen („komplexe Lehr-Lernarrangements" [*Sloane*]) präzisiert.

Es erfolgt also eine Abkehr von einem eher fachsystematisch strukturierten Vorgehen hin zu einer Prozessorientierung, die sich an den betrieblichen Tätigkeitsabläufen (Geschäftsprozessen) orientiert (s. Abb. nächste Seite). Lernfeldorientierte Lehrpläne sind dementsprechend fächerübergreifend gestaltet. Je nach Ausbildungsberuf bestehen die Lehrpläne aus 12-15 Lernfeldern. → Curriculum, → Didaktik, → Handlungsfelder

www.kmk.org/fileadmin/veroeffentlichungen_beschluesse/2007/2007_09_01-Handreich-Rlpl-Berufsschule.pdf
www.gew.de/Binaries/Binary4062/Lernfeldkonzept.pdf

Vom Fach zum Lernfeld
– Das Lernfeldkonzept in der Berufsschule

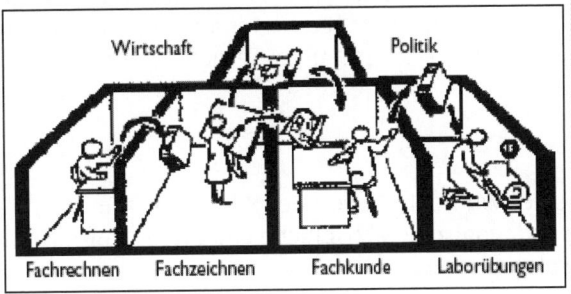

Berufsschulunterricht orientiert am Funktions- und Fachprinzip

Berufsschulunterricht orientiert am Produktions- und Geschäftsprozess

Quelle: *Marwede* (KM-SH) 1998.
In: GEW: Das Lernfeldkonzept an der Berufsschule, S. 6

	Fach 1	Fach 2	Fach 3	...	...	Fach n
Lernfeld 1						
Lernfeld 2						
Lernfeld 3						
.						
.						
.						
Lernfeld n						

Verbindlichkeit der Fachsystematik

Verbindlichkeit der Lernfelder

Quelle: *Sloane*: Lernfelder und Unterrichtsgestaltung, S. 82.

Lernkompetenz

Wird von der → Kultusministerkonferenz (KMK) definiert als „die Bereitschaft und Befähigung, Informationen über Sachverhalte und Zusammenhänge selbständig und gemeinsam mit Anderen zu verstehen, auszuwerten und in gedankliche Strukturen einzuordnen. Zur Lernkompetenz gehört insbesondere auch die Fähigkeit und Bereitschaft, im Beruf und über den Berufsbereich hinaus Lerntechniken und Lernstrategien zu entwickeln und diese für → lebenslanges Lernen zu nutzen" (KMK 2007).

Lernorte

Der Begriff „Lernorte" wurde 1974 von der Bildungskommission des Deutschen Bildungsrates in die pädagogische Fachsprache eingeführt. Lernorte sind Einrichtungen, die Lernangebote organisieren.

Zu den Lernorten innerhalb des → dualen Systems zählen
1) Betriebe der Wirtschaft und Einrichtungen des öffentlichen Dienstes und der freien Berufe,
2) berufsbildende Schulen (→ Berufsschulen),
3) sonstige Berufsbildungseinrichtungen (i. d. R. private Träger, wie z. B. Umschulungswerkstätten und Berufsförderungswerke).

Die Lernorte sind in räumlicher und rechtlicher Hinsicht selbständig und unterscheiden sich zudem in ihrer jeweiligen pädagogischen bzw. didaktischen Funktion. Sie sind aufgefordert, bei der → Berufsausbildung zum Zwecke der Qualitätsverbesserung und Effizienzsteigerung zu kooperieren (§ 2 BBiG).

Lernortkooperation

Die in § 2 Abs. 2 BBiG geforderte Lernortkooperation bezieht sich insbesondere auf die Kooperation zwischen den ausbildenden Betrieben und den zuständigen →Berufsschulen.

Sie bezieht sich darüber hinaus aber auch auf die Zusammenarbeit verschiedener (in- und ausländischer) → Betriebe oder Bildungseinrichtungen.

Die Kooperation kann z. B. erfolgen in Form von:

► Information, Erfahrungsaustausch,
► Organisatorische und inhaltliche Abstimmungen,
► Gemeinsame Entwicklung und Umsetzung von Lehr-/Lernarrangements.

Siehe auch die Kooperationsmöglichkeiten i. S. einer → Verbundausbildung und →Auslandsaufenthalt.

Lernpflicht

Die Lernpflicht ist die Hauptpflicht der Auszubildenden. Sie „haben sich zu bemühen, die berufliche Handlungsfähigkeit zu erwerben, die zum Erreichen des Ausbildungsziels erforderlich ist" (§ 13 Satz 1 BBiG) und „aktiv und interessiert auf das Ausbildungsziel hinzuarbeiten" (Rechtsprechung des BAG).

Die Lernpflicht umfasst

► den Besuch der Berufsschule,

► die Ablegung der Zwischen- und Abschlussprüfung (falls sie für diese angemeldet und freigestellt wurden),

► die Teilnahme an Ausbildungsmaßnahmen außerhalb der Ausbildungsstätte (§ 13 Satz 2 Nr. 2 BBiG).

Lohnabrechnung

→ Entgeltabrechnung

Lohnnebenkosten

(auch Lohnzusatzkosten, Personalnebenkosten, Personalzusatzkosten) Kosten, die dem Arbeitgeber zusätzlich zum ausgezahlten Leistungsentgelt entstehen. Sie können sich aufgrund gesetzlicher, tariflicher oder freiwilliger Bestimmungen ergeben:

► Arbeitgeberanteil zur Sozialversicherung

► Beiträge zur Berufsgenossenschaft

► Aufwand nach Schwerbehinderten-, Mutterschutz-, Betriebsverfassungsgesetz

► Bezahlte Abwesenheit (Urlaub, Feiertage, Krankheit)

► Freiwillige Leistungen (Weiterbildung, Altersvorsorge, soziale Leistungen und Einrichtungen).

Komponenten der Lohnkosten		Elemente der Lohnkostenkomponenten	Lohnkosten-charakter	Einkommens-wirksamkeit
Lohn-kosten	Weitere Lohnkosten	Gesetzliche, tarifliche und außertarifliche Aufwendungen z. B.: ► Arbeitgeberanteil zur gesetzlichen Sozialversicherung ► Betriebliche Vermögensbildung ► Betriebliche Altersversorgung	Lohnzusatz-kosten	nicht bzw. nur mittelbar ein-kommenswirk-sam
	Sonstige Entgeltanteile	Tarifliche und außertarifliche Sonder-zahlungen, z. B.: ► Weihnachts- und Urlaubsgeld ► Verpflegungszuschüsse ► Familienunterstützungen		unmittelbar einkommens-wirksam
		Tarifliche und gesetzliche Zahlungen für nicht geleistete Arbeit z. B.: ► Lohnfortzahlung im Krankheitsfall ► Lohnfortzahlung im Urlaub ► Zusatzurlaub aufgrund des Schwer-behinderten-Gesetzes		
		Tarifliche und außertarifliche Zusatz-entgelte für geleistete Arbeit z. B.: ► Schicht- und Nachtarbeitszuschläge ► Überstundenzuschläge ► Arbeitsmarkt- bzw. konjunkturbe-dingte Lohnbestandteile	Direktlohn für gleistete Arbeit	
	Leistungsabhängiger Entgeltanteil	Prämien und Umsatzprovisionen		
		Akkordüberverdienste		
		Außertarifliche Zulagen aus persön-licher Bewertung		
		Tarifliche Zulagen aus persönlicher Be-wertung		
	Anforderungsab-hängiger Entgeltanteil (Arbeitslohn)	Außertarifliche Grundlohnanteile lt. Arbeitsvertrag		
		Tarifliche Grundentgelte		

Zusammensetzung und Systematisierung der betrieblichen Lohnkosten
(Quelle: Vahlens Großes Wirtschaftslexikon, Bd. 1, S. 259.)

Lohnsteuer (LSt)

Eine besondere Form der Einkommensteuer auf Einkünfte aus nicht selbständiger Arbeit (Löhne, Gehälter, Ausbildungsvergütungen). Rechtsgrundlagen sind insbesondere

► das Einkommensteuergesetz (EStG)
► die Lohnsteuerdurchführungsverordnung
► die Lohnsteuerrichtlinien

Der LSt unterliegt der gesamte Arbeitslohn sowie geldwerte Vorteile und Sachbezüge. Zwar ist der Arbeitnehmer der Schuldner der Steuer, jedoch haftet der Arbeitgeber für die Einbehaltung. Er behält daher die Steuer bei jeder Lohnzahlung ein und führt sie an das Finanzamt ab.

Die Höhe der Steuerbelastung ist abhängt von:

► Lohnhöhe
► Familienstand
► Anzahl der Kinder
► persönlichen Umständen.

Die Höhe der Lohnsteuer wird anhand von Lohnsteuertabellen ermittelt, in denen für die einzelnen Lohnzahlungen die jeweiligen Lohnsteuerbeträge ausgewiesen werden. Die Lohnsteuerpflichtigen werden entsprechend den individuellen Verhältnissen in Steuerklassen (I bis VI) eingeteilt (siehe Tabelle), die auf der Lohnsteuerkarte eingetragen ist. Dabei werden bereits Freibeträge und Pauschalen berücksichtigt. Ferner kann der Arbeitnehmer Werbungskosten (Aufwendungen, die mit den Einnahmen im Zusammenhang stehen) abziehen. Diese Aufwendungen muss er durch Belege nachweisen.

Die Lohnsteuerklasse	
Steuer-klassen	Einstufung der Arbeitnehmer nach § 38b EStG (stark vereinfacht)
I	► Ledige, Verwitwete, Geschiedene. ► Ehepartner, die dauernd getrennt leben.
II	► Personen der Steuerklasse I mit mindestens einem Kind (Alleinerziehende).
III	► Verheiratete, wenn nur ein Ehegatte Arbeitslohn bezieht. ► Wenn beide Ehegatten Arbeitslohn beziehen, aber einer auf gemeinsamen Antrag die Steuerklasse V gewählt hat.
IV	► Verheiratete, die beide Arbeitslohn beziehen.
V	► Personen der Steuerklasse IV, wenn ein Ehegatte auf gemeinsamen Antrag die Steuerklasse III gewählt hat.
VI	► Personen, die von zwei oder mehreren Arbeitgebern Arbeitslohn beziehen. Die Steuerklasse gilt dann für die zweite und jede weitere Lohnsteuerkarte.

Auszubildende werden in den meisten Fällen wohl in die Steuerklasse I eingeordnet. Liegt die Ausbildungsvergütung unter 896,99 € (brutto) wird keine Lohnsteuer fällig. Es müssen dann auch keine → Kirchensteuer und kein → Solidaritätszuschlag gezahlt werden. Die Sozialversicherungsbeiträge müssen auch von Auszubildenden gezahlt werden.

MERKE

„Faustregel" für Azubis: Nach Abzügen beträgt die Nettoausbildungsvergütung rund 80 % der Bruttovergütung. Also einfach 1/5 vom Brutto abziehen!

 INFO

Auszubildende brauchen keine Lohnsteuerkarte für 2011 - Vereinfachungsregel bei erstmaligem Ausbildungsbeginn

Für alle, die im Jahr 2011 erstmalig eine Ausbildung beginnen, ledig sind und keine Kinder haben, gibt es eine Vereinfachungsregelung im Hinblick auf die erstmalig benötigte Lohnsteuerkarte. Danach reicht es aus, wenn die Auszubildenden ihrem Arbeitgeber schriftlich bestätigen, dass es sich um ihr erstes Dienstverhältnis handelt und gleichzeitig die elfstellige Identifikationsnummer (ID-Nummer), das Geburtsdatum und die Religionszugehörigkeit mitteilen. Der Arbeitgeber kann dann die Steuerklasse I unterstellen und die entsprechend berechnete Lohnsteuer an das Finanzamt abführen. Die Erklärung des Auszubildenden dient als Beleg.

Der Auszubildende erspart sich dadurch den Weg zum Finanzamt, das ihm ansonsten eine sogenannte Ersatzbescheinigung ausstellen würde. Auszubildende, die verheiratet sind bzw. Kinder haben, müssen beim Finanzamt eine Ersatzbescheinigung beantragen und diese ihrem Arbeitgeber vorlegen.

Die Regelung ist ein Schritt auf dem Weg zur elektronischen Lohnsteuerkarte. Dadurch wird die bisherige Lohnsteuerkarte aus Papier, die letztmalig für das Jahr 2010 hergestellt wurde, durch ein elektronisches Verfahren ersetzt. Ab dem Jahr 2012 werden dann die Informationen - Steuerklasse, Kinder, Freibeträge und Religionszugehörigkeit -, die der Arbeitgeber zur Berechnung der Lohnsteuer benötigt, in einer Datenbank der Finanzverwaltung hinterlegt und dem Arbeitgeber elektronisch bereitgestellt.

Quelle: Oberfinanzdirektion Koblenz.

Mehrarbeit

(auch: Überstunden) Beschäftigung, die über die vereinbarte regelmäßige tägliche Ausbildungszeit hinausgeht. Grundsätzlich ist der Auszubildende nicht verpflichtet Mehrarbeit zu leisten.

Sie muss besonders vergütet oder mit Freizeit ausgeglichen werden (§ 17 Abs. 3 BBiG). Die Höchstarbeitszeiten für → Jugendliche nach dem → JArbSchG und für volljährige Auszubildende nach dem ArbZG dürfen nicht überschritten werden. Mehrarbeit soll die Ausnahme bleiben und nur angeordnet werden, wenn sie unumgänglich ist und dem Ausbildungszweck dient. → Fachfremde Tätigkeiten, die nicht dem → Ausbildungszweck dienen, sind nicht erlaubt. Leisten Auszubildende Mehrarbeit, muss eine Ausbildungsperson anwesend sein und auch tatsächlich ausgebildet werden. Da für den Auszubildenden keine Verpflichtung zur Leistung von Mehrarbeit besteht, kann er auch nicht abgemahnt oder gekündigt werden, wenn er diese verweigert.

Nach dem DGB-Ausbildungsreport 2010 liegt der Anteil der Auszubildenden, die regelmäßig Überstunden leisten müssen, bei 40,2 %. Im Hotel- und Gaststättengewerbe liegt der Anteil sogar bei rund zwei Drittel. DGB-Vizechefin Ingrid Sehrbrock kommentiert das Ergebnis so: „In manchen Branchen muss man eher von Ausbeutung als von Ausbildung sprechen." (Frankfurter Rundschau, 2. 9. 2010).

Siehe auch den Zeitungsbericht „Ausbeutung statt Ausbildung" unter dem Stichwort → Konflikte in der Ausbildung.

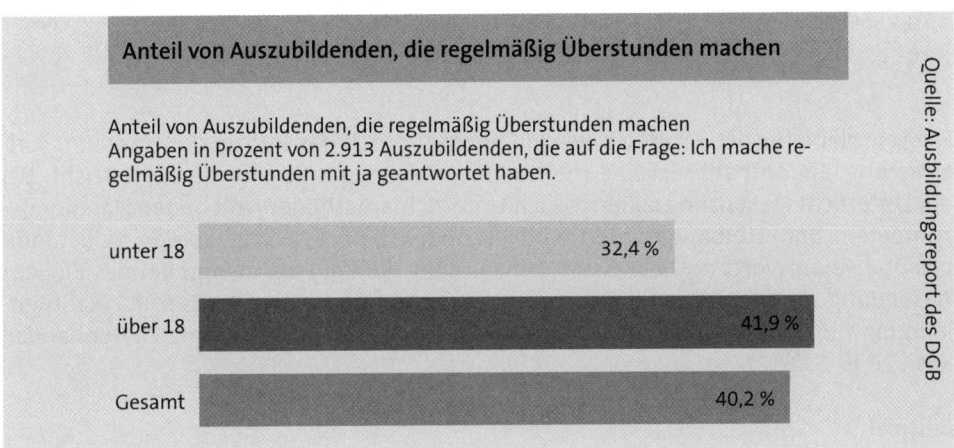

(Quelle: Welt Online, 1. 9. 2010.)

Methoden

(griech. *methodos* = Vorgehen, Verfahren) Die im Berufsschulunterricht angewendeten Methoden sind mehr als „bloßes Mittel" zur Vermittlung und Strukturierung eines Lerngegenstandes. Unterrichtsmethoden in der beruflichen Bildung sind Formen und Verfahren zur Organisation und Gestaltung von Lernsituationen, in denen Schüler (Auszubildende) Potenziale entfalten, sich Techniken aneignen und Kompetenzen entwickeln können, die zur Handlungskompetenz führen.

Methoden, Kompetenzen und Inhalte stehen in einem engen Zusammenhang; zwischen ihnen besteht eine Wechselwirkung. Daher muss sorgfältig geprüft werden, ob eine bestimmte Methode den Inhalten und Kompetenzen angemessen ist. Die Inhalte sind im Wesentlichen durch die entsprechenden Lehrpläne und Ausbildungsordnungen vorgegeben. Jedoch liegt es im Entscheidungsbereich des Lehrers (Ausbilders), wie er Lernsituationen gestaltet und den Schülern (Auszubildenden) der Kompetenzerwerb ermöglicht wird.

Inhalt oder Methode?

Es wird immer noch kontrovers diskutiert, ob im Unterricht der Inhalt oder die Methode Priorität haben sollte. Für die Unterrichtspraxis kann man pointiert festhalten:

„Im guten Unterricht geht es nie um Methode oder Inhalt, sondern um Methode und Inhalt oder – besser noch – um inhaltliches Lernen durch Aneignung von methodischer Kompetenz. (...) Methoden haben die Aufgabe, die Schüler zu aktiven Lernern zu machen" *(Mattes)*.

Die Lehrpläne für die Berufsschule sind geprägt durch das Prinzip der Handlungsorientierung. Sie enthalten „keine methodischen Festlegungen für den Unterricht. Bei der Unterrichtsgestaltung sollen jedoch Unterrichtsmethoden, mit denen Handlungskompetenz unmittelbar gefördert wird, besonders berücksichtigt werden. Selbständiges und verantwortungsbewusstes Denken und Handeln als übergreifendes Ziel der Ausbildung muss Teil des didaktisch-methodischen Gesamtkonzepts sein" (Rahmenlehrplan für den Ausbildungsberuf Kaufmann/Kauffrau im Groß- und Außenhandel, KMK 2006, S. 2).

Beispiel

Beispiele für handlungsorientierten Methoden

Projekt, Fallstudie, Rollenspiel, Brainstorming, Mindmapping, Erkundung, Befragung, Experiment, Stationenlernen.

Methodenkompetenz

Wird von der Kultusministerkonferenz (KMK) definiert als „die Bereitschaft und Befähigung zu zielgerichtetem, planmäßigem Vorgehen bei der Bearbeitung von Aufgaben und Problemen, z. B. bei der Planung der Arbeitsschritte" (KMK 2007). → Methoden

Minderjährige

→ Natürliche Personen, die die Volljährigkeit – also die Vollendung des 18. Lebensjahres – noch nicht erreicht haben. Sie unterstehen der elterlichen Sorge und unterliegen gewissen gesetzlichen Schutzregelungen. Kinder bis zur Vollendung des 7. Lebensjahres sind geschäftsunfähig; deren Willenserklärungen sind nichtig (→ Nichtigkeit). Minderjährige ab dem 7. bis zur Vollendung des 18. Lebensjahres sind beschränkt geschäftsfähig. Für den Abschluss von Rechtsgeschäften (Verträgen) müssen die → gesetzlichen Vertreter ihre Einwilligung erteilen. Schließt ein beschränkt Geschäftsfähiger einen Vertrag ohne die Zustimmung seines gesetzlichen Vertreters ab, so ist der Vertrag zunächst schwebend wirksam/unwirksam, d. h. die Wirksamkeit des Vertrages ist von der (nachträglichen) Genehmigung des gesetzlichen Vertreters abhängig. Eine Kündigung, die einem Minderjährigen gegenüber erklärt wird, ist unwirksam. Sie wird erst wirksam, wenn sie dem gesetzlichen Vertreter zugegangen ist. Im Arbeitsrecht fallen minderjährige Arbeitnehmer, Auszubildende und Praktikanten unter den Schutz des → Jugendarbeitsschutzgesetzes (JArbSchG). → Jugendliche

Mindmapping

Der Begriff „Mindmap" kann übersetzt werden mit „Gedächtniskarte" oder „Gedankenkarte" und bezeichnet eine kreative Schreibtechnik, die der Visualisierung von Gedanken dient. Ein bestimmtes Thema oder Problem wird in das Zentrum eines Blattes oder Plakates geschrieben (oder auch gezeichnet). Von diesem zentralen Punkt ausgehend werden weitere Gedanken oder Assoziationen in Form von Abzweigungen hinzugefügt, die immer weiter fortgeführt werden können (s. Abb.). Dieser Prozess des vernetzten Denkens – also das Mindmapping – vollzieht sich unlogisch und kreativ, was das schnelle Entstehen von neuen Ideen fördert.

Ein Mindmap kann bspw. eingesetzt werden

► zur Vorbereitung auf eine Prüfung oder einen Vortrag
► als Ideensammlung
► zur Strukturierung eines Textes
► als Gesprächsnotiz.

Ein Mindmap dient vorwiegend demjenigen, der es geschrieben/gezeichnet hat. Für Leser kann es unverständlich sein, da die Darstellung individuell, kreativ erfolgt ist. Es existiert eine Vielzahl von Computerprogrammen zur Erstellung von Mindmaps.

 **TIPP**

Auf dieser Internetseite wird in einem 12-minütigen Video erklärt, wie ein Mind-map erstellt werden kann: **www.creaffective.de/methoden/mind-mapping/ ueberblick/**

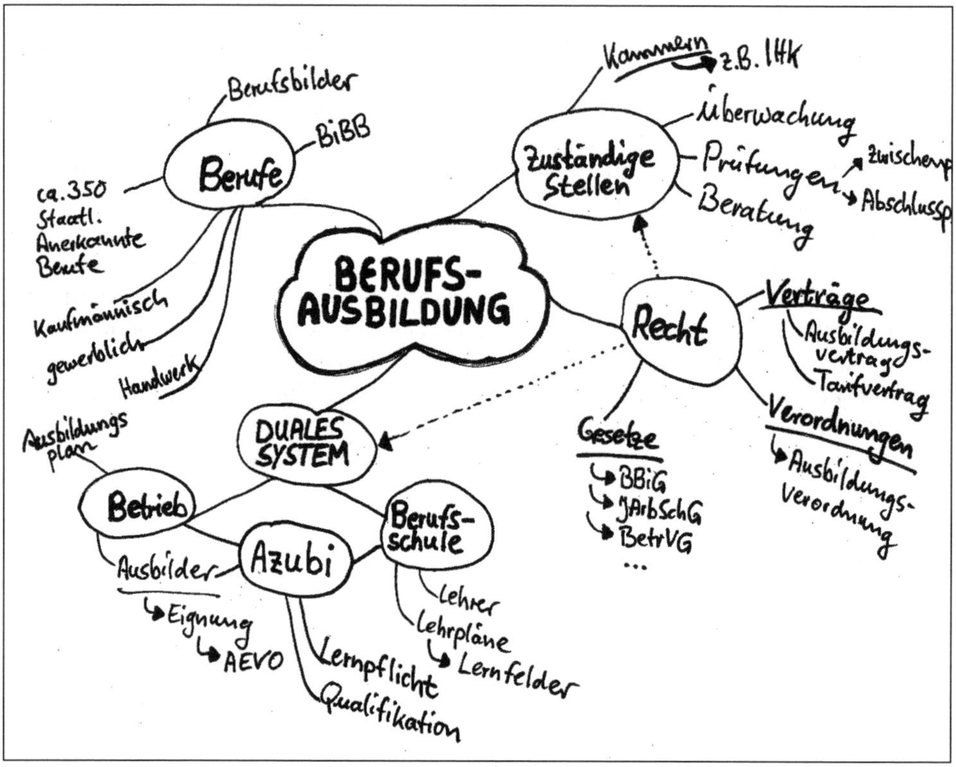

Berufsbilder

BiBB

Berufe

ca. 350 Staatl. Anerkannte Berufe

Kaufmännisch

gewerblich

Handwerk

Kammern → z.B. IHK

Überwachung

Zuständige Stellen

Prüfungen → Zwischenp → Abschlussp

Beratung

BERUFS-AUSBILDUNG

Recht

Verträge
↘ Ausbildungs-vertrag
↘ Tarifvertrag

Verordnungen
↳ Ausbildungs-Verordnung

Gesetze
↘ BBiG
↘ JArbSchG
↘ BetrVG
...

Ausbildungs-plan

DUALES SYSTEM

Betrieb

Ausbilder
↳ Eignung
↳ AEVO

Azubi

Berufs-schule

Lehrer
Lehrpläne
↳ Lernfelder

Lernpflicht

Qualifikation

Mindmap zum Thema „Berufsausbildung" (eigene Darstellung)

www.zmija.de/mindmap.htm

www.zeitzuleben.de/2405-ein-mind-map-erstellen-schritt-fur-schritt/

www.lernen-heute.de/mind_mapping.html

Mitbestimmung

Die Mitbestimmung der → Arbeitnehmer und → Auszubildenden in den → Betrieben erfolgt durch den → Betriebsrat bzw. die → Jugend- und Auszubildendenvertretung auf der Grundlage des → Betriebsverfassungsgesetzes (BetrVG). In den öffentlichen Verwaltungen und Betrieben erfolgt die Mitbestimmung durch die → Personalräte bzw. die JAV auf der Grundlage des Personalvertretungsgesetzes. → Interessenvertre-tung

Mobbing

Der Begriff „Mobbing" fand in den 1990er Jahren Eingang in den deutschen Sprachgebrauch und auch in die Betriebswirtschaftslehre und geht zurück auf den Betriebswirt und Psychologen Heinz Leymann, der dieses Phänomen als erster wissenschaftlich erforschte und wie folgt definiert:

„Der Begriff Mobbing beschreibt negative kommunikative Handlungen, die gegen eine Person gerichtet sind (von einer oder mehreren anderen) und die sehr oft und über einen längeren Zeitraum hinaus vorkommen und damit die Beziehungen zwischen Täter und Opfer kennzeichnen." (*Leymann*)

Zu den „negativen kommunikativen Handlungen" zählt Leymann 45 Handlungen, die er in folgende Mobbing-Kategorien unterteilt:
1. Angriffe auf die Mitteilungsmöglichkeiten
2. Angriffe auf die sozialen Beziehungen
3. Angriffe auf das soziale Ansehen
4. Angriffe auf die Qualität der Berufs- und Lebenssituation
5. Angriffe auf die Gesundheit.

Die gemobbte Person nimmt im Laufe der Zeit eine unterlegene Position ein, was es ihr schwer macht, sich zu wehren. Der Mobbingprozess dauert über einen längeren Zeitraum (meist mehrere Monate) hinweg an. Dies ist auch ein entscheidendes Kriterium; einmalige Belästigungen oder Beleidigungen sind kein Mobbing. Die Gründe für Mobbing sind vielfältig (z. B. Neid, Wettbewerb, „Außenseiterphänomen"). Mit zunehmender Eskalation wird die Schlichtung des → Konflikts immer schwieriger, am Ende ist die Trennung von Opfer und Täter oft unvermeidlich.

In Deutschland liegt die Zahl der Mobbingopfer bei über einer Millionen Menschen. Die Behandlungskosten werden jährlich auf 500 Mio. € geschätzt (*Jung*).

INFO

Ärger am Arbeitsplatz - So wehren Sie sich richtig gegen Mobbing

(...) Jedes Gesprächsthema, egal wie nüchtern es auf den Tisch kommt, ist von den Gefühlen der Sprechenden durchdrungen. Während man selbst glaubt, völlig sachlich miteinander zu kommunizieren, toben im Hintergrund Unsicherheiten, Eitelkeiten, Imponiergehabe und Trotz. „Wer einen verbal angreift und dabei unter die Gürtellinie schlägt, will nicht siegen, sondern besiegen. Man muss auf der gleichen Ebene kontern, um zu zeigen: Mit mir kannst du das nicht machen", meint Beyer. Nicht nur für das Wohlbefinden, auch für das berufliche Weiterkommen sei es wichtig, dass man sich nicht abbügeln oder über den Mund fahren lässt. Schließlich geht es darum, das eigene Gesicht und auch die Position in der Öffentlichkeit zu bewahren. Einigen Zeitgenossen wurde die seltene Gabe der Schlagfertigkeit in die Wiege gelegt, der Rest der Menschheit ärgert sich tage- und wochenlang über Verbalattacken.

Doch Schlagfertigkeit lässt sich, wie Kommunikationsexperten versichern, durchaus trainieren. Eine Strategie mit der man wenig falsch machen kann, ist das Kontern mit einer Rückfrage. Die Frage: „Welcher Dummkopf hat Ihnen diesen Floh ins Ohr gesetzt?" beinhaltet beispielsweise einen persönlichen Angriff. In einer solchen Situation sollte man nicht versuchen, sich zu rechtfertigen oder zu erklären. Auch nachzufragen, was dem anderen an der eigenen Idee nicht gefallen hat, ist nicht zielführend. Als mögliche Abwehr schlägt Meike Müller, Karrierecoach und Autorin, in ihrem Buch „Lizenz zum Kontern" die Gegenfrage „Welchen Floh meinen Sie?" vor. Auf diesem Weg setzt man den anderen unter Rechtfertigungsdruck und kann hoffen, dass Worte und Argumente schnell ausgehen. (...)

Im Umgang mit notorischen Querulanten rät Günther Beyer, noch härter zurückzuschlagen und dem anderen unmissverständlich zu erklären: „Das ist Ihr Problem!" In solchen Fällen geht es darum, Zähne zu zeigen. Meike Müller nennt deshalb die schärfste aller Retourkutschen Haifisch-Konter und räumt ein, dass sie die letzte Möglichkeit zum verbalen Schlagabtausch sein sollte. Sagt ein notorischer Bremser: „Ich habe das Gefühl, dass die Zeit noch nicht reif dafür ist", könnte man antworten: „Vielleicht ist es an der Zeit, mal ihre eigene Gefühle zu überprüfen."

Die Königsdisziplin in Sachen Schlagfertigkeit ist zweifellos die „Humor-Taktik". Rhetoriktrainer führen zu diesem Thema gerne Winston Churchill an. „Wenn ich Ihre Frau wäre, würde ich Ihnen Gift in den Kaffee schütten", sagte während einer Abendgesellschaft Lady Astor zu ihm. „Wenn ich Ihr Mann wäre, würde ich ihn trinken", antwortete Churchill. Gut gegeben!

(...) Und noch eine Sache ist wichtig, wenn es darum geht, anderen verbal Einhalt zu gebieten: Ein frecher Spruch allein reicht nicht, die Körperhaltung muss dazu passen. Ansonsten entlarvt man nur seine eigene Unsicherheit und macht sich selbst erst recht zur tragischen Figur. Tabu sind alle Gesten, die Unsicherheit oder Nervosität bekunden, wie unsicheres Kratzen am Kopf und ein hilfloses Rudern mit den Armen.

Egal wie man sich präsentiert: Der Schlagfertige riskiert eine Menge. Er kann daneben hauen, sich blamieren und unangenehm auffallen. „Wer zu scharf zurück schießt, läuft Gefahr, dass sich die anderen Anwesenden auf die Seite des Angreifers schlagen", sagt Günther Beyer. „Egal welche Strategie man anwendet, es gibt immer die Möglichkeit soft oder hart zu reagieren. Wenn man es mit Kunden oder mit einem Vorgesetzten zu tun hat, dann empfiehlt sich, in jedem Fall die softe Variante."

Quelle: *Schiekiera*, Die Welt, 28. 4. 2008 (gekürzt).

---

www.mobbing-zentrale.de
www.bw.dgb.de/rat_hilfe/wer/beratung/mobbing_telefon/
www.bmas.de/portal/1956/property=pdf/mobbing__merkblatt.pdf
www.lgl.bayern.de/arbeitsschutz/arbeitspsychologie/doc/mobbing_arbeitsplatz.pdf

Modularisierung

(Modul = (lat.) Bauelement; Einheit, die aus mehreren Elementen zusammengesetzt ist) Aufgrund aktueller Entwicklungen und Probleme (z. B. mangelnde → Ausbildungsreife, Kostendruck der Unternehmen, internationale Anerkennung von Berufsabschlüssen, hoher Bedarf an speziell ausgebildetem Fachpersonal) wird eine Umstrukturierung und Anpassung des Ausbildungssystems in naher Zukunft als erforderlich angesehen. Ein Modell zur Neuordnung der Berufsausbildung, das insbesondere von Unternehmen favorisiert wird, ist die Modularisierung: Hierunter versteht man einen „Grundbaustein" (z. B. eine 2jährige Erstausbildung, in der Grundlagen vermittelt werden), auf den dann in einer „Spezialisierungsphase" einzelne Bausteine, also Kurse, aufgebaut werden. Die Unternehmen sehen hierin einen „Königsweg", da sie flexibler auf Markterfordernisse reagieren könnten, wenn sie ihre Mitarbeiter „passgenau" zu Kursen schickten, die auf betriebliche Erfordernisse abgestimmt sind. Allerdings ist bei einem solchen System kritisch zu hinterfragen, ob bzw. inwiefern sich dies negativ auf die Qualität der Ausbildung auswirkt. Denn betriebliche und arbeitsplatzorientierte Qualifikationsinteressen der einzelnen Unternehmen stünden offensichtlich im Mittelpunkt. Es besteht die Gefahr, dass die Auszubildenden eine breit gefächerte und qualitativ hochwertige Ausbildung aufgeben würden und zu „Angelernten" degradiert werden. Gewerkschaften warnen zudem davor, dass eine Modularisierung die Lehrzeit verlängern und das Niveau verschlechtern werde.

Multiple-Choice-Aufgaben

(deutsch: Mehrfachwahl-Aufgaben). Dieser Aufgabentyp, der in schriftlichen Prüfungsverfahren (z. B. IHK-Prüfungen, Führerscheinprüfungen) verwendet wird, ist an eine vorgegebene Antwort gebunden. Daher zählen Multiple-Choice-Aufgaben zu den sog. „gebundenen" bzw. „programmierten → Aufgabentypen". Der Prüfling muss aus mehreren Antwortmöglichkeiten i. d. R. eine richtige Antwort identifizieren.

Die Vorteile sind eine hohe Objektivität sowie eine schnelle und ökonomische Durchführbarkeit. Nachteile dieses Prüfungsverfahrens sind, dass der Prüfling keine Kreativität einbringen kann und keine Zusammenhänge zwischen verschiedenen Wissensgebieten hergestellt werden.

Mutterschutz

Der Mutterschutz „entspricht dem Verfassungsgebot des Art. 6 Abs. 4 GG, wonach jede Mutter Anspruch auf den Schutz und die Fürsorge der Gesellschaft hat" (*Linnenkohl*).

Als besonderer Bereich des (Frauen-)Arbeitsschutzes wird er geregelt durch

► das → Mutterschutzgesetz (MuSchG) vom 24. 1. 1952 und
► die Verordnung zum Schutz der Mütter am Arbeitsplatz (MuschArbV) vom 15. 4. 1997.

Mutterschutzgesetz (MuSchG)

Das MuSchG bietet schwangeren Frauen und stillenden Müttern arbeitsrechtlichen Schutz, insbesondere durch

1. Gesundheitsschutz
2. Entgeltschutz
3. Arbeitsplatzschutz.

1. Der **Gesundheitsschutz** wird durch individuelle und generelle Beschäftigungsverbote und Schutzmaßnahmen sichergestellt (§§ 2 bis 4 MuSchG).

▶ Die **individuellen Beschäftigungsverbote** berücksichtigen die persönliche Situation und Befindlichkeit der Frau im Einzelfall. Sie erfolgen auf Grundlage eines ärztlichen Zeugnisses oder einer behördlichen Anordnung.

▶ Die **generellen Beschäftigungsverbote** beruhen auf allgemeinem Erfahrungswissen und beziehen sich auf Arbeiten, die generell für Schwangere gesundheitsgefährdend sind. Die Arbeitsbedingungen müssen an den Zustand der Arbeitnehmerin angepasst werden. Bestimmte Tätigkeiten sind – unabhängig vom individuellen Zustand der Schwangeren – verboten. Hierzu zählen

- schwere körperliche Tätigkeiten
- die Arbeit mit Gefahrenstoffen (Chemikalien, Gift)
- Akkordarbeit
- Mehrarbeit
- Nachtarbeit.

Ferner sind **Schutzfristen** einzuhalten: Ab sechs Wochen vor der Entbindung bis acht Wochen nach der Entbindung darf die Frau nicht beschäftigt werden. Bei Frühgeburt oder Mehrlingsgeburt verlängert sich diese Schutzfrist auf zwölf Wochen nach der Geburt.

2. Der **Entgeltschutz** soll die Frau während der Dauer der Beschäftigungsverbote vor finanziellen Nachteilen und Geldnöten schützen und verhindern, dass die Frau gesundheitsgefährdende Arbeiten übernimmt. Der Entgeltschutz wird realisiert durch

▶ den **Mutterschutzlohn**: Während eines Beschäftigungsverbots muss der Frau mindestens der Durchschnittsverdienst der letzten drei Monate vor Schwangerschaftsbeginn gezahlt werden, d. h. die Frau ist finanziell so zu stellen, wie sie ohne Schwangerschaft und Mutterschaft stehen würde.

▶ das **Mutterschaftsgeld**: Es wird von den gesetzlichen Krankenkassen während der Schutzfristen gezahlt. Die Höhe richtet sich nach dem Arbeitsentgelt der letzten drei Monate vor Beginn der Schutzfrist. Es beträgt höchstens 13 € für den Kalendertag. Der Arbeitgeber ist verpflichtet, die Differenz zum durchschnittlichen Nettolohn aufzustocken. Bei diesem Zuschuss handelt es sich um einen lohnähnlichen arbeitsrechtlichen Anspruch der Frau.

3. Der **Arbeitsplatzschutz** wird sichergestellt durch einen umfangreichen Kündigungsschutz. Während der Schwangerschaft und bis zum Ablauf von vier Monaten nach der

Entbindung besteht ein Kündigungsverbot des Arbeitgebers. Eine Kündigung ist nur in besonderen Fällen und ausnahmsweise zulässig. Dazu muss der Arbeitgeber bei der für den Arbeitsschutz zuständigen obersten Behörde einen Antrag stellen.

Damit die Schutzmaßnahmen auch erfolgen können, sollen werdende Mütter dem Arbeitgeber ihre Schwangerschaft und den mutmaßlichen Tag der Entbindung mitteilen, sobald ihnen ihr Zustand bekannt ist (§ 5 MuSchG). Da das Ausbildungsverhältnis ein befristetes Verhältnis ist, wird es weder durch die Schutzfristen noch durch die Beschäftigungsverbote verlängert. Die Auszubildende kann aber die Verlängerung der Ausbildungszeit bei der zuständigen Stelle beantragen.

www.dgb-jugend.de/neue_downloads/data/schwanger.pdf

Natürliche Person

In der juristischen Fachsprache der Mensch. Als Rechtssubjekt ist er Träger von Rechten und Pflichten. Mit Vollendung der Geburt erlangt der Mensch seine Rechtsfähigkeit (§ 1 BGB); sie endet mit dem Tod. → Juristische Person

Nichtigkeit

(Synonym: Unwirksamkeit) Weist ein Rechtsgeschäft (= Vertrag) so starke Mängel auf, dass das Gesetz diesem keine Rechtswirkung zubilligt, liegt Nichtigkeit vor. Das bedeutet, dass der Vertrag (unabhängig vom Willen der Vertragspartner) von Anfang an unwirksam ist. Die Nichtigkeit ist der stärkste Grad der Unwirksamkeit eines Vertrages. Gründe für eine Nichtigkeit können bspw. sein: Gesetzesverstoß (§ 134 BGB), Sittenwidrigkeit (§ 138 BGB) oder Formverstoß (§ 125 BGB). Ist nur ein Teil eines Rechtsgeschäfts nichtig, so ist das ganze Rechtsgeschäft nichtig, wenn nicht anzunehmen ist, dass es auch ohne den nichtigen Teil vorgenommen worden wäre (§ 139 BGB). In der Regel führt Teilnichtigkeit also zu einer Totalnichtigkeit.

Zum Schutz von Auszubildenden sieht § 12 BBiG vor, dass bestimmte Vereinbarungen in Ausbildungsverträgen, die für die Auszubildenden von Nachteil sind, nichtig sind. Werden sie trotzdem vereinbart, sind sie gem. § 25 BBiG unwirksam. Die Besonderheit der Nichtigkeit im Ausbildungsvertrag liegt darin, dass der Ausbildungsvertrag als solches rechtskräftig bleibt. Es kommt also nur zu einer Teilnichtigkeit, die nicht zu einer Totalnichtigkeit des Ausbildungsvertrages führt.

Welche Vereinbarungen in Ausbildungsverträgen sind unwirksam?

Der § 12 BBiG ist eine **Schutzvorschrift zugunsten der Auszubildenden**. Folgende Vereinbarungen in Ausbildungsverträgen sind nichtig:

▶ Beschränkungen der Berufsfreiheit bzw. Berufstätigkeit des Auszubildenden (Bleibeverpflichtungen, Weiterarbeits- oder Übernahmeklauseln, Kündigungsbeschränkungen). Die Nichtigkeitsfolge gilt nicht, wenn sich Auszubildende innerhalb der letzten 6 Monate dazu verpflichten, beim Auszubildenden ein Arbeitsverhältnis einzugehen.

▶ Finanziell belastende Vereinbarungen (Entschädigungszahlungen, Rückzahlungsvereinbarungen, Umgehungsgeschäfte) gegen den Auszubildenden

▶ Vertragsstrafen gegen den Auszubildenden

▶ Ausschluss oder Beschränkung von Schadensersatzansprüchen gegen den Ausbildenden.

Noten

Eine (Schul- bzw. Prüfungs-)Note ist eine Leistungsbeurteilung, die in Form eines Adjektivs bzw. einer entsprechenden Ziffer ausgedrückt wird. Der Begriff → Zensur wird synonym verwendet.

Note	Notendefinition gem. KMK-Beschluss
sehr gut = 1	Die Note „sehr gut" soll erteilt werden, wenn die Leistung den Anforderungen in besonderem Maße entspricht.
gut = 2	Die Note „gut" soll erteilt werden, wenn die Leistung den Anforderungen voll entspricht.
befriedigend = 3	Die Note „befriedigend" soll ereilt werden, wenn die Leistung im allgemeinen den Anforderungen entspricht.
ausreichend = 4	Die Note „ausreichend" soll erteilt werden, wenn die Leistung zwar Mängel aufweist, aber im Ganzen den Anforderungen noch entspricht.
mangelhaft = 5	Die Note „mangelhaft" soll erteilt werden, wenn die Leistung den Anforderungen nicht entspricht, jedoch erkennen lässt, dass die notwendigen Grundkenntnisse vorhanden sind und die Mängel in absehbarer Zeit behoben werden können.
ungenügend = 6	Die Note „ungenügend" soll erteilt werden, wenn die Leistung den Forderungen nicht entspricht und selbst die Grundkenntnisse so lückenhaft sind, dass die Mängel in absehbarer Zeit nicht behoben werden könnten.

In der Berufsausbildung verwenden die Kammern (z. B. die IHK) zur Bewertung der Prüfungsleistungen eine einheitliche 100-Punkte-Skala. Sie ist von den Prüfungsausschüssen verbindlich anzuwenden:

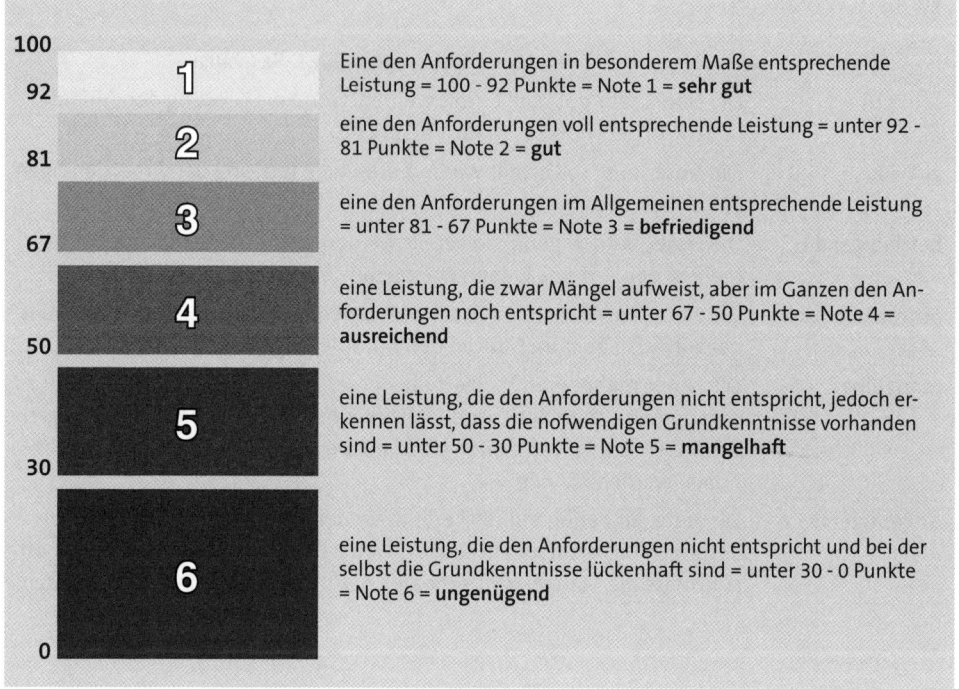

100-Punkte-Bewertungsskala
(Quelle: *IHK* [Hrsg.]: Handbuch Prüfungen, 7. Aufl. 2009, S. 155.)

In der Regel wird dieser Notenschlüssel auch in der → Berufsschule zur Bewertung von Klassenarbeiten im berufsbezogenen Bereich verwendet.

Eine Tabelle mit einer detaillierten **Noten- und Punkteskala des DIHK** findet sich im **Anhang**.

Öffentlich finanzierte Berufsausbildung

→ Außerbetriebliche Ausbildung

Ordnung der Berufsausbildung

Um das Ausbildungsziel erreichen zu können, ist es nötig, dass den Auszubildenden alle Kenntnisse und Fertigkeiten vermittelt werden, die erforderlich sind, damit sie später einmal in ihrem Beruf qualifiziert tätig sein können. Daher schreibt das BBiG in § 4 BBiG vor, dass „nur nach der Ausbildungsordnung ausgebildet werden" darf. Sie bildet die Grundlage für eine „geordnete und einheitliche Berufsausbildung". In § 5 BBiG werden die Punkte genannt, die in einer **Ausbildungsordnung** festgelegt werden müssen. In der Ausbildungsordnung enthalten ist ein **Ausbildungsrahmenplan**. Der Ausbildungsbetrieb passt diesen Rahmenplan seinen betrieblichen und individuellen Gegebenheiten an und erstellt einen **Ausbildungsplan**, der den sachlichen Aufbau (Inhalte) als auch die zeitliche Folge der Ausbildung ausweisen muss. Die Abbildung zeigt, wie die rechtlichen Regelungen konkretisiert werden.

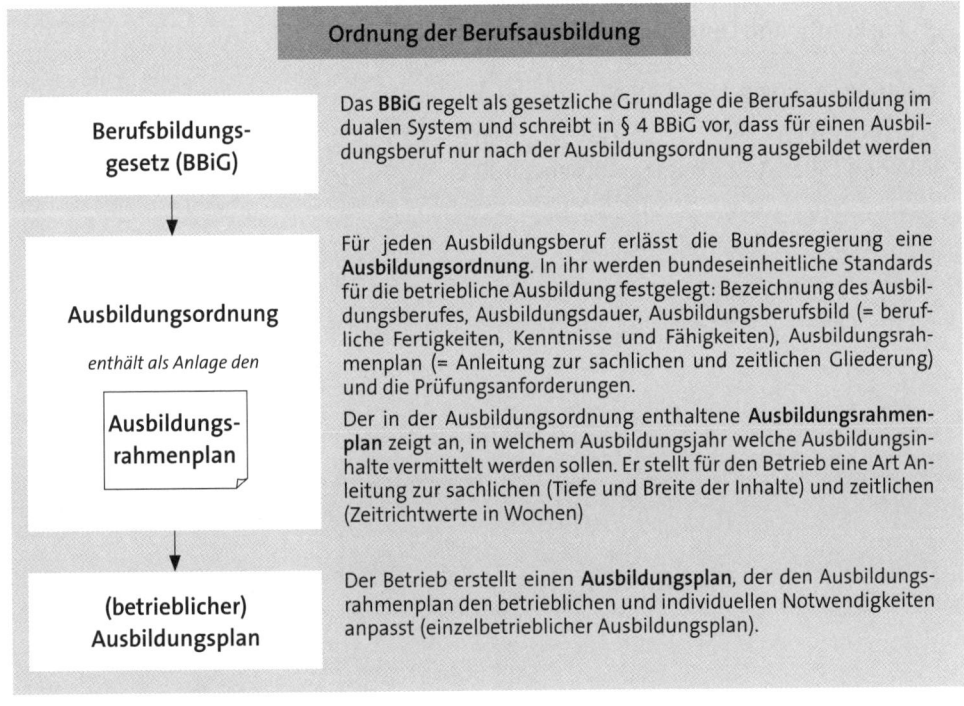

(Quelle: eigene Darstellung)

Ordnungswidrigkeit

Eine rechtswidrige und vorwerfbare Handlung, die gegen die Regelungen eines Gesetzes verstößt und welches die Ahndung mit einer Geldbuße zulässt. Die normale Band-

breite des Bußgeldes liegt in Deutschland zwischen 5 und 1.000 €. Ob eine Ordnungswidrigkeit verfolgt wird, liegt im Ermessen der Behörde.

Das Berufsbildungsgesetz nennt in § 102 (Bußgeldvorschriften) konkrete Ordnungswidrigkeiten, die mit einer Geldbuße von bis zu 1.000 bzw. 5.000 € geahndet werden.

Ordnungswidrigkeiten in der Berufsausbildung (§ 102 Abs. 1 BBiG)

Ordnungswidrig handelt, wer gegen folgende Vorschriften verstößt:

1. **Vertragsinhalt** (§ 11 Abs. 1 Satz 1 BBiG)

2. **Aushändigung der Vertragsniederschrift** (§ 11 Abs. 3, auch i. V. m. Abs. 4 BBiG)

3. **Verrichtungen, die nicht dem Ausbildungszweck dienen** (§ 14 Abs. 2 BBiG)

4. **Freistellung von Auszubildenden** (§ 15 Satz 1, auch i. V. m. Satz 2 BBiG)

5. **Eignung von Ausbildenden und Ausbildern** (§ 28 Abs. 1 oder 2 BBiG)

6. **Untersagung des Einstellens und Ausbildens** (§ 33 Abs. 1 oder 2 BBiG)

7. **Antrag auf Eintragung in das Verzeichnis** (§ 36 Abs. 1 Satz 1 oder 2, auch i. V. m. Satz 3 BBiG)

8. **Auskünfte und Unterlagen** (§ 76 Abs. 2 BBiG)

Geldbußen (§ 102 Abs. 2 BBiG)

► In den Fällen 3.- 6.   = bis zu 5.000 €
► In den Fällen 1.-2., 7.-8.   = bis zu 1.000 €

Pausen

Die Ruhepausen betragen gem. § 4 Arbeitszeitgesetz (ArbZG) bei einer → Arbeitszeit von mehr als sechs Stunden 30 Minuten und bei einer Arbeitszeit von mehr als neun Stunden 45 Minuten. Die Pausen müssen eine Dauer von mindesten 15 Minuten haben; d. h. eine Aufteilung in zwei bzw. drei 15-minütige Pausen ist möglich.

Die zeitliche Lage der Pausen ist nicht vorgeschrieben; der → Betriebsrat hat hier ein Mitbestimmungsrecht (§ 87 Abs. 1 Nr. 2 BetrVG).

MERKE

Beachten Sie, dass

▶ zwei bzw. drei viertelstündige Pausen erholsamer sind als eine lange Pause
▶ gegen Ende der Arbeitszeit das Bedürfnis nach Erholung ansteigt.

Personalbeurteilung

→ Beurteilungsgespräch

Personalkosten

Alle → Kosten, die unmittelbar und mittelbar durch den Einsatz des Produktionsfaktors Arbeit entstanden sind. Hierzu zählen Löhne und Gehälter, gesetzliche und freiwillige Sozialkosten und sonstige Personalkosten. Zu den Kosten der Berufsausbildung siehe → Ausbildungskosten.

Personalrat

Mitbestimmungsorgan in den öffentlichen Betrieben und Einrichtungen (Verwaltungen), die dem öffentlichen Recht unterliegen. Gesetzliche Grundlage ist das jeweilige Personalvertretungsgesetz. Es gibt ein Personalvertretungsgesetz des Bundes (BPersVG) sowie die Personalvertretungsgesetze der Länder. Da das Personalvertretungsrecht Teil des öffentlichen Rechts ist, gehören Streitigkeiten vor das Verwaltungsgericht und nicht vor das Arbeitsgericht.

Im Vergleich zur betrieblichen Mitbestimmung nach dem BetrVG ist das Mitbestimmungsrecht nach den PersVG zum Teil erheblich eingeschränkt, was darauf zurückzuführen ist, dass die Belange des öffentlichen Dienstes und die Interessen der Allgemeinheit zu berücksichtigen sind.

Der Personalrat hat – ähnlich wie der → Betriebsrat – abgestufte Rechte (§§ 66 bis 82 BPersVG). Zu unterscheiden sind Mitwirkungsrechte (§§ 72, 78, 79, 81 BPersVG) und Mitbestimmungsrechte (§§ 69, 71, 75, 77 BPersVG).

Pflegeversicherung (PV)

Die im Jahre 1995 eingeführte (gesetzliche) PV ist die fünfte Säule und zugleich der jüngste eigenständige Bereich der → Sozialversicherung, in der knapp 90 % der Bevölkerung gegen das finanzielle Risiko der Pflegebedürftigkeit versichert sind. Die PV wird insbesondere im Elften Buch Sozialgesetzbuch (SGB XI) geregelt.

Mit der PV wird bezweckt,

► den Einzelnen im Falle einer Pflegebedürftigkeit besser zu schützen und aus der Sozialhilfe herauszuführen

► die Allgemeinheit vor finanziellen Belastungen zu schützen.

Die **Träger** der PV sind die Pflegekassen, die bei jeder → (gesetzlichen) Krankenkasse (GKV) errichtet sind. Da Versicherungspflicht nach dem Prinzip „Pflegeversicherung folgt Krankenversicherung" besteht, sind also alle Mitglieder der gesetzlichen Krankenkassen i. d. R. in der PV versichert, die der GKV angegliedert ist. Siehe versicherungspflichtige Personen der → gesetzlichen Krankenkasse.

Die **Leistungen** der PV erhalten nur die Versicherten, die **pflegebedürftig** sind. Nach § 14 SGB XI sind dies „Personen, die wegen einer körperlichen, geistigen oder seelischen Krankheit oder Behinderung für die gewöhnlichen und regelmäßig wiederkehrenden Verrichtungen im Ablauf des täglichen Lebens auf Dauer, voraussichtlich für mindestens sechs Monate, in erheblichem oder höherem Maße (§ 15 SGB XI) der Hilfe bedürfen."

Die Höhe der Leistungen bemisst sich nach dem Grad der Pflegebedürftigkeit, d. h. es kommt darauf an, welcher Pflegestufe der Betroffene zugeordnet ist.

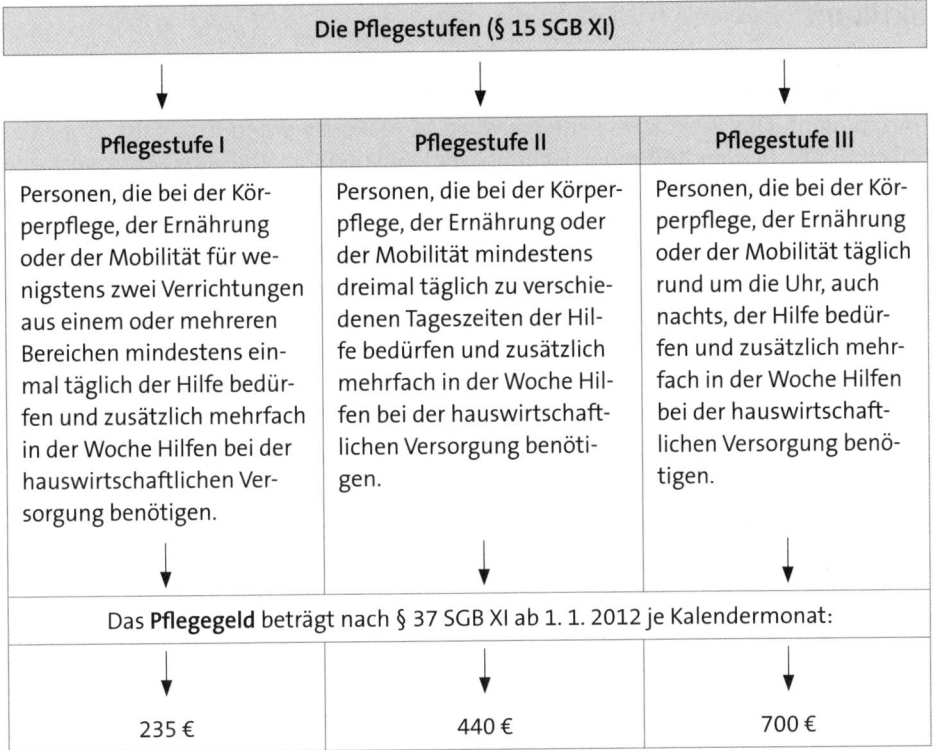

Die Pflegestufen (§ 15 SGB XI)		
Pflegestufe I	**Pflegestufe II**	**Pflegestufe III**
Personen, die bei der Körperpflege, der Ernährung oder der Mobilität für wenigstens zwei Verrichtungen aus einem oder mehreren Bereichen mindestens einmal täglich der Hilfe bedürfen und zusätzlich mehrfach in der Woche Hilfen bei der hauswirtschaftlichen Versorgung benötigen.	Personen, die bei der Körperpflege, der Ernährung oder der Mobilität mindestens dreimal täglich zu verschiedenen Tageszeiten der Hilfe bedürfen und zusätzlich mehrfach in der Woche Hilfen bei der hauswirtschaftlichen Versorgung benötigen.	Personen, die bei der Körperpflege, der Ernährung oder der Mobilität täglich rund um die Uhr, auch nachts, der Hilfe bedürfen und zusätzlich mehrfach in der Woche Hilfen bei der hauswirtschaftlichen Versorgung benötigen.
Das **Pflegegeld** beträgt nach § 37 SGB XI ab 1. 1. 2012 je Kalendermonat:		
235 €	440 €	700 €

Die **Finanzierung** der PV erfolgt im Umlageverfahren durch Beiträge. Der Beitragssatz ist auf 1,95 % des Bruttoeinkommens festgelegt. Die Beiträge tragen Arbeitnehmer und Arbeitgeber je zur Hälfte, also jeweils 0,975 %. Kinderlose Versicherte ab dem 23. Lebensjahr zahlen 0,25 % höhere Beiträge. Ein kinderloser Arbeitnehmer bzw. Auszubildender trägt also einen Anteil von 1,225 % (1,95 : 2 + 0,25).

In Sachsen gilt eine abweichende Regelung: dort zahlen die Arbeitnehmer 1,475 % des Beitrages und den Rest (0,475 %) der Arbeitgeber.

Pflichten

Ausbildende und Auszubildende haben → Rechte und Pflichten, die sich aus dem Berufsbildungsgesetz (§§ 13 ff. BBiG) und aus dem Ausbildungsvertrag ergeben.

Praktikant

Eine Person, die sich für eine vorübergehende Dauer einer zweckbestimmten Tätigkeit und Ausbildung unterzieht, um praktische Kenntnisse und Erfahrungen im Rahmen einer Gesamtausbildung (z. B. Studium, Fachoberschule) zu erwerben. Praktikanten sind keine → Arbeitnehmer. → Praktikum

Praktikum

Ein Praktikum ist eine zeitlich begrenzte praktische Tätigkeit in einem Unternehmen, einer Institution oder einer Organisation, die dem Erwerb oder der Festigung von Kompetenzen dient. Das Praktikum kann freiwillig absolviert werden; i. d. R. ist es jedoch verpflichtender Bestandteil einer (schulischen) Ausbildung. Die Praktikumsverträge können unterschiedlich ausgestaltet sein. Werden Schüler im Rahmen eines Berufspraktikums (z. B. einjähriges Praktikum zum Erwerb der Fachhochschulreife) tätig, kommen weder ein Arbeits- noch ein Ausbildungsverhältnis zustande.

www.praktikant24.de/

Probezeit

Die Probezeit beginnt mit dem Tag, der als Ausbildungsbeginn vertraglich vereinbart worden ist. Das → Berufsbildungsgesetz (BBiG) gibt einen gesetzlichen Rahmen von „mindestens einen" bis „höchstens vier Monate" vor (§ 20 BBiG). Innerhalb dieses Rahmens kann jede beliebige Dauer vereinbart werden. Die Dauer kann in Tagen, Wochen, Monaten oder ein durch Kalenderdatum angegeben werden. Wird im Ausbildungsvertrag eine Probezeit vereinbart, die von der gesetzlichen Regelung des § 20 BBiG abweicht, ist diese Vereinbarung nichtig (§ 25 BBiG). Wird z. B eine sechsmonatige Probezeit vereinbart, tritt an deren Stelle eine viermonatige Probezeit. Eine der Ausbildung vorgeschaltete selbständige Probezeit ist nicht zulässig. In der Probezeit hat der → Auszubildende die Möglichkeit, zu prüfen, ob er die richtige Berufswahl getroffen hat. Der → Ausbildende prüft in dieser Phase, ob der Auszubildende für den Beruf geeignet ist. Während der Probezeit kann das Ausbildungsverhältnis jederzeit von beiden Vertragspartnern ohne Angabe von Gründen schriftlich gekündigt (→ Kündigung) werden (§ 22 BBiG). Es ist zu empfehlen, dass am Ende der Probezeit ein → Beurteilungsgespräch zwischen Auszubildenden und Ausbildenden geführt wird.

Auszug aus den Hinweisen der IHK zur Probezeit

Daran müssen Sie als Ausbilder denken:

► Beurteilen Sie auch das **Lern- und Sozialverhalten** des jungen Menschen, nicht nur das Leistungsverhalten.

► Bewerten Sie beim **Lernverhalten** die **Mitarbeit** bei den Unterweisungen und Lehrgesprächen sowie das **Anwenden** des Gelernten in der betrieblichen Praxis.

► Beim **Sozialverhalten** bewerten Sie die Einstellung und das Verhalten gegenüber den anderen Auszubildenden, den Ausbildern und den sonstigen Mitarbeitern.

► Betrauen Sie den Auszubildenden während der Probezeit nur mit **Tätigkeiten**, die später in seinem Beruf bedeutsam sind.

▶ Stellen Sie möglichst viele unterschiedliche **Aufgaben** aus verschiedenen Bereichen, damit Sie Ihr Urteil auf eine breite Basis stützen. Monotone Routinearbeiten und Nebentätigkeiten erlauben kein auch nur halbwegs sicheres Urteil über die berufliche Eignung.

▶ Beobachten Sie die **Arbeitsweise und das Arbeitsverhalten**, aber machen Sie daraus keine „geheime Kommandosache" Sprechen Sie mit dem Auszubildenden nicht nur über die Notwendigkeit der Beurteilung und über die Berufskriterien, sondern auch über das Ergebnis der Beurteilung.

▶ Stellen Sie von vornherein klar, dass während der Probezeit eine Beurteilung (→ Beurteilungsgespräch) des Auszubildenden stattfindet. Legen Sie die Kriterien dar. Weisen Sie darauf hin, dass ein Beurteilungsgespräch, ggf. auch mehrere stattfinden und auch ein Gespräch mit den Eltern geführt werden soll. Die frühe Klarstellung verhindert die Befürchtung, das Gespräch finde nur statt, weil man negativ beurteilt werde.

▶ Einmalige „**Ausrutscher**" sollten bei der Bewertung in der Probezeit nicht ins Gewicht fallen.

▶ Informieren Sie sich über die **Leistungen in der Berufsschule**, suchen Sie in Zweifelsfällen auch ein Gespräch mit dem Berufsschullehrer.

(…)

Entscheidungskriterien

▶ Objektiv festgestellte **Leistungsfähigkeit** des Auszubildenden.

▶ **Arbeitscharakter**, der durch ständige Beobachtung offenbart wird.

▶ **Entwicklungsfähigkeit** des Auszubildenden.

(…)

Quelle:
www.frankfurt-main.ihk.de/berufsbildung/ausbildung/beratung/ausbilderinfos/probezeit/index.html

Prüfungsangst

Prüfungsangst ist eine Versagensangst, die psychologisch und physiologisch negativ auf den Prüfling einwirkt und ihn daran hindern kann, sein Wissen in einer Prüfung unter Beweis zu stellen.

Grundsätzlich ist Angst eine Emotion, die sowohl zu einer Leistungssteigerung als auch zu einer Verminderung der Leistungsfähigkeit führen kann. Ob Angst lähmenden oder steigernden Einfluss auf die Leistungsfähigkeit hat, ist abhängig von der Intensität, d. h. vom Angstniveau.

Die amerikanischen Psychologen *Yerkes* und *Dodson* fanden im Jahr 1908 heraus, dass bei einer geringen emotionalen Aktiviertheit (geringes Angstniveau) eine geringe Leistung erbracht wird. Bei einer mittleren Erregung (mäßiges Angstniveau) steigt die Leistung an. Ein zu hohes Angstniveau führt zu einem Rückgang der Leistung. Das

Yerkes-Dodson-Gesetz besagt also, dass zwischen der Leistungsfähigkeit und der emotionalen Aktiviertheit (Angst) ein umgekehrter „u-förmiger" Zusammenhang besteht (siehe Abbildung).

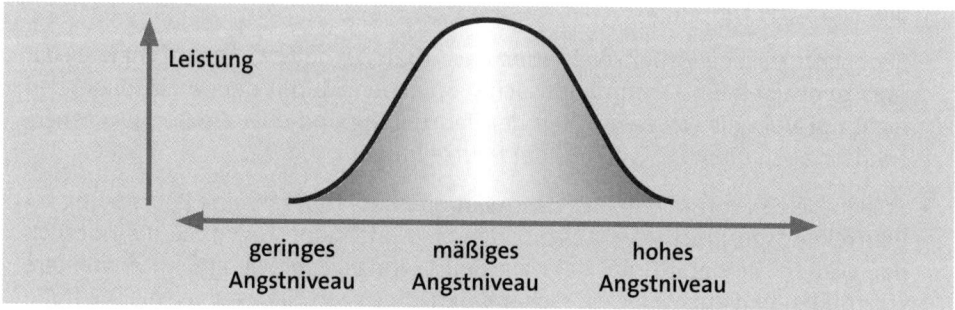

Zusammenhang zwischen Angst und Leistungsfähigkeit

(Quelle: IHK [Hrsg.]: Handbuch Prüfungen, 7. Aufl. 2009, S. 81.)

Die **Ursachen** der Prüfungsangst sind vielfältig. Prüfungen können für die von Prüfungsangst Betroffenen eine Belastung darstellen, weil

- die Prüfungsergebnisse mit Konsequenzen verbunden sind
- die Prüfungen nicht beliebig oft wiederholbar sind
- die Prüfungssituation eine nicht vertraute Situation darstellt
- ein starkes einseitiges Abhängigkeitsverhältnis zwischen Prüfling und Prüfer besteht
- Organisation, Ablauf und Bewertungskriterien der Prüfung nicht bekannt sind.

Symptome der Prüfungsangst sind vor und während einer Prüfung auf verschiedenen Ebenen erkennbar:

- körperliche Ebene
- geistige/kognitive Ebene
- emotionale Ebene
- Verhaltensebene.

Beispiel

Beispiele für Symptome der Prüfungsangst:

- Schweißausbrüche
- Herzklopfen, Herzrhythmusstörungen
- Schwindelgefühle
- Konzentrationsschwierigkeiten
- Schlaflosigkeit
- Zittern der Hände und Knie
- Reizbarkeit

Für die Prüfer stellt sich die Frage, wie sie mit der Prüfungsangst umgehen können bzw. sollen. Denn einerseits müssen sie den Prüflingen eine Gleichbehandlung zuteil werden lassen und andererseits sollten die individuellen Eigenarten des Prüflings berücksichtigt werden. Kurzum: der Prüfer soll fair und gerecht prüfen. Daher sollten Prüfer bemüht sein, alles zu vermeiden, was die Prüfungsangst verstärken könnte und Rahmenbedingungen zu schaffen, die es dem Prüfling ermöglichen, die Prüfungsangst abzubauen bzw. auf ein Mindestmaß zu reduzieren.

Umgang mit der Prüfungsangst

Tipps für Prüfer

▶ Brechen Sie das Eis! Begrüßen Sie den Prüfling freundlich, stellen Sie sich vor und führen Sie einen „Smalltalk". Dies nimmt den Prüflingen das unangenehme Gefühl, sie „stünden vor einem Gericht".

▶ Schaffen Sie Klarheit! Nennen Sie das jeweilige Fach- bzw. Themengebiet, auf das sich die Fragen beziehen und beginnen Sie mit Fragen, die ein geringes Anspruchsniveau bzw. eine geringe Komplexität haben.

▶ „Man kann nicht nicht kommunizieren!": Achten Sie auf Ihre verbale und non-verbale Kommunikation und senden Sie keine Signale, die möglicherweise die Angst des Prüflings verstärken könnten.

▶ Gewähren Sie dem Prüfling ausreichend Zeit zur Beantwortung der Frage. Tipp: Wenn Sie die Frage gestellt haben, zählen Sie gedanklich bis zehn, bevor Sie die Frage neu formulieren und „nachhaken".

▶ Nehmen Sie die Angst! Ist der Prüfling erkennbar ängstlich, geben Sie ihm bei richtigen Antworten auch ein positives Feedback. Dies kann verbal oder nonverbal geschehen (z. B. durch zustimmendes Nicken und Lächeln).

▶ Reiten Sie nicht auf den Schwächen des Prüflings herum! Machen Sie sich vor jeder Prüfung klar, dass es darum geht, die erworbenen Kenntnisse und Fähigkeiten eines Prüflings festzustellen – und nicht die Schwächen.

Tipps für Prüflinge

Vor der Prüfung:

▶ Bereiten Sie sich gut vor! Fangen Sie rechtzeitig mit der Prüfungsvorbereitung an. Teilen Sie sich den Lernstoff ein. Erstellen Sie sich einen Lernplan.

▶ Lernen Sie mit Klassenkameraden! In Gesprächen mit Mitschülern merken Sie eher, wo ihre Wissenslücken sind. Außerdem trainieren Sie, Antworten auf den Punkt zu bringen.

▶ Denken Sie positiv! Machen Sie sich bewusst, welche Situationen Sie schon positiv gemeistert haben und wo Sie erfolgreich waren.

P

- Schaffen Sie ein angenehmes Lernumfeld! Sorgen Sie dafür, dass Sie ungestört lernen können und vermeiden Sie Ablenkungen. Halten Sie ihren Arbeitsplatz ordentlich und legen Sie sich die Materialen, die Sie benötigen in Reichweite. Ständiges Suchen hindert Sie an einem effektiven lernen.

- Sorgen Sie für Ruhephasen! Legen Sie regelmäßige Pausen ein. Machen Sie Spaziergänge an der frischen Luft.

Am Prüfungstag

- Hektik vermeiden! Machen Sie sich rechtzeitig auf den Weg zur Prüfung. Planen Sie mögliche Verzögerungen (z. B. Stau) ein, damit Sie entspannter ankommen.

- Panik in den Griff bekommen! Durch gezielte Atemübungen können Sie Panikanfälle bekämpfen.

- Prüfer sind auch nur Menschen! Machen Sie sich klar, dass die Prüfer Sie nicht „reinreißen" wollen. Falls Sie einen „Blackout" haben, sagen Sie dies und bitten Sie um eine kurze Unterbrechung.

 INFO

Wer Sorgen niederschreibt, verliert die Angst vorm Test

Angst blockiert bekanntlich den Kopf. Forscher der Universität Chicago haben Studenten mit Prüfungsangst jetzt kurz vor einem Test über ihre Ängste schreiben lassen. Und erzielten damit laut einer Studie erstaunliche Ergebnisse: Diejenigen, die sich ihre Furcht kurz vor der Prüfung zehn Minuten lang von der Seele schrieben, schnitten erheblich besser ab. „Auch die besonders ängstlichen Studenten konnten ihr Potenzial abrufen", sagt Sian Beilock, Professorin für Psychologie und eine der Autorinnen der Studie. Durch das Schreiben konnten die Probanden ihre Ängste abladen und bekamen den Kopf wieder frei, um sich auf die Inhalte des Tests zu konzentrieren.

Quelle: Frankfurter Rundschau, 15. 1. 2011.

Prüfungsausschuss

Die zuständige Stelle (z. B. die → IHK) ist verpflichtet, für die Abnahme von Prüfungen in staatlich anerkannten Ausbildungsberufen Prüfungsausschüsse zu errichten. „Errichten" bedeutet das Festlegen des Ausschusses, der Ausschussgröße und seiner paritätischen Besetzung sowie die Berufung der Prüfungsauschussmitglieder.
Der Prüfungsausschuss ist als Teil der zuständigen Stelle (internes Organ) in die Organisationsstruktur der → Kammer eingebunden. Er handelt „im Rahmen der ihm zugewiesenen Funktion selbständig und verantwortlich unter Beachtung aller einschlägigen Rechtsvorschriften sowie der allgemeinen Rechts- und Beurteilungsgrundsätze"

(IHK: Handbuch Prüfungen, S. 47).

In seiner Funktion ist der Prüfungsausschuss gegenüber der Geschäftsleitung der Kammer nicht weisungsgebunden. Die Entscheidung des Prüfungsausschusses ist für die zuständige Stelle bindend, sofern sie nicht rechtswidrig ist. Der Ausschuss entscheidet in den Prüfungen auf Grundlage der → Prüfungsordnungen. Seine Entscheidung über das Bestehen oder Nichtbestehen der Prüfung ist unmittelbar und verbindlich und wird durch einen Verwaltungsakt der Kammer bekannt gegeben.

Gemäß § 40 BBiG besteht der Prüfungsausschuss aus mindestens drei Mitgliedern. Diese Zahl kann auch überschritten werden. Er setzt sich generell zusammen aus einer gleichen Anzahl von Arbeitgebervertretern, Arbeitnehmervertretern und Lehrern. Da mindestens $^2/_3$ der Gesamtzahl der Mitglieder aus Arbeitgeber- und Arbeitnehmervertretern bestehen muss, sind folgende Zusammensetzungen möglich:

Arbeitgeber	Arbeitnehmer	Lehrer
1	1	1
2	2	1
2	2	2

Zusammensetzung des Prüfungsausschusses

Die Prüfungsmitglieder müssen sachkundig und geeignet sein. Dies setzt voraus, dass die Mitglieder über Kenntnisse in folgenden Bereichen verfügen:

► Fachwissen(schaft)
► Ausbildungsordnung
► Prüfungswesen.

Darüber hinaus müssen sie über die nötigen persönlichen und charakterlichen Fähigkeiten verfügen (z. B. menschliche Reife, Verantwortungsbewusstsein, persönliche Integrität).

Die Tätigkeit im Prüfungsausschuss ist ehrenamtlich.

> **Der Prüfungsausschuss – Was er darf, was er nicht darf**
>
> Zu den **wesentlichen Aufgaben** des Prüfungsausschusses gehören:
>
> ► die Beschlussfassung über die Prüfungsaufgaben (sofern nicht überregional erstellte eingesetzt werden).
>
> ► das verantwortliche Ermitteln und Bewerten der Prüfungsleistungen.
>
> ► in besonderen Fällen das Entscheiden über die Zulassung zur Prüfung.
>
> Zu folgenden Maßnahmen ist der Prüfungsausschuss **nicht berechtigt**:
>
> ► mit Behörden in Verbindung treten.
>
> ► vor Gerichten als Prozesspartei auftreten.
>
> ► finanzielle Aufwendungen erlassen.
>
> ► mit Prüfungsvorgängen an die Öffentlichkeit treten.
>
> ► ohne Abstimmung mit der Geschäftsführung der Kammer Prüfungstermine und -orte festlegen.
>
> Quelle: IHK: Handbuch Prüfungen (2009), S. 47.

Prüfungsgegenstand

Nach dem neuen BBiG (§ 38 BBiG) hat der Prüfling in der → Abschlussprüfung den „zu vermittelnden Lehrstoff" des Berufsschulunterrichts nachzuweisen. Im alten BBiG wurde noch der Begriff „vermittelter Lehrstoff" verwendet. Dies macht einen großen Unterschied: Denn durch die neue Formulierung will der Gesetzgeber klarstellen, dass es nicht auf den im Einzelfall tatsächlich vermittelten Lehrstoff ankommt, sondern auf den Lehrstoff, der nach dem → Lehrplan vermittelt werden soll.

Prüfungsordnung

Die Prüfungsordnung regelt Inhalte und Durchführungsbestimmungen zur Zwischen- und Abschlussprüfung in anerkannten Ausbildungsberufen. Sie wird vom Berufsbildungsausschuss der jeweils → zuständigen Stelle beschlossen und von der zuständigen obersten Landesbehörde genehmigt. In ihr werden Inhalt und Gliederung der Prüfung, die Leistungsbewertung sowie Regelungen zur Wiederholung festgehalten (§ 37 BBiG).

Prüfungsstück

Prüfungsstücke sind grundsätzlich Eigentum des Auszubildenden. Sie werden zwar mit ihm zur Verfügung gestellten Arbeitsmitteln angefertigt, jedoch erfolgt die Herstellung im eigenen Interesse.

Prüfungsstücke werden nicht Eigentum des Auszubildenden, wenn:

► der Wert des Materials die Eigenleistung des Auszubildenden übersteigt

► das Prüfungsstück fest mit dem Eigentum eines Dritten verbunden ist

► die Prüfungsleistung an die Durchführung eines Kundenauftrags gebunden ist.

→ Werkstück

Prüfungszeugnis

→ Zeugnis

Qualifikation

(frz., lat.= Befähigung, Eignung) Sie umfasst alle geistigen (z. B. Wissen und Erfahrung), körperlichen (z. B. Kraft) und sozialen Fähigkeiten (z. B. Verhalten, Einstellungen), die zur Erfüllung einer bestimmten Tätigkeit oder für das Bewältigen von bestimmten definierten Lebenssituationen (z. B. Beruf) erforderlich sind. Im Kontext der → Berufs(aus) bildung kann der Begriff „Qualifikation" in doppelter Hinsicht verwendet werden: Einerseits kann er im Sinne von → Ausbildungsreife verstanden werden; also eine Qualifikation für eine Berufsausbildung (z. B. durch Schulabschluss). Andererseits kann der Begriff auch die Eignung zur Ausübung eines Berufes bezeichnen, die jemand nach abgeschlossener Berufsausbildung erreicht. Nach § 1 → BBiG hat die Berufsausbildung die Ausübung einer **qualifizierten** beruflichen Tätigkeit zu ermöglichen. Siehe auch berufliche → Handlungsfähigkeit, → Kompetenz.

Qualität der Ausbildung

(lat. = Beschaffenheit, Eigenschaft, Güte, Wert) Die Qualität der Berufsausbildung lässt sich in verschiedenen Dimensionen erfassen:

► Inputqualität (Voraussetzungen)
► Prozessqualität (Durchführung)
► Outputqualität (Ergebnissen).

Zu der Frage, was die Qualität der Ausbildung bestimmt, wie sie sich messen lassen kann und welche Qualitätsziele formuliert werden können, gibt es unter den Experten keine einheitliche Meinung. Die Vorstellungen hängen letztendlich immer von den jeweiligen Akteuren ab, die an der Ausbildung beteiligt sind.

Im Juni 2007 führte das → BiBB eine Befragung unter 1.163 Experten aus Betrieben, Schulen, Wirtschaftsverbänden, Gewerkschaften, Forschungseinrichtungen und weiteren Institutionen durch. Hinsichtlich der Outputqualität einigten sich die Experten übereinstimmend auf sieben Qualitätsziele (Outputqualität). Danach muss betriebliche Ausbildung

1. den Beruf gern ausüben lassen
2. befähigen, sich schnell auf neue Arbeitsbedingungen und -anforderungen einzustellen
3. in die Lage versetzen, schwierige Aufträge selbständig zu bewältigen
4. anspornen, beruflich immer auf den aktuellen Stand zu sein
5. zum selbständigen Lernen befähigen
6. Qualifikationen vermitteln, die am Arbeitsmarkt verwertbar sind
7. zum Bestehen der Abschlussprüfung führen.

(Quelle: BIBB-Expertenmonitor: Qualität betrieblicher Berufsausausbildung, Juni 2007, S. 2.)

Bei einer Befragung von Auszubildenden im Rahmen des DGB-Ausbildungsreports 2010 wurden folgende „Kennzeichen einer qualitativ hochwertigen Ausbildung" genannt:

- Einhaltung der gesetzlichen Vorschriften
- Ausbildung im Sinne des Ausbildungsrahmenplans
- betrieblicher Ausbildungsplan
- ausreichende Erholungsphasen/Work-Life-Balance
- Anleitung an modernen Maschinen, Computern und Werkzeugen
- kostenlose Bereitstellung der Ausbildungsmittel für den Betrieb und die Berufsschule
- freigestelltes, qualifiziertes und geprüftes Ausbildungspersonal mit fachlichen und pädagogischen Kenntnissen
- Ausbildung in kleinen Arbeitsgruppen
- Ausbildungsstandkontrollen statt Leistungskontrollen einzelner Auszubildender
- enge Kooperation zwischen Berufsschule und Ausbildungsbetrieb
- Freistellung nach der Berufsschule.

Außerdem:
- unbefristete Übernahme nach der Ausbildung
- besserer Jugendarbeitsschutz
- internationale Ausbildung bzw. Austauschmöglichkeiten während der Ausbildung.

(Quelle: DGB-Jugend: Ausbildungsreport Hessen 2010, S. 42.)

INFO

Qualität in der dualen Berufsausbildung: Was Fachleute und Auszubildende meinen

Die Qualität der dualen Ausbildung weiterzuentwickeln, ist ein zentrales Ziel der Berufsbildungspolitik. Was kennzeichnet jedoch eine „gute" Ausbildung? Berufsbildungsexperten und -expertinnen erachten es als sehr wichtig, dass die duale Berufsausbildung sehr anspruchsvoll durchgeführt wird. Die Auszubildenden sollen nach Auffassung der Fachleute nicht nur einzelne Arbeitsschritte durchführen, sondern in größere Projekte mit einbezogen werden, die einen echten Beitrag zu den Geschäftsprozessen der Betriebe leisten. Den Auszubildenden sollte dabei nicht jeder Arbeitsschritt vorgegeben werden, vielmehr sollten sie Arbeitsabläufe eigenverantwortlich planen, durchführen und kontrollieren. Dies sind zentrale Ergebnisse einer Online-Befragung des Bundesinstituts für Berufsbildung (BIBB) im Rahmen des „Expertenmonitors Berufliche Bildung". Dabei wurden 355 Fachleute aus der beruflichen Bildung zu vorgegebenen Qualitätskriterien für eine gute duale Ausbildung befragt.

Erfüllbar sind diese Anforderungen einer anspruchsvollen Ausbildung aus Sicht der Fachleute aber nur, wenn vor allem eine fachlich und didaktisch kompetente Betreuung der Auszubildenden durch Ausbilder/-innen und Berufsschullehrer/-innen gewährleistet ist. Im betrieblichen Ausbildungsverlauf kommt es dabei besonders darauf an, dass das Ausbildungspersonal dauerhaft präsent ist, klare Arbeitsanweisungen gibt, die Arbeitsergebnisse mit den Jugendlichen bespricht und auch regelmäßig eine Rückmeldung zum Ausbildungsverlauf von den Auszubildenden selbst eingeholt wird. Zudem sei es sehr wichtig, so die Fachleute, dass im Betrieb eine gewisse Toleranz gegenüber Fehlern herrsche, die den Auszubildenden bei der hier geforderten selbstständigen Arbeitsweise nahezu zwangsläufig unterlaufen. (...)

Pressemitteilung des BBiB vom 4. 12. 2008 (gekürzt).

www.bibb.de/de/50385.htm
www.expertenmonitor.de/downloads/Ergebnisse_20070904.pdf
www.expertenmonitor.de/downloads/Ergebnisse_20081114.pdf
http://hessen-thueringen.dgb.de/themen?k:list=Bildung&k:list=Ausbildungsreport
www.bibb.de/dokumente/pdf/wd_78_qualitaetssicherung.pdf

Rechte und Pflichten (Berufsausbildung)

Aus dem Berufsbildungsgesetz (BBiG) ergeben sich für beide Vertragsparteien, also für den → Auszubildenden und den → Ausbildenden, bestimmte Verpflichtungen bzw. Ansprüche gegenüber der jeweils anderen Partei. Häufig sind die Rechte des Einen zugleich die Pflichten des Anderen.

Welche Pflichten haben Azubis und Ausbilder?	
Pflichten des Auszubildenden (§ 13 BBiG)	**Pflichten des Ausbildenden (§§ 14 ff. BBiG)**
► Lernpflicht	► Ausbildungspflicht
► Teilname am Berufsschulunterricht	► Freistellungspflicht für Berufsschulunterricht
► Teilnahme an außerbetrieblicher Ausbildung	► Freistellungspflicht für außerbetriebliche Ausbildung
► Teilnahme an Prüfungen	► Freistellung für Prüfungen
► Weisungsgebundenheit/Gehorsamspflicht	► Benennung weisungsberechtigter Personen
► Einhaltung der Ordnung	► Aufsichtspflicht
► Dienstleistungspflicht	► Kontrolle des Ausbildungsnachweises
► Führung des Ausbildungsnachweises	► Bereitstellung der Ausbildungsmittel
► Pflegliche Behandlung der Ausbildungsmittel	► Urlaubsgewährung
► Erholungspflicht	► Vergütungspflicht
► Benachrichtigungspflicht	► Zweckgebundene Übertragung von Verrichtungen/ Fürsorgepflicht
► Sorgfältige Ausführung von Verrichtungen	► Zeugnispflicht
► Geheimhaltungspflicht/Schweigepflicht	► Direktionsrecht

Rechtsquellen (Berufsausbildung)

Unter dem Begriff „Rechtsquellen" versteht man verbindliche Rechtsnormen in Form von Gesetzen, Verordnungen und Verträgen.

Ein **Gesetz** ist eine verbindlich gesetzte Regel (Berechtigung, Gebot oder Verbot), die vom Parlament in einem förmlichen Gesetzgebungsverfahren erlassen wird. Zu den wichtigsten Gesetzen, welche die Berufsausbildung regeln, gehören in erster Line das → BBiG und das → Jugendarbeitsschutzgestz (JArbSchG). Soweit sich aus diesen Gesetzen keine speziellen Regelungen ergeben, greifen auch die sonstigen Arbeitsgesetze, die für „normale" Arbeitnehmer gelten. Hierzu gehören bspw. das → Betriebsverfassungsgesetz, → Mutterschutzgesetz, Entgeltfortzahlungsgesetz, → Arbeitszeitgesetz, Bundesurlaubsgesetz usw. Der schulische Teil der Berufsausbildung wird durch die

Schulgesetze und Verordnungen der jeweiligen Länder geregelt. Siehe auch → Berufs-schule.

Eine **Verordnung** (auch Rechtsverordnung genannt), dient zur Ausführung der allge-meinen Regelung eines Gesetzes. Sie steht zwar in der Rangordnung unterhalb eines Gesetzes, wirkt aber wie eines. Vereinfacht gesagt: sie ergänzt bzw. konkretisiert ein Gesetz. Zu den wichtigsten (Rechts-)Verordnungen in der Berufsausbildung zählen bspw. die Ausbildungsordnung nebst Ausbildungsrahmenplan, die Lehrpläne für die Berufsschule, die Prüfungsordnungen der zuständigen Stellen (z. B. der IHK) sowie die → Ausbildereignungsverordnung (AEVO).

Ein **Vertrag** kommt durch einander entsprechende Willenserklärungen (Antrag und Annahme) der Vertragsparteien zustande, die sich dadurch rechtlich verbindlich eini-gen und an die Vertragsinhalte gebunden sind ("pacta sunt servanda" (lat.) = Verträ-ge sind einzuhalten).

Zwei Arten von Verträgen spielen eine bedeutende Rolle in der Ausbildung:

► Einerseits die **individuellen** Ausbildungsverträge, die zwischen → Auszubildenden und → Ausbildenden geschlossen werden.

► Andererseits die **kollektiv** ausgehandelten → Tarifverträge, die zwischen → Arbeit-geberverbänden und → Gewerkschaften (z. B. Verdi oder IG Metall) abgeschlossen werden und wie Gesetze wirken. Ein weiterer kollektiver Arbeitsvertrag ist die → Be-triebsvereinbarung zwischen Arbeitgeber und → Betriebsrat.

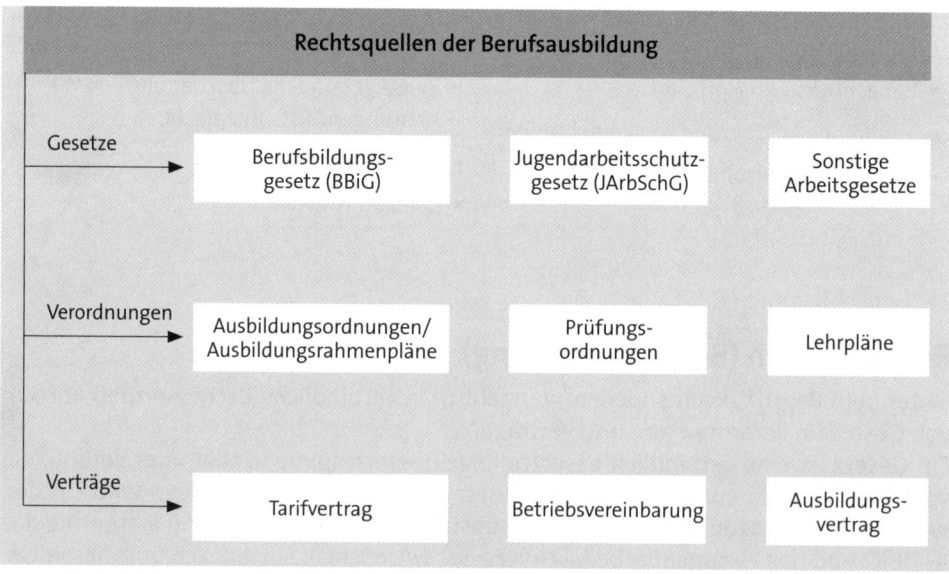

Rechtsquellen der Berufsausbildung		
Gesetze	Berufsbildungs-gesetz (BBiG)	Jugendarbeitsschutz-gesetz (JArbSchG)	Sonstige Arbeitsgesetze
Verordnungen	Ausbildungsordnungen/ Ausbildungsrahmenpläne	Prüfungs-ordnungen	Lehrpläne
Verträge	Tarifvertrag	Betriebsvereinbarung	Ausbildungs-vertrag

Rechtsverordnung

→ Rechtsquellen (Berufsausbildung)

Referat

→ Kurzvortrag

Rentenversicherung, gesetzliche (GRV)

Die GRV ist eine Pflichtversicherung. Rechtsgrundlage ist das sechste Buch Sozialgesetzbuch (SGB VI). Neben der privaten und der betrieblichen Altersvorsorge ist die GRV
die wichtigste Säule der Alterssicherung in Deutschland. **Träger** ist die Deutsche Rentenversicherung, die sich in die Deutsche Rentenversicherung Bund und die Regional-
träger (z. B. DRV Hessen, DRV Braunschweig-Hannover, DRV Rheinland) gliedert. Diese
sind öffentlich-rechtliche Körperschaften mit Selbstverwaltung.

Zum **versicherten Personenkreis** der GRV gehören die Versicherungspflichtigen und die
freiwillig Versicherten (§ 7 SGB VI). Versicherungspflichtig sind:

► Beschäftigte (§1 SGB VI): z. B. Arbeiter, Angestellte, Auszubildende

► Selbständige (§ 2 SGB VI): z. B. selbständig tätige Lehrer und Erzieher, Hebammen,
  Pflegepersonen, arbeitnehmerähnliche Selbständige

► sonstige (§ 3 SGB VI): z. B. Leistungsbezieher, Kindererziehungszeiten, Pflegepersonen

► auf Antrag Versicherungspflichtige (§ 4 SGB VI): z. B. Entwicklungshelfer und Deutsche, die vorübergehend im Ausland beschäftigt sind

► Nachversicherte (§ 8 SGB VI).

Versicherungsfrei sind nach § 5 SGB VI z. B.:
► Beamte, Richter, Soldaten
► Geringfügig Beschäftigte.

Zu den **Leistungen** der GRV gehören:
► Rehabilitationsleistungen
► Renten: Altersrente, Erwerbsminderungsrente und Hinterbliebenenrente (Witwen-
  und Waisenrente).

Die **Finanzierung** erfolgt durch
► Beiträge der Versicherten im Umlageverfahren und
► durch Zuschüsse des Bundes (§ 213 SGB VI).

Da die Auszahlungen eines Jahres durch die Einnahmen desselben Jahres gedeckt werden müssen, bedeutet dies, dass die junge (erwerbstätige) Generation die Renten der
Älteren finanziert (sog. „Generationenvertrag").

Der **Rentenbeitragsatz** beträgt seit 2007 19,9 %. Für 2012 wird eine Senkung von derzeit 19,9 auf 19,6 % in Aussicht gestellt, was einer Entlastung für Arbeitnehmer und Arbeitgeber um jeweils 1,4 Mrd. € entspricht. Der Bund würde um 700 Mio. € entlastet werden (vgl. FAZ vom 31. 10. 2011).

Das **Renteneintrittsalter** liegt bei 65 Jahren.

Die Höhe der monatlichen Rente (MR) wird nach folgender **Formel** berechnet:

$$MR = PEP \bullet ZF \bullet RAF \bullet AR$$

Die Rentenhöhe ist also von vier Faktoren abhängig:

- **Persönliche Entgeltpunkte (PEP):** Sie sind das Ergebnis der Erwerbsbiografie einer jeden Person. Die PEP spiegeln also den Verdienst des Arbeitslebens wider.

- **Zugangsfaktor (ZF):** Bewirkt bei Renteneintritt vor 65 Jahren eine niedrigere Rente, bei Renteneintritt nach 65 eine höhere Rente. Die Regelaltersgrenze (65) ist = 1,000. Für jeden Monat, den man die Rente früher in Anspruch nimmt, verringert sich der ZF um 0,003 (= Rentenminderung von 0,3 % pro Monat).

- **Rentenartfaktor (RAF):** bestimmt die Rentenhöhe für die jeweiligen Rentenarten (Rentenarten z. B. wegen Alters = 1,0; wegen Berufsunfähigkeit = 0,6667; wegen Erwerbsunfähigkeit = 1,0; wegen teilweiser Erwerbsminderung = 0,5; wegen voller Erwerbsminderung = 1,0).

- **Aktueller Rentenwert (AR):** Der AR rechnet die Rentenanwartschaften in Euro-Monatsrenten um. Er passt die Rente jedes Jahr der wirtschaftlichen Entwicklung an. Für 2011 beträgt der AR 24,37 € (Ost) und 27,47 € (West).

Aufgrund der demographischen Entwicklung in Deutschland wird die GRV zukünftig nicht mehr lebensstanderhaltend sein. Der betrieblichen und privaten Vorsorge kommt daher eine immer größere Bedeutung zu.

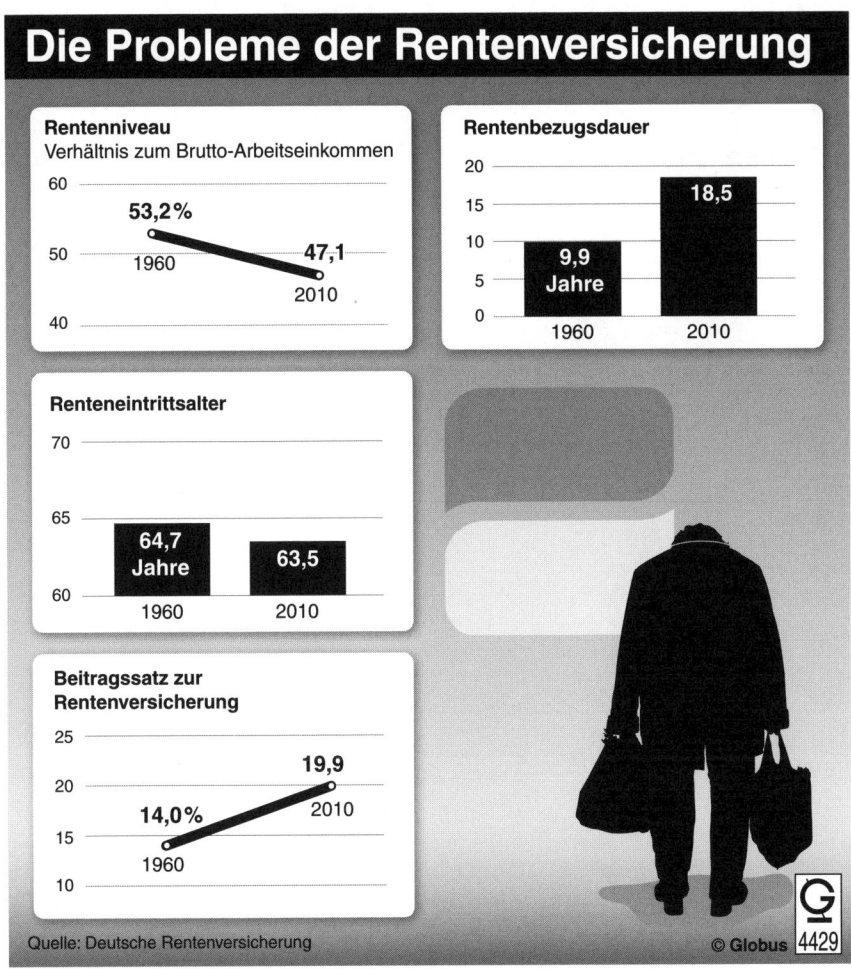

Die Probleme der Rentenversicherung

Rentenniveau
Verhältnis zum Brutto-Arbeitseinkommen

53,2%
1960

47,1
2010

Rentenbezugsdauer

9,9
Jahre
1960

18,5
2010

Renteneintrittsalter

64,7
Jahre
1960

63,5
2010

Beitragssatz zur Rentenversicherung

14,0%
1960

19,9
2010

Quelle: Deutsche Rentenversicherung

© Globus 4429

Deutschland ist eine schnell alternde Gesellschaft. Die Lebenserwartung nimmt weiter zu, die Geburtenrate ist niedrig. Der demografische Wandel führt dazu, dass immer mehr Ältere der jüngeren Generation gegenüberstehen werden. Das stellt die Sozialsysteme, insbesondere die gesetzliche Rentenversicherung, in den nächsten Jahrzehnten vor große Herausforderungen. Mit der stufenweisen Einführung der „Rente mit 67" wird das gesetzliche Renteneintrittsalter Schritt für Schritt heraufgesetzt. Wer früher in Rente gehen will, muss Abschläge in Kauf nehmen. Bereits in den letzten Jahren ist das tatsächliche durchschnittliche Renteneintrittsalter wieder etwas gestiegen - von 62,3 Jahre im Jahr 2000 auf 63,5 Jahre im Jahr 2010. Im langfristigen Vergleich ist es jedoch immer noch relativ niedrig: Vor 50 Jahren war der Durchschnittsrentner 64,7 Jahre alt, wenn er sich aus dem Berufsleben verabschiedete.

Der Beitragssatz steigt zum 1. 1. 2013 um 0,1 %-Punkte auf 2,05 %. Damit soll die Situation der 1,4 Mio. Demenzkranken in der Pflegeversicherung verbessert werden. „Für die Versicherten bedeudet dies eine Erhöhung von maximal 3,82 € monatlich, von denen bei abhängig Beschäftigten die Hälfte der Arbeitgeber übernehmen muss" (vgl. dpa/Fr vom 17. 11. 2011).

Ruhepausen

→ Pausen

Schadensersatz

Ausgleich eines eingetretenen Schadens. Unter Schaden versteht man „jeden Nachteil (= unfreiwillige Einbuße), den jemand durch ein bestimmtes Ereignis an seinem Vermögen oder an seinen sonstigen rechtlich geschützten Gütern erleidet."

Man unterscheidet zwischen Vermögensschäden (an geldwerten Gütern) und Nichtvermögensschäden (immaterielle Schäden). Bei Vermögensschäden erfolgt der Ausgleich dadurch, dass der Geschädigte so gestellt wird, wie er stehen würde, wenn der Schaden nicht eingetreten wäre.

Ein Schadensersatzanspruch kann sich ergeben durch

► eine unerlaubte Handlung (§ 823 BGB) oder durch
► die Verletzung einer vertraglichen Pflicht (§ 280 BGB).

Beispiel

Schadensersatzansprüche aus dem Ausbildungsverhältnis:

► Der Auszubildende beschädigt aufgrund grober Unachtsamkeit eine Maschine.
► Der Ausbildende verletzt grob seine Ausbildungspflichten, weshalb der Auszubildende seine Abschlussprüfung nicht besteht und daher einen Verdienstausfall erleidet.

Eine Beschränkung der → Haftung der Ausbildenden gegenüber Auszubildenden im Ausbildungsvertrag ist nichtig. Schadensersatzansprüche gegen Ausbildende dürfen grundsätzlich weder ausgeschlossen noch beschränkt oder begrenzt werden (§ 12 Abs. 2 BBiG). Regelungen zugunsten Auszubildender sind hingegen zulässig. → Haftung

Schlichtung

Das Schlichtungsverfahren der → zuständigen Stelle (z. B. der → IHK) dient der Beilegung von → Konflikten zwischen → Ausbildenden und → Auszubildenden in der Berufsausbildung. Das Verfahren ist unverzichtbare Voraussetzung für eine (eventuelle) Klage vor dem → Arbeitsgericht. Nur wenn bei der IHK kein Schlichtungsausschuss existiert oder sie ein Schlichtungsverfahren ablehnt, kann unmittelbar Klage vor dem zuständigen Arbeitsgericht eingereicht werden. Der Schlichtungsausschuss ist zuständig für alle Streitigkeiten in einem bestehenden Ausbildungsverhältnis zwischen Ausbildenden und Auszubildenden. Er kann von den zuständigen Kammern gebildet werden; allerdings besteht dazu kein Zwang. Wenn ein Schlichtungsausschuss gebildet wird, dann muss er sich aus einer gleichen Anzahl Arbeitnehmer und Arbeitgeber zusammensetzen (§ 111 Abs. 2 Satz 1 ArbGG). Die folgende Abbildung veranschaulicht den Ablauf eines solchen Schlichtungsverfahrens.

Wie läuft ein Schlichtungsverfahren ab?

Vorverhandlung
Der Ausbildungsberater versucht, in Gesprächen die Streitigkeiten zwischen Azubi und Ausbilder zu klären und eine einvernehmliche Lösung zu finden.

Parteien einigen sich

Parteien einigen sich nicht

Schriftlicher Antrag wird gestellt

Mündliche Anhörung/Verhandlung vor dem Schlichtungsausschuss
Er setzt sich aus gleicher Anzahl Arbeitnehmer und Arbeitgeber zusammen.
Die persönliche Teilnahme der Parteien ist erforderlich. Vertretung durch Bevollmächtigte (z. B. Anwalt, Arbeitgebervertreter, Gewerkschaftsvertreter) ist möglich.
Ziel der Verhandlung:
- umfassende Erörterung der Streitigkeit
- Erreichen einer einvernehmlichen Lösung (Vergleich)

Es besteht **kein Schlichtungsausschuss** bei der zuständigen Kammer oder der **Schlichtungsausschuss lehnt es ab**, ein Verfahren durchzuführen.

Antragsgegner (oder Vertreter) erscheint nicht.

Die Parteien einigen sich

Die Parteien einigen sich nicht

unmittelbar

Antrag wird stattgegeben (wenn Begründung gerechtfertigt erscheint)

Vergleich

Schlichtungsausschuss fällt **Spruch**, der für beide Parteien verbindlich ist.

Beide Streitparteien müssen ausdrücklich die **Anerkennung des Spruchs binnen einer Woche** erklären (§ 111 Abs. 2 Satz 3 ArbGG).

Spruch wird **akzeptiert**

Spruch wird **nicht akzeptiert**

Spruch ist rechtswirksam

Vergleiche und Sprüche des Schlichtungsausschusses können zwangsvollstreckt werden.

Klage beim zuständigen Arbeitsgericht
Muss binnen zwei Wochen nach ergangenem Spruch erfolgen (Ausschlussfrist gem. § 111 Abs. 2 Satz 3 ArbGG).

Schriftlicher Ausbildungsnachweis

→ Ausbildungsnachweis

Schule

→ Berufsschule

Schule für Erwachsene (SFE)

→ Zweiter Bildungsweg

Schulische Vorbildung

Grundsätzlich kann jeder, der die Vollzeitschulpflicht erfüllt hat, eine duale Berufsausbildung beginnen. Für den Abschluss eines → Berufsausbildungsvertrags existiert keine Mindestvoraussetzung. Somit ist auch die schulische Vorbildung der Auszubildenden unterschiedlich.

Seit 2007 wird der höchste allgemeinbildende Schulabschluss als eigenständiges Merkmal in der Berufsbildungsstatistik erfasst; die Schulform ist dabei unerheblich. Folgende Kategorien werden dabei unterschieden (nebst prozentualer Verteilung für das gesamte Bundesgebiet 2009):

► ohne Hauptschulabschluss (3,5 %)
► Hauptschulabschluss (33,1 %)
► Realschulabschluss oder vergleichbarer Abschluss (43 %)
► Studienberechtigung (20,4 %)
► im Ausland erworbener Abschluss, der den obigen Abschlüssen nicht zugeordnet werden kann („Restkategorie", keine Angabe).

(Quelle: BIBB-Datenreport 2011, S. 161.)

Schwangerschaft

(medizinischer Fachbegriff: Gravidität) Zeitspanne zwischen der Einnistung einer befruchteten Eizelle in die Gebärmutter und der Geburt. Im Normalfall umfasst sie 263 bis 273 Tage, d. h. 38 Schwangerschaftswochen.
In der Schwangerschaft kommt es zu hormonellen Veränderungen und es können körperliche oder psychische Beschwerden (z. B. Übelkeit, Schlafstörungen, depressive Verstimmungen) auftreten.

Nach dem Grundgesetz (Art. 6 GG) hat jede Mutter Anspruch auf den Schutz und die Fürsorge der Gemeinschaft. Dieser Schutz wird arbeitsrechtlich durch das → Mutterschutzgesetz (MuSchG) geregelt; insbesondere werden sichergestellt:

- Gesundheitsschutz (Arbeitsschutzbestimmungen)
- Entgeltschutz
- Arbeitsplatzschutz (Kündigungsverbot).

Sobald der Schwangeren (Arbeitnehmerin, Auszubildenden, Praktikantin) ihr Zustand bekannt ist, soll sie ihren Arbeitgeber bzw. Ausbildenden darüber informieren und den voraussichtlichen Tag der Entbindung mitteilen. Zu den arbeitsrechtlichen Regelungen der Schwangerschaft siehe Stichwort → Mutterschutzgesetz (MuSchG).

 MERKE

Hinweise für Ausbildende und Ausbilder

- Eine Frage nach der Schwangerschaft im Vorstellungsgespräch ist grundsätzlich unzulässig!
- Verstöße des Ausbildenden bzw. der Ausbilder gegen die Regelungen zum Mutterschutz werden als Ordnungswidrigkeit und Straftat verfolgt!

Tipp: Für schwangere Auszubildende

Teilen Sie die Schwangerschaft sofort ihrem Ausbildenden oder Ausbilder mit – zu Ihrem Schutz und dem Schutz des Kindes!

Im Laufe der Schwangerschaft sind regelmäßige Untersuchungen beim Frauenarzt vorgeschrieben. Der Ausbildende ist verpflichtet, Sie ohne Kürzung der Ausbildungsvergütung von der Arbeit freizustellen, wenn diese Untersuchungen nur während der Arbeitszeit möglich sind. Sprechen Sie dies mit ihrem Ausbilder ab!

Es gibt zahlreiche Möglichkeiten und Angebote der Schwangerschaftsberatung. Hier erhalten Sie Hilfe und Unterstützung (finanzielle Unterstützung, Organisation, Behördengänge usw.). Sie sollten diese Beratungsmöglichkeiten – die i. d. R. kostenlos sind – unbedingt frühzeitig wahrnehmen!

Haben Sie Zweifel oder Probleme, können Sie sich an spezielle Schwangerschafts-konflikt-Beratungsstellen wenden.

Eine kleine Auswahl an Beratungsstellen:

- Arbeiterwohlfahrt (AWO)
- Deutscher Caritasverband
- Deutscher Paritätischer Wohlfahrtsverband
- Deutsches Rotes Kreuz
- Diakonisches Werk der Evangelischen Kirche Deutschlands
- Pro Familia
- Sozialdienst Katholischer Frauen (SKF)

Über das Internet finden Sie schnell die örtlichen Beratungsstellen:

www.schwanger-unter-20.de

www.dgb-jugend.de/neue_downloads/data/schwanger.pdf

www.bmbf.de/pub/bafoeg_merkblatt_schwangerschaft_und_kindererziehung.pdf

Schutzpflicht

Der Ausbildende hat gegenüber dem Auszubildenden gesetzlich geregelte Schutz-pflichten. Der Ausbildende muss Maßnahmen ergreifen, die den Auszubildenden vor gesundheitlichen Gefahren schützen und die einschlägigen Arbeitsschutz- und Unfall-verhütungsmaßnahmen beachten. Dies ergibt sich zum Beispiel aus § 618 BGB, den §§ 22 bis 31 JArbSchG sowie § 14 Abs. 1 Nr. 5 BBiG. Nach § 3 Arbeitsstättenverordnung besteht die Pflicht, die Beschäftigten vor Gesundheitsgefahren durch Tabakrauch zu schützen. Auch besteht eine Schutzpflicht vor sexueller Belästigung nach dem → All-gemeinen Gleichbehandlungsgesetz (AGG). Erlangt der Ausbildende darüber Kenntnis, hat er umgehend Abhilfe zu schaffen; dies gilt auch für → Mobbing.

SGB

→ Sozialgesetzbuch

Soft Skills

(engl. = weiche Fähigkeiten) Weitgefasster Begriff, der Kompetenzen im zwischen-menschlichen Bereich bezeichnet. Hierzu zählen insbesondere Fähigkeiten, Einstellun-gen und Eigenschaften im Umgang mit anderen Menschen, die vor allem für die Team-arbeit von Bedeutung sind.

Beispiel

Kommunikationsfähigkeit, Fähigkeit zu Kritik und Selbstkritik, Kreativität, Kooperati-onsbereitschaft, gutes Benehmen, rücksichtsvolles Verhalten, angemessene Kleidung.

Siehe auch → Hard Skills, → Ausbildungsreife, → Handlungsfähigkeit (berufliche).

S

 INFO

Auszubildende: soziale Spielregeln im Betrieb beachten

Auszubildende sollten während ihrer Lehrzeit die sozialen Spielregeln im Betrieb beachten. Neben guten Leistungen seien auch Soft Skills und ein gutes Verhältnis zu den Kollegen wichtig, berichtet die in Berlin erscheinende Zeitschrift „Position" (Ausgabe 3/2007) des Deutschen Industrie- und Handelskammertages (DIHK). So nehme Gruppenarbeit in Unternehmen einen immer höheren Stellenwert ein – Teamplayer kämen daher gut an. Auch müssten Azubis lernen, für Fehler geradezustehen. Kritik sollten sie nie persönlich nehmen, sondern ruhig anhören. Oberstes Gebot sei außerdem höfliches Benehmen. Dazu gehöre vor allem Pünktlichkeit. In traditionellen Betrieben sei es auch wichtig, seine Kollegen immer so lange zu siezen, bis der Ranghöhere das Du anbietet. Auch „fremde Reviere" und persönliche Gegenstände anderer, wie etwa die Lieblingstasse der Sekretärin, seien tabu.

Quelle: DPA/Der Tagesspiegel, 27. 7. 2007.

Solidaritätszuschlag

Steuer, die als Ergänzungsabgabe zur Lohn-, Einkommen- und Körperschaftsteuer, von allen Steuerzahlern erhoben wird. Durch den „Soli" – wie er umgangssprachlich auch bezeichnet wird – soll die deutsche Einheit finanziert werden und die ungleichen Lebensverhältnisse nach der Wiedervereinigung in den neuen und alten Bundesländern angeglichen werden. Die seit 1. 7. 1991 zunächst für nur ein Jahr erhobene Steuer in Höhe von 3,75 % auf die Einkommen- und Körperschaftsteuer sollte den wirtschaftlichen Aufbau in den neuen Ländern finanzieren. Am 1. 1. 1995 führte die CDU/FDP-Koalition den Zuschlag aber mit einem Satz von 7,5 % unbefristet wieder ein, um Lücken im Bundeshaushalt zu stopfen. Seit 1998 liegt der „Soli" bundesweit einheitlich bei 5,5 % der Lohnsteuer. Der Erhebungszeitraum ist nicht befristet. Seit vielen Jahren wird kontrovers über die Verfassungsmäßigkeit des „Soli" diskutiert. Er ist wie die → Lohnsteuer vom Arbeitgeber einzubehalten, abzuführen und anzumelden. → Entgeltabrechnung

Sozialgesetzbuch (SGB)

Das SGB ist ein zwölf Bücher umfassendes Gesetzeswerk (SGB I bis XII), in dem das Sozialrecht – also öffentlich-rechtliche Leistungen mit sozialpolitischer Zielsetzung – geregelt wird.
Für Auszubildende ist insbesondere das SGB III bedeutsam: Hier werden sämtliche Leistungen und Maßnahmen zur Arbeitsförderung geregelt. Zudem bildet es die rechtliche Grundlage für die Arbeit der Bundesagentur für Arbeit und der Arbeitsagenturen. Im SGB III werden bspw. die → Berufsausbildungsbeihilfe (BAB) und → ausbildungsbegleitende Hilfen (abH) geregelt.

Die 12 Bücher des Sozialgesetzbuches (SGB)

Buch	Regelung	In Kraft getreten
I	Allgemeiner Teil	1. 1. 1976
II	Grundsicherung für Arbeitsuchende	1. 1. 2005
III	Arbeitsförderung	1. 1. 1998
IV	Gemeinsame Vorschriften für die Sozialversicherung	1. 7. 1977
V	Gesetzliche Krankenversicherung	1. 1. 1989
VI	Gesetzliche Rentenversicherung	1. 1. 1992
VII	Gesetzliche Unfallversicherung	1. 1. 1997
VIII	Kinder- und Jugendhilfe	3. 10. 1990/1. 1. 1991
IX	Rehabilitation und Teilhabe behinderter Menschen	1. 7. 2001
X	Sozialverwaltungsverfahren und Sozialdatenschutz	1. 1. 1981
XI	Soziale Pflegeversicherung	1. 1. 1995
XII	Sozialhilfe	1. 1. 2005

„Alle Sozialleistungen zusammengenommen (und interne Verrechnungen abgezogen) erreichten im Jahr 2010 einen Umfang von rund 761 Mrd. €. Das entspricht (gemessen am Bruttoinlandsprodukt) mit 30,4 % fast einem Drittel der gesamten deutschen Wirtschaftsleistung". (Quelle: Globus Infografik)

Das soziale Netz

Sozialleistungen in Deutschland 2010
in Milliarden Euro (Schätzung)

Rentenversicherung 253,7

46,4 Grundsicherung für Arbeitsuchende
41,6 Kindergeld u. Familienleistungsausgleich
30,7 Steuerl. Leistungen (Ehegattensplitting)
25,4 Kinder- u. Jugendhilfe
22,3 Betriebl. Altersversorgung
18,2 Priv. Kranken- u. Pflegeversicherung
11,9 Unfallversicherung
4,7 Erziehungsgeld, Elterngeld
3,1 Familienzuschläge
2,2 Ausbildungsförderung
1,9 Wohngeld
0,9 Wiedergutmachung
0,2 Priv. Altersvorsorge
0,1 Lastenausgleich u. a. Entschädigungen
0,6 Arbeitslosenhilfe u. a.
1,2 sonstige Arbeitgeberleistungen
2,2 Soziale Entschädigung
2,9 Alterssicherung d. Landwirte
3,7 Versorgungswerke
10,3 Zusatzvers. im öffentl. Dienst
12,6 Beihilfen für Beamte
21,4 Gesetzl. Pflegeversicherung
24,9 Sozialhilfe
29,7 Lohn- und Gehaltsfortzahlung
36,2 Arbeitslosenversicherung
42,4 Beamtenpensionen

Gesetzl. Krankenversicherung 174,0

Quelle: BMAS   Angaben ohne Verrechnungen   © Globus   4379

Sozialkompetenz

Wird von der → Kultusministerkonferenz (KMK) definiert als „die Bereitschaft und Befähigung, soziale Beziehungen zu leben und zu gestalten, Zuwendungen und Span-
nungen zu erfassen und zu verstehen sowie sich mit Anderen rational und verantwor-
tungsbewusst auseinander zu setzen und zu verständigen. Hierzu gehört insbesondere
auch die Entwicklung sozialer Verantwortung und Solidarität" (KMK 2007). → Handlungsfähigkeit, → Kompetenz, → Soft Skills

Sozialversicherung

Gesetzliche Zwangsversicherung der Beschäftigten, die eine weisungsgebundene Arbeit verrichten (§ 7 SGB IV). Der Ursprung der Sozialversicherung reicht in das Jahr
1881 zurück (siehe Abb. „Stationen des Sozialstaates").

Die Sozialversicherung gliedert sich in die

► gesetzliche Rentenversicherung
► gesetzliche Krankenversicherung
► gesetzliche Unfallversicherung
► Arbeitslosenversicherung
► gesetzliche Pflegeversicherung.

Die Beiträge richten sich nach der Höhe der Arbeitsentgelte und werden im Normalfall von Arbeitgeber und Arbeitnehmer je zur Hälfte getragen. Bei der Unfallversicherung zahlt der Arbeitgeber den Betrag allein.

Sozialversicherungsbeiträge 2011

Sozialversicherung	Beitragssatz (gesamt)	Arbeitnehmer-beitrag	Arbeitgeber-beitrag
Krankenversicherung	allgemein: 15,5 % ermäßigt: 14,9 %	allgemein: 8,2 % * ermäßigt: 7,9 %*	allgemein: 7,3 % ermäßigt: 7 %
Pflegeversicherung Kinderlose ab 23.Lj.	1,95 % 2,2 %	0,975 % 1,225 %	0,975 %
Rentenversicherung	19,9 %	9,95 %	9,95 %
Arbeitslosen-versicherung	3 %	1,5 %	1,5 %

* Inklusive 0,9 % Arbeitnehmerzuschlag für Zahnersatz

Mit dem Beginn des Berufsausbildungsverhältnisses werden Auszubildende in allen Zweigen der Sozialversicherung (Kranken-, Pflege-, Renten- und Arbeitslosenversicherung) versicherungspflichtig. Gleichzeitig erlischt mit dem Beginn der Berufsausbildung auch die Möglichkeit einer Familienversicherung über die Eltern.
Auszubildende haben keinen Anspruch auf beitragsfreie Beschäftigung oder niedrigere Beiträge zur Sozialversicherung (Kranken-, Pflege-, Arbeitslosen- und Rentenversicherung); das hat das Landessozialgericht Baden-Württemberg am 10. 6. 2008 beschlossen (AZ: L 4 KR 6527/06).

Stationen des sozialen Staats

Wichtige Wegmarken der gesetzlichen
Sozialversicherung in Deutschland

1881	„Kaiserliche Botschaft" Beginn der Arbeit an Sozialgesetzen
1883	Krankenversicherung für Arbeiter
1884	Unfallversicherung
1889	Alters- und Invalidenversicherung für Arbeiter
1911	Rentenversicherung für Angestellte

1927	Arbeitslosenversicherung
1933	Abschaffung der Selbstverwaltung

1951	Wiedereinführung der Selbstverwaltung
1957	Rentenreform „Dynamische Rente"
1970	Lohnfortzahlung bei Krankheit auch für Arbeiter
1986	Anrechnung von Kindererziehungszeiten bei der Rente
1990	Deutsche Einheit: Aufnahme der Ostdeutschen in das westdt. Sozialsystem
1995	Pflegeversicherung
2003-05	„Hartz-Gesetze": Reformen am Arbeitsmarkt
2009	„Gesundheitsfonds" in der Krankenversicherung
2012	Schrittweise Einführung der „Rente mit 67"

G
4488 © Globus

Spranger, Eduard

(* 27. 6. 1882, † 17. 9. 1963) Pädagoge, Jugendpsychologe und Philosoph, der als einer der führenden Vertreter einer geisteswissenschaftlich-kulturphilosophischen Pädagogik gilt. Neben → *Kerschensteiner* wird er zu den herausragenden Persönlichkeiten der deutschen Berufspädagogik gezählt. Als Professor für Pädagogik zunächst dem Gymnasium zugewandt, galt sein Interesse seit den 1920er Jahren verstärkt der Volksschule, dem Zusammenhang von Allgemeinbildung und Berufsbildung sowie der Berufsschule. Wie *Kerschensteiner* schreibt *Spranger* der Berufsbildung eine hohe Bedeutung zu, betont jedoch stärker den theoretischen Aspekt.

Den Bildungsprozess junger Menschen beschreibt er in drei konzentrischen Kreisen:
1. **Grundlegende Bildung:** Zunächst finde in den Volksschulen und höheren Schulen eine „erste methodische Belebung aller geistigen Grundkräfte" statt. Daraufhin entstehe das Berufsinteresse und es entwickele sich ein „persönliches Bildungszentrum". Sodann erfolge der Übergang in die zweite Phase.
2. **Berufsbildung:** In dem gewählten Beruf muss sich der Jugendliche mit spezifischen Aufgaben auseinandersetzen. In dieser konkreten beruflichen Tätigkeit erlebe er einen Ausschnitt aus dem wirtschaftlichen Geschehen und erfahre in der konkreten beruflichen Tätigkeit einen Teilbereich kulturellen Schaffens. Dies ermögliche dem Jugendlichen den Übergang in die dritte Phase.
3. **Allgemeinbildung:** Von den berufsspezifischen Anliegen weite sich der Blick zu den allgemeinen Fragen des sozialen Lebens, was zu einem erlebenden und verstehenden Erfassen der Kultur führe.

Die Berufsbildung ist nach *Sprangers* Theorie also der Dreh- und Angelpunkt des Bildungsprozesses junger Menschen. Demzufolge konstatiert er: „Der Weg zu der höheren Allgemeinbildung führt über den Beruf und nur über den Beruf" (1923).

Sprangers Bildungstheorie gab der Berufspädagogik entscheidende Impulse und rückte die Berufsbildung stärker ins Blickfeld der bis dahin eher traditionell ausgerichteten Erziehungswissenschaft. In der Weimarer Republik und in der jungen Bundesrepublik nahm er bedeutenden Einfluss auf die Lehrerausbildung und die Hochschul- und Bildungspolitik.

Veröffentlichungen: Gedanken über Lehrerbildung (1920); Der Bildungswert der Heimatkunde (1923); Psychologie des Jugendalters (1924); Zur Geschichte der deutschen Volksschule (1951); Pädagogische Perspektiven (1951); Kulturfragen der Gegenwart (1953); Der geborene Erzieher (1958); Das Gesetz der ungewollten Nebenwirkungen in der Erziehung (1962); Menschenleben und Menschheitsfragen (1963).

Start in die Ausbildung

Mit der Berufsausbildung beginnt für Auszubildende ein neuer Lebensabschnitt. Der Übergang von der Schule in den Betrieb bringt zahlreiche Veränderungen mit sich, auf die sich der Auszubildende erst einstellen bzw. die er allmählich verarbeiten muss. Er muss sich bspw. in ein neues Sozialgefüge (betriebliche Organisationsstruktur, Mitarbeiter, „Fachsprache") integrieren, dort seine eigene Rolle finden und Verpflichtungen bzw. Verantwortung übernehmen.

Ausbilder sollten sich bemühen, dem neuen Auszubildenden den Übergang von der Schule in den Betrieb zu erleichtern. Eine sorgfältige Einführung zu Beginn der Ausbildung in den Ausbildungsbetrieb ist unerlässlich. Dies ist entscheidend, um beim Auszubildenden eine positive Einstellung und Identifikation mit dem Beruf und dem Unternehmen zu schaffen.

Auch Auszubildende sollten sich ihrer neuen Situation bewusst sein: Grundsätzlich empfiehlt es sich, beim Start in die Ausbildung ein eher zurückhaltendes Verhalten an den Tag zu legen. Auch sollten sich die Auszubildenden mit der Firmenkultur vertraut machen. Lernbereitschaft sollte stets signalisiert werden.

Der Start in die Ausbildung	
Tipps für Azubis	Tipps für Ausbildende/Ausbilder

Organisatorisches:

► Lohnsteuerkarte beantragen (Ab 1. 1. 2012 wird die Karte durch ein elektronisches Verfahren ersetzt.)

► Girokonto eröffnen

► Krankenversicherung abschließen und Krankenkasse dem Ausbildenden mitteilen (Die Beitragssätze sind gleich, also auf jeden Fall die Leistungen vergleichen!)

► eventuell Haftpflichtversicherung abschließen (falls nicht noch über die Eltern mitversichert)

► der Abschluss einer Berufsunfähigkeitsversicherung ist sinnvoll

► vermögenswirksame Leistungen nutzen (falls nichts im Ausbildungsvertrag geregelt ist, beim Ausbildenden nachfragen)

► Fördermöglichkeiten prüfen (z. B. können Azubis Berufsausbildungsbeihilfe beantragen, wenn sie während der Ausbildung nicht bei den Eltern wohnen können, weil der Ausbildungsbetrieb vom Elternhaus zu weit entfernt ist.)

► Ausbildungsbescheinigung vom Arbeitgeber ausstellen lassen: Auszubildende bzw. Berufsschüler kommen in den Genuss zahlreicher Vergünstigungen (Bus und Bahn, Museen, Schwimmbäder, Bibliotheken usw.)

Verhalten:

► Pünktlichkeit und Höflichkeit

► Mit den betriebsinternen „Spielregeln" vertraut machen

► Lernbereitschaft signalisieren („Mehr fragen als sagen")

► Mit Klatsch und Tratsch zurückhalten

► Siezen (bis man Ihnen das „Du" anbietet)

Organisatorisches:

► Begrüßung: Nehmen Sie sich Zeit und schaffen Sie eine angenehme Atmosphäre. Vermeiden Sie Hektik.

► Vorstellung: Der Ausbilder sollte sich am ersten Tag persönlich vorstellen und evtl. auch die weitere Einführung durchführen. Eventuell auch Vorstellung bei der Geschäftsleitung und dem Betriebsrat/JAV. Über das Unternehmen informieren (z. B. Unternehmensphilosophie, Unternehmensziele, innerbetriebliche Organisation usw.).

► Aushändigung von Unterlagen (z. B. Berufsausbildungsvertrag, Ausbildungsplan, Ausbildungsnachweis, evtl. Betriebsausweis).

► Hinweise und Informationen geben (z. B. Unfallverhütungsvorschriften, Tarifvertrag, Organisation und Betriebsordnung, betriebsspezifische Umgangsformen, Arbeitszeiten, Information über Berufsschulbesuch).

► Rundgang durch den Betrieb (Gebäude zeigen und mit den Abteilungen und Mitarbeitern bekannt machen).

► Arbeitsplatz zuweisen.

► Azubi die Möglichkeit geben, Fragen zu stellen.

Stift

(umgangssprachlich) Abwertender Begriff für einen Auszubildenden. Stift war ursprünglich die Bezeichnung für „etwas Kleines" bzw. „Geringwertiges" und wurde später auch verwendet für einen „halbwüchsigen Jungen". Der Begriff *Stifftgen* ist seit dem 17. Jahrhundert bezeugt und bedeutete „Knäblein". → Lehrling, → Auszubildender

Streik

Arbeitsniederlegung als Maßnahme in einem Arbeitskampf, wenn die → Tarifverhandlungen gescheitert sind. Streiks sind nur dann rechtmäßig, wenn sie von einer Gewerkschaft geführt werden und ein Ziel verfolgen, das tariflich regelbar ist (z. B. Lohnerhöhung). Siehe hierzu auch → Tarifvertrag. So genannte „wilde" Streiks und politische Streiks sind nicht zulässig.
Die streikenden Arbeitnehmer erhalten von der Gewerkschaft ein Streikgeld, das den Einkommensausfall kompensiert. Auszubildenden steht im Rahmen eines Arbeitskampfes das Streikrecht zu.

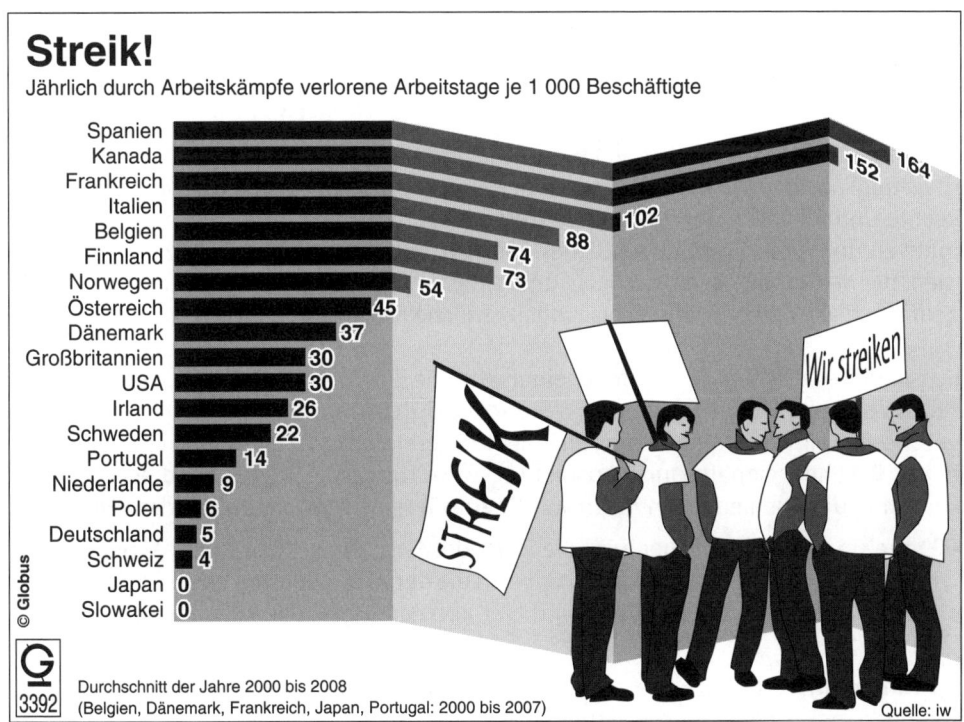

Streik!

Jährlich durch Arbeitskämpfe verlorene Arbeitstage je 1 000 Beschäftigte

Land	Wert
Spanien	164
Kanada	152
Frankreich	102
Italien	88
Belgien	74
Finnland	73
Norwegen	54
Österreich	45
Dänemark	37
Großbritannien	30
USA	30
Irland	26
Schweden	22
Portugal	14
Niederlande	9
Polen	6
Deutschland	5
Schweiz	4
Japan	0
Slowakei	0

© Globus

STREIK

Wir streiken

G
3392

Durchschnitt der Jahre 2000 bis 2008
(Belgien, Dänemark, Frankreich, Japan, Portugal: 2000 bis 2007)

Quelle: iw

Strukturplan (Bildungswesen)

Bezeichnung für den vom Deutschen Bildungsrat am 13. 2. 1970 vorgelegten Neuentwurf zur Gestaltung des → Bildungswesens in der BRD.

Tafelbild

Tafelbilder sind vom Lehrer geplante oder im Unterricht spontan entwickelte visuelle Darstellungen (sprachlich und/oder bildlich), die den Lernprozess der Schüler unterstützen sollen.

Nach ihrer Grundform bzw. didaktischer Intention lassen sich Tafelbilder im Wesentlichen unterscheiden in:

► **Statische Tafelbilder:** Der Lehrer präsentiert ein Tafelbild, das im Verlauf des Unterrichts unverändert bleibt.

► **Dynamische Tafelbilder:** Der Lehrer entwickelt das Tafelbild schrittweise im Unterrichtsgespräch.

► **Interaktive Tafelbilder:** Schüler sind aktiv an der Gestaltung mitbeteiligt.

Tarifvertrag

In Deutschland werden die Entgelt- und Arbeitsbedingungen nicht vom Staat festgelegt, sondern autonom von den Tarifvertragsparteien (Arbeitgeber bzw. Arbeitgeberverbände und Gewerkschaften) ausgehandelt und in Tarifverträgen festgelegt. Dies wird als Tarifautonomie bezeichnet; sie ist in Art. 9 GG verankert. Die rechtliche Grundlage bildet das Tarifvertragsgesetz (TVG).

Ein Tarifvertrag (TV) ist ein kollektivrechtlicher, schriftlicher Vertrag zwischen den Tarifvertragsparteien, in dem Rechtsnormen und Regelungen festgelegt werden, die die Rechte und Pflichten der Vertragsparteien betreffen. Der TV besteht aus einem normativen und einem schuldrechtlichen Teil. Der normative Teil enthält z. B. Rechtsnormen, die den Inhalt, den Abschluss und die Beendigung von Arbeitsverhältnissen regeln. Auch werden betriebsverfassungsrechtliche Fragen geregelt.

Im schuldrechtlichen Teil werden einerseits die Pflichten der Tarifvertragsparteien selbst geregelt (z. B. die Friedenspflicht und die Durchführungspflicht); dies ist der obligatorische Teil. Andererseits werden Pflichten vereinbart, die die Arbeitnehmer betreffen (z. B. Löhne, Gehälter und Ausbildungsvergütungen). Dieser schuldrechtliche Teil kommt in unterschiedlichen Arten von TV zum Tragen. Man unterscheidet zwischen:

► **Entgelttarifverträgen:** Hier wird die Höhe des Entgelts bei Zeit- und Akkordlohn geregelt. Bezugsgröße ist die Lohngruppe, in die der Arbeitnehmer eingeordnet ist. Neben den Löhnen und Gehältern wird hier auch die Höhe der Ausbildungsvergütung geregelt.

► **Rahmentarifverträgen:** Hier werden die Lohn- und Gehaltsgruppen und Vereinbarungen zur Arbeits- und Leistungsbewertung festgelegt. Sie haben eine längere Laufzeit (i. d. R. drei Jahre).

► **Manteltarifverträgen:** Hier werden die sonstigen Vereinbarungen zu Arbeitsbedingungen, wie z. B. Arbeitszeit, Erholungs- und Sonderurlaub, Überstunden und Kündigungsfristen geregelt. Sie haben ebenfalls eine längere Laufzeit.

TV gelten nur für die Mitglieder der Tarifvertragsparteien oder wenn die TV für allgemeinverbindlich erklärt worden sind. Allerdings behandeln Arbeitgeber meistens auch die nicht in einer Gewerkschaft organisierten Arbeitnehmer nach Tarif, „da diese sonst am nächsten Tag der Gewerkschaft beitreten würden" (*Däubler*).

Der Arbeitnehmer muss die Möglichkeit haben, von den tariflichen Regelungen Kenntnis zu erlangen. Der Arbeitgeber (Ausbildende) muss daher auf den anzuwendenden TV hinweisen. Vorgeschrieben ist „ein in allgemeiner Form gehaltener Hinweis" (§ 2 Abs. 1 Nr. 10 Nachweisgesetz). Eine typische Formulierung im Arbeits- bzw. Ausbildungsvertrag ist z. B.: „Im Übrigen finden die einschlägigen Tarifverträge sowie Betriebsvereinbarungen Anwendung."

Außerdem ist der Arbeitgeber (Ausbildende) verpflichtet, den TV im Betrieb an geeigneter Stelle bekannt zu machen (§ 8 TVG).

Checkliste: Gilt der Tarifvertrag für mein Ausbildungs- bzw. Arbeitsverhältnis?			
Arbeitnehmer organisiert? (Gewerkschaft)	Arbeitgeber organisiert? (Arbeitgeberverband)	Allgemeinverbindlichkeitserklärung?	Gilt der Tarifvertrag?
nein	nein	nein	**nein**
ja	nein	nein	**nein**
nein	ja	nein	**nein**
ja	ja	nein	**ja**
ja	nein	ja	**ja**
nein	ja	ja	**ja**
ja	ja	ja	**ja**
nein	nein	ja	**ja**

Tarifvertragsgesetz (TVG)

Das TVG vom 9. 4. 1949 regelt das Recht der → Tarifparteien, durch → Tarifverträge Einfluss auf das Arbeitsleben zu nehmen und konkretisiert somit die Koalitionsfreiheit, die sich aus dem Grundgesetz (Art. 9 Abs. 3 GG) ergibt. Beispielsweise wird im TVG geregelt, welche Inhalte Tarifverträge haben können (§ 1 GG), wer sie abschließen kann (§ 2 GG) und wer tarifgebunden (§ 3 GG) ist. Außerdem wird die Allgemeinverbindlichkeit (§ 5 GG) geregelt.

Tarifvertragsparteien

Aus Art. 9 Abs. 3 GG ergibt sich „für jedermann und für alle Berufe" das verfassungsrechtlich geschützte „Recht, zur Wahrung und Förderung der Arbeits- und Wirtschafts-

bedingungen Vereinigungen zu bilden". Diese Vereinigungen werden als Tarifvertragsparteien bezeichnet und sind die
1. → Arbeitgeberverbände, welche die Interessen der Arbeitgeber vertreten,
2. die einzelnen → Gewerkschaften, die die Interessen der Arbeitnehmer der jeweiligen Branche vertreten.
Die Tarifvertragsparteien handeln die → Tarifverträge aus.

Tarifverhandlungen

Die Tarifverhandlungen beginnen mit Ablauf oder Kündigung eines bestehenden → Tarifvertrags. In den Verhandlungen versuchen → Arbeitgeber und → Gewerkschaften
ihre Forderungen durchzusetzen und in Form eines Tarifvertrags festzuhalten. Schei-
tern diese Verhandlungen, kann es zu einem → Streik kommen.
Bevor eine Gewerkschaft ihre Mitglieder zum Streik aufrufen kann, müssen bestimmte Verfahrensschritte eingehalten werden (eine Einigung ist in jeder Phase möglich):
Zunächst werden Verhandlungen zwischen Gewerkschaft und Arbeitgeber(verband)
geführt. Wenn es zu keiner Einigung kommt, wird ein Schlichtungsverfahren einberufen. Die Schlichter (jeweils einer wird vom Arbeitgeber und der Gewerkschaft benannt)
versuchen eine Einigung zu erreichen. In dieser Phase besteht Friedenspflicht. Ist die
Einigung nicht akzeptabel, wird der Streik eingeleitet: In einer Urabstimmung befragt
die Gewerkschaft ihre Mitglieder. Stimmen 75 % dem Streik zu, kann die Gewerkschaft
zum Streik aufrufen. Die Arbeitskampfleitung der Gewerkschaft wählt aus, wo ge-
streikt werden sollen und ruft die Mitglieder zur Arbeitsniederlegung auf. Bietet der
Arbeitgeber an, das Angebot nachzubessern, werden die Verhandlungen wieder aufgenommen. Parallel dazu laufen die Streiks weiter. Unter Umständen greift der Arbeitgeber auf das Mittel der → Aussperrung zurück. Legt der Arbeitgeber ein verbessertes
Angebot vor, befragt die Gewerkschaft erneut ihre Mitglieder. Akzeptieren 75 % der
Mitglieder das Ergebnis nicht, wird weitergestreikt. Wird das Ergebnis akzeptiert, wird
der Streik beendet. Das Schaubild zeigt die Verfahrensschritte eines Arbeitskampfes.

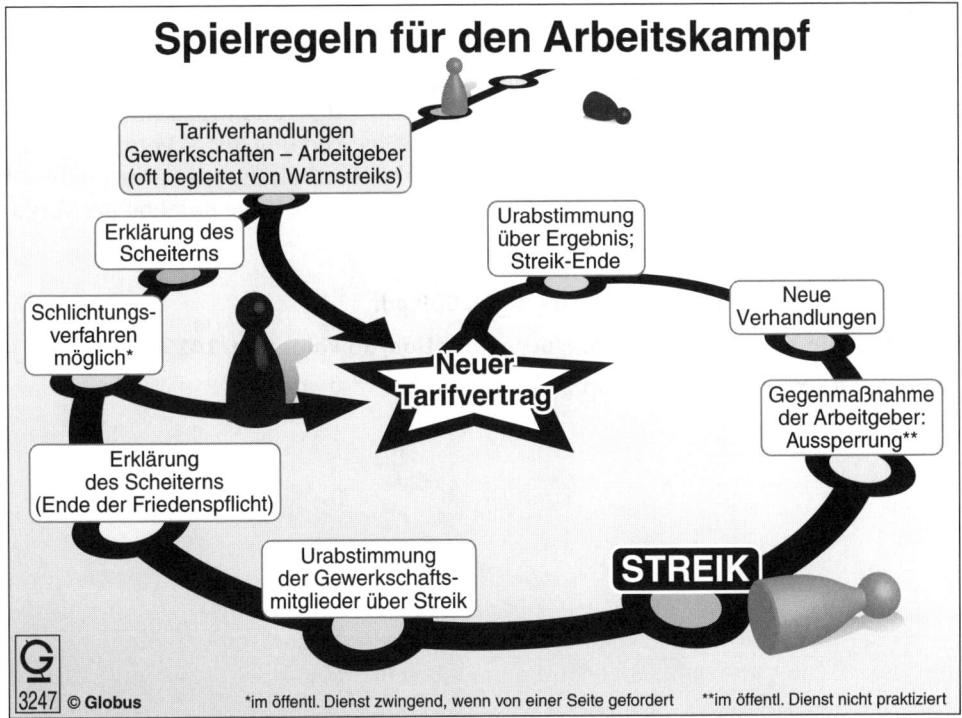

Spielregeln für den Arbeitskampf

Tarifverhandlungen
Gewerkschaften – Arbeitgeber
(oft begleitet von Warnstreiks)

Erklärung des
Scheiterns

Urabstimmung
über Ergebnis;
Streik-Ende

Neue
Verhandlungen

Schlichtungs-
verfahren
möglich*

**Neuer
Tarifvertrag**

Gegenmaßnahme
der Arbeitgeber:
Aussperrung**

Erklärung
des Scheiterns
(Ende der Friedenspflicht)

Urabstimmung
der Gewerkschafts-
mitglieder über Streik

STREIK

3247 © Globus   *im öffentl. Dienst zwingend, wenn von einer Seite gefordert   **im öffentl. Dienst nicht praktiziert

Teilzeitberufsausbildung

Seit 2005 wird Auszubildenden erstmals eine Teilzeitsausbildung ermöglicht. Es handelt sich dabei um eine Verkürzung der täglichen oder wöchentlichen Ausbildungszeit (§ 8 Abs. 1 Satz 2). Die Ausbildungsdauer (z. B. drei Jahre) bleibt unverändert, die Arbeitszeit wird verkürzt: täglich stundenweise oder wöchentlich tageweise.

Voraussetzungen für eine Teilzeitberufsausbildung:

Für eine Verkürzung der Ausbildungszeit **muss**

▶ ein gemeinsamer Antrag des Auszubildenden und des Ausbildenden gestellt werden

▶ zu erwarten sein, dass das Ausbildungsziel in der verkürzten Zeit erreicht wird

▶ ein „berechtigtes Interesse" vorliegen.

Es besteht kein Rechtsanspruch des Auszubildenden auf die Verkürzung der → Ausbildungszeit. Der Antrag muss gemeinsam von Auszubildenden und Ausbildenden gestellt werden. Die → zuständige Stelle muss dem Antrag zustimmen.
Der Auszubildende muss befähigt sein, dass Ausbildungsziel zu erreichen. Ein „berechtigtes Interesse" liegt z. B. vor, wenn Auszubildende schwerbehindert sind oder ein ei-

genes Kind oder einen pflegebedürftigen Angehörigen betreuen müssen.

Es existiert keine gesetzliche Regelung, wie bei einer Teilzeitausbildung die Ausbildungsvergütung bemessen werden sollte. Während die IHK eine Anpassung an die verkürzte Ausbildungszeit vertritt, wird von Arbeitsrechtlern und vom BBiB die Ansicht vertreten, dass bei Ausbildung in Teilzeit eine anteilige Kürzung der → Vergütung ausscheidet, da nicht – wie bei einem „normalen" Arbeitsverhältnis – das Prinzip „Arbeit gegen Lohn" gilt. Auch sehen → Tarifverträge für diesen Fall keine Kürzung der Vergütung Auszubildender vor.

www.bmbf.de/pub/jobstarter_regional_3-2009.pdf

www.bibb.de/veroeffentlichungen/de/publication/download/id/1415

www.good-practice.de/2936.php

Übernahme

Das Berufsausbildungsverhältnis ist ein befristetes Vertragsverhältnis. Daher besteht für Auszubildende nach Beendigung des Ausbildungsverhältnisses – sofern vertraglich nichts anderes vereinbart worden ist – kein Anspruch auf Übernahme in ein unbefristetes Arbeitsverhältnis.

Ausnahmeregelungen zur → Weiterbeschäftigung sehen die § 24 BBiG und § 78a Abs. 2 BetrVG vor. → Jugend- und Auszubildendenvertretung (JAV)

Übersetzung

→ Zeugnisübersetzung

Überstunden

→ Mehrarbeit

Umschulung (berufliche)

Bildungsmaßnahmen im Bereich der beruflichen → Weiterbildung, die den Übergang in einen anderen (als den zuvor gewählten) Beruf ermöglichen. Insofern handelt es sich i. d. R. um eine zweite Berufsausbildung. Erwachsene, die z. B. aufgrund von Krankheit oder Behinderung ihren Beruf nicht mehr ausüben können, sollen somit die Möglichkeit erhalten, weiter erwerbstätig zu bleiben.

Die berufliche Umschulung wird durch Umschulungsordnungen geregelt und orientiert sich an den anerkannten Ausbildungsberufen. Die gesetzlichen Regelungen finden sich im → Berufsbildungsgesetz (§§ 58 bis 63 BBiG) und im → Sozialgesetzbuch (SGB III).

Da es sich um eine zweite Berufsausbildung handelt, kann die Umschulung verkürzt werden. Die Dauer der Umschulung richtet sich dabei nach der regulären Ausbildungsdauer des jeweiligen Berufsbildes. Die meisten kaufmännischen Ausbildungen haben eine Ausbildungszeit von 3 Jahren (24 Monate Umschulungszeit); technische Berufe 3,5 Jahre (30 Monate Umschulungszeit).

Wenn bestimmte Voraussetzungen vorliegen, kann eine Förderung nach § 77 SGB III möglich sein. Da die Kosten einer Umschulung relativ hoch sind (ca. 36.000 €), nimmt die Bedeutung der längerfristigen beruflichen Umschulung als Förderinstrument ab und wird zurückgedrängt. Damit „haben sich die Zugangschancen von Geringqualifizierten (ohne Berufsabschluss) zur beruflichen Weiterbildung und damit letztlich zum Arbeitsmarkt erheblich verschlechtert" (*Dobischat*).

Unfallversicherung (gesetzliche)

Die gesetzliche Unfallversicherung ist seit 1884 Bestandteil der sozialen Sicherung und löste als Zwangsversicherung die zivilrechtliche Haftpflicht des einzelnen Unternehmers ab. Seit den 1920er Jahren erfuhr die Unfallversicherung eine Ausweitung; der Schutz bezog sich nun auch auf Wegeunfälle, Berufskrankheiten und Heilverfahren. Der von der Unfallversicherung erfasste Personenkreis erweiterte sich zunächst auf Angestellte in den Büros (1928), später auch auf → Auszubildende (1937). Seit 1971 werden auch Kindergartenkinder, Schüler und Studenten mit einbezogen. Die gesetzliche Grundlage der Unfallversicherung ist das Sozialgesetzbuch (SGB) VII. Zu ihren Aufgaben gehören die Verhütung von Arbeitsunfällen und Gesundheitsgefahren sowie die Entschädigung des Verletzten, seiner Angehörigen oder seiner Hinterbliebenen. Dies soll geschehen durch die Wiederherstellung der Erwerbstätigkeit, die Förderung der Wiedereingliederung in das Arbeitsleben und durch Geldleistungen. Versicherungspflichtige Personen sind alle → Arbeitnehmer, Auszubildenden, Schüler, Studenten und Kinder. Träger der Unfallversicherung sind die Berufsgenossenschaften, Unfallkassen und Gemeindeunfallversicherungsverbände.

Die Finanzierung erfolgt durch die → Arbeitgeber, die die Beiträge alleine zu zahlen haben. Die Höhe der Beiträge bemisst sich nach dem Arbeitsentgelt der Versicherten und nach Unfallgefahrenklassen. Der Versicherungsschutz erstreckt sich auf Arbeitsunfälle im Betrieb, Wegeunfälle und Berufskrankheiten.

 INFO

Unfall auf Arbeitsweg: Wann die Versicherung greift

Die Straßen sind glatt und die Gehwege vereist. Der Weg zur Arbeit wird im Winter oft zur Schlitterpartie. Wer sich verletzt, den schützt die gesetzliche Unfallversicherung. Damit der Versicherte Geld bekommt, muss der Arbeitgeber den Unfall melden. (…)

Um die Leistungen zu bekommen, muss der Versicherte aber einige Regeln beachten: Hat ein Beschäftigter auf dem Weg zu seiner Arbeit einen Unfall, sollte er unverzüglich einen sogenannten Durchgangsarzt aufsuchen. Dies ist ein besonders qualifizierter und medizinisch-technisch besonders ausgestatteter Chirurg oder Orthopäde mit unfallmedizinischer Erfahrung. „Andere Ärzte, etwa Hausärzte, sind verpflichtet, den Verletzten dort vorzustellen", sagt Biesel. Versicherte können auch auf den Internetseiten der DGUV nach einem Durchgangsarzt suchen.

Auch sollte der Betroffene einen sogenannten rechtsmittelfähigen Bescheid beantragen, aus dem sich ergibt, dass ein Arbeits-Wegeunfall geschehen ist und welche Folgen daraus resultierten. Sollte der Unfallversicherungsträger die Anerkennung ablehnen, kann gegen einen solchen Bescheid zunächst Widerspruch erhoben werden. Falls die Berufsgenossenschaft bei ihrer ablehnenden Haltung bleibt, ist dann Klage beim Sozialgericht möglich.

Oft erkennen die Berufsgenossenschaften einen Wegeunfall nicht an oder lehnen bestimmte Gesundheitsschäden als Unfallfolge ab. Streit gibt es auch immer wieder darüber, ob sich der Betroffene tatsächlich auf dem Weg zur Arbeit befand. Denn ein Wegeunfall ist klar definiert: „Wegeunfälle sind Unfälle, die sich auf dem direkten Weg zu einer versicherten Tätigkeit oder auf dem Heimweg von einer versicherten Tätigkeit ereignen", erläutert Strauch. Privat veranlasste Umwege - zum Beispiel ein kurzer Stopp bei der Tankstelle oder um einzukaufen - sind in der Regel nicht versichert.

Umwege, um seine Kinder während der Arbeitszeit unterzubringen, sind hingegen versichert. Auch Unfälle, die bei Umwegen durch Fahrgemeinschaften oder Umleitungen entstehen, sind abgedeckt. Auch wer seinen Weg zur Arbeit nicht von Zuhause aus beginnt, sondern von seiner Freundin aus losfährt, bei der er übernachtet hat, ist auf diesem Weg versichert. So entschied das Landessozialgericht Nordrhein-Westfalen (Aktenzeichen: L 15 U 97/99).

Ein Arbeitnehmer ist auch dann versichert, wenn er seinen Weg zur Arbeit unterbricht, um einen Verkehrsunfall zu klären. So entschied das Hessische Landessozialgericht (Aktenzeichen: L 3 U 25/07). In diesem Fall hatte ein Mann auf dem Heimweg von der Arbeit gewendet, nachdem ihm ein entgegenkommendes Auto den Außenspiegel seines Wagens abgefahren hatte. Während er mit dem Unfallverursacher sprach, fuhr ein weiterer Wagen auf sein Auto auf und quetschte ihn ein. Die Unfallversicherung musste zahlen, weil die Unterbrechung der Fahrt nach Ansicht der Richter in direktem Zusammenhang mit seinem Heimweg stand.

Quelle: DPA/Rhein-Zeitung, 27. 1. 2011 (gekürzt).

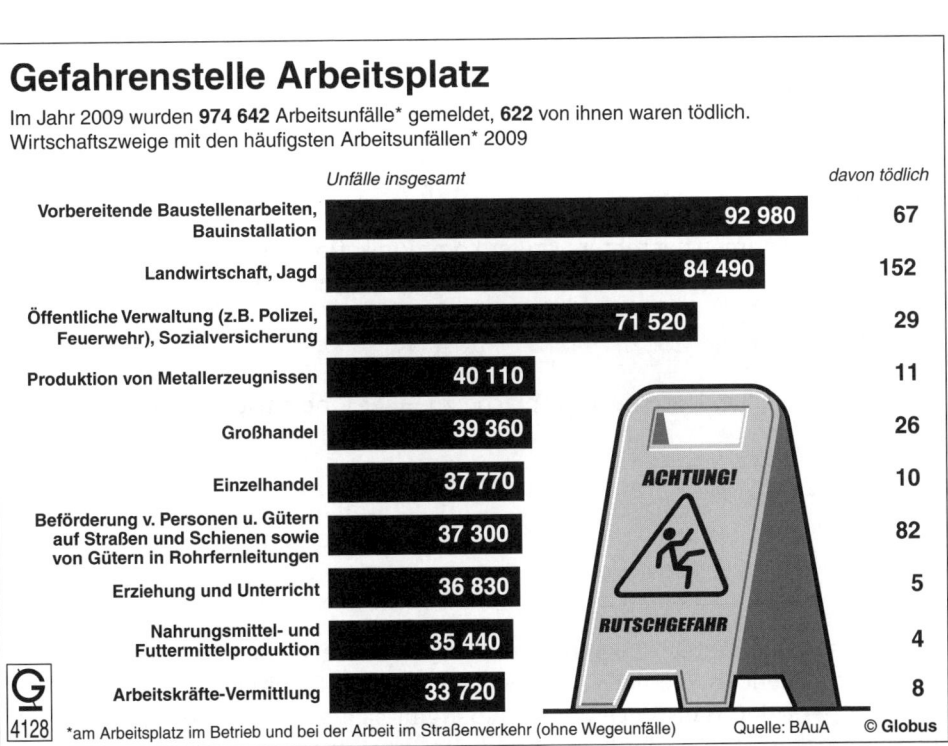

Gefahrenstelle Arbeitsplatz

Im Jahr 2009 wurden **974 642** Arbeitsunfälle* gemeldet, **622** von ihnen waren tödlich.
Wirtschaftszweige mit den häufigsten Arbeitsunfällen* 2009

	Unfälle insgesamt	davon tödlich
Vorbereitende Baustellenarbeiten, Bauinstallation	92 980	67
Landwirtschaft, Jagd	84 490	152
Öffentliche Verwaltung (z.B. Polizei, Feuerwehr), Sozialversicherung	71 520	29
Produktion von Metallerzeugnissen	40 110	11
Großhandel	39 360	26
Einzelhandel	37 770	10
Beförderung v. Personen u. Gütern auf Straßen und Schienen sowie von Gütern in Rohrfernleitungen	37 300	82
Erziehung und Unterricht	36 830	5
Nahrungsmittel- und Futtermittelproduktion	35 440	4
Arbeitskräfte-Vermittlung	33 720	8

ACHTUNG!

RUTSCHGEFAHR

G
4128
*am Arbeitsplatz im Betrieb und bei der Arbeit im Straßenverkehr (ohne Wegeunfälle)   Quelle: BAuA   © Globus

www.dguv.de

www.bmas.de/portal/14248/unfallversicherung.html

Ungebundene Aufgaben

→ Aufgabentypen

Unternehmen

Ist eine wirtschaftlich organisierte Unternehmung im juristisch-finanziellen Sinn. Der Begriff „Unternehmen" wird häufig mit dem Begriff → „Betrieb" synonym verwendet.

Unwirksamkeit

→ Nichtigkeit

Unterricht

→ Berufsschule

Unterrichtsmethoden

→ Methoden

Unterrichtsgespräch

Gespräche im Rahmen der Lehrer-Schüler-Kommunikation, die dem Unterricht dienen. Unterrichtsgespräche haben unterschiedliche Funktionen und Formen.

Beispiel

Beratungsgespräche, Unterrichtsgespräche zu einer Problemstellung bzw. zu einem Thema.

Urlaub

(Erholungsurlaub) Zeitlich begrenzte und bezahlte Freistellung des Arbeitnehmers bzw. Auszubildenden, die der Wiederherstellung bzw. Erhaltung seiner Arbeitskraft dient. Der → Urlaubsanspruch auf Urlaub ergibt sich aus verschiedenen Rechtsnormen: Gesetzen, (Mantel-)Tarifvertrag, Arbeits- bzw. Ausbildungsvertrag. Der → Betriebsrat hat Mitbestimmungsrechte bei der Aufstellung allgemeiner Urlaubsgrundsätze und -pläne.

Urlaubsanspruch

Der gesetzliche Urlaubsanspruch bestimmt sich nach den Vorschriften des Bundesurlaubsgesetzes (BUrlG). Für Auszubildende unter 18 Jahren finden die Vorschriften des → Jugendarbeitschutzgesetzes Anwendung (§19 JarbSchG).

Urlaubsansprüche nach § 19 JArbSchG	
Alter	Urlaubsanspruch
17 Jahre 16 Jahre 15 Jahre	mind. 25 Werktage mind. 27 Werktage mind. 30 Werktage

Für erwachsene Auszubildende gilt das BUrlG, das jedem Arbeitnehmer mindestens 24 Werktage Urlaub im Jahr zusichert (§ 3 BurlG). Neben den gesetzlichen Bestimmungen sind die tarifvertraglichen Regelungen zu beachten. Die Dauer des Urlaubs muss schriftlich im Ausbildungsvertrag festgelegt werden (§ 11 Abs. 1 Nr. 7 BBiG); sie kann in → Werktagen oder in → Arbeitstagen angegeben werden. Berufsschülern soll der Urlaub in den Schulferien gegeben werden. Während des Urlaubs dürfen Auszubildende keine Erwerbsarbeit leisten, die dem Urlaubszweck widerspricht.

INFO

Mehr Schutz für den Urlaub

Wer seinen Urlaub wegen Krankheit nicht nehmen kann, darf ihn künftig möglicherweise über Jahre hinweg ansparen. Die Regelung, wonach der Urlaubsanspruch zum 1. April des Folgejahres verfällt, sei mit europäischem Recht nicht vereinbar, erklärte am Donnerstag die richterliche Rechtsgutachterin beim Europäischen Gerichtshof (EuGH) in Luxemburg, Verica Trstenjak. Zumindest der nach EU-Recht geltende Mindest-Urlaubsanspruch von vier Wochen müsse erhalten bleiben und notfalls ausbezahlt werden.

Der EuGH folgt den Gutachten in den allermeisten Fällen. Der Kläger war über ein Jahr lang durchgehend krank, danach wurde er verrentet. Von seinem Arbeitgeber verlangt er nun Urlaubsabgeltung in Höhe von über 14 000 Euro. Der Arbeitgeber hatte argumentiert, der Urlaubsanspruch sei nicht erfüllbar gewesen und verfallen.

Quelle: AFP/Süddeutsche Zeitung, 25. 1. 2008.

Verbundausbildung

(auch: Lernortkooperation, Ausbildungspartnerschaft, Ausbildungsverbund) Kooperation mehrerer Betriebe, überbetrieblicher Ausbildungsstätten oder Bildungseinrichtungen zum **Zwecke der Berufsausbildung.**

Ist ein einzelnes Unternehmen als Ausbildungsstätte ungeeignet, weil es nicht in der Lage ist, die notwendigen Ausbildungsinhalte im vollen Umfang zu vermitteln, kann es sich mit anderen Ausbildungsstätten zu diesem Zwecke zusammenschließen (§ 27 Abs. 2 BBiG). Die Verbundausbildung bietet vielfältige Vorteile. Sie ist insbesondere für die Unternehmen vorteilhaft, die sehr stark spezialisiert sind und aus diesem Grund die erforderlichen Ausbildungsinhalte nicht vollständig abdecken können. Insofern ist die Verbundausbildung auch ein geeignetes Instrument, um einem → Fachkräftemangel entgegenzuwirken.

In der Praxis existieren unterschiedliche **Organisationsformen** der Verbundausbildung. Zu den Modellen, die am häufigsten praktiziert werden, zählen:

► **Leitbetrieb mit Partnerbetrieben:** Ein Leitbetrieb (Stammbetrieb) schließt als Ausbildender die Ausbildungsverträge mit den Auszubildenden ab. Die Ausbildungsinhalte, die der Stammbetrieb nicht vermitteln kann, werden von Partnerbetrieben (durchführende Betriebe) übernommen.

Die Gesamtverantwortung, Planung und Koordination für die Ausbildung liegt beim Leitbetrieb. Der Leitbetrieb zahlt i. d. R. die Ausbildungsvergütung. Die Partnerbetriebe übernehmen die Kosten der Ausbildung, die in ihrem Bereich anfallen (z. B. Kosten für Ausbildungspersonal, Sachmittel).

► **Auftragsausbildung**: Einige Abschnitte der Ausbildung erfolgen als Auftragsausbildung gegen Kostenerstattung außerhalb des Stammbetriebes. Jeder Betrieb, der an einem solchen Verbund beteiligt ist, kann Ausbildungsabschnitte als Auftrag übernehmen oder an andere Betriebe abgeben. Übernehmen Betriebe wechselseitig voneinander Auszubildende, ist eine gegenseitige Kostenerstattung unüblich.

► **Ausbildungsverein:** Die Mitgliedsfirmen, die die Ausbildung durchführen, gehören einem eingetragenen Verein an, der alle organisatorischen Aufgaben übernimmt. Eine nach dem Vereinsrecht gestaltete Satzung bildet die Grundlage der Kooperationsbeziehungen zwischen allen Beteiligten. Zweck des Vereins ist es, eine qualifizierte Berufsausbildung zu gewährleisten. Die anfallenden Organisations-, Koordinierungs- und Verwaltungsaufgaben (wie Bewerbungsunterlagen auswerten, Ausbildungsabschnitte koordinieren, Personalunterlagen führen) werden von einem Geschäftsführer wahrgenommen. Die Kosten, die dem Ausbildungsverein entstehen (z. B. für Geschäftsführung, Ausbildungsvergütungen, Prüfungsgebühren, Ausbildungsmittel etc.), können durch Mitgliedsbeiträge bzw. durch öffentliche Fördermittel oder durch Spenden aufgebracht werden.

► **Ausbildungs-Konsortium:** Mehrere kleine und mittlere Unternehmen stellen jeweils eigene Auszubildende ein und schließen sich auf Grundlage eines Kooperationsvertrages zusammen, um gleichberechtigt zum Zwecke der Ausbildung zusammenzuarbeiten. Kann ein Betrieb seinen Auszubildenden gewisse Inhalte nicht vermitteln, übernimmt der „Nachbarbetrieb" die Vermittlung dieser Inhalte (Rotationsprinzip). Dies kann aber auch von Bildungsstätten bzw. Bildungswerken übernommen werden.

Für die Verbundausbildung bestehen Fördermöglichkeiten durch europäische Mittel, Bundes- und Landesmittel. Das Programm „STARegio" der Bundesregierung unterstützt die Kooperation in Ausbildungsverbünden.

www.bibb.de/dokumente/pdf/a11_starregio_rechtsratgeber.pdf

www.bwpat.de/ht2008/ws11/drinkhut_ws11-ht2008_spezial4.shtml

Vergütung

Auszubildende haben nach § 17 Abs. 1 BBiG eine „angemessene Vergütung" zu erhalten. Das → Bundesarbeitsgericht geht davon aus, dass bei tarifgebundenen Betrieben der Tariflohn „angemessen" sei. Nicht tarifgebundene Betriebe müssen sich am Tariflohn orientieren und dürfen diesen um 20 % unterschreiten. Die Vergütung richtet sich nach dem Alter der → Auszubildenden und der Dauer der → Berufsausbildung. Sie ist so zu bemessen, dass sie jährlich ansteigt. Sie muss spätestens am letzten Arbeitstag des Monats gezahlt werden. Im Krankheitsfall wird die Vergütung bis zu sechs Wochen weitergezahlt (§§ 17, 19 BBiG).

Die Ausbildungsvergütung hat **drei Funktionen.** Sie soll
1. den Auszubildenden oder den Eltern zur Durchführung der Ausbildung eine **finanzielle Hilfe** sein
2. die Heranbildung eines ausreichenden **Nachwuchses an qualifizierten Fachkräften** gewährleisten
3. eine **Entlohnung** darstellen.

Die Ausbildungsvergütung zählt zu den **Einkommen aus nichtselbständiger Arbeit** und unterliegt daher

▶ der **Einkommensteuerpflicht** (§§ 2, 19 EStG) in Form von Lohnsteuer und

▶ der **Beitragspflicht** in allen Zweigen der Sozialversicherung (Kranken-, Renten-, Pflege- und Arbeitslosenversicherung).

Die Beiträge zahlen Ausbildender und Auszubildender je zu gleichen Teilen. Erhält der Auszubildende eine Vergütung, die 325 € nicht übersteigt, so trägt der Ausbildende die Beiträge allein (§ 20 Abs. 3 Nr. 1 SGB IV).

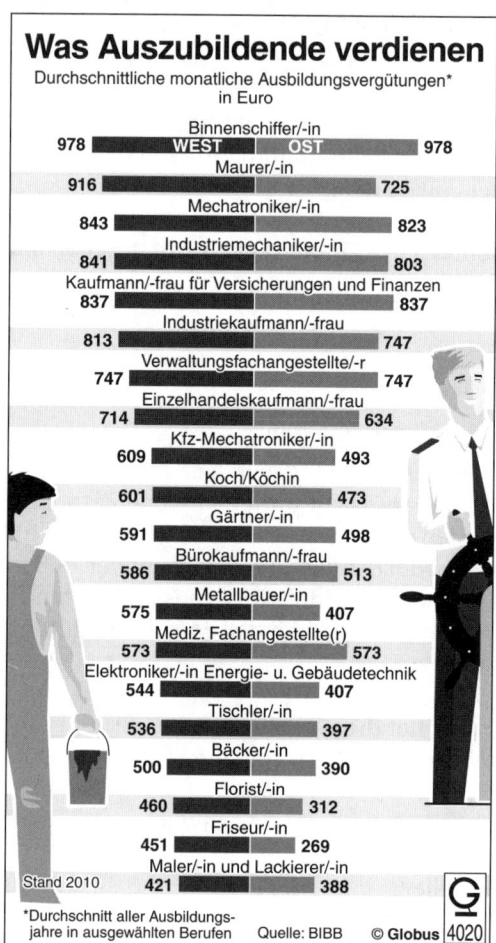

Was Auszubildende verdienen
Durchschnittliche monatliche Ausbildungsvergütungen* in Euro

Beruf	WEST	OST
Binnenschiffer/-in	978	978
Maurer/-in	916	725
Mechatroniker/-in	843	823
Industriemechaniker/-in	841	803
Kaufmann/-frau für Versicherungen und Finanzen	837	837
Industriekaufmann/-frau	813	747
Verwaltungsfachangestellte/-r	747	747
Einzelhandelskaufmann/-frau	714	634
Kfz-Mechatroniker/-in	609	493
Koch/Köchin	601	473
Gärtner/-in	591	498
Bürokaufmann/-frau	586	513
Metallbauer/-in	575	407
Mediz. Fachangestellte(r)	573	573
Elektroniker/-in Energie- u. Gebäudetechnik	544	407
Tischler/-in	536	397
Bäcker/-in	500	390
Florist/-in	460	312
Friseur/-in	451	269
Maler/-in und Lackierer/-in	421	388

Stand 2010

*Durchschnitt aller Ausbildungs-jahre in ausgewählten Berufen   Quelle: BIBB   © Globus 4020

Angemessenheit der Vergütung:

Zunächst einmal ist es Sache der Vertragsparteien, die Höhe der Ausbildungsvergütung festzulegen. Dabei haben sie im Rahmen der Vertragsverhandlung einen gewissen Spielraum. Es gibt keine gesetzliche Mindestregelung hinsichtlich der Höhe der Vergütung. Der Gesetzgeber sagt eben nur, dass sie „angemessen" sein muss. Nach Rechtsprechung des Bundesarbeitsgerichts (BAG) ist eine Ausbildungsvergütung angemessen, „wenn sie hilft, die Lebenshaltungskosten zu bestreiten und zugleich eine Mindestentlohnung für die Leistungen des Auszubildenden darstellt." Was als angemessen anzusehen ist, kann sich ändern. Es kommt diesbezüglich nicht auf den Zeitpunkt des Vertragsabschlusses an, sondern auf den Zeitpunkt der Fälligkeit.

Einzelvertragliche Regelungen:

Sind Ausbildender und Auszubildender nicht tarifgebunden, treffen sie eine individuelle Vereinbarung über die Ausbildungsvergütung. Eine Vergütung ist dann angemessen, wenn sie sich an einem entsprechenden Tarifvertrag orientiert. Sie ist dann nicht mehr angemessen, wenn die tarifvertragliche Ausbildungsvergütung um mehr als 20 % unterschritten wird. Wenn keine tarifliche Regelung existiert, sind die branchenüblichen Sätze des betreffenden Wirtschaftszweiges oder die Empfehlungen der Kammern (z. B. der IHK) zugrunde zu legen.

Tarifvertragliche Regelungen:

Wenn beide Vertragsparteien tarifgebunden sind – ist also der Auszubildende Mitglied einer Gewerkschaft und ist der Ausbildende in einem Arbeitgeberverband organisiert – finden die Regelungen des Tarifvertrages unmittelbar und zwingend Anwendung. Dies gilt auch, wenn der Tarifvertrag für allgemeinverbindlich erklärt worden ist; allerdings ist dies bei Ausbildungsvergütungen eher die Ausnahme. Das BAG geht davon aus, dass tarifvertraglich geregelte Ausbildungsvergütungen stets angemessen sind. Die tarifvertraglich geregelte Ausbildungsvergütung darf nicht unterschritten werden. Sie darf aber höher ausfallen; man spricht dann vom sog. **Günstigkeitsprinzip**, das besagt, dass abweichende Regelungen zulässig sind, wenn sich der Arbeitnehmer bzw. der Auszubildende durch sie besser stellt.

Rechtsfolgen bei unangemessener Ausbildungsvergütung:

Ist die Vergütung nicht angemessen i. S. des § 17 BBiG, so ist diese Vereinbarung unwirksam (§ 25 BBiG). Auf den Ausbildungsvertrag hat dies keine Auswirkungen, er bleibt weiterhin bestehen. Der Auszubildende hat Anspruch auf die angemessene Vergütung, also im Regelfall die tarifliche Ausbildungsvergütung.

Erhöhung der Vergütung:

Die Vergütung muss mindestens jährlich ansteigen. Die Erfordernis bezieht sich diesbezüglich auf die Ausbildungsjahre, nicht auf die Kalenderjahre. Der jährliche Anstieg ist eine Mindestvorgabe. Es ist durchaus zulässig, dass die Vergütung auch in kürzeren Abständen ansteigt. Auch sind tarifliche Änderungen zu beachten.

Anrechnung beruflicher Vorbildung:

Die berufliche Vorbildung (§ 7 Abs. 1 BBiG) muss berücksichtigt werden. Liegt diese vor – wird z. B. ein ganzes Jahr angerechnet –, so muss der Auszubildende bereits ab Beginn der Ausbildung die Vergütung für das zweite Ausbildungsjahr erhalten.

Sachleistungen als Vergütung:

Grundsätzlich besteht die Vergütung in Geld. Es können aber auch Sachleistungen vereinbart werden. Diese stellen eine geldwerte Leistung dar. Allerdings darf diese nur bis zu 75 % der Vergütung angerechnet werden. Das heißt, dass mindestens 25 % der Vergütung in Geld gezahlt werden muss.

Bemessung und Fälligkeit:

Die Vergütung bemisst sich nach Monaten. Andere Regelungen (Stundenlohn, Schichtlohn oder eine am Betriebsergebnis orientierte Vergütung) sind unzulässig. Wenn der

Vergütungsanspruch nicht für einen vollen Monat besteht (z. B. Ausbildungsbeginn 10. 8.), wird grundsätzlich ein Kalendermonat mit 30 Tagen zugrunde gelegt und die Vergütung anteilig bemessen. Dabei ist von Kalender- und nicht von Arbeitstagen auszugehen. Pro Kalendertag steht dem Auszubildenden dann $1/_{30}$ der Vergütung zu.

Die Vergütung ist am letzten Arbeitstag des Monats zu zahlen (nicht am letzten Kalendertag!). Sie muss dem Auszubildenden also an diesem Tag tatsächlich zur Verfügung stehen. Eine Vereinbarung im Ausbildungsvertrag, die bspw. eine Zahlung am 15. des Folgemonats vorsieht, wäre demnach unwirksam.

Fortzahlung:

Die Auszubildenden haben einen **Anspruch auf Fortzahlung der Vergütung**

▶ bei **Freistellung**

▶ bei **Ausfall der Berufsausbildung** (Dauer: bis zu sechs Wochen, aus Gründen, die im Risikobereich des Ausbildenden liegen, z. B. Stromausfall, Maschinenschaden, Brand, Erkrankung des Ausbilders.)

▶ bei **persönlicher Verhinderung** (Dauer: bis zu sechs Wochen, wenn sie aus einem in ihrer Person liegenden Grund unverschuldet verhindert sind, z. B. Erkrankung eines nahen Angehörigen, eigene Hochzeit, Niederkunft der Ehefrau, Todesfall eines nahen Angehörigen, Wasserschaden in der eigenen Wohnung, Vorladung vor Gericht.)

▶ im **Krankheitsfall** und ähnlichen Fällen (Anspruch entsteht erst nach vierwöchiger ununterbrochener Dauer des Ausbildungsverhältnisses und ergibt sich aus dem Entgeltfortzahlungsgesetz (EntgeltFZG), z. B. unverschuldete Krankheit, Schwangerschaftsabbruch, Maßnahmen der medizinischen Vorsorge oder Rehabilitation)

▶ bei **Urlaub** (für Minderjährige gilt § 19 JarbSchG und für Volljährige gelten die Bestimmungen des Bundesurlaubsgesetzes.)

▶ an **Feiertagen** (siehe § 2 EntgeltFZG).

Verkürzung der Ausbildungszeit

Die → Ausbildungszeiten sind in den jeweiligen → Ausbildungsordnungen festgelegt. Das BBiG regelt in § 8 Abs. 1 BBiG, dass „auf gemeinsamen Antrag der Auszubildenden und Ausbildenden" die Ausbildungszeit abgekürzt werden kann, „wenn zu erwarten ist, dass das Ausbildungsziel in der gekürzten Zeit erreicht wird". Bedeutsam sind in diesem Zusammenhang die Leistungen und das Qualifikationsniveau des Auszubildenden (z. B. Vorbildung, Ergebnis der Zwischenprüfung, Auslandspraktikum). Die Verkürzung kann jederzeit beantragt werden. Die Entscheidung fällt die → zuständige Stelle (z. B. die IHK). Liegen die Voraussetzungen für eine Kürzung vor, muss die zuständige Stelle sie genehmigen. Für Auszubildende empfiehlt sich, die notwendigen Unterlagen und Beweismittel vorzulegen. Die Entscheidung der zuständigen Stelle ist ein → Verwaltungsakt; gegen diesen kann ggf. Widerspruch eingelegt werden. Die Kürzung der Ausbildungszeit führt nicht dazu, dass die → Ausbildungsvergütung für das zweite oder dritte Ausbildungsjahr bereits früher gezahlt wird. Dies ist bei der Anrechnung der Vorbildung der Fall! → Vergütung

Verlängerung der Ausbildungszeit

Auf Antrag des → Auszubildenden kann die → zuständige Stelle die Ausbildungszeit verlängern, wenn die Verlängerung erforderlich ist, das Ausbildungsziel zu erreichen. Der Ausbildende ist vor der Entscheidung zu hören (§ 8 BBiG).
Gründe für eine Verlängerung können z. B. längere Krankheitszeiten des Auszubildenden oder ein Ausfall der Ausbildung aus betrieblichen Gründen sein.

Verordnung

→ Ausbildungsordnung, → Rechtsquellen (Berufsausbildung)

Verschwiegenheitspflicht

→ Betriebs- und Geschäftsgeheimnis

Vertrag

(meist zweiseitiges) Rechtsgeschäft, das durch die Willenerklärungen (Antrag und Annahme) der Vertragspartner zustande kommt. → Ausbildungsvertrag, → Rechtsquellen

Verwaltungsakt

Eine (hoheitliche) Maßnahme, die eine Behörde trifft, um einen Einzelfall zu regeln (z. B. Verfügung, Entscheidung, Anordnung). Entscheidungen der zuständigen Stellen sind Verwaltungsakte.

Verzeichnis der anerkannten Ausbildungsberufe

Ein vom Bundesinstitut für Berufsbildung (BiBB) geführtes und jährlich erscheinendes Verzeichnis, in dem alle staatlich anerkannten Ausbildungsberufe dokumentiert werden. Darüber hinaus enthält das Verzeichnis, das seit 2009 aus einem gedruckten Teil und aus einem Online-Teil besteht, folgende Angaben:

► Verordnungen und Rahmenlehrpläne der anerkannten Ausbildungsberufe

► aufgehobene und in Erprobung befindlichen Berufe

► Dauer von Ausbildungsgängen und Ausbildungsbereichen

► bundesrechtlich geregelte Berufsgesetze für Berufe im Gesundheitswesen und in der Altenpflege

► Anschriften, Telefonnummern, E-Mail- und Internet-Adressen der zuständigen Stellen

► Berufe mit Regelungen für die Ausbildung behinderter Menschen

- ► Berufe, die als „Fortbildungsberufe" erlernt werden können

- ► Berufe, in denen eine Meisterprüfung abgelegt werden kann

- ► Berufe, deren Abschlusszeugnisse mit entsprechenden Zeugnissen in Frankreich und Österreich gleichgestellt sind

- ► einen statistischen Teil mit Informationen über die Anzahl der Ausbildungsberufe, die quantitative Entwicklung der Ausbildungsberufe sowie über die Anzahl der Auszubildenden.

**www.bibb.de/dokumente/pdf/Verzeichnis-anerkannter-Ausibldungsberufe-2010.
pdf**
www.bibb.de/de/26171.htm

Vorstellungsgespräch

→ Einstellungsgespräch

Wandtafel

→ Tafel

Wegezeit

Ist die Zeit, die der → Auszubildende bzw. der → Arbeitnehmer benötigt, um von seiner Wohnung zu seinem Ausbildungsplatz bzw. Arbeitsplatz und zurück zu gelangen. Der Ort der Arbeitsleistung wird in erster Linie im Arbeitsvertrag geregelt. Soweit nicht anders ausdrücklich vereinbart, ist der Ort der Arbeitsleistung der Arbeitsplatz im Betrieb des Arbeitgebers. Zeiten für die An- und Abfahrt des Arbeitnehmers von seiner Wohnung zum Betrieb des Arbeitgebers werden grundsätzlich nicht als Arbeitsleistung des Arbeitnehmers betrachtet. Sie sind seiner privaten Lebensführung zuzuordnen und zählen daher weder arbeitszeit-schutzrechtlich noch lohnrechtlich zur Arbeitszeit i. S. von § 2 Abs. 1 ArbZG. Dienstliche Wegezeiten sind Zeiten, die der Arbeitnehmer für Wege benötigt, die er während der Arbeitszeit innerhalb oder außerhalb des Betriebsgeländes aus betrieblichem Anlass unternimmt.

Bei der Beurteilung der Zeiten, die der Arbeitnehmer benötigt, um vom → Betrieb aus zum Ort der Erbringung der Arbeitsleistung zu gelangen, kommt es zum einen auf die Ausübung des → Direktionsrechts durch den Arbeitgeber an, zum anderen allerdings auch darauf, inwieweit nach der arbeitgeberseitig vorgegebenen Organisation ein räumlicher Bezug zur Betriebsstätte hergestellt wird.

Der Auszubildende ist für die → Berufsschule freizustellen. Diese → Freistellungspflicht umfasst auch die notwendigen Wegezeiten sowie die Zeit, die zum Waschen und Umkleiden benötigt wird. Sie gilt nicht für die Anfertigung von → Hausaufgaben, die von der Berufsschule übertragen werden.

Weisungsgebundenheit

Auszubildende sind verpflichtet, den Weisungen zu folgen, die ihnen von den weisungsberechtigten Personen im Rahmen der Ausbildung erteilt werden (§ 13 Nr. 3 BBiG). Weisungsberechtigt sind die → Ausbilder und Personen, mit denen der → Auszubildende in einem konkreten Arbeitszusammenhang steht und bei ihnen tätig ist, z. B. Abteilungsleiter, Personalleiter, Sachbearbeiter, Sicherheitsbeauftragte. Die Weisungsgebundenheit ist im Ausbildungsverhältnis weiter gefasst als im „normalen" Arbeitsverhältnis, da Auszubildende alle Weisungen zu befolgen haben, die dem → Ausbildungszweck dienen und ihren körperlichen Kräften angemessen sind. Ihre Grenze findet die Weisungsgebundenheit in den Grundrechten, z. B. in den Persönlichkeitsrechten. → Weisungsrecht

Weisungsrecht

Dem Weisungsrecht (→ Direktionsrecht) des Arbeitgebers (bzw. Ausbildenden) entspricht die → Weisungsgebundenheit des Arbeitnehmers (bzw. Auszubildenden). Nach

§ 106 Gewerbeordnung (GewO) kann der Arbeitgeber „Inhalt, Ort und Zeit der Arbeitsleistung nach billigem Ermessen näher bestimmen, soweit diese Arbeitsbedingungen nicht durch den Arbeitsvertrag, Bestimmungen einer Betriebsvereinbarung, eines anwendbaren Tarifvertrages oder gesetzliche Vorschriften festgelegt sind". Um Missbräuche auszuschließen und den Arbeitnehmer (als schwächeren Teil) zu schützen, sind dem Weisungsrecht Grenzen gesetzt (z. B. durch Arbeitsschutzgesetze). Bei generellen Anordnungen, die alle Arbeitnehmer eines Unternehmens betreffen (z. B. Rauchverbot), steht dem → Betriebsrat ein Mitbestimmungsrecht gem. § 87 Abs. 1 BetrVG zu.

Weiterbeschäftigung (nach der Ausbildung)

Verlangt ein Auszubildender, der Mitglied des → Betriebsrates oder der → Jugend- und Auszubildendenvertretung (JAV) ist, in den letzten drei Monaten vor Beendigung des Berufsausbildungsverhältnisses vom → Arbeitgeber schriftlich die Weiterbeschäftigung, so wird ein Arbeitsverhältnis auf unbestimmte Zeit begründet (§ 78a Abs. 2 BetrVG). Zwar hat der Auszubildende keinen Anspruch auf einen bestimmten Arbeitsplatz, jedoch muss er in dem Betrieb, für den er in den Betriebsrat oder die JAV gewählt worden ist, weiterbeschäftigt werden. Wird ein Auszubildender nach Beendigung des Berufsausbildungsverhältnisses weiterbeschäftigt, ohne dass dies ausdrücklich vereinbart worden ist, kommt ein unbefristetes Arbeitsverhältnis zustande (§ 24 BBiG).

Weiterbildung

Unter Weiterbildung versteht man alle Lernprozesse, die nach Beendigung der beruflichen Erstausbildung erfolgen und eine zusätzliche Qualifikation bewirken. Weiterbildungsmaßnahmen dienen der Vertiefung, Erweiterung und Ergänzung der bereits erworbenen bzw. vorhandenen Kompetenzen.

Beispiel

Ein Angestellter belegt einen AdA-Kurs und legt die Ausbildereignungsprüfung ab.

Der Begriff „Weiterbildung" bezeichnet einerseits organisierte Lehrveranstaltungen, also Kurse und Seminare, die außerhalb des Betriebs stattfinden („off-the-job-training") und andererseits das Training am Arbeitsplatz („on-the-job-training").

Unter **„betrieblicher Weiterbildung"** versteht man Bildungsmaßnahmen, die von den Betrieben direkt gestaltet oder gezielt gefördert werden. Eine Untersuchung des Instituts der deutschen Wirtschaft zeigt, dass ein Zusammenhang zwischen Weiterbildung und Unternehmensgröße besteht: Je mehr Mitarbeiter ein Unternehmen beschäftigt, desto höher ist der Anteil der Weiterbildung.

Unternehmensgröße (Anzahl der Beschäftigten)	Unternehmen, die betriebliche Weiterbildung praktizieren
250 und mehr Mitarbeiter	96,1 %
50 bis 249	95,7 %
bis zu 49 Mitarbeiter	83,4 %

Rund 84 % der Unternehmen praktizieren Weiterbildungsformen, wie bspw. Informationsveranstaltungen, Lernen am Arbeitsplatz sowie interne und externe Veranstaltungen. Die **Gründe** für betriebliche Weiterbildung sind vielfältig: durch gezielte Weiterbildungsmaßnahmen kann die Leistungsfähigkeit und Produktivität der Mitarbeiter erhöht werden, was sich wiederum im Geschäftserfolg der Unternehmen niederschlägt. Zudem zeigen Umfragen, dass Motivation und Arbeitszufriedenheit der Mitarbeiter steigen, wenn sie an Weiterbildungsmaßnahmen teilnehmen können (siehe Abb. „Warum Betriebe weiterbilden").

Die **Finanzierung** beruflicher Weiterbildung kann grundsätzlich erfolgen

► durch den Arbeitgeber
► durch den Arbeitnehmer (Weiterbildenden)
► durch (öffentliche) Fördermittel.

TIPP

Zur Förderung stellt die Arbeitsagentur ein Merkblatt zur Verfügung. Es kann auf folgender Seite abgerufen werden:

http://www.arbeitsagentur.de/zentraler-Content/Veroeffentlichungen/Merkblatt-Sammlung/MB6-Foerd-der-berufl-Weiterbildung-f-AN.pdf

Insgesamt gaben die Unternehmen 419 € pro Mitarbeiter im Jahr 2010 für direkte Kosten aus. Hierzu zählen z. B. Lehrgangsgebühren, Honorare, Reisekosten, Lernmaterial und Übernachtungskosten. Höher sind die indirekten Kosten, die durch die eingesetzte Arbeitszeit der Mitarbeiter entstehen (635 € je Mitarbeiter). Aufgrund des → Fachkräftemangels sind immer mehr Betriebe bereit, ihre Mitarbeiter verstärkt weiterzubilden und dies auch zu finanzieren.

Warum Betriebe weiterbilden

Gründe für betriebliche Weiterbildung
Angaben in %

Weiterbildung

Kompetenzen der Mitarbeiter fördern	92
Steigerung der Wertschöpfung und des Geschäftserfolgs	88
	87 Steigerung der Leistungsfähigkeit u. Produktivität der Mitarbeiter
	86 Erhöhung der Motivation und Arbeitszufriedenheit der Mitarbeiter
	85 Sicherung der Innovationsfähigkeit des Unternehmens
	67 Mitarbeiterbindung
	65 Qualifizierungsbedarf durch die Einführung neuer Technologien und/oder veränderter Arbeitsprozesse
	55 Erhöhung der Attraktivität des Unternehmens für neue Mitarbeiter

Quelle: iw, IAB   Mehrfachnennungen   Stand 2008   © Globus 3262

 INFO

Viele wollen verstärkt weiterbilden

Viele Personalchefs in mittleren und großen Unternehmen wollen ihre Mitarbeiter verstärkt weiterbilden. Das hat eine repräsentative Forsa-Umfrage unter 300 Personalern in Firmen mit mehr als 150 Mitarbeitern ergeben.

So plant jedes dritte befragte Unternehmen (33 Prozent), seinen Etat für betriebliche Fortbildungen im laufenden Jahr auszubauen. Im vergangenen Jahr hatte das erst knapp jeder siebte Betrieb (15 Prozent) vor – der Wert hat sich also mehr als verdoppelt. Ein Grund dafür ist der zunehmende Fachkräftemangel, ergab die Studie im Auftrag des Instituts für Lernsysteme und der Europäischen Fernhochschule Hamburg.

Viele der befragten Arbeitgeber unterstützen es auch, wenn Mitarbeiter selbst die Initiative ergreifen und sich beruflich fortbilden. Fast neun von zehn (87 Prozent) der Personaler geben an, dass sie derartige Weiterbildungen zumindest teilweise finanzieren. Ein Drittel (34 Prozent) übernimmt die Kosten solcher Lehrgänge sogar vollständig. Außerdem stellen acht von zehn Arbeitgebern (81 Prozent) Mitarbeiter etwa für die Teilnahme an Klausuren frei.

Längerfristig kann es sich auszahlen, wenn Mitarbeiter sich selbstständig weiterbilden. Fast alle befragten Unternehmen (92 Prozent) vermerken absolvierte Fortbildungen intern. Und jeder zweite Personalentscheider (50 Prozent) sagt, dass er bei Beförderungen Mitarbeiter bevorzugt, die sich weitergebildet haben. (dpa/tmn)

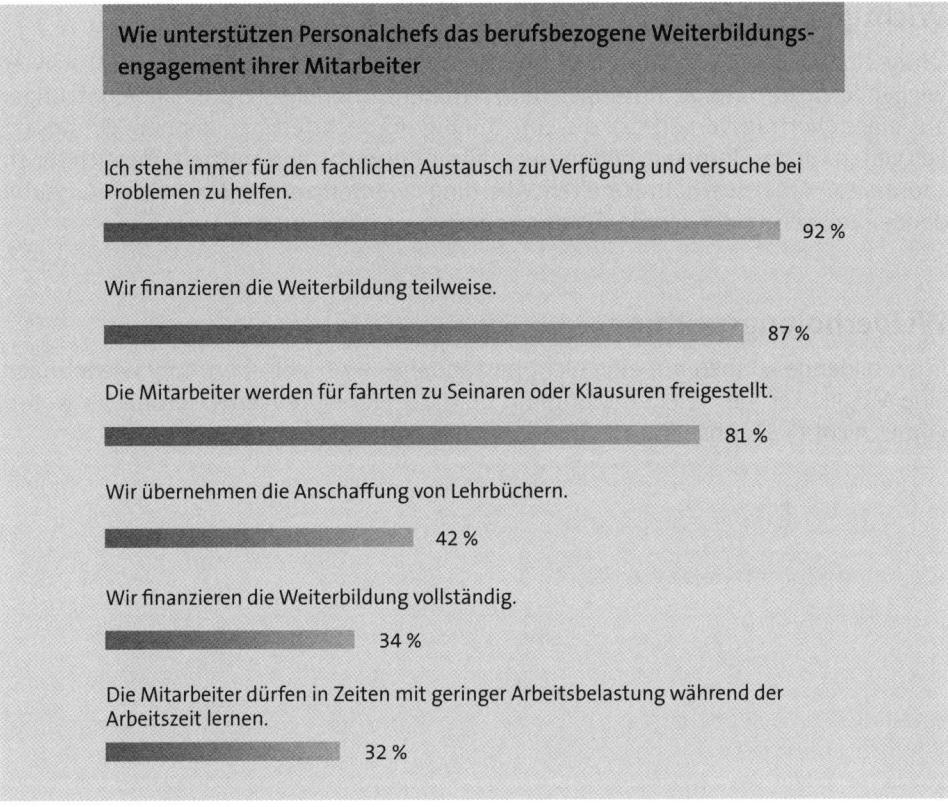

Wie unterstützen Personalchefs das berufsbezogene Weiterbildungsengagement ihrer Mitarbeiter

Ich stehe immer für den fachlichen Austausch zur Verfügung und versuche bei Problemen zu helfen.
92 %

Wir finanzieren die Weiterbildung teilweise.
87 %

Die Mitarbeiter werden für fahrten zu Seinaren oder Klausuren freigestellt.
81 %

Wir übernehmen die Anschaffung von Lehrbüchern.
42 %

Wir finanzieren die Weiterbildung vollständig.
34 %

Die Mitarbeiter dürfen in Zeiten mit geringer Arbeitsbelastung während der Arbeitszeit lernen.
32 %

Quelle: Frankfurter Rundschau, 12. 6. 2011.

www.arbeitsagentur.de/zentraler-Content/Veroeffentlichungen/Merkblatt-Sammlung/MB6-Foerd-der-berufl-Weiterbildung-f-AN.pdf

Werkstück

Auszubildende können grundsätzlich nicht verlangen, dass ihnen Arbeitsmittel übereignet werden. Auch Werkstücke, die von Auszubildenden im Rahmen der Ausbildung angefertigt werden, sind Eigentum des Ausbildenden. Da sie zu fremdnützigen Zwecken hergestellt werden, ist der Ausbildende Hersteller i. S. des § 950 BGB. → Prüfungsstück

Werktage

Alle Tage, außer Sonntage und Feiertage, von Montag bis Samstag (6-Tage-Woche). Wenn der → Urlaub in Werktagen bemessen ist, wird die Urlaubswoche mit sechs Tagen auf den Jahresurlaub angerechnet, auch dann, wenn tatsächlich nur an fünf Tagen in der Woche gearbeitet wird. → Arbeitstage

Wichtiger Grund

Unter einem „wichtigen Grund" versteht man im Vertragsrecht (§ 314 BGB) schwerwiegende, unzumutbare Störungen der Vertrauensgrundlage (z. B. Pflichtverletzungen aus einem Vertragsverhältnis), die eine Kündigung rechtfertigen können. Grundsätzlich gelten für das Berufsausbildungsverhältnis die Rechtsvorschriften, die auch für ein „normales" Arbeitsverhältnis gelten. Allerdings werden zum Vorteil der → Auszubildenden teilweise strengere Maßstäbe angelegt. → Kündigung

Wiederholungsprüfung

Auszubildende können nur eine nicht bestandene → Abschlussprüfung wiederholen. Eine Möglichkeit der Wiederholung mit dem Ziel der Notenverbesserung (→ Noten) gibt es nicht (§ 37, Abs. 1 Satz 2 BBiG).

Yerkes-Dodson-Gesetz

Gesetzmäßigkeit, die nach den amerikanischen Psychologen R. Yerkes und J. D. Dodson benannt ist und den von ihnen nachgewiesenen Zusammenhang zwischen Erregung und (Lern-)Leistung beschreibt: Bei sehr schwacher und sehr starker Aktivierung nimmt das Leistungsvermögen ab, ein mittleres Niveau wirkt sich hingegen positiv auf die Leistungserbringung aus. Bedeutsam ist diese Erkenntnis im Zusammenhang mit → Prüfungsangst.

Zensur

(lat. *censura* = Prüfung, Beurteilung) Die Begriffe „Zensur" und → „Note" werden im Schulwesen synonym verwendet und bezeichnen das in Kurzform (Ziffer oder Adjektiv) ausgedrückte Urteil des Lehrers über einen Schüler, z. B. für „gut" = 2.

In Deutschland wurden in der Mitte des 19. Jahrhunderts zum ersten Mal bestimmte Minimalzensuren für die Immatrikulation an einer Universität gefordert. Etwa zur selben Zeit wurden erstmals Zensuren in Form einer vierstufigen Notenskala in die Berufsausbildung eingeführt. Seit 1938 werden die bekannten sechs Notenstufen verwendet. Im Jahr 1968 hat die → Kultusministerkonferenz (KMK) die Noten 1 bis 6 festgelegt und definiert, welcher Leistung bzw. welchen Anforderungen sie entsprechen.

Im Unterschied zur → Berufsschule, in der die Noten 1 bis 6 erteilt werden, verwenden die → Kammern (z. B. die IHK) für die Leistungsbewertung in den Prüfungen eine – wesentlich differenziertere – 100-Punkte-Skala. Der erreichte Punktwert (z. B. 84 von 100) wird sodann nach einer Äquivalenztabelle wieder einer → Note der Sechser-Skala (z. B. Note 2) zugeordnet (siehe auch Notentabelle im **Anhang**).

Bei einer Zensurenskala handelt es sich messmethodisch um „eine Rangskala oder Ordinalskala, bei der nur die Rangfolge der Beurteilten und die Richtung des Ausprägungsgrades (bei Zensuren von 1 nach 6), also eine Mehr-Weniger-Information gegeben wird. (...) Es lässt sich also nur sagen, dass das mit 1 zensierte Verhalten besser eingestuft ist als das mit 2 zensierte, ohne zu wissen, um wie viel besser" (*Ingenkamp*).

Zensuren haben folgende Funktionen:

► Kontrollfunktion
► Anreizfunktion
► pädagogische Funktion
► rechtliche Funktion.

Ob bzw. inwieweit Zensuren diesen Funktionen gerecht werden, ist sehr umstritten. Problematisch erscheint insbesondere, „dass eine Note nur dann interpretiert werden kann, wenn man die Epoche, das Bundesland, die Schulform, die Schulstufe und das Unterrichtsfach kennt, da in Abhängigkeit von diesen Faktoren die Anforderungen variieren. (...) eine Note kann deshalb keine Information über das absolute Leistungsniveau eines Schülers geben" (*Friede*). Unbestritten ist die Tatsache, dass Zensuren als Beurteilungsinstrument leicht zu handhaben sind.

Zentralstelle für Prüfungsaufgaben (ZPA Nord-West)

Die ZPA Nord-West – mit Sitz in Köln – ist eine Gemeinschaftseinrichtung der → Industrie- und Handelskammern der Bundesländer Berlin, Bremen, Hamburg, Nordrhein-Westfalen und Schleswig-Holstein. Sie erstellt die Prüfungsaufgaben für die bundeseinheitlichen Zwischen- und Abschlussprüfungen der Industrie- und Handelskammern in den kaufmännischen und kaufmännisch-verwandten Ausbildungsberufen. Die Aufgabenerstellung erfolgt durch Fachausschüsse, die paritätisch besetzt sind mit Vertretern der Arbeitgeber, Arbeitnehmer und Berufsschullehrern. Die (ehrenamtlichen) Mitglieder dieser Fachausschüsse sind zudem Prüfungsausschussmitglieder der IHK's und dort auch als Prüfer tätig. Die ZPA Nord-West ist auch für den Druck der Prüfungsaufgaben und die Verteilung an die Industrie- und Handelskammern zuständig.

www.ihk-zpa.de

Zeugnis

Auszubildende erhalten drei Zeugnisse:
1. das der → Berufsschule
2. das Zeugnis des Ausbildenden („Arbeitszeugnis")
3. das Zeugnis über das Bestehen der IHK-Abschlussprüfung (das sog. „Kammerzeugnis").

Beim Kammerzeugnis handelt es sich – im Gegensatz zum „Arbeitszeugnis" nach § 16 BBiG – um eine öffentlich-rechtliche Urkunde. Wird die Abschlussprüfung in zwei auseinander fallenden Teilen durchgeführt, erhält der Prüfling erst nach dem letzten Teil ein Zeugnis. Auf Antrag des → Auszubildenden sind dem Zeugnis auch eine englischsprachige und eine französischsprachige Übersetzung beizufügen (§§ 16, 37 Abs. 2 BBiG; → Noten).

Im Folgenden wird das **Zeugnis des Ausbildenden („Arbeitszeugnis")** erläutert.

Pflicht zur Zeugniserstellung:

Der Ausbildende ist verpflichtet, dem Auszubildenden bei Beendigung der Berufsausbildung ein Zeugnis auszustellen (§ 16 BBiG). Auszubildenden haben einen Anspruch auf das Zeugnis; dieser kann auch eingeklagt werden. Der Zeugnisanspruch besteht auch, wenn das Ausbildungsverhältnis vorzeitig beendet wird.

Form des Zeugnisses:

Das Zeugnis ist schriftlich auszustellen (§ 126 BGB) und vom Auszubildenden – meist auch von dem zuständigen Ausbilder – eigenhändig zu unterschreiben. Es muss in der Überschrift als Zeugnis bezeichnet werden, das Ausstellungsdatum enthalten, sauber und ordentlich, in Maschinenschrift oder am PC geschrieben sein, darf keine Flecken, Radierungen, Verbesserungen, Durchstreichungen oder ähnliches aufweisen. Es darf nicht der Eindruck entstehen, dass sich der Aussteller vom buchstäblichen Wortlaut seiner Erklärung distanziere (z. B. durch Weglassen bestimmter Merkmale, die üblich sind oder der Verwendung nicht üblicher Formulare). Das Zeugnis muss auf dem Geschäftspapier des Unternehmens erstellt sein.

Inhalt des Zeugnisses:

Der Ausbildende formuliert das Zeugnis; die Zeugnisformulierung liegt daher auch in seinem Ermessen. Allerdings müssen bestimmte Grundsätze beachtet werden:

► Es ist ein wohlwollender Maßstab anzulegen, denn das Zeugnis hat die Funktion, dem Auszubildenden im beruflichen Fortkommen zu helfen.

► Bei der Darstellung und der Bewertung ist die gesamte Vertragsdauer zu berücksichtigen. Einzelne Vorfälle (positive oder negative) dürfen nicht hervorgehoben werden, wenn sie keinen Einfluss auf die Gesamtleistung und Gesamtführung haben.

► Das Zeugnis muss vollständig sein. Hier können Probleme auftreten, denn einerseits dient das Zeugnis dem Auszubildenden als Bewerbungsunterlage. Daher soll es wohlwollend formuliert sein. Andererseits dient es dem zukünftigen Arbeitgeber als Grundlage zur Information und Beurteilung. Das Zeugnis muss daher alle wesentlichen Tatsachen enthalten.

► Es muss ein individuell geschriebener Text sein, der sich konkret auf die Person bezieht. Es sollen also keine allgemeinen Textbausteine und „Floskeln" verwendet werden.

► Das Zeugnis muss der Wahrheit entsprechen. Die Angaben müssen objektiv richtig sein, sie dürfen also nicht die subjektive Anschauung des Arbeitgebers ausdrücken. Der Grundsatz der Wahrheit kann nicht immer kompromisslos umgesetzt werden, da hier ein Spannungsverhältnis mit anderen Grundsätzen besteht – besonders mit der Pflicht zur wohlwollenden Formulierung.

► Notenskala: Die Schlussnote muss der Gesamtheit des Zeugnisses entsprechen. In der Praxis hat sich eine fünf- oder sechsstufige Skala herausgebildet (siehe Tabelle). Die Note ungenügend kommt praktisch nicht vor.

Zeugnisarten:

Es gibt zwei Arten von Zeugnissen: das einfache Zeugnis und das qualifizierte Zeugnis. Die Merkmale dieser Zeugnisarten werden in der Tabelle unten dargestellt.

Welche Inhalte muss ein Arbeitszeugnis (Ausbildungszeugnis) enthalten?	
Einfaches Zeugnis	**Qualifiziertes Zeugnis**
► Vor- und Familiennamen ► Geburtsdatum ► Wohnort ► Anschrift des Ausbildenden (Geschäftsbogen) ► Datum der Ausstellung ► Art, Dauer und Ziel der Ausbildung ► Anfangs- und Enddatum der Ausbildung ► Erworbene berufliche Fertigkeiten, Kenntnisse und Fähigkeiten (auch Spezialkenntnisse) ► Tätigkeiten (vollständig und in chronologischer Reihenfolge) ► Längere Unterbrechungen (Elternzeit, Wehr- oder Zivildienst, Freiheitsstrafe)	► Angaben wie im einfachen Zeugnis; jedoch zusätzlich auch Angaben über Verhalten und die Leistung ► darf nur auf Verlangen des Auszubildenden ausgestellt werden ► gesamter Tätigkeitsraum muss beurteilt werden ► Die Beurteilung hat sich an der Leistung eines durchschnittlichen Auszubildenden zu orientieren, nicht nach der subjektiven Erwartung des Ausbilders. Sie muss wohlwollend formuliert sein. ► Beurteilung der Leistung in der Art und Weise, wie der Auszubildende die ihm übertragenen Aufgaben erledigt hat (Auffassungsgabe, Lernwilligkeit, Leistungsbereitschaft, Selbständigkeit, Qualität der Arbeit, Arbeitstempo, Belastbarkeit, Umgang mit Kunden, usw., siehe Tabelle Notenskala) ► Schlussformel (darf nicht dem Zeugnisinhalt widersprechen)

Bedeutung der Zeugnisformulierungen	
Note	Formulierung
sehr gut	„stets zu unserer vollsten Zufriedenheit erledigt" „stets zu unserer vollen Zufriedenheit erledigt und hat unseren Erwartungen in jeder Hinsicht entsprochen"
gut	„stets zu unserer vollen Zufriedenheit erledigt"
befriedigend	„zu unserer vollen Zufriedenheit erledigt"
ausreichend	„zu unserer Zufriedenheit erledigt" „die erbrachten Leistungen gaben zu Beanstandungen keinen Anlass"
mangelhaft	„im Großen und Ganzen zu unserer Zufriedenheit erledigt"
ungenügend	„hat sich seinen Aufgaben mit großem Fleiß und Interesse gewidmet" „hat sich (jede erdenkliche) Mühe gegeben" „hat sich im Rahmen seiner Möglichkeiten (Fähigkeiten) engagiert" „war stets bestrebt gewesen, den Aufgaben gerecht zu werden" „zu unserer Zufriedenheit zu erledigen versucht"

Zeugnisübersetzung

Auszubildende können gem. § 37 Abs. 3 BBiG eine englischsprachige sowie eine französischsprachige Übersetzung ihres → Zeugnisses beantragen. Dies ist für den Auszubildenden gebührenfrei. Diese neue Regelung im BBiG trägt dem Gedanken der zunehmenden Internationalisierung Rechnung und „soll die grenzüberschreitende Mobilität verbessern" (Wohlgemut).

ZPA Nord-West

→ Zentralstelle für Prüfungsaufgaben

Zulassung zur Abschlussprüfung

Die Zulassungsvoraussetzungen zur Abschlussprüfung regelt § 43 BBiG. Sonderfälle werden durch die §§ 44 und 45 BBiG erfasst. Auszubildende müssen eine Zulassung zur Abschlussprüfung erhalten, über die die zuständige Stelle entscheidet. Auszubildende haben einen Anspruch auf Zulassung, wenn die gesetzlichen Voraussetzungen erfüllt sind.

Gemäß § 43 BBiG muss die IHK Auszubildende zulassen, die

► die Ausbildungszeit zurückgelegt haben oder deren Ausbildungszeit nicht später als zwei Monate nach dem Prüfungstermin endet

- an vorgeschriebenen Zwischenprüfungen teilgenommen haben und die Ausbildungsnachweise geführt haben und
- deren Ausbildungsverhältnis in das Verzeichnis der Berufsausbildungsverhältnisse eingetragen ist.

Wird die Zulassung von der zuständigen Stelle abgelehnt, kann der Auszubildende gerichtlich hiergegen vorgehen.

Eine **vorzeitige Zulassung zur Abschlussprüfung** ist möglich, wenn die Leistungen des Auszubildenden dies rechtfertigen, d. h. es müssen überdurchschnittliche Leistungen im betrieblichen Teil und im schulischen Teil der Ausbildung vorliegen. Dies ist dann der Fall, wenn die Leistungen im Betrieb im Durchschnitt mit der Note „gut" und die Leistungen in der Berufsschule mindestens mit der Durchschnittsnote 2,49 beurteilt werden und daher zu erwarten ist, dass der Auszubildende bereits vor dem Ende der regulären Ausbildungszeit die Abschlussprüfung bestehen wird.

Zuständige Stelle

Wer die zuständigen Stellen sind, wird in den §§ 71 bis 75 BBiG geregelt. In den meisten Fällen sind es die zuständigen Kammern, wie z. B. die

- → Industrie- und Handelskammern
- → Handwerkskammern
- Rechtsanwalts- und Notarkammern.

Sie sind öffentlich-rechtliche Körperschaften und haben Zwangsmitgliedschaft für ihre Unternehmen. Sie handeln im Auftrag des Staates und nehmen staatlich-hoheitliche Aufgaben wahr.

Das → BBiG weist den zuständigen Stellen vielfältige Aufgaben bei der Organisation und Durchführung der Berufsausbildung zu (z. B. Feststellung der Eignung von Ausbildungspersonal, Durchführung der → Prüfung usw.).

Den → Auszubildenden dient sie als auch als Auskunfts- und Beschwerdestelle.

Zweiter Bildungsweg

(auch: Schule für Erwachsene bzw. Erwachsenenbildung [SFE]) Schullaufbahn, die es (jungen) Erwachsenen ermöglicht – nach bereits absolviertem Besuch einer allgemein bildenden Schule und einer Berufsaufnahme – nachträglich einen Schulabschluss zu erwerben an:

- Abendhauptschulen
- Abendrealschulen
- Abendgymnasien.

Gemäß der KMK richtet sich dieses Bildungsangebot „an Erwachsene, die ihre Allgemeinbildung verbessern, ihre Chancen auf dem Arbeitsmarkt erhöhen, die höhere Schulabschlüsse und dadurch Zugangsberechtigungen zu Fachschulen, Fachoberschulen bzw. zur Fachhochschule und zur Universität erwerben wollen. Sie schaffen damit Voraussetzungen für eine berufliche Umorientierung und Höherqualifikation."

Der Ursprung des zweiten Bildungsweges in Deutschland liegt in den 1960er Jahren. Die damalige „Bildungskatastrophe" führte zur „Forderung nach Ausschöpfung der Begabungsreserven, die unter anderem auch Jugendlichen ohne Abschluss des Gymnasiums den Zugang zur Hochschule öffnen sollte" (*Heidegger*).

Zwischenprüfung

In der Regel ist während der Berufsausbildung eine Zwischenprüfung zur Ermittlung des Ausbildungsstandes durchzuführen. Die Zwischenprüfung hat den Zweck, den Ausbildungsstand entsprechend der Ausbildungsordnung zu ermitteln (§ 48 BBiG) und einen Überblick über den Leistungsstand des → Auszubildenden zu liefern.
In einigen Berufen wird statt der Zwischenprüfung der erste Teil der → gestreckten Abschlussprüfung durchgeführt.
Inhalte und Zeitraum der Zwischenprüfung werden in den → Ausbildungsordnungen geregelt. Die Teilnahme an der Zwischenprüfung ist Zulassungsvoraussetzung für die → Abschlussprüfung. Der → Ausbildende hat den Auszubildenden hierfür frei zu stellen.

Die Zwischenprüfung – Von der Anmeldung bis zum Ergebnis
- ► Wer zur Prüfung ansteht, ergibt sich aus dem Verzeichnis der Ausbildungsverhältnisse. Die Kammer versendet die Anmeldeunterlagen für die Zwischenprüfung und fordert den Ausbildenden auf, die Auszubildenden anzumelden.
- ► Der Ausbildende ist dann verpflichtet, die eigenen Auszubildenden anzumelden. Dies geschieht auf einem Formblatt (Personaldaten des Azubis, besuchte Berufsschule, Ausbildungsberuf, Zeitraum des Ausbildungsverhältnisses).
- ► Einige Kammern verzichten auf ein förmliches Anmeldeverfahren und teilen lediglich mit, welche Auszubildenden demnächst eingeladen werden.
- ► Die Kammern
  - schaffen die organisatorischen Voraussetzungen für die Prüfung
  - verschicken die Einladungen zur Prüfung (an Azubi oder Ausbildungsbetrieb)
  - führen die Prüfung durch und
  - bewerten die Prüfungsleistungen.
- ► Die Prüfungsergebnisse werden den Auszubildenden, Ausbildungsbetrieben und Berufsschulen mitgeteilt.

Anger, Gisela u. a.: Personalwirtschaft, hrsg. v. Andreas Blank u. a., 3. Aufl., Troisdorf 2006.

Autorengruppe Bildungsberichterstattung (Hrsg.): Bildungsbericht 2010. Bielefeld 2010.
www.bildungsbericht.de/index.html?seite=8400

Beckheuer, Hans Herbert: Das Lernfeldkonzept an der Berufsschule. Pädagogische Revolution oder bildungspolitische und didaktische Reformoption? Hrsg. v. d. GEW 2001 (= Berufliche Bildung & Weiterbildung, 11).
www.gew.de/Binaries/Binary4062/Lernfeldkonzept.pdf

Böhm, Winfried: Wörterbuch der Pädagogik, 14. Aufl., Stuttgart 1994.

Bundesagentur für Arbeit (Hrsg.): Beruf aktuell. Lexikon der Ausbildungsberufe 2009/2010. Bielefeld 2009.
www.arbeitsagentur.de/zentraler-Content/Veroeffentlichungen/Ausbildung/Beruf-Aktuell. pdf

Bibliographisches Institut & F.A. Brockhaus (Hrsg.): Recht von A-Z. Fachlexikon für Studium und Beruf. Lizenzausgabe für die Bundeszentrale für politische Bildung. Bonn 2007.

Blankertz, Herwig/Derbolav, Josef u. a. (Hrsg.): Enzyklopädie Erziehungswissenschaft, Bd. 9, Sek. II: Jugendbildung zwischen Schule und Beruf, Stuttgart/Dresden 1995.

Bontrup, Heinz-J./Pulte, Peter: (Hrsg.): Handbuch Ausbildung. Berufsausbildung im dualen System. München/Wien 2001.

Brede, Helmut: Grundzüge der öffentlichen Betriebswirtschaftslehre, 2. Aufl., München/Wien 2005.

Bundesministerium für Bildung und Forschung (Hrsg.): Duale Ausbildung sichtbar gemacht. Bonn/Berlin 2007.

Bundesministerium für Bildung und Forschung (Hrsg.): Ausbildung und Beruf. Rechte und Pflichten während der Ausbildung. Bonn/Berlin 2010.
www.bmbf.de/pub/ausbildung_und_beruf.pdf

Bundesministerium für Bildung und Forschung (Hrsg.): Berufsbildungsbericht 2009. Bonn/Berlin 2009.

Bundesministerium für Bildung und Forschung (Hrsg.): Berufsbildungsbericht 2010. Bonn/Berlin 2010.

Däubler, Wolfgang: Arbeitsrecht. Ratgeber für Beruf, Praxis und Studium, 6. Aufl., Frankfurt a. M. 2006.

Däubler, Wolfgang: Das Arbeitsrecht, Bd. 1, 16. Aufl., Reinbek bei Hamburg 2006.

Deutscher Gewerkschaftsbund (DGB): Ausbildungsreport Hessen 2010.

Deutscher Gewerkschaftsbund (DGB): Ausbildung, schwanger – und jetzt? Ratgeber für Schwangere in der Berufsausbildung, Berlin 2007.

Eisenbach, Ulrich: Vom Lehrling zum Azubi. Berufsausbildung in Hessen seit dem 19. Jahrhundert. Hessisches Wirtschaftsarchiv 2009 (= Beiträge zur Hessischen Wirtschaftsgeschichte).

Greinert, Wolf-Dietrich: Geschichte der Berufsausbildung in Deutschland. In: Handbuch der Berufsbildung, hrsg. von Rolf Arnold und Antonius Lipsmeier, 2. Aufl., Wiesbaden 2006. S. 499-508.

Gröner, Horst/Fuchs-Brüninghoff, Elisabeth: Lexikon der Berufsausbildung, München 2004.

Heidegger, Gerald: Zweiter Bildungsweg. In: Wörterbuch Berufs- und Wirtschaftspädagogik, 2. Aufl., Bad Heilbrunn 2006, S. 502-503.

Hohlbaum Anke/Olesch, Gunther: Human Resources. Modernes Personalwesen. 3. Aufl., Rinteln 2008.

IHK (Hrsg.): Handbuch Prüfungen, 7. Aufl., Bonn 2009.

Jung, Hans: Allgemeine Betriebswirtschaftslehre, 10. Aufl., München/Wien 2006.

Kaiser, Franz-Josef/Pätzold, Günter (Hrsg.): Wörterbuch Berufs- und Wirtschaftspädagogik, 2. Aufl., Bad Heilbrunn 2006.

Krautz, Jochen: Bildung als Anpassung? Das Kompetenz-Konzept im Kontext einer ökonomisierten Bildung, 2009. S. 87-100.
www.bildung-wissen.eu/beitraege/Krautz-Bildung-als-Anpassung.pdf

Küttner, Wolfdieter (Hrsg.): Personalbuch 2008. München.

Lakies, Thomas/Nehls, Hermann: Basiskommentar zum Berufsbildungsgesetz. Frankfurt a. M. 2007.

Leymann, Heinz: Mobbing. Reinbek bei Hamburg 2002.

Mattes, Wolfgang: Methoden für den Unterricht. Paderborn 2002.

Müller, Udo R.: Gedanken zu „Situation" – „Lernsituation" – „Ausbildungssituation". Online-Publikation, 25. 3. 2010.
www.foraus.de/media/docs_content/100413Aufsatz-Situation-und-Lernsituation.pdf

Müller-Glöge u. a. (Hrsg.): Erfurter Kommentar zum Arbeitsrecht, 8. Aufl., München 2008.

Otto, Gunter/Schulz, Wolfgang (Hrsg.): Enzyklopädie Erziehungswissenschaft, Bd. 4, Methoden und Medien der Erziehung und des Unterrichts, Stuttgart/Dresden 1995.

Rebmann, Karin/Tenfelde, Walter/Schlömer, Tobias: Berufs- und Wirtschaftspädagogik. Eine Einführung in Strukturbegriffe, 4. Aufl., Wiesbaden 2011.

Ruschel, Adalbert: Arbeits- und Berufspädagogik für Ausbilder in Handlungsfeldern, 2. Aufl., Ludwigshafen 2008.

Schaub, Horst/Zenke, Karl G.: Wörterbuch Pädagogik, 5. Aufl., München 2002.

Schellhöh, Wolfgang/Weber, Michael: Das neue Berufsbildungsrecht. Merching 2005.

Schlottau, Walter: Ausbildungspersonal – von der Eignung zur Professionalisierung. Regionale Erprobung zweijähriger Aufstiegsfortbildungsgänge. In: BWP 6/2005.
www2.bibb.de:8080/bwp/pdf/artikel/BWP-2005-H6-32ff.pdf

Schmitz, Enno/Tietgens, Hans (Hrsg.): Enzyklopädie Erziehungswissenschaft, Bd. 11, Erwachsenenbildung, Stuttgart/Dresden 1995.

Sloane, Peter F. E.: Lernfelder und Unterrichtsgestaltung. In: Die berufsbildende Schule (BbSch) 52 (2000) 3, S. 79-85.

Thommen, Jean-Paul/Achleitner, Ann-Kristin: Allgemeine Betriebswirtschaftslehre, 6. Aufl. Wiesbaden 2009.

Ulmer, Philipp/Gutschow, Katrin: Die Ausbilder-Eignungsverordnung 2009: Was ist neu? In: BWP 3/2009.
www.bibb.de/dokumente/pdf/a1_bwp_04_2009_ulmer_gutschow.pdf

Urbschat, Fritz: Wirtschaftspädagogik. In: Handwörterbuch der Sozialwissenschaften, Bd. 12, hrsg. von v. Beckerath, Erwin u. a. Stuttgart/Tübingen/Göttingen 1965. S. 203-210.

Wächter, Lars: Das Allgemeine Gleichbehandlungsgesetz im Überblick. In: Die Großhandelskaufleute 2/2007, S. 18-21.

Wächter, Lars: Soft Skills. In: Die Großhandelskaufleute 6/2008, S. 28-31.

Wächter, Lars: Die Ausbildungsvergütung. In: Die Großhandelskaufleute 1/2009, S. 13-17.

Wächter, Lars: Grundlagen der Berufsausbildung (I) – Das duale System. In: Die Büroberufe 8/2010, S. 2-8.

Wächter, Lars: Grundlagen der Berufsausbildung (II) – Rechtliche Regelungen. In: Die Büroberufe 9/2010, S. 2-8.

Wächter, Lars: Konflikte in der Ausbildung. In: Die Großhandelskaufleute 11/2011, S. 2-7.

Wächter, Lars: Die Berufsschule. In: Die Großhandelskaufleute 1/2012, S. 2-7.

Weber, Wolfgang u. a.: Lexikon Personalwirtschaft, 2. Aufl., Stuttgart 2005.

Wohlgemut, Hans Hermann; Lakies, Thomas u. a.: BBiG – Kommentar für die Praxis, 3. Aufl., Frankfurt a. M. 2006.

Wöhe, Günter: Einführung in die Allgemeine Betriebswirtschaftslehre, 24. Aufl., München 2010.

Glossar der Berufsausbildung
Deutsch – Englisch

A	
Abschlussprüfung	final examination
Abschlusszeugnis	leaving-certificate
anerkannter Ausbildungsberuf	recognized training occupation
anerkannter Berufsabschluss	recognized vocational qualification
anerkannter Fortbildungsabschluss	recognized advanced vocational qualification
Ausbilder-Eignungsverordnung (AEVO)	ordinance on Trainer Aptitude
Ausbildungsabbruch, Bildungsabbruch	dropout, education dropout
Ausbildungsanbieter/Ausbildungsträger	training provider
Ausbildungsplatzangebot	training places on offer, supply of training places
Ausbildungsbedarf	training needs
Ausbildungsberuf	training occupation , apprentice training
Ausbildungsbetrieb	training company
Ausbildungsdauer	duration of traineeship
Ausbildungsgang	training scheme
Ausbildungskosten	training costs
Ausbildungsnachfrage	demand for training places
Ausbildungsnachweise	evidence of formal qualifications
Ausbildungsordnung	training regulations
Ausbildungsplatz	apprenticeship place
Ausbildungsplatzangebot	apprenticeship (places) supply
Ausbildungsplatzbewerber/Lehrstellenbewerber	training place applicant
Ausbildungsplatznachfrage	apprenticeship (places) demand
Ausbildungsprofil	training profile
Ausbildungsrahmenplan	general training plan, training curricula
Ausbildungsreife	apprenticeship entry maturity
Ausbildungsstelle	apprenticeship place
Ausbildungsstellenmarkt	apprenticeship market
Ausbildungsverbund	training network, collaborative training venture
Ausbildungsvergütung	apprenticeship pay, training allowance
Ausbildungsvertrag/Lehrvertrag	apprenticeship contract, training contract
Ausbildungsvorbereitung	training preparation
Ausbildungszeit	period of training
Ausbildungswerkstatt/Lehrwerkstatt	training workshop, apprenticeship workshop
Auslandsfortbildung	continuing vocational education and training abroad

außerbetriebliche (Berufs-)Ausbildung	extra-company training, non-company training
außerbetriebliche Ausbildungsplätze	extra-company training places
außerschulische Ausbildung	out-of-school education
außerschulische Berufsbildung	vocational training out-of-school, vocational education out-of-school
Aus- und Weiterbildung	initial and continuing vocational education and training

B	
Basisqualifikationen/Grundkompetenzen/Kernqualifikationen	basic skills
Befähigungsnachweis/Zertifikat/Zeugnis/Diplom	certificate qualification diploma
Berichtsheft	record book
Beruf (i. S. einer beruflichen Tätigkeit nach der Ausbildung im Dualen System)	occupation
Beruf (i. S. von akademischer Beruf oder freier Beruf)	profession
Beruf (i. S. von handwerklicher Tätigkeit)	trade
berufliche Entwicklung/Berufsverlauf/beruflicher Werdegang	career path
berufliche Fähigkeiten	occupational skills
berufliche Handlungsfähigkeit	occupational proficiency, vocational proficiency
berufliche Qualifikation	vocational skills, vocational competence
berufliche Qualifizierung	(vocational) training
berufliche Qualifizierungsmaßnahme	vocational training programme
berufliches Gymnasium/Berufsgymnasium	vocational grammar school
berufliche Umschulung	retraining
berufliche Weiterbildungs-/Fortbildungsmaßnahme	continuing vocational training course
Berufsabschluss	vocational qualification
Berufsaufbauschule	vocational extension school
Berufsausbildungsvorbereitung	vocational training preparation
berufsbegleitend	in-service
berufsbegleitende Ausbildung	in-service training
berufsbegleitende Nachqualifizierung	qualification during employment
Berufsbezeichnung	designation of occupation
Berufsbildung / berufliche Bildung	vocational education and training
Berufsbildungsgesetz (BBiG)	vocational training act
Berufsbildungsrecht	vocational education and training law, vocational training law
Berufserfahrung	professional experience
Berufsfachschule	full-time vocational school

Berufsfähigkeit	acquisition of professional skills, capacity to practise an occupation
Berufsfeld	field of occupation, occupational field
Berufskolleg	vocational school , part-time vocational school
Berufsqualifikationen	professional qualifications
Berufsschule (im dualen System)	part-time vocational school
berufsvorbereitende Maßnahmen	vocational preparation schemes
berufsvorbereitendes Betriebspraktikum	prevocational placement, pre-vocational traineeship
Berufsvorbereitungsjahr (BVJ)	prevocational training year
Betriebspraktikum	prevocational placement
Beurteilungsgespräch	appraisal interview

D	
Deutscher Industrie- und Handelskammertag (DIHK)	Association of German Chambers of Industry and Commerce
Duales System der Berufsausbildung	dual vocational training system

E	
Eignung als Ausbilde/Ausbildungsbetrieb	Trainer aptitude and suitability of the training company
Erstausbildung	initial vocational education and training (IVET)
Erwachsenenbildung	adult education

F	
Fortbildung/berufliche Fortbildung	advanced vocational training, further training
Fortbildungsabschlüsse	advanced qualifications
Fortbildungsberufe	advanced training occupations
Fortbildungsmaßnahme	continuing vocational training course
Fortbildungsprüfungsordnungen	advanced training examination regulations
Fortbildungsqualifikation	advanced vocational qualifications
Fort- und Weiterbildung	continuing vocational education and training

G	
gestreckte Abschlussprüfung	extended final examination

H	
Handlungskompetenz	skills, competence
handlungsorientiert	employability-oriented, employment-oriented
Handwerk	craft
Handwerksberuf	trade
Handwerksordnung (HwO)	Crafts Code

I	
Industrie- und Handelskammer (IHK)	Chamber of Industry and Commerce

J	
Jugendliche	youth

K	
Kenntnisse, Fertigkeiten und Fähigkeiten	knowledge, skills and competences
Kosten und Nutzen der betrieblichen Ausbildung	costs and benefits of in-house vocational training
Kündigung	termination

L	
lebenslanges Lernen	lifelong learning
Lehre/Lehrlingsausbildung	apprenticeship
Lehrplan (Curriculum)	curriculum
Lehrstelle	apprenticeship place, training place
Lehrstellenangebot	apprenticeship places supply, training places on offer
Lehrstellenmarkt	training places market, apprenticeship places market
Lehrstellennachfrage	apprenticeship places demand, demand for training places
Leistungspunkte	credit points
Leistungspunktesystem	credit system
Lernen am Arbeitsplatz	workplace learning
Lernfeld	learning field
Lernfeldkonzept	learning field concept
Lernort	learning venue
Lernortkooperation	cooperation between learning venues

M	
mangelnde Ausbildungsreife	lack of apprenticeship entry maturity
Medienkompetenz/digitale Kompetenz	media literacy, digital literacy

N	
Nachqualifizierung	second chance qualification
Nachqualifizierungsmaßnahmen	second chance qualification measures

O	
offener Unterricht/offenes Lernen	open learning, open learning scenario

P	
Praktikumsplatz	traineeship workplace
Praktikum im Betrieb	prevocational placement
Probezeit	time of probation
programmierte Prüfung	programmed examination
Prüfung	examination
Prüfungswesen	examination system

Q	
Qualifizierungsbedarf	training needs
Qualifikationsdefizit/Qualifikationsmangel	skills deficit, skill shortage

R	
Rahmenlehrplan	skeleton curriculum, framework curriculum

S	
Schlüsselqualifikationen	core skills, key skills
Schulabgänger	school leaver
selbstgesteuertes Lernen	self-directed learning
Sozialpartner/Tarifpartner	management and labour (representatives), trade unions and employers
Studiengang	course of study
Stufenausbildung	graduated training

T	
Tarifvereinbarungen/tarifliche Regelungen/Tarifvertrag	collective agreement, (collective) wage agreement, labor pact

U	
überbetriebliche Ausbildung	inter-company vocational training
unbesetzte Ausbildungsstellen	open apprenticeships

V	
Verbundausbildung	collaborative training
Verzeichnis der anerkannten Berufsausbildungsverhältnisse	register of initial training relationships

W	
Weiterbildung	continuing vocational education and training
Weiterbildungsanbieter	continuing education provider

Z	
Zertifizierung	certification
Zeugnis	certificate
Zeugniserläuterungen	certificate supplements
zuständige Stelle	competent body

Internetadressen

Hinweis:

Hier finden Sie eine kleine Auswahl an wichtigen und nützlichen Internetseiten, die für die Berufsausbildung von Bedeutung sind. Die Seiten, denen der Verfasser einen besonders hohen Nutzen beimisst, sind mit TIPP gekennzeichnet.

Organisationen, Ministerien	Internetadresse
BERUFEnet – Datenbank für Ausbildungs- und Tätigkeitsbeschreibungen	http://berufenet.arbeitsagentur.de/berufe/
Bundesagentur für Arbeit	www.arbeitsagentur.de
Bundesinstitut für Berufsbildung (BiBB)	www.bibb.de
Bundesministerium für Arbeit und Soziales (BMAS)	www.bmas.de
Bundesministerium für Bildung und Forschung (BMBF)	www.bmbf.de
Bundesministerium für Wirtschaft und Arbeit (BMWI)	www.bmwi.de
Bundesvereinigung der Deutschen Arbeitgeberverbände (BDA)	www.bda-online.de
Deutscher Bildungsserver	www.bildungsserver.de
Deutscher Gewerkschaftsbund (DGB)	www.dgb.de
Deutscher Industrie und Handelskammertag (DIHK)	www.dihk.de
DGB-Jugend - Jugendorganisation des DGB	www.dgb-jugend.de/
Gewerkschaft Erziehung und Wissenschaft GEW	www.gew.de
IG Metall (Industriegewerkschaft Metall)	www.igmetall.de
KMK – Ständige Konferenz der Kultusminister der Länder	www.kmk.org
Stiftung Begabtenförderungswerk berufliche Bildung	www.begabtenfoerderung.de
Vereinte Dienstleistungsgewerkschaft ver.di	www.verdi.de

Recht der Berufsausbildung	Internetadresse
Auf der Seite des Bundesministeriums der Justiz finden Sie fast alle **Bundesgesetze und Verordnungen** im Format PDF und HTML.	www.gesetze-im-internet.de
Gesetze, Rechtsprechungen und aktuelle Meldungen zum europäischen und deutschen Recht.	http://dejure.org
Vergleichende Gegenüberstellung des „alten" (1969) und „neuen" (2005) **Berufsbildungsgesetzes** (BBiG)	www.bmbf.de/pubRD/synopse_BBiG_alt_neu.pdf
Die Broschüre „Klare Sache – Jugendarbeitsschutz" mit dem JArbSchG nebst Erläuterungen finden Sie (im Format PDF)	www.bmas.de/DE/Service/Publikationen/a707-klare-sache-jugendarbeitsschutz-und-kinderarbeitsschutzverordnung.html
Die Broschüre „Ausbildung & Beruf" enthält das BBiG, das JArbSchG und die Handwerksordnung. Verfügbar im Format PDF auf der Seite des Bundesministeriums für Arbeit und Soziales.	www.bmbf.de/pub/ausbildung_und_beruf.pdf
Umfassende Informationen für Azubis bietet die kostenlose Broschüre „Deine Rechte in der Ausbildung" der DGB-Jugend.	TIPP www.dgb-jugend.de/neue_downloads/data/rechte-pflichten-ausbildung.pdf

Ausbildungsordnungen, Rahmenlehrpläne, Berufsbilder	Internetadresse
Auf der Seite des BBiB finden Sie alle **Ausbildungsberufe** und deren **Ausbildungsordnungen** und **Rahmenpläne** in einer alphabetisch geordneten Liste. ► Anfangsbuchstaben des entsprechenden Berufs anklicken (z. B. K für „Kaufmann im Groß- und Außenhandel"). ► Beruf auswählen. ► Ausbildungsordnung und Rahmenplan werden als PDF-Dokument angeboten.	TIPP www.bibb.de/de/26171.htm
Die **Lehrpläne für berufliche Schulen** werden auch der Seite des Deutschen Bildungsservers bereitgestellt.	www.bildungsserver.de/Lehrplaene-fuer-berufliche-Schulen-487.html

Nützliche Internetseiten für Ausbilder	Internetadresse
Ausbildernetz plus	www.ausbildernetz.de
Bundesinstitut für Berufsbildung (BIBB)	www.bibb.de (→ Praxis)
Foraus.de – Forum für Ausbilder	TIPP www.foraus.de
Prüferportal	http://prueferportal.org
Homepage von **Adalbert Ruschel**, Professor für Berufs- und Arbeitspädagogik. Besonders nützlich ist hier die Rubrik „Texte zum Herunterladen"	TIPP www.adalbert-ruschel.de/index.htm (→ Texte zum Herunterladen)

Nützliche Internetseiten für Azubis	Internetadresse
AusbildungPlus: mehr Qualifikation für Azubis	http://ausbildung-plus.de
Azubee.de – Alles rund um die Ausbildung Das Internetportal für Azubis bietet Informationen rund um die Ausbildung, zu den Berufen, zu Prüfungen u. v. a. m.	www.azubee.de TIPP
Azubi - Das Magazin für Schulabgänger und Berufsanfänger	www.azubi-magazin.com
Azubi.net - Forum	www.azubi.net
Dr. Azubi - Online-Beratung des DGB für Auszubildende	www.dr-azubi.de TIPP
DGB-Jugend – Tipps zu Recht und Finanzen in der Ausbildung	www.dgb-jugend.de/ausbildung TIPP

Tipps zum Umgang mit Gesetzestexten

Abkürzungen und Zeichen

Juristische Texte können auf den Laien unverständlich wirken, weil häufig Abkürzungen und Zeichen verwendet werden, die vielen Menschen einfach unbekannt sind.

Gesetzestexte werden durch Paragrafen (griechisch parágraphos = Zeichen am Rande des Buches) gegliedert. Dafür wird das §-Zeichen verwendet. Es besteht aus zwei ineinander gefügten S. Das ist eine Abkürzung für das lateinische „signum sectionis" und bedeutet Abschnittsübersicht.

Ein Paragraf kann aus mehreren Absätzen bestehen. Im Beispiel unten besteht der § 14 Berufsbildungsgesetz aus zwei Absätzen. Man kann sie abkürzen mit „Abs." oder sie römisch nummerieren. Für den ersten Absatz also „Abs. 1" oder „I", für den zweiten Absatz „Abs. 2" oder „II".

Jeder Absatz kann wiederum in Sätze bzw. Nummern gegliedert werden.

Beispiel

Aus dem Berufsbildungsgesetz (BBiG):

Der Paragraf 14 BBiG (Pflichten des Ausbildenden in der Berufsausbildung) besteht aus zwei Absätzen. Absatz 1 enthält fünf Aufzählungen, die durch Nummern gekennzeichnet sind. Eine Satzzählung ist nicht erforderlich, da Absatz 1 Aufzählungsnummern enthält und Absatz 2 lediglich aus einem Satz besteht.

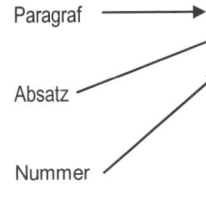

Paragraf   ⟶ **§ 14   Berufsausbildung**

(1) Ausbildende haben

1. dafür zu sorgen, dass den Auszubildenden die berufliche Handlungsfähigkeit vermittelt wird, die zum Erreichen des Ausbildungsziels erforderlich ist, und die Berufsausbildung in einer durch ihren Zweck gebotenen Form planmäßig, zeitlich und sachlich gegliedert so durchzuführen, dass das Ausbildungsziel in der vorgesehenen Ausbildungszeit erreicht werden kann,

Absatz

Nummer

2. selbst auszubilden oder einen Ausbilder oder eine Ausbilderin ausdrücklich damit zu beauftragen,

3. Auszubildenden kostenlos die Ausbildungsmittel, insbesondere Werkzeuge und Werkstoffe zur Verfügung zu stellen, die zur Berufsausbildung und zum Ablegen von Zwischen- und Abschlussprüfungen, auch soweit solche nach Beendigung des Berufsausbildungsverhältnisses stattfinden, erforderlich sind,

4. Auszubildende zum Besuch der Berufsschule sowie zum Führen von schriftlichen Ausbildungsnachweisen anzuhalten, soweit solche im Rahmen der Berufsausbildung verlangt werden, und diese durchzusehen,

5. dafür zu sorgen, dass Auszubildende charakterlich gefördert sowie sittlich und körperlich nicht gefährdet werden.

(2) Auszubildenden dürfen nur Aufgaben übertragen werden, die dem Ausbildungszweck dienen und ihren körperlichen Kräften angemessen sind.

Zitierweise

Die Zitierweise ist beispielsweise von Bedeutung bei Urteilen, Gesetzeskommentaren und Verträgen. Zitiert wird allgemein nach folgendem Schema:

Paragraph, Absatz, Satz, Nummer, Gesetz

Es gibt verschiedene Möglichkeiten, wie zitiert wird. Im Beispiel oben:
- ▶ §14 Absatz 1, Nummer 1 BBiG
- ▶ oder: §14 Abs. 1, Nr. 1 BBiG
- ▶ oder: § 14 I 1 BBiG

Der Aufbau einer Rechtsnorm

Rechtsnormen (Gesetzestexte) haben einen bestimmten inneren Aufbau. Sie bestehen in der Regel aus:

1. Tatbestand
2. Rechtsfolge.

1. Zunächst beschreibt der Gesetzgeber in abstrakter Form den **Sachverhalt**. Die verwendeten Wörter und Begriffe, die den Sachverhalt beschreiben, nennt man in der juristischen Fachsprache auch Tatbestandsmerkmale.

2. Daran schließt sich die **Rechtsfolge** an. Die Rechtsfolge kann eine Berechtigung oder eine Verpflichtung (Gebot oder Verbot) sein. Typische Formulierungen lauten dann z. B.: „...ist berechtigt...", „...kann verlangen..." oder „...ist verpflichtet...".
Wenn durch die Rechtsnorm jemand berechtigt wird, von einem anderen ein bestimmtes Tun oder Unterlassen zu verlangen, nennt man den Paragrafen auch **Anspruchsgrundlage**.

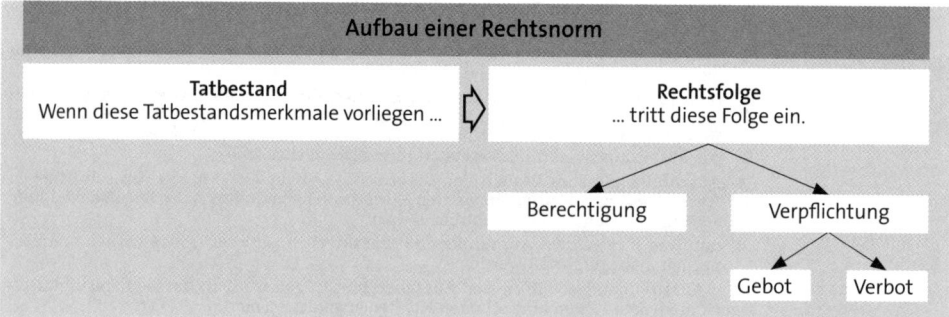

Beispiel

Rechtsnorm	Tatbestand	Rechtsfolge (Berechtigung oder Verpflichtung)
§ 145 BGB	„Wer einem anderen die Schließung eines Vertrags anträgt, ...“	„ ... ist an den Antrag gebunden, es sei denn, dass er die Gebundenheit ausgeschlossen hat.“
§ 823 Abs. 1 BGB	„Wer vorsätzlich oder fahrlässig das Leben, den Körper, die Gesundheit, die Freiheit, das Eigentum oder ein sonstiges Recht eines anderen widerrechtlich verletzt, ...“	„ ... ist dem anderen zum Ersatz des daraus entstehenden Schadens verpflichtet.“
§ 23 Abs. 1 Satz 1 BBiG	„Wird das Berufsausbildungsverhältnis nach der Probezeit vorzeitig gelöst, ...“	„ ... so können Ausbildende oder Auszubildende Ersatz des Schadens verlangen, wenn die andere Person den Grund für die Auflösung zu vertreten hat.“
§ 28 Abs. 2 BBiG	„Wer fachlich nicht geeignet ist oder wer nicht selbst ausbildet, ...“	„ ... darf Auszubildende nur dann einstellen, wenn er persönlich und fachlich geeignete Ausbilder oder Ausbilderinnen bestellt, die die Ausbildungsinhalte in der Ausbildungsstätte unmittelbar, verantwortlich und in wesentlichem Umfang vermitteln.“

Hinweis:

Grundsätzlich gelten für das Berufsausbildungsverhältnis auch die Gesetze, die für das „normale“ Arbeitsverhältnis gelten – allerdings nur dann, wenn im BBiG bzw. JArbSchG keine speziellen Regelungen enthalten sind.

Wichtige Gesetze im Überblick

Die Tabelle stellt eine Übersicht der wichtigsten Gesetze dar, die in der Berufsausbildung von Bedeutung sind. Auch wurde die AEVO mit aufgenommen, da diese Verordnung eine wichtige Rechtsquelle für die Ausbildung der Ausbilder ist.

Gesetz	Regelungen
Allgemeines Gleichbehandlungsgesetz (AGG)	('Antidiskriminierungsgesetz') zielt darauf ab, „Benachteiligungen aus Gründen der Rasse oder wegen der ethnischen Herkunft, des Geschlechts, der Religion oder Weltanschauung, einer Behinderung, des Alters oder der sexuellen Identität zu verhindern oder zu beseitigen". Bedeutsam im Arbeitsleben z. B. bei ► Stellenausschreibungen (geschlechtsneutrale Formulierungen) ► Bewerbungsunterlagen ► Belästigung ► Diskriminierung / Benachteiligung. Rechte der Arbeitnehmer, wenn sie benachteiligt werden: ► Beschwerderecht (§ 13) ► Leistungsverweigerungsrecht (§ 14) ► Schadensersatzanspruch (§ 15) ► Entschädigungsanspruch (§ 15) ► Maßregelungsverbot (§ 16) ► Klagerecht des Betriebsrates (BR) bzw. der Gewerkschaft (§ 17).
Arbeitszeitgesetz (ArbZG)	legt die Höchstdauer der werktäglichen Arbeitszeit und die Dauer der Ruhepausen fest: ► Werktägliche Höchstarbeitszeit = 8 Stunden (ohne Pausen) ► Samstage = Werktage ► also maximal 48 Stunden/Woche ► Werktägliche Höchstarbeitszeit = 10 Stunden, wenn Ausgleich innerhalb von 6 Monaten (= Ø 8-Stunden-Tag) ► Arbeitszeit 6-9 Stunden = 30 Min. Ruhepause ► Arbeitszeit > 9 Stunden = 45 Min. Ruhepause. ► Zwischen Schichtende und Schichtbeginn müssen mind. 11 Stunden Ruhezeit liegen.

Ausbilder-Eignungsverordnung (AEVO)	Rechtsverordnung, in der die Ausbildung der Ausbilder geregelt wird. Sie enthält: ► Anforderungen an die berufs- und arbeitspädagogische Eignung der Ausbilder ► ein Anforderungsprofil in vier Handlungsfeldern mit bestimmten Kompetenzen: 1. Ausbildungsvoraussetzungen prüfen und Ausbildung planen 2. Ausbildung vorbereiten und bei der Einstellung von Auszubildenden mitwirken 3. Ausbildung durchführen 4. Ausbildung abschließen.
Berufsbildungsgesetz (BBiG)	regelt den betrieblichen und außerbetrieblichen Teil der Berufsbildung (Berufsausbildungsvorbereitung, Ausbildung, Weiterbildung, Fortbildung, Umschulung). Das BBiG enthält u. a. Vorschriften ► zu den Ausbildungsinhalten ► zur Gestaltung des Ausbildungsvertrages ► zur Probezeit ► zu den Pflichten der Auszubildenden und der Ausbildenden ► zur Kündigung ► zur Berufsschulpflicht ► zur Ausbildungsvergütung ► zu den zuständigen Stellen ► zum Prüfungswesen.
Betriebsverfassungsgesetz (BetrVG)	regelt die Mitbestimmung und Interessenvertretung der Arbeitnehmer durch den Betriebsrat sowie der Auszubildenden durch die Jugend- und Auszubildendenvertretung. Das BetrVG enthält u. a. Regelungen ► über die Zusammensetzung des BR ► zu Wahlverfahren, Amtszeit, Organisation und Geschäftsführung ► zu den Mitwirkungs- und Mitbestimmungsrechten in wirtschaftlichen, sozialen und personellen Angelegenheiten.

Bürgerliches Gesetzbuch (BGB)	regelt das Privatrecht, d. h. die Rechtsbeziehungen der Bürger untereinander.
	Das BGB ist in fünf Bücher aufgeteilt:
	► *Allgemeiner Teil* (enthält z. B. Begriffsbestimmungen, Vorschriften über Sachen und Personen, allgemeine Regeln zum Vertragsabschluss).
	► *Schuldrecht* (enthält Regeln, die das Schuldverhältnis – also die Beziehung zwischen Gläubiger und Schuldner – betreffen, insbesondere durch Verträge, wie z. B. Kaufvertrag, Mietvertrag, Dienstvertrag (= „Arbeitsvertrag")).
	► *Sachenrecht* (regelt die „dinglichen Rechte", z. B. Eigentum).
	► *Familienrecht* (enthält Vorschriften für Ehe und Verwandtschaft).
	► *Erbrecht* (regelt vermögensrechtliche Folgen beim Tod und die Rechtsstellung der Erben).
Gewerbeordnung (GewO)	Verordnung, die z. B. Folgendes regelt:
	► Einteilung der Gewerbe (z. B. stehendes Gewerbe, Reisegewerbe, Messen, Ausstellungen und Märkte)
	► Zulassung, Umfang und Ausübung eines Gewerbes
	► arbeitsrechtliche Vorschriften (z. B. Weisungsrecht, Arbeitszeugnis, Berechnung und Zahlung des Arbeitsentgelts)
	► Straf- und Bußgeldvorschriften.
Jugendarbeitsschutzgesetz (JArbSchG)	schützt Kinder und Jugendliche unter 18 Jahren vor Gefährdungen im Rahmen einer Beschäftigung (z. B. Praktikum, Berufsausbildung, Arbeitsverhältnis).
	Wichtigste Regelungen:
	► Verbot von Kinderarbeit
	► 40-Stunden-Woche bei 5 Arbeitstagen
	► tägliche Höchstarbeitszeit soll 8 Stunden nicht überschreiten
	► Beschäftigungsverbot an Samstagen sowie Sonn- und Feiertagen
	► Beschäftigung nur zwischen 6 Uhr und 20 Uhr
	► Urlaubsanspruch je nach Alter zwischen 25 und 30 Werktagen
	► Verbot von Akkordarbeit.
Kündigungsschutzgesetz (KSchG)	erschwert und verhindert die Kündigung von Arbeitsverträgen durch den Arbeitgeber. Insbesondere wird geregelt, wann eine Kündigung sozial ungerechtfertigt und somit unwirksam ist.

Mutterschutzgesetz (MuSchG)	schützt die Gesundheit der (werdenden) Mutter und des Kindes vor Gefahren am Arbeitsplatz ► Mutterschutzfrist: sechs Wochen vor dem berechneten Geburtstermin bis acht Wochen nach der Entbindung. ► Kündigungsschutz.
Sozialgesetzbuch (SGB) - Drittes Buch (SGB III)	Das SGB besteht aus zwölf Büchern und regelt das Sozialrecht. Das SGB III regelt Leistungen und Maßnahmen im Bereich der Arbeitsförderung (z. B. Arbeitslosenversicherung). Außerdem regelt es die Förderungsmöglichkeiten im Bereich der beruflichen Bildung, wie z. B.: ► Berufsausbildungsbeihilfe ► Förderung der Berufsausbildung ► Förderung berufsvorbereitender Bildungsmaßnahmen ► Fahrtkosten ► Weiterbildungskosten ► Kinderbetreuungskosten.

Gesetze im Internet

Das Bundesministerium der Justiz stellt fast das gesamte aktuelle Bundesrecht im Internet bereit. Die **Gesetze und Rechtsverordnungen** können in ihrer geltenden Fassung können abgerufen werden auf der Seite:

http://www.gesetze-im-internet.de

Gesetze, Rechtsprechungen und aktuelle Meldungen zum europäischen und deutschen Recht können abgerufen werden auf der Seite: **http://dejure.org/**

Ausbilder-Eignungsverordnung (AEVO)

(vom 21. 1 2009)

Auf Grund des § 30 Absatz 5 des Berufsbildungsgesetzes vom 23. März 2005 (BGBl. I S. 931) verordnet das Bundesministerium für Bildung und Forschung nach Anhörung des Hauptausschusses des Bundesinstituts für Berufsbildung:

§ 1 Geltungsbereich

Ausbilder und Ausbilderinnen haben für die Ausbildung in anerkannten Ausbildungsberufen nach dem Berufsbildungsgesetz den Erwerb der berufs- und arbeitspädagogischen Fertigkeiten, Kenntnisse und Fähigkeiten nach dieser Verordnung nachzuweisen. Dies gilt nicht für die Ausbildung im Bereich der Angehörigen der freien Berufe.

§ 2 Berufs- und arbeitspädagogische Eignung

Die berufs- und arbeitspädagogische Eignung umfasst die Kompetenz zum selbstständigen Planen, Durchführen und Kontrollieren der Berufsausbildung in den Handlungsfeldern:

1. Ausbildungsvoraussetzungen prüfen und Ausbildung planen,
2. Ausbildung vorbereiten und bei der Einstellung von Auszubildenden mitwirken,
3. Ausbildung durchführen und
4. Ausbildung abschließen.

§ 3 Handlungsfelder

(1) Das Handlungsfeld nach § 2 Nummer 1 umfasst die berufs- und arbeitspädagogische Eignung, Ausbildungsvoraussetzungen zu prüfen und Ausbildung zu planen. Die Ausbilder und Ausbilderinnen sind dabei in der Lage,

1. die Vorteile und den Nutzen betrieblicher Ausbildung darstellen und begründen zu können,

2. bei den Planungen und Entscheidungen hinsichtlich des betrieblichen Ausbildungsbedarfs auf der Grundlage der rechtlichen, tarifvertraglichen und betrieblichen Rahmenbedingungen mitzuwirken,

3. die Strukturen des Berufsbildungssystems und seine Schnittstellen darzustellen,

4. Ausbildungsberufe für den Betrieb auszuwählen und dies zu begründen,

5. die Eignung des Betriebes für die Ausbildung in dem angestrebten Ausbildungsberuf zu prüfen sowie, ob und inwieweit Ausbildungsinhalte durch Maßnahmen außerhalb der Ausbildungsstätte, insbesondere Ausbildung im Verbund, überbetriebliche und außerbetriebliche Ausbildung, vermittelt werden können,

6. die Möglichkeiten des Einsatzes von auf die Berufsausbildung vorbereitenden Maßnahmen einzuschätzen sowie

7. im Betrieb die Aufgaben der an der Ausbildung Mitwirkenden unter Berücksichtigung ihrer Funktionen und Qualifikationen abzustimmen.

(2) Das Handlungsfeld nach § 2 Nummer 2 umfasst die berufs- und arbeitspädagogische Eignung, die Ausbildung unter Berücksichtigung organisatorischer sowie rechtlicher Aspekte vorzubereiten. Die Ausbilder und Ausbilderinnen sind dabei in der Lage,

1. auf der Grundlage einer Ausbildungsordnung einen betrieblichen Ausbildungsplan zu erstellen, der sich insbesondere an berufstypischen Arbeits- und Geschäftsprozessen orientiert,

2. die Möglichkeiten der Mitwirkung und Mitbestimmung der betrieblichen Interessenvertretungen in der Berufsbildung zu berücksichtigen,

3. den Kooperationsbedarf zu ermitteln und sich inhaltlich sowie organisatorisch mit den Kooperationspartnern, insbesondere der Berufsschule, abzustimmen,

4. Kriterien und Verfahren zur Auswahl von Auszubildenden auch unter Berücksichtigung ihrer Verschiedenartigkeit anzuwenden,

5. den Berufsausbildungsvertrag vorzubereiten und die Eintragung des Vertrages bei der zuständigen Stelle zu veranlassen sowie

6. die Möglichkeiten zu prüfen, ob Teile der Berufsausbildung im Ausland durchgeführt werden können.

(3) Das Handlungsfeld nach § 2 Nummer 3 umfasst die berufs- und arbeitspädagogische Eignung, selbstständiges Lernen in berufstypischen Arbeits- und Geschäftsprozessen handlungsorientiert zu fördern. Die Ausbilder und Ausbilderinnen sind dabei in der Lage,

1. lernförderliche Bedingungen und eine motivierende Lernkultur zu schaffen, Rückmeldungen zu geben und zu empfangen,

2. die Probezeit zu organisieren, zu gestalten und zu bewerten,

3. aus dem betrieblichen Ausbildungsplan und den berufstypischen Arbeits- und Geschäftsprozessen betriebliche Lern- und Arbeitsaufgaben zu entwickeln und zu gestalten,

4. Ausbildungsmethoden und -medien zielgruppengerecht auszuwählen und situationsspezifisch einzusetzen,

5. Auszubildende bei Lernschwierigkeiten durch individuelle Gestaltung der Ausbildung und Lernberatung zu unterstützen, bei Bedarf ausbildungsunterstützende Hilfen einzusetzen und die Möglichkeit zur Verlängerung der Ausbildungszeit zu prüfen,

6. Auszubildenden zusätzliche Ausbildungsangebote, insbesondere in Form von Zusatzqualifikationen, zu machen und die Möglichkeit der Verkürzung der Ausbildungsdauer und die der vorzeitigen Zulassung zur Abschlussprüfung zu prüfen,

7. die soziale und persönliche Entwicklung von Auszubildenden zu fördern, Probleme und Konflikte rechtzeitig zu erkennen sowie auf eine Lösung hinzuwirken,

8. Leistungen festzustellen und zu bewerten, Leistungsbeurteilungen Dritter und Prüfungsergebnisse auszuwerten, Beurteilungsgespräche zu führen, Rückschlüsse für den weiteren Ausbildungsverlauf zu ziehen sowie

9. interkulturelle Kompetenzen zu fördern.

(4) Das Handlungsfeld nach § 2 Nummer 4 umfasst die berufs- und arbeitspädagogische Eignung, die Ausbildung zu einem erfolgreichen Abschluss zu führen und dem Auszubildenden Perspektiven für seine berufliche Weiterentwicklung aufzuzeigen. Die Ausbilder und Ausbilderinnen sind dabei in der Lage,

1. Auszubildende auf die Abschluss- oder Gesellenprüfung unter Berücksichtigung der Prüfungstermine vorzubereiten und die Ausbildung zu einem erfolgreichen Abschluss zu führen,

2. für die Anmeldung der Auszubildenden zu Prüfungen bei der zuständigen Stelle zu sorgen und diese auf durchführungsrelevante Besonderheiten hinzuweisen,

3. an der Erstellung eines schriftlichen Zeugnisses auf der Grundlage von Leistungsbeurteilungen mitzuwirken sowie

4. Auszubildende über betriebliche Entwicklungswege und berufliche Weiterbildungsmöglichkeiten zu informieren und zu beraten.

§ 4 Nachweis der Eignung

(1) Die Eignung nach § 2 ist in einer Prüfung nachzuweisen. Die Prüfung besteht aus einem schriftlichen und einem praktischen Teil. Die Prüfung ist bestanden, wenn jeder Prüfungsteil mit mindestens „ausreichend" bewertet wurde. Innerhalb eines Prüfungsverfahrens kann eine nicht bestandene Prüfung zweimal wiederholt werden. Ein bestandener Prüfungsteil kann dabei angerechnet werden.

(2) Im schriftlichen Teil der Prüfung sind fallbezogene Aufgaben aus allen Handlungsfeldern zu bearbeiten. Die schriftliche Prüfung soll drei Stunden dauern.

(3) Der praktische Teil der Prüfung besteht aus der Präsentation einer Ausbildungssituation und einem Fachgespräch mit einer Dauer von insgesamt höchstens 30 Minuten. Hierfür wählt der Prüfungsteilnehmer eine berufstypische Ausbildungssituation aus. Die Präsentation soll 15 Minuten nicht überschreiten. Die Auswahl und Gestaltung der Ausbildungssituation sind im Fachgespräch zu erläutern. Anstelle der Präsentation kann eine Ausbildungssituation auch praktisch durchgeführt werden.

(4) Im Bereich der Landwirtschaft und im Bereich der Hauswirtschaft besteht der praktische Teil aus der Durchführung einer vom Prüfungsteilnehmer in Abstimmung mit dem Prüfungsausschuss auszuwählenden Ausbildungssituation und einem Fachgespräch, in dem die Auswahl und Gestaltung der Ausbildungssituation zu begründen sind. Die Prüfung im praktischen Teil soll höchstens 60 Minuten dauern.

(5) Für die Abnahme der Prüfung errichtet die zuständige Stelle einen Prüfungsausschuss. § 37 Absatz 2 und 3, § 39 Absatz 1 Satz 2, die §§ 40 bis 42, 46 und 47 des Berufsbildungsgesetzes gelten entsprechend.

§ 5 Zeugnis

Über die bestandene Prüfung ist jeweils ein Zeugnis nach den Anlagen 1 und 2 auszustellen.

§ 6 Andere Nachweise

(1) Wer die Prüfung nach einer vor Inkrafttreten dieser Verordnung geltenden Ausbilder- Eignungsverordnung bestanden hat, die auf Grund des Berufsbildungsgesetzes erlassen worden ist, gilt für die Berufsausbildung als im Sinne dieser Verordnung berufs- und arbeitspädagogisch geeignet.

(2) Wer durch eine Meisterprüfung oder eine andere Prüfung der beruflichen Fortbildung nach der Handwerksordnung oder dem Berufsbildungsgesetz eine berufs- und arbeitspädagogische Eignung nachgewiesen hat, gilt für die Berufsausbildung als im Sinne dieser Verordnung berufs- und arbeitspädagogisch geeignet.

(3) Wer eine sonstige staatliche, staatlich anerkannte oder von einer öffentlich-rechtlichen Körperschaft abgenommene Prüfung bestanden hat, deren Inhalt den in § 3 genannten Anforderungen ganz oder teilweise entspricht, kann von der zuständigen Stelle auf Antrag

ganz oder teilweise von der Prüfung nach § 4 befreit werden. Die zuständige Stelle erteilt darüber eine Bescheinigung.

(4) Die zuständige Stelle kann von der Vorlage des Nachweises über den Erwerb der berufs- und arbeitspädagogischen Fertigkeiten, Kenntnisse und Fähigkeiten auf Antrag befreien, wenn das Vorliegen berufs- und arbeitspädagogischer Eignung auf andere Weise glaubhaft gemacht wird und die ordnungsgemäße Ausbildung sichergestellt ist. Die zuständige Stelle kann Auflagen erteilen. Auf Antrag erteilt die zuständige Stelle hierüber eine Bescheinigung.

§ 7 Fortführen der Ausbildertätigkeit

Wer vor dem 1. August 2009 als Ausbilder im Sinne des § 28 Absatz 1 Satz 2 des Berufsbildungsgesetzes tätig war, ist vom Nachweis nach den §§ 5 und 6 dieser Verordnung befreit, es sei denn, dass die bisherige Ausbildertätigkeit zu Beanstandungen mit einer Aufforderung zur Mängelbeseitigung durch die zuständige Stelle geführt hat. Sind nach Aufforderung die Mängel beseitigt worden und Gefährdungen für eine ordnungsgemäße Ausbildung nicht zu erwarten, kann die zuständige Stelle vom Nachweis nach den §§ 5 und 6 befreien; sie kann dabei Auflagen erteilen.

§ 8 Übergangsregelung

Begonnene Prüfungsverfahren können bis zum Ablauf des 31. Juli 2010 nach den bisherigen Vorschriften zu Ende geführt werden. Die zuständige Stelle kann auf Antrag des Prüfungsteilnehmers oder der Prüfungsteilnehmerin die Wiederholungsprüfung nach dieser Verordnung durchführen; § 4 Absatz 1 Satz 5 findet in diesem Fall keine Anwendung. Im Übrigen kann bei der Anmeldung zur Prüfung bis zum Ablauf des 30. April 2010 die Anwendung der bisherigen Vorschriften beantragt werden.

§ 9 Inkrafttreten, Außerkrafttreten

Diese Verordnung tritt am 1. August 2009 in Kraft. Gleichzeitig tritt die Ausbilder-Eignungsverordnung vom 16. Februar 1999 (BGBl. I S. 157, 700), die zuletzt durch die Verordnung vom 14. Mai 2008 (BGBl. I S. 854) geändert worden ist, außer Kraft.

Berufsbildungsgesetz (BBiG)
– Auszug –

Berufsbildungsgesetz vom 23. 3. 2005 (BGBl. I S. 931), zuletzt durch Art. 15 Abs. 90 des Gesetzes vom 5. 2. 2009 (BGBl. I S. 160) geändert

Teil 1 Allgemeine Vorschriften

§ 1 Ziele und Begriffe der Berufsbildung

(1) Berufsbildung im Sinne dieses Gesetzes sind die Berufsausbildungsvorbereitung, die Berufsausbildung, die berufliche Fortbildung und die berufliche Umschulung.

(2) Die Berufsausbildungsvorbereitung dient dem Ziel, durch die Vermittlung von Grundlagen für den Erwerb beruflicher Handlungsfähigkeit an eine Berufsausbildung in einem anerkannten Ausbildungsberuf heranzuführen.

(3) Die Berufsausbildung hat die für die Ausübung einer qualifizierten beruflichen Tätigkeit in einer sich wandelnden Arbeitswelt notwendigen beruflichen Fertigkeiten, Kenntnisse und Fähigkeiten (berufliche Handlungsfähigkeit) in einem geordneten Ausbildungsgang zu vermitteln. Sie hat ferner den Erwerb der erforderlichen Berufserfahrungen zu ermöglichen.

(4) Die berufliche Fortbildung soll es ermöglichen, die berufliche Handlungsfähigkeit zu erhalten und anzupassen oder zu erweitern und beruflich aufzusteigen.

(5) Die berufliche Umschulung soll zu einer anderen beruflichen Tätigkeit befähigen.

§ 2 Lernorte der Berufsbildung

(1) Berufsbildung wird durchgeführt

1. in Betrieben der Wirtschaft, in vergleichbaren Einrichtungen außerhalb der Wirtschaft, insbesondere des öffentlichen Dienstes, der Angehörigen freier Berufe und in Haushalten (betriebliche Berufsbildung),

2. in berufsbildenden Schulen (schulische Berufsbildung) und

3. in sonstigen Berufsbildungseinrichtungen außerhalb der schulischen und betrieblichen Berufsbildung (außerbetriebliche Berufsbildung).

(2) Die Lernorte nach Absatz 1 wirken bei der Durchführung der Berufsbildung zusammen (Lernortkooperation).

(3) Teile der Berufsausbildung können im Ausland durchgeführt werden, wenn dies dem Ausbildungsziel dient. Ihre Gesamtdauer soll ein Viertel der in der Ausbildungsordnung festgelegten Ausbildungsdauer nicht überschreiten.

§ 3 Anwendungsbereich

(1) Dieses Gesetz gilt für die Berufsbildung, soweit sie nicht in berufsbildenden Schulen durchgeführt wird, die den Schulgesetzen der Länder unterstehen.

(2) Dieses Gesetz gilt nicht für

1. die Berufsbildung, die in berufsqualifizierenden oder vergleichbaren Studiengängen an Hochschulen auf der Grundlage des Hochschulrahmengesetzes und der Hochschulgesetze der Länder durchgeführt wird,

2. die Berufsbildung in einem öffentlich-rechtlichen Dienstverhältnis,

3. die Berufsbildung auf Kauffahrteischiffen, die nach dem Flaggenrechtsgesetz die Bundesflagge führen, soweit es sich nicht um Schiffe der kleinen Hochseefischerei oder der Küstenfischerei handelt.

(3) Für die Berufsbildung in Berufen der Handwerksordnung gelten die §§ 4 bis 9, 27 bis 49, 53 bis 70, 76 bis 80 sowie 102 nicht; insoweit gilt die Handwerksordnung.

Teil 2 Berufsbildung

Kapitel 1 Berufsausbildung

Abschnitt 1

Ordnung der Berufsausbildung; Anerkennung von Ausbildungsberufen

§ 4 Anerkennung von Ausbildungsberufen

(1) Als Grundlage für eine geordnete und einheitliche Berufsausbildung kann das Bundesministerium für Wirtschaft und Technologie oder das sonst zuständige Fachministerium im Einvernehmen mit dem Bundesministerium für Bildung und Forschung durch Rechtsverordnung, die nicht der Zustimmung des Bundesrates bedarf, Ausbildungsberufe staatlich anerkennen und hierfür Ausbildungsordnungen nach § 5 erlassen.

(2) Für einen anerkannten Ausbildungsberuf darf nur nach der Ausbildungsordnung ausgebildet werden.

(3) In anderen als anerkannten Ausbildungsberufen dürfen Jugendliche unter 18 Jahren nicht ausgebildet werden, soweit die Berufsausbildung nicht auf den Besuch weiterführender Bildungsgänge vorbereitet.

(4) Wird die Ausbildungsordnung eines Ausbildungsberufes aufgehoben, so gelten für bestehende Berufsausbildungsverhältnisse die bisherigen Vorschriften.

(5) Das zuständige Fachministerium informiert die Länder frühzeitig über Neuordnungskonzepte und bezieht sie in die Abstimmung ein.

§ 5 Ausbildungsordnung

(1) Die Ausbildungsordnung hat festzulegen

1. die Bezeichnung des Ausbildungsberufes, der anerkannt wird,

2. die Ausbildungsdauer; sie soll nicht mehr als drei und nicht weniger als zwei Jahre betragen,

3. die beruflichen Fertigkeiten, Kenntnisse und Fähigkeiten, die mindestens Gegenstand der Berufsausbildung sind (Ausbildungsberufsbild),

4. eine Anleitung zur sachlichen und zeitlichen Gliederung der Vermittlung der beruflichen Fertigkeiten, Kenntnisse und Fähigkeiten (Ausbildungsrahmenplan),

5. die Prüfungsanforderungen.

(2) Die Ausbildungsordnung kann vorsehen,

1. dass die Berufsausbildung in sachlich und zeitlich besonders gegliederten, aufeinander aufbauenden Stufen erfolgt; nach den einzelnen Stufen soll ein Ausbildungsabschluss vorgesehen werden, der sowohl zu einer qualifizierten beruflichen Tätigkeit im Sinne des § 1 Abs. 3 befähigt als auch die Fortsetzung der Berufsausbildung in weiteren Stufen ermöglicht (Stufenausbildung),

2. dass die Abschlussprüfung in zwei zeitlich auseinander fallenden Teilen durchgeführt wird,

3. dass abweichend von § 4 Abs. 4 die Berufsausbildung in diesem Ausbildungsberuf unter Anrechnung der bereits zurückgelegten Ausbildungszeit fortgesetzt werden kann, wenn die Vertragsparteien dies vereinbaren,

4. dass auf die durch die Ausbildungsordnung geregelte Berufsausbildung eine andere, einschlägige Berufsausbildung unter Berücksichtigung der hierbei erworbenen beruflichen Fertigkeiten, Kenntnisse und Fähigkeiten angerechnet werden kann,

5. dass über das in Absatz 1 Nr. 3 beschriebene Ausbildungsberufsbild hinaus zusätzliche berufliche Fertigkeiten, Kenntnisse und Fähigkeiten vermittelt werden können, die die berufliche Handlungsfähigkeit ergänzen oder erweitern,

6. dass Teile der Berufsausbildung in geeigneten Einrichtungen außerhalb der Ausbildungsstätte durchgeführt werden, wenn und soweit es die Berufsausbildung erfordert (überbetriebliche Berufsausbildung),

7. dass Auszubildende einen schriftlichen Ausbildungsnachweis zu führen haben.

Im Rahmen der Ordnungsverfahren soll stets geprüft werden, ob Regelungen nach Nummer 1, 2 und 4 sinnvoll und möglich sind.

§ 6 Erprobung neuer Ausbildungsberufe, Ausbildungs- und Prüfungsformen

Zur Entwicklung und Erprobung neuer Ausbildungsberufe sowie Ausbildungs- und Prüfungsformen kann das Bundesministerium für Wirtschaft und Technologie oder das sonst zuständige Fachministerium im Einvernehmen mit dem Bundesministerium für Bildung und Forschung nach Anhörung des Hauptausschusses des Bundesinstituts für Berufsbildung durch Rechtsverordnung, die nicht der Zustimmung des Bundesrates bedarf, Ausnahmen von § 4 Abs. 2 und 3 sowie den §§ 5, 37 und 48 zulassen, die auch auf eine bestimmte Art und Zahl von Ausbildungsstätten beschränkt werden können.

§ 7 Anrechnung beruflicher Vorbildung auf die Ausbildungszeit

(1) Die Landesregierungen können nach Anhörung des Landesausschusses für Berufsbildung durch Rechtsverordnung bestimmen, dass der Besuch eines Bildungsganges berufsbildender Schulen oder die Berufsausbildung in einer sonstigen Einrichtung ganz oder teilweise auf die Ausbildungszeit angerechnet wird. Die Ermächtigung kann durch Rechtsverordnung auf oberste Landesbehörden weiter übertragen werden.

(2) Die Anrechnung nach Absatz 1 bedarf des gemeinsamen Antrags der Auszubildenden und Ausbildenden. Der Antrag ist an die zuständige Stelle zu richten. Er kann sich auf Teile des höchstzulässigen Anrechnungszeitraums beschränken.

§ 8 Abkürzung und Verlängerung der Ausbildungszeit

(1) Auf gemeinsamen Antrag der Auszubildenden und Ausbildenden hat die zuständige Stelle die Ausbildungszeit zu kürzen, wenn zu erwarten ist, dass das Ausbildungsziel in der gekürzten Zeit erreicht wird. Bei berechtigtem Interesse kann sich der Antrag auch auf die Verkürzung der täglichen oder wöchentlichen Ausbildungszeit richten (Teilzeitberufsausbildung).

(2) In Ausnahmefällen kann die zuständige Stelle auf Antrag Auszubildender die Ausbildungszeit verlängern, wenn die Verlängerung erforderlich ist, um das Ausbildungsziel zu erreichen. Vor der Entscheidung nach Satz 1 sind die Ausbildenden zu hören.

(3) Für die Entscheidung über die Verkürzung oder Verlängerung der Ausbildungszeit kann der Hauptausschuss des Bundesinstituts für Berufsbildung Richtlinien erlassen.

§ 9 Regelungsbefugnis

Soweit Vorschriften nicht bestehen, regelt die zuständige Stelle die Durchführung der Berufsausbildung im Rahmen dieses Gesetzes.

Abschnitt 2

Berufsausbildungsverhältnis

Unterabschnitt 1

Begründung des Ausbildungsverhältnisses

§ 10 Vertrag

(1) Wer andere Personen zur Berufsausbildung einstellt (Ausbildende), hat mit den Auszubildenden einen Berufsausbildungsvertrag zu schließen.

(2) Auf den Berufsausbildungsvertrag sind, soweit sich aus seinem Wesen und Zweck und aus diesem Gesetz nichts anderes ergibt, die für den Arbeitsvertrag geltenden Rechtsvorschriften und Rechtsgrundsätze anzuwenden.

(3) Schließen die gesetzlichen Vertreter oder Vertreterinnen mit ihrem Kind einen Berufsausbildungsvertrag, so sind sie von dem Verbot des § 181 des Bürgerlichen Gesetzbuchs befreit.

(4) Ein Mangel in der Berechtigung, Auszubildende einzustellen oder auszubilden, berührt die Wirksamkeit des Berufsausbildungsvertrages nicht.

(5) Zur Erfüllung der vertraglichen Verpflichtungen der Ausbildenden können mehrere natürliche oder juristische Personen in einem Ausbildungsverbund zusammenwirken, soweit die Verantwortlichkeit für die einzelnen Ausbildungsabschnitte sowie für die Ausbildungszeit insgesamt sichergestellt ist (Verbundausbildung).

§ 11 Vertragsniederschrift

(1) Ausbildende haben unverzüglich nach Abschluss des Berufsausbildungsvertrages, spätestens vor Beginn der Berufsausbildung, den wesentlichen Inhalt des Vertrages gemäß Satz 2 schriftlich niederzulegen; die elektronische Form ist ausgeschlossen. In die Niederschrift sind mindestens aufzunehmen

1. Art, sachliche und zeitliche Gliederung sowie Ziel der Berufsausbildung, insbesondere die Berufstätigkeit, für die ausgebildet werden soll,

2. Beginn und Dauer der Berufsausbildung,

3. Ausbildungsmaßnahmen außerhalb der Ausbildungsstätte,

4. Dauer der regelmäßigen täglichen Ausbildungszeit,

5. Dauer der Probezeit,

6. Zahlung und Höhe der Vergütung,

7. Dauer des Urlaubs,

8. Voraussetzungen, unter denen der Berufsausbildungsvertrag gekündigt werden kann,

9. ein in allgemeiner Form gehaltener Hinweis auf die Tarifverträge, Betriebs- oder Dienstvereinbarungen, die auf das Berufsausbildungsverhältnis anzuwenden sind.

(2) Die Niederschrift ist von den Ausbildenden, den Auszubildenden und deren gesetzlichen Vertretern und Vertreterinnen zu unterzeichnen.

(3) Ausbildende haben den Auszubildenden und deren gesetzlichen Vertretern und Vertreterinnen eine Ausfertigung der unterzeichneten Niederschrift unverzüglich auszuhändigen.

(4) Bei Änderungen des Berufsausbildungsvertrages gelten die Absätze 1 bis 3 entsprechend.

§ 12 Nichtige Vereinbarungen

(1) Eine Vereinbarung, die Auszubildende für die Zeit nach Beendigung des Berufsausbildungsverhältnisses in der Ausübung ihrer beruflichen Tätigkeit beschränkt, ist nichtig. Dies gilt nicht, wenn sich Auszubildende innerhalb der letzten sechs Monate des Berufsausbildungsverhältnisses dazu verpflichten, nach dessen Beendigung mit den Ausbildenden ein Arbeitsverhältnis einzugehen.

(2) Nichtig ist eine Vereinbarung über

1. die Verpflichtung Auszubildender, für die Berufsausbildung eine Entschädigung zu zahlen,

2. Vertragsstrafen,

3. den Ausschluss oder die Beschränkung von Schadensersatzansprüchen,

4. die Festsetzung der Höhe eines Schadensersatzes in Pauschbeträgen.

Unterabschnitt 2

Pflichten der Auszubildenden

§ 13 Verhalten während der Berufsausbildung

Auszubildende haben sich zu bemühen, die berufliche Handlungsfähigkeit zu erwerben, die zum Erreichen des Ausbildungsziels erforderlich ist. Sie sind insbesondere verpflichtet,

1. die ihnen im Rahmen ihrer Berufsausbildung aufgetragenen Aufgaben sorgfältig auszuführen,

2. an Ausbildungsmaßnahmen teilzunehmen, für die sie nach § 15 freigestellt werden,

3. den Weisungen zu folgen, die ihnen im Rahmen der Berufsausbildung von Ausbildenden, von Ausbildern oder Ausbilderinnen oder von anderen weisungsberechtigten Personen erteilt werden,

4. die für die Ausbildungsstätte geltende Ordnung zu beachten,

5. Werkzeug, Maschinen und sonstige Einrichtungen pfleglich zu behandeln,

6. über Betriebs- und Geschäftsgeheimnisse Stillschweigen zu wahren.

Unterabschnitt 3
Pflichten der Ausbildenden

§ 14 Berufsausbildung

(1) Ausbildende haben

1. dafür zu sorgen, dass den Auszubildenden die berufliche Handlungsfähigkeit vermittelt wird, die zum Erreichen des Ausbildungsziels erforderlich ist, und die Berufsausbildung in einer durch ihren Zweck gebotenen Form planmäßig, zeitlich und sachlich gegliedert so durchzuführen, dass das Ausbildungsziel in der vorgesehenen Ausbildungszeit erreicht werden kann,

2. selbst auszubilden oder einen Ausbilder oder eine Ausbilderin ausdrücklich damit zu beauftragen,

3. Auszubildenden kostenlos die Ausbildungsmittel, insbesondere Werkzeuge und Werkstoffe zur Verfügung zu stellen, die zur Berufsausbildung und zum Ablegen von Zwischen- und Abschlussprüfungen, auch soweit solche nach Beendigung des Berufsausbildungsverhältnisses stattfinden, erforderlich sind,

4. Auszubildende zum Besuch der Berufsschule sowie zum Führen von schriftlichen Ausbildungsnachweisen anzuhalten, soweit solche im Rahmen der Berufsausbildung verlangt werden, und diese durchzusehen,

5. dafür zu sorgen, dass Auszubildende charakterlich gefördert sowie sittlich und körperlich nicht gefährdet werden.

(2) Auszubildenden dürfen nur Aufgaben übertragen werden, die dem Ausbildungszweck dienen und ihren körperlichen Kräften angemessen sind.

§ 15 Freistellung

Ausbildende haben Auszubildende für die Teilnahme am Berufsschulunterricht und an Prüfungen freizustellen. Das Gleiche gilt, wenn Ausbildungsmaßnahmen außerhalb der Ausbildungsstätte durchzuführen sind.

§ 16 Zeugnis

(1) Ausbildende haben den Auszubildenden bei Beendigung des Berufsausbildungsverhältnisses ein schriftliches Zeugnis auszustellen. Die elektronische Form ist ausgeschlossen. Haben Ausbildende die Berufsausbildung nicht selbst durchgeführt, so soll auch der Ausbilder oder die Ausbilderin das Zeugnis unterschreiben.

(2) Das Zeugnis muss Angaben enthalten über Art, Dauer und Ziel der Berufsausbildung sowie über die erworbenen beruflichen Fertigkeiten, Kenntnisse und Fähigkeiten der Auszubildenden. Auf Verlangen Auszubildender sind auch Angaben über Verhalten und Leistung aufzunehmen.

Unterabschnitt 4
Vergütung

§ 17 Vergütungsanspruch

(1) Ausbildende haben Auszubildenden eine angemessene Vergütung zu gewähren. Sie ist nach dem Lebensalter der Auszubildenden so zu bemessen, dass sie mit fortschreitender Berufsausbildung, mindestens jährlich, ansteigt.

(2) Sachleistungen können in Höhe der nach § 17 Abs. 1 Satz 1 Nr. 4 des Vierten Buches Sozialgesetzbuch festgesetzten Sachbezugswerte angerechnet werden, jedoch nicht über 75 Prozent der Bruttovergütung hinaus.

(3) Eine über die vereinbarte regelmäßige tägliche Ausbildungszeit hinausgehende Beschäftigung ist besonders zu vergüten oder durch entsprechende Freizeit auszugleichen.

§ 18 Bemessung und Fälligkeit der Vergütung

(1) Die Vergütung bemisst sich nach Monaten. Bei Berechnung der Vergütung für einzelne Tage wird der Monat zu 30 Tagen gerechnet.

(2) Die Vergütung für den laufenden Kalendermonat ist spätestens am letzten Arbeitstag des Monats zu zahlen.

§ 19 Fortzahlung der Vergütung

(1) Auszubildenden ist die Vergütung auch zu zahlen

1. für die Zeit der Freistellung (§ 15),
2. bis zur Dauer von sechs Wochen, wenn sie

    a) sich für die Berufsausbildung bereithalten, diese aber ausfällt oder

    b) aus einem sonstigen, in ihrer Person liegenden Grund unverschuldet verhindert sind, ihre Pflichten aus dem Berufsausbildungsverhältnis zu erfüllen.

(2) Können Auszubildende während der Zeit, für welche die Vergütung fortzuzahlen ist, aus berechtigtem Grund Sachleistungen nicht abnehmen, so sind diese nach den Sachbezugswerten (§ 17 Abs. 2) abzugelten.

Unterabschnitt 5
Beginn und Beendigung des Ausbildungsverhältnisses

§ 20 Probezeit

Das Berufsausbildungsverhältnis beginnt mit der Probezeit. Sie muss mindestens einen Monat und darf höchstens vier Monate betragen.

§ 21 Beendigung

(1) Das Berufsausbildungsverhältnis endet mit dem Ablauf der Ausbildungszeit. Im Falle der Stufenausbildung endet es mit Ablauf der letzten Stufe.

(2) Bestehen Auszubildende vor Ablauf der Ausbildungszeit die Abschlussprüfung, so endet das Berufsausbildungsverhältnis mit Bekanntgabe des Ergebnisses durch den Prüfungsausschuss.

(3) Bestehen Auszubildende die Abschlussprüfung nicht, so verlängert sich das Berufsausbildungsverhältnis auf ihr Verlangen bis zur nächstmöglichen Wiederholungsprüfung, höchstens um ein Jahr.

§ 22 Kündigung

(1) Während der Probezeit kann das Berufsausbildungsverhältnis jederzeit ohne Einhalten einer Kündigungsfrist gekündigt werden.

(2) Nach der Probezeit kann das Berufsausbildungsverhältnis nur gekündigt werden

1. aus einem wichtigen Grund ohne Einhalten einer Kündigungsfrist,

2. von Auszubildenden mit einer Kündigungsfrist von vier Wochen, wenn sie die Berufsausbildung aufgeben oder sich für eine andere Berufstätigkeit ausbilden lassen wollen.

(3) Die Kündigung muss schriftlich und in den Fällen des Absatzes 2 unter Angabe der Kündigungsgründe erfolgen.

(4) Eine Kündigung aus einem wichtigen Grund ist unwirksam, wenn die ihr zugrunde liegenden Tatsachen dem zur Kündigung Berechtigten länger als zwei Wochen bekannt sind. Ist ein vorgesehenes Güteverfahren vor einer außergerichtlichen Stelle eingeleitet, so wird bis zu dessen Beendigung der Lauf dieser Frist gehemmt.

§ 23 Schadensersatz bei vorzeitiger Beendigung

(1) Wird das Berufsausbildungsverhältnis nach der Probezeit vorzeitig gelöst, so können Ausbildende oder Auszubildende Ersatz des Schadens verlangen, wenn die andere Person den Grund für die Auflösung zu vertreten hat. Dies gilt nicht im Falle des § 22 Abs. 2 Nr. 2.

(2) Der Anspruch erlischt, wenn er nicht innerhalb von drei Monaten nach Beendigung des Berufsausbildungsverhältnisses geltend gemacht wird.

Unterabschnitt 6

Sonstige Vorschriften

§ 24 Weiterarbeit

Werden Auszubildende im Anschluss an das Berufsausbildungsverhältnis beschäftigt, ohne dass hierüber ausdrücklich etwas vereinbart worden ist, so gilt ein Arbeitsverhältnis auf unbestimmte Zeit als begründet.

§ 25 Unabdingbarkeit

Eine Vereinbarung, die zuungunsten Auszubildender von den Vorschriften dieses Teils des Gesetzes abweicht, ist nichtig.

§ 26 Andere Vertragsverhältnisse

Soweit nicht ein Arbeitsverhältnis vereinbart ist, gelten für Personen, die eingestellt werden, um berufliche Fertigkeiten, Kenntnisse, Fähigkeiten oder berufliche Erfahrungen zu erwerben, ohne dass es sich um eine Berufsausbildung im Sinne dieses Gesetzes handelt, die §§ 10 bis 23 und 25 mit der Maßgabe, dass die gesetzliche Probezeit abgekürzt, auf die Vertragsniederschrift verzichtet und bei vorzeitiger Lösung des Vertragsverhältnisses nach Ablauf der Probezeit abweichend von § 23 Abs. 1 Satz 1 Schadensersatz nicht verlangt werden kann.

Abschnitt 3

Eignung von Ausbildungsstätte und Ausbildungspersonal

§ 27 Eignung der Ausbildungsstätte

(1) Auszubildende dürfen nur eingestellt und ausgebildet werden, wenn

1. die Ausbildungsstätte nach Art und Einrichtung für die Berufsausbildung geeignet ist und

2. die Zahl der Auszubildenden in einem angemessenen Verhältnis zur Zahl der Ausbildungsplätze oder zur Zahl der beschäftigten Fachkräfte steht, es sei denn, dass anderenfalls die Berufsausbildung nicht gefährdet wird.

(2) Eine Ausbildungsstätte, in der die erforderlichen beruflichen Fertigkeiten, Kenntnisse und Fähigkeiten nicht im vollen Umfang vermittelt werden können, gilt als geeignet, wenn diese durch Ausbildungsmaßnahmen außerhalb der Ausbildungsstätte vermittelt werden.

(3) Eine Ausbildungsstätte ist nach Art und Einrichtung für die Berufsausbildung in Berufen der Landwirtschaft, einschließlich der ländlichen Hauswirtschaft, nur geeignet, wenn sie von der nach Landesrecht zuständigen Behörde als Ausbildungsstätte anerkannt ist. Das Bundesministerium für Ernährung, Landwirtschaft und Verbraucherschutz kann im Einvernehmen mit dem Bundesministerium für Bildung und Forschung nach Anhörung des Hauptausschusses des Bundesinstituts für Berufsbildung

durch Rechtsverordnung, die nicht der Zustimmung des Bundesrates bedarf, Mindestanforderungen für die Größe, die Einrichtung und den Bewirtschaftungszustand der Ausbildungsstätte festsetzen.

(4) Eine Ausbildungsstätte ist nach Art und Einrichtung für die Berufsausbildung in Berufen der Hauswirtschaft nur geeignet, wenn sie von der nach Landesrecht zuständigen Behörde als Ausbildungsstätte anerkannt ist. Das Bundesministerium für Wirtschaft und Technologie kann im Einvernehmen mit dem Bundesministerium für Bildung und Forschung nach Anhörung des Hauptausschusses des Bundesinstituts für Berufsbildung durch Rechtsverordnung, die nicht der Zustimmung des Bundesrates bedarf, Mindestanforderungen für die Größe, die Einrichtung und den Bewirtschaftungszustand der Ausbildungsstätte festsetzen.

§ 28 Eignung von Ausbildenden und Ausbildern oder Ausbilderinnen

(1) Auszubildende darf nur einstellen, wer persönlich geeignet ist. Auszubildende darf nur ausbilden, wer persönlich und fachlich geeignet ist.

(2) Wer fachlich nicht geeignet ist oder wer nicht selbst ausbildet, darf Auszubildende nur dann einstellen, wenn er persönlich und fachlich geeignete Ausbilder oder Ausbilderinnen bestellt, die die Ausbildungsinhalte in der Ausbildungsstätte unmittelbar, verantwortlich und in wesentlichem Umfang vermitteln.

(3) Unter der Verantwortung des Ausbilders oder der Ausbilderin kann bei der Berufsausbildung mitwirken, wer selbst nicht Ausbilder oder Ausbilderin ist, aber abweichend von den besonderen Voraussetzungen des § 30 die für die Vermittlung von Ausbildungsinhalten erforderlichen beruflichen Fertigkeiten, Kenntnisse und Fähigkeiten besitzt und persönlich geeignet ist.

§ 29 Persönliche Eignung

Persönlich nicht geeignet ist insbesondere, wer

1. Kinder und Jugendliche nicht beschäftigen darf oder
2. wiederholt oder schwer gegen dieses Gesetz oder die auf Grund dieses Gesetzes erlassenen Vorschriften und Bestimmungen verstoßen hat.

§ 30 Fachliche Eignung

(1) Fachlich geeignet ist, wer die beruflichen sowie die berufs- und arbeitspädagogischen Fertigkeiten, Kenntnisse und Fähigkeiten besitzt, die für die Vermittlung der Ausbildungsinhalte erforderlich sind.

(2) Die erforderlichen beruflichen Fertigkeiten, Kenntnisse und Fähigkeiten besitzt, wer

1. die Abschlussprüfung in einer dem Ausbildungsberuf entsprechenden Fachrichtung bestanden hat,

2. eine anerkannte Prüfung an einer Ausbildungsstätte oder vor einer Prüfungsbehörde oder eine Abschlussprüfung an einer staatlichen oder staatlich anerkannten Schule in einer dem Ausbildungsberuf entsprechenden Fachrichtung bestanden hat oder

3. eine Abschlussprüfung an einer deutschen Hochschule in einer dem Ausbildungsberuf entsprechenden Fachrichtung bestanden hat und eine angemessene Zeit in seinem Beruf praktisch tätig gewesen ist.

(3) Das Bundesministerium für Wirtschaft und Technologie oder das sonst zuständige Fachministerium kann im Einvernehmen mit dem Bundesministerium für Bildung und Forschung nach Anhörung des Hauptausschusses des Bundesinstituts für Berufsbildung durch Rechtsverordnung, die nicht der Zustimmung des Bundesrates bedarf, in den Fällen des Absatzes 2 Nr. 2 bestimmen, welche Prüfungen für welche Ausbildungsberufe anerkannt werden.

(4) Das Bundesministerium für Wirtschaft und Technologie oder das sonst zuständige Fachministerium kann im Einvernehmen mit dem Bundesministerium für Bildung und Forschung nach Anhörung des Hauptausschusses des Bundesinstituts für Berufsbildung durch Rechtsverordnung, die nicht der Zustimmung des Bundesrates bedarf, für einzelne Ausbildungsberufe bestimmen, dass abweichend von Absatz 2 die für die fachliche Eignung erforderlichen beruflichen Fertigkeiten, Kenntnisse und Fähigkeiten nur besitzt, wer

1. die Voraussetzungen des Absatzes 2 Nr. 2 oder 3 erfüllt und eine angemessene Zeit in seinem Beruf praktisch tätig gewesen ist oder

2. die Voraussetzungen des Absatzes 2 Nr. 3 erfüllt und eine angemessene Zeit in seinem Beruf praktisch tätig gewesen ist oder

3. für die Ausübung eines freien Berufes zugelassen oder in ein öffentliches Amt bestellt ist.

(5) Das Bundesministerium für Bildung und Forschung kann nach Anhörung des Hauptausschusses des Bundesinstituts für Berufsbildung durch Rechtsverordnung, die nicht der Zustimmung des Bundesrates bedarf, bestimmen, dass der Erwerb berufs- und arbeitspädagogischer Fertigkeiten, Kenntnisse und Fähigkeiten gesondert nachzuweisen ist. Dabei können Inhalt, Umfang und Abschluss der Maßnahmen für den Nachweis geregelt werden.

(6) Die nach Landesrecht zuständige Behörde kann Personen, die die Voraussetzungen des Absatzes 2, 4 oder 5 nicht erfüllen, die fachliche Eignung nach Anhörung der zuständigen Stelle widerruflich zuerkennen.

§ 31 Europaklausel

(1) In den Fällen des § 30 Abs. 2 und 4 besitzt die für die fachliche Eignung erforderlichen beruflichen Fertigkeiten, Kenntnisse und Fähigkeiten auch, wer die Voraussetzungen für die Anerkennung seiner Berufsqualifikation nach der Richtlinie 2005/36/EG

des Europäischen Parlaments und des Rates vom 7. September 2005 über die Anerkennung von Berufsqualifikationen (ABl. EU Nr. L 255 S. 22) erfüllt, sofern er eine angemessene Zeit in seinem Beruf praktisch tätig gewesen ist. § 30 Abs. 4 Nr. 3 bleibt unberührt.

(2) Die Anerkennung kann unter den in Artikel 14 der in Absatz 1 genannten Richtlinie aufgeführten Voraussetzungen davon abhängig gemacht werden, dass der Antragsteller oder die Antragstellerin zunächst einen höchstens dreijährigen Anpassungslehrgang ableistet oder eine Eignungsprüfung ablegt.

(3) Die Entscheidung über die Anerkennung trifft die zuständige Stelle. Sie kann die Durchführung von Anpassungslehrgängen und Eignungsprüfungen regeln.

§ 32 Überwachung der Eignung

(1) Die zuständige Stelle hat darüber zu wachen, dass die Eignung der Ausbildungsstätte sowie die persönliche und fachliche Eignung vorliegen.

(2) Werden Mängel der Eignung festgestellt, so hat die zuständige Stelle, falls der Mangel zu beheben und eine Gefährdung Auszubildender nicht zu erwarten ist, Ausbildende aufzufordern, innerhalb einer von ihr gesetzten Frist den Mangel zu beseitigen. Ist der Mangel der Eignung nicht zu beheben oder ist eine Gefährdung Auszubildender zu erwarten oder wird der Mangel nicht innerhalb der gesetzten Frist beseitigt, so hat die zuständige Stelle dies der nach Landesrecht zuständigen Behörde mitzuteilen.

§ 33 Untersagung des Einstellens und Ausbildens

(1) Die nach Landesrecht zuständige Behörde kann für eine bestimmte Ausbildungsstätte das Einstellen und Ausbilden untersagen, wenn die Voraussetzungen nach § 27 nicht oder nicht mehr vorliegen.

(2) Die nach Landesrecht zuständige Behörde hat das Einstellen und Ausbilden zu untersagen, wenn die persönliche oder fachliche Eignung nicht oder nicht mehr vorliegt.

(3) Vor der Untersagung sind die Beteiligten und die zuständige Stelle zu hören. Dies gilt nicht im Falle des § 29 Nr. 1.

Abschnitt 4
Verzeichnis der Berufsausbildungsverhältnisse
§ 34 Einrichten, Führen

(1) Die zuständige Stelle hat für anerkannte Ausbildungsberufe ein Verzeichnis der Berufsausbildungsverhältnisse einzurichten und zu führen, in das der Berufsausbildungsvertrag einzutragen ist. Die Eintragung ist für Auszubildende gebührenfrei.
(2) Die Eintragung umfasst für jedes Berufsausbildungsverhältnis

1. Name, Vorname, Geburtsdatum, Anschrift der Auszubildenden;
2. Geschlecht, Staatsangehörigkeit, allgemeinbildender Schulabschluss, vorausgegangene Teilnahme an berufsvorbereitender Qualifizierung oder beruflicher Grundbildung, berufliche Vorbildung;
3. erforderlichenfalls Name, Vorname und Anschrift der gesetzlichen Vertreter oder Vertreterinnen;
4. Ausbildungsberuf einschließlich Fachrichtung;
5. Datum des Abschlusses des Ausbildungsvertrages, Ausbildungsdauer, Dauer der Probezeit;
6. Datum des Beginns der Berufsausbildung;
7. Art der Förderung bei überwiegend öffentlich, insbesondere auf Grund des Dritten Buches Sozialgesetzbuch geförderten Berufsausbildungsverhältnissen;
8. Name und Anschrift der Ausbildenden, Anschrift der Ausbildungsstätte, Wirtschaftszweig, Zugehörigkeit zum öffentlichen Dienst;
9. Name, Vorname, Geschlecht und Art der fachlichen Eignung der Ausbilder und Ausbilderinnen.

§ 35 Eintragen, Ändern, Löschen

(1) Ein Berufsausbildungsvertrag und Änderungen seines wesentlichen Inhalts sind in das Verzeichnis einzutragen, wenn

1. der Berufsausbildungsvertrag diesem Gesetz und der Ausbildungsordnung entspricht,
2. die persönliche und fachliche Eignung sowie die Eignung der Ausbildungsstätte für das Einstellen und Ausbilden vorliegen und
3. für Auszubildende unter 18 Jahren die ärztliche Bescheinigung über die Erstuntersuchung nach § 32 Abs. 1 des Jugendarbeitsschutzgesetzes zur Einsicht vorgelegt wird.

(2) Die Eintragung ist abzulehnen oder zu löschen, wenn die Eintragungsvoraussetzungen nicht vorliegen und der Mangel nicht nach § 32 Abs. 2 behoben wird. Die Eintragung ist ferner zu löschen, wenn die ärztliche Bescheinigung über die erste Nachuntersuchung nach § 33 Abs. 1 des Jugendarbeitsschutzgesetzes nicht spätestens am Tage der Anmeldung der Auszubildenden zur Zwischenprüfung oder zum ersten Teil

der Abschlussprüfung zur Einsicht vorgelegt und der Mangel nicht nach § 32 Abs. 2 behoben wird.

(3) Die nach § 34 Abs. 2 Nr. 1, 4, 6 und 8 erhobenen Daten dürfen zur Verbesserung der Ausbildungsvermittlung, zur Verbesserung der Zuverlässigkeit und Aktualität der Ausbildungsvermittlungsstatistik sowie zur Verbesserung der Feststellung von Angebot und Nachfrage auf dem Ausbildungsmarkt an die Bundesagentur für Arbeit übermittelt werden. Bei der Datenübermittlung sind dem jeweiligen Stand der Technik entsprechende Maßnahmen zur Sicherstellung von Datenschutz und Datensicherheit zu treffen, die insbesondere die Vertraulichkeit, Unversehrtheit und Zurechenbarkeit der Daten gewährleisten.

§ 36 Antrag und Mitteilungspflichten

(1) Ausbildende haben unverzüglich nach Abschluss des Berufsausbildungsvertrages die Eintragung in das Verzeichnis zu beantragen. Eine Ausfertigung der Vertragsniederschrift ist beizufügen. Entsprechendes gilt bei Änderungen des wesentlichen Vertragsinhalts.

(2) Ausbildende und Auszubildende sind verpflichtet, den zuständigen Stellen die zur Eintragung nach § 34 erforderlichen Tatsachen auf Verlangen mitzuteilen.

Abschnitt 5
Prüfungswesen

§ 37 Abschlussprüfung

(1) In den anerkannten Ausbildungsberufen sind Abschlussprüfungen durchzuführen. Die Abschlussprüfung kann im Falle des Nichtbestehens zweimal wiederholt werden. Sofern die Abschlussprüfung in zwei zeitlich auseinander fallenden Teilen durchgeführt wird, ist der erste Teil der Abschlussprüfung nicht eigenständig wiederholbar.

(2) Dem Prüfling ist ein Zeugnis auszustellen. Ausbildenden werden auf deren Verlangen die Ergebnisse der Abschlussprüfung der Auszubildenden übermittelt. Sofern die Abschlussprüfung in zwei zeitlich auseinander fallenden Teilen durchgeführt wird, ist das Ergebnis der Prüfungsleistungen im ersten Teil der Abschlussprüfung dem Prüfling schriftlich mitzuteilen.

(3) Dem Zeugnis ist auf Antrag der Auszubildenden eine englischsprachige und eine französischsprachige Übersetzung beizufügen. Auf Antrag der Auszubildenden kann das Ergebnis berufsschulischer Leistungsfeststellungen auf dem Zeugnis ausgewiesen werden.

(4) Die Abschlussprüfung ist für Auszubildende gebührenfrei.

§ 38 Prüfungsgegenstand

Durch die Abschlussprüfung ist festzustellen, ob der Prüfling die berufliche Handlungsfähigkeit erworben hat. In ihr soll der Prüfling nachweisen, dass er die erforderlichen beruflichen Fertigkeiten beherrscht, die notwendigen beruflichen Kenntnisse und Fähigkeiten besitzt und mit dem im Berufsschulunterricht zu vermittelnden, für die Berufsausbildung wesentlichen Lehrstoff vertraut ist. Die Ausbildungsordnung ist zugrunde zu legen.

§ 39 Prüfungsausschüsse

(1) Für die Abnahme der Abschlussprüfung errichtet die zuständige Stelle Prüfungsausschüsse. Mehrere zuständige Stellen können bei einer von ihnen gemeinsame Prüfungsausschüsse errichten.

(2) Der Prüfungsausschuss kann zur Bewertung einzelner, nicht mündlich zu erbringender Prüfungsleistungen gutachterliche Stellungnahmen Dritter, insbesondere berufsbildender Schulen, einholen.

(3) Im Rahmen der Begutachtung nach Absatz 2 sind die wesentlichen Abläufe zu dokumentieren und die für die Bewertung erheblichen Tatsachen festzuhalten.

§ 40 Zusammensetzung, Berufung

(1) Der Prüfungsausschuss besteht aus mindestens drei Mitgliedern. Die Mitglieder müssen für die Prüfungsgebiete sachkundig und für die Mitwirkung im Prüfungswesen geeignet sein.

(2) Dem Prüfungsausschuss müssen als Mitglieder Beauftragte der Arbeitgeber und der Arbeitnehmer in gleicher Zahl sowie mindestens eine Lehrkraft einer berufsbildenden Schule angehören. Mindestens zwei Drittel der Gesamtzahl der Mitglieder müssen Beauftragte der Arbeitgeber und der Arbeitnehmer sein. Die Mitglieder haben Stellvertreter oder Stellvertreterinnen.

(3) Die Mitglieder werden von der zuständigen Stelle längstens für fünf Jahre berufen. Die Beauftragten der Arbeitnehmer werden auf Vorschlag der im Bezirk der zuständigen Stelle bestehenden Gewerkschaften und selbständigen Vereinigungen von Arbeitnehmern mit sozial- oder berufspolitischer Zwecksetzung berufen. Die Lehrkraft einer berufsbildenden Schule wird im Einvernehmen mit der Schulaufsichtsbehörde oder der von ihr bestimmten Stelle berufen. Werden Mitglieder nicht oder nicht in ausreichender Zahl innerhalb einer von der zuständigen Stelle gesetzten angemessenen Frist vorgeschlagen, so beruft die zuständige Stelle insoweit nach pflichtgemäßem Ermessen. Die Mitglieder der Prüfungsausschüsse können nach Anhören der an ihrer Berufung Beteiligten aus wichtigem Grund abberufen werden. Die Sätze 1 bis 5 gelten für die stellvertretenden Mitglieder entsprechend.

(4) Die Tätigkeit im Prüfungsausschuss ist ehrenamtlich. Für bare Auslagen und für Zeitversäumnis ist, soweit eine Entschädigung nicht von anderer Seite gewährt wird,

eine angemessene Entschädigung zu zahlen, deren Höhe von der zuständigen Stelle mit Genehmigung der obersten Landesbehörde festgesetzt wird.

(5) Von Absatz 2 darf nur abgewichen werden, wenn anderenfalls die erforderliche Zahl von Mitgliedern des Prüfungsausschusses nicht berufen werden kann.

§ 41 Vorsitz, Beschlussfähigkeit, Abstimmung

(1) Der Prüfungsausschuss wählt ein Mitglied, das den Vorsitz führt, und ein weiteres Mitglied, das den Vorsitz stellvertretend übernimmt. Der Vorsitz und das ihn stellvertretende Mitglied sollen nicht derselben Mitgliedergruppe angehören.

(2) Der Prüfungsausschuss ist beschlussfähig, wenn zwei Drittel der Mitglieder, mindestens drei, mitwirken. Er beschließt mit der Mehrheit der abgegebenen Stimmen. Bei Stimmengleichheit gibt die Stimme des vorsitzenden Mitglieds den Ausschlag.

§ 42 Beschlussfassung, Bewertung der Abschlussprüfung

(1) Beschlüsse über die Noten zur Bewertung einzelner Prüfungsleistungen, der Prüfung insgesamt sowie über das Bestehen und Nichtbestehen der Abschlussprüfung werden durch den Prüfungsausschuss gefasst.

(2) Zur Vorbereitung der Beschlussfassung nach Absatz 1 kann der Vorsitz mindestens zwei Mitglieder mit der Bewertung einzelner, nicht mündlich zu erbringender Prüfungsleistungen beauftragen. Die Beauftragten sollen nicht derselben Mitgliedergruppe angehören.

(3) Die nach Absatz 2 beauftragten Mitglieder dokumentieren die wesentlichen Abläufe und halten die für die Bewertung erheblichen Tatsachen fest.

§ 43 Zulassung zur Abschlussprüfung

(1) Zur Abschlussprüfung ist zuzulassen,

1. wer die Ausbildungszeit zurückgelegt hat oder wessen Ausbildungszeit nicht später als zwei Monate nach dem Prüfungstermin endet,
2. wer an vorgeschriebenen Zwischenprüfungen teilgenommen sowie vorgeschriebene schriftliche Ausbildungsnachweise geführt hat und
3. wessen Berufsausbildungsverhältnis in das Verzeichnis der Berufsausbildungsverhältnisse eingetragen oder aus einem Grund nicht eingetragen ist, den weder die Auszubildenden noch deren gesetzliche Vertreter oder Vertreterinnen zu vertreten haben.

(2) Zur Abschlussprüfung ist ferner zuzulassen, wer in einer berufsbildenden Schule oder einer sonstigen Berufsbildungseinrichtung ausgebildet worden ist, wenn dieser Bildungsgang der Berufsausbildung in einem anerkannten Ausbildungsberuf entspricht. Ein Bildungsgang entspricht der Berufsausbildung in einem anerkannten

Ausbildungsberuf, wenn er

1. nach Inhalt, Anforderung und zeitlichem Umfang der jeweiligen Ausbildungsordnung gleichwertig ist,

2. systematisch, insbesondere im Rahmen einer sachlichen und zeitlichen Gliederung, durchgeführt wird und

3. durch Lernortkooperation einen angemessenen Anteil an fachpraktischer Ausbildung gewährleistet.

§ 44 Zulassung zur Abschlussprüfung bei zeitlich auseinander fallenden Teilen

(1) Sofern die Abschlussprüfung in zwei zeitlich auseinander fallenden Teilen durchgeführt wird, ist über die Zulassung jeweils gesondert zu entscheiden.

(2) Zum ersten Teil der Abschlussprüfung ist zuzulassen, wer die in der Ausbildungsordnung vorgeschriebene, erforderliche Ausbildungszeit zurückgelegt hat und die Voraussetzungen des § 43 Abs. 1 Nr. 2 und 3 erfüllt.

(3) Zum zweiten Teil der Abschlussprüfung ist zuzulassen, wer über die Voraussetzungen in § 43 Abs. 1 hinaus am ersten Teil der Abschlussprüfung teilgenommen hat. Dies gilt nicht, wenn Auszubildende aus Gründen, die sie nicht zu vertreten haben, am ersten Teil der Abschlussprüfung nicht teilgenommen haben. In diesem Fall ist der erste Teil der Abschlussprüfung zusammen mit dem zweiten Teil abzulegen.

§ 45 Zulassung in besonderen Fällen

(1) Auszubildende können nach Anhörung der Ausbildenden und der Berufsschule vor Ablauf ihrer Ausbildungszeit zur Abschlussprüfung zugelassen werden, wenn ihre Leistungen dies rechtfertigen.

(2) Zur Abschlussprüfung ist auch zuzulassen, wer nachweist, dass er mindestens das Eineinhalbfache der Zeit, die als Ausbildungszeit vorgeschrieben ist, in dem Beruf tätig gewesen ist, in dem die Prüfung abgelegt werden soll. Als Zeiten der Berufstätigkeit gelten auch Ausbildungszeiten in einem anderen, einschlägigen Ausbildungsberuf. Vom Nachweis der Mindestzeit nach Satz 1 kann ganz oder teilweise abgesehen werden, wenn durch Vorlage von Zeugnissen oder auf andere Weise glaubhaft gemacht wird, dass der Bewerber oder die Bewerberin die berufliche Handlungsfähigkeit erworben hat, die die Zulassung zur Prüfung rechtfertigt. Ausländische Bildungsabschlüsse und Zeiten der Berufstätigkeit im Ausland sind dabei zu berücksichtigen.

(3) Soldaten oder Soldatinnen auf Zeit und ehemalige Soldaten oder Soldatinnen sind nach Absatz 2 Satz 3 zur Abschlussprüfung zuzulassen, wenn das Bundesministerium der Verteidigung oder die von ihm bestimmte Stelle bescheinigt, dass der Bewerber oder die Bewerberin berufliche Fertigkeiten, Kenntnisse und Fähigkeiten erworben hat, welche die Zulassung zur Prüfung rechtfertigen.

§ 46 Entscheidung über die Zulassung

(1) Über die Zulassung zur Abschlussprüfung entscheidet die zuständige Stelle. Hält sie die Zulassungsvoraussetzungen nicht für gegeben, so entscheidet der Prüfungsausschuss.

(2) Auszubildenden, die Elternzeit in Anspruch genommen haben, darf bei der Entscheidung über die Zulassung hieraus kein Nachteil erwachsen.

§ 47 Prüfungsordnung

(1) Die zuständige Stelle hat eine Prüfungsordnung für die Abschlussprüfung zu erlassen. Die Prüfungsordnung bedarf der Genehmigung der zuständigen obersten Landesbehörde.

(2) Die Prüfungsordnung muss die Zulassung, die Gliederung der Prüfung, die Bewertungsmaßstäbe, die Erteilung der Prüfungszeugnisse, die Folgen von Verstößen gegen die Prüfungsordnung und die Wiederholungsprüfung regeln. Sie kann vorsehen, dass Prüfungsaufgaben, die überregional oder von einem Aufgabenerstellungsausschuss bei der zuständigen Stelle erstellt oder ausgewählt werden, zu übernehmen sind, sofern diese Aufgaben von Gremien erstellt oder ausgewählt werden, die entsprechend § 40 Abs. 2 zusammengesetzt sind.

(3) Der Hauptausschuss des Bundesinstituts für Berufsbildung erlässt für die Prüfungsordnung Richtlinien.

§ 48 Zwischenprüfungen

(1) Während der Berufsausbildung ist zur Ermittlung des Ausbildungsstandes eine Zwischenprüfung entsprechend der Ausbildungsordnung durchzuführen. Die §§ 37 bis 39 gelten entsprechend.

(2) Sofern die Ausbildungsordnung vorsieht, dass die Abschlussprüfung in zwei zeitlich auseinander fallenden Teilen durchgeführt wird, findet Absatz 1 keine Anwendung.

§ 49 Zusatzqualifikationen

(1) Zusätzliche berufliche Fertigkeiten, Kenntnisse und Fähigkeiten nach § 5 Abs. 2 Nr. 5 werden gesondert geprüft und bescheinigt. Das Ergebnis der Prüfung nach § 37 bleibt unberührt.

(2) § 37 Abs. 3 und 4 sowie die §§ 39 bis 42 und 47 gelten entsprechend.

§ 50 Gleichstellung von Prüfungszeugnissen

(1) Das Bundesministerium für Wirtschaft und Technologie oder das sonst zuständige Fachministerium kann im Einvernehmen mit dem Bundesministerium für Bildung und Forschung nach Anhörung des Hauptausschusses des Bundesinstituts für Berufs-

bildung durch Rechtsverordnung außerhalb des Anwendungsbereichs dieses Gesetzes erworbene Prüfungszeugnisse den entsprechenden Zeugnissen über das Bestehen der Abschlussprüfung gleichstellen, wenn die Berufsausbildung und die in der Prüfung nachzuweisenden beruflichen Fertigkeiten, Kenntnisse und Fähigkeiten gleichwertig sind.

(2) Das Bundesministerium für Wirtschaft und Technologie oder das sonst zuständige Fachministerium kann im Einvernehmen mit dem Bundesministerium für Bildung und Forschung nach Anhörung des Hauptausschusses des Bundesinstituts für Berufsbildung durch Rechtsverordnung im Ausland erworbene Prüfungszeugnisse den entsprechenden Zeugnissen über das Bestehen der Abschlussprüfung gleichstellen, wenn die in der Prüfung nachzuweisenden beruflichen Fertigkeiten, Kenntnisse und Fähigkeiten gleichwertig sind.

Abschnitt 6
Interessenvertretung

§ 51 Interessenvertretung

(1) Auszubildende, deren praktische Berufsbildung in einer sonstigen Berufsbildungseinrichtung außerhalb der schulischen und betrieblichen Berufsbildung (§ 2 Abs. 1 Nr. 3) mit in der Regel mindestens fünf Auszubildenden stattfindet und die nicht wahlberechtigt zum Betriebsrat nach § 7 des Betriebsverfassungsgesetzes, zur Jugend- und Auszubildendenvertretung nach § 60 des Betriebsverfassungsgesetzes oder zur Mitwirkungsvertretung nach § 36 des Neunten Buches Sozialgesetzbuch sind (außerbetriebliche Auszubildende), wählen eine besondere Interessenvertretung.

(2) Absatz 1 findet keine Anwendung auf Berufsbildungseinrichtungen von Religionsgemeinschaften sowie auf andere Berufsbildungseinrichtungen, soweit sie eigene gleichwertige Regelungen getroffen haben.

§ 52 Verordnungsermächtigung

Das Bundesministerium für Bildung und Forschung kann durch Rechtsverordnung, die nicht der Zustimmung des Bundesrates bedarf, die Fragen bestimmen, auf die sich die Beteiligung erstreckt, die Zusammensetzung und die Amtszeit der Interessenvertretung, die Durchführung der Wahl, insbesondere die Feststellung der Wahlberechtigung und der Wählbarkeit sowie Art und Umfang der Beteiligung.

Kapitel 2
Berufliche Fortbildung

§ 53 Fortbildungsordnung

(1) Als Grundlage für eine einheitliche berufliche Fortbildung kann das Bundesministerium für Bildung und Forschung im Einvernehmen mit dem Bundesministerium für Wirtschaft und Technologie oder dem sonst zuständigen Fachministerium nach Anhörung des Hauptausschusses des Bundesinstituts für Berufsbildung durch Rechtsver-

ordnung, die nicht der Zustimmung des Bundesrates bedarf, Fortbildungsabschlüsse anerkennen und

(2) Die Fortbildungsordnung hat festzulegen
1. die Bezeichnung des Fortbildungsabschlusses,
2. das Ziel, den Inhalt und die Anforderungen der Prüfung,
3. die Zulassungsvoraussetzungen sowie
4. das Prüfungsverfahren.

(3) Abweichend von Absatz 1 werden Fortbildungsordnungen in Berufen der Landwirtschaft, einschließlich der ländlichen Hauswirtschaft, durch das Bundesministerium für Ernährung, Landwirtschaft und Verbraucherschutz im Einvernehmen mit dem Bundesministerium für Bildung und Forschung, Fortbildungsordnungen in Berufen der Hauswirtschaft durch das Bundesministerium für Wirtschaft und Technologie im Einvernehmen mit dem Bundesministerium für Bildung und Forschung erlassen.

§ 54 Fortbildungsprüfungsregelungen der zuständigen Stellen

Soweit Rechtsverordnungen nach § 53 nicht erlassen sind, kann die zuständige Stelle Fortbildungsprüfungsregelungen erlassen. Die zuständige Stelle regelt die Bezeichnung des Fortbildungsabschlusses, Ziel, Inhalt und Anforderungen der Prüfungen, die Zulassungsvoraussetzungen sowie das Prüfungsverfahren.

§ 55 Berücksichtigung ausländischer Vorqualifikationen

Sofern die Fortbildungsordnung (§ 53) oder eine Regelung der zuständigen Stelle (§ 54) Zulassungsvoraussetzungen vorsieht, sind ausländische Bildungsabschlüsse und Zeiten der Berufstätigkeit im Ausland zu berücksichtigen.

§ 56 Fortbildungsprüfungen

(1) Für die Durchführung von Prüfungen im Bereich der beruflichen Fortbildung errichtet die zuständige Stelle Prüfungsausschüsse. § 37 Abs. 2 und 3 sowie die §§ 40 bis 42, 46 und 47 gelten entsprechend.

(2) Der Prüfling ist auf Antrag von der Ablegung einzelner Prüfungsbestandteile durch die zuständige Stelle zu befreien, wenn er eine andere vergleichbare Prüfung vor einer öffentlichen oder staatlich anerkannten Bildungseinrichtung oder vor einem staatlichen Prüfungsausschuss erfolgreich abgelegt hat und die Anmeldung zur Fortbildungsprüfung innerhalb von fünf Jahren nach der Bekanntgabe des Bestehens der anderen Prüfung erfolgt.

§ 57 Gleichstellung von Prüfungszeugnissen

Das Bundesministerium für Wirtschaft und Technologie oder das sonst zuständige Fachministerium kann im Einvernehmen mit dem Bundesministerium für Bildung und Forschung nach Anhörung des Hauptausschusses des Bundesinstituts für Berufsbildung durch Rechtsverordnung außerhalb des Anwendungsbereichs dieses Gesetzes oder im Ausland erworbene Prüfungszeugnisse den entsprechenden Zeugnissen über das Bestehen einer Fortbildungsprüfung auf der Grundlage der §§ 53 und 54 gleichstellen, wenn die in der Prüfung nachzuweisenden beruflichen Fertigkeiten, Kenntnisse und Fähigkeiten gleichwertig sind.

Kapitel 3
Berufliche Umschulung

§ 58 Umschulungsordnung

Als Grundlage für eine geordnete und einheitliche berufliche Umschulung kann das Bundesministerium für Bildung und Forschung im Einvernehmen mit dem Bundesministerium für Wirtschaft und Technologie oder dem sonst zuständigen Fachministerium nach Anhörung des Hauptausschusses des Bundesinstituts für Berufsbildung durch Rechtsverordnung, die nicht der Zustimmung des Bundesrates bedarf,

1. die Bezeichnung des Umschulungsabschlusses,

2. das Ziel, den Inhalt, die Art und Dauer der Umschulung,

3. die Anforderungen der Umschulungsprüfung und die Zulassungsvoraussetzungen sowie

4. das Prüfungsverfahren der Umschulung unter Berücksichtigung der besonderen Erfordernisse der beruflichen Erwachsenenbildung bestimmen (Umschulungsordnung).

§ 59 Umschulungsprüfungsregelungen der zuständigen Stellen

Soweit Rechtsverordnungen nach § 58 nicht erlassen sind, kann die zuständige Stelle Umschulungsprüfungsregelungen erlassen. Die zuständige Stelle regelt die Bezeichnung des Umschulungsabschlusses, Ziel, Inhalt und Anforderungen der Prüfungen, die Zulassungsvoraussetzungen sowie das Prüfungsverfahren unter Berücksichtigung der besonderen Erfordernisse beruflicher Erwachsenenbildung.

§ 60 Umschulung für einen anerkannten Ausbildungsberuf

Sofern sich die Umschulungsordnung (§ 58) oder eine Regelung der zuständigen Stelle (§ 59) auf die Umschulung für einen anerkannten Ausbildungsberuf richtet, sind das Ausbildungsberufsbild (§ 5 Abs. 1 Nr. 3), der Ausbildungsrahmenplan (§ 5 Abs. 1 Nr. 4) und die Prüfungsanforderungen (§ 5 Abs. 1 Nr. 5) zugrunde zu legen. Die §§ 27 bis 33 gelten entsprechend.

§ 61 Berücksichtigung ausländischer Vorqualifikationen

Sofern die Umschulungsordnung (§ 58) oder eine Regelung der zuständigen Stelle (§ 59) Zulassungsvoraussetzungen vorsieht, sind ausländische Bildungsabschlüsse und Zeiten der Berufstätigkeit im Ausland zu berücksichtigen.

§ 62 Umschulungsmaßnahmen; Umschulungsprüfungen

(1) Maßnahmen der beruflichen Umschulung müssen nach Inhalt, Art, Ziel und Dauer den besonderen Erfordernissen der beruflichen Erwachsenenbildung entsprechen.

(2) Umschulende haben die Durchführung der beruflichen Umschulung vor Beginn der Maßnahme der zuständigen Stelle schriftlich anzuzeigen. Die Anzeigepflicht erstreckt sich auf den wesentlichen Inhalt des Umschulungsverhältnisses. Bei Abschluss eines Umschulungsvertrages ist eine Ausfertigung der Vertragsniederschrift beizufügen.

(3) Für die Durchführung von Prüfungen im Bereich der beruflichen Umschulung errichtet die zuständige Stelle Prüfungsausschüsse. § 37 Abs. 2 und 3 sowie die §§ 40 bis 42, 46 und 47 gelten entsprechend.

(4) Der Prüfling ist auf Antrag von der Ablegung einzelner Prüfungsbestandteile durch die zuständige Stelle zu befreien, wenn er eine andere vergleichbare Prüfung vor einer öffentlichen oder staatlich anerkannten Bildungseinrichtung oder vor einem staatlichen Prüfungsausschuss erfolgreich abgelegt hat und die Anmeldung zur Umschulungsprüfung innerhalb von fünf Jahren nach der Bekanntgabe des Bestehens der anderen Prüfung erfolgt.

§ 63 Gleichstellung von Prüfungszeugnissen

Das Bundesministerium für Wirtschaft und Technologie oder das sonst zuständige Fachministerium kann im Einvernehmen mit dem Bundesministerium für Bildung und Forschung nach Anhörung des Hauptausschusses des Bundesinstituts für Berufsbildung durch Rechtsverordnung außerhalb des Anwendungsbereichs dieses Gesetzes oder im Ausland erworbene Prüfungszeugnisse den entsprechenden Zeugnissen über das Bestehen einer Umschulungsprüfung auf der Grundlage der §§ 58 und 59 gleichstellen, wenn die in der Prüfung nachzuweisenden beruflichen Fertigkeiten, Kenntnisse und Fähigkeiten gleichwertig sind.

Kapitel 4
Berufsbildung für besondere Personengruppen
Abschnitt 1
Berufsbildung behinderter Menschen

§ 64 Berufsausbildung

Behinderte Menschen (§ 2 Abs. 1 Satz 1 des Neunten Buches Sozialgesetzbuch) sollen in anerkannten Ausbildungsberufen ausgebildet werden.

§ 65 Berufsausbildung in anerkannten Ausbildungsberufen

(1) Regelungen nach den §§ 9 und 47 sollen die besonderen Verhältnisse behinderter Menschen berücksichtigen. Dies gilt insbesondere für die zeitliche und sachliche Gliederung der Ausbildung, die Dauer von Prüfungszeiten, die Zulassung von Hilfsmitteln

und die Inanspruchnahme von Hilfeleistungen Dritter wie Gebärdensprachdolmetscher für hörbehinderte Menschen.

(2) Der Berufsausbildungsvertrag mit einem behinderten Menschen ist in das Verzeichnis der Berufsausbildungsverhältnisse (§ 34) einzutragen. Der behinderte Mensch ist zur Abschlussprüfung auch zuzulassen, wenn die Voraussetzungen des § 43 Abs. 1 Nr. 2 und 3 nicht vorliegen.

§ 66 Ausbildungsregelungen der zuständigen Stellen

(1) Für behinderte Menschen, für die wegen Art und Schwere ihrer Behinderung eine Ausbildung in einem anerkannten Ausbildungsberuf nicht in Betracht kommt, treffen die zuständigen Stellen auf Antrag der behinderten Menschen oder ihrer gesetzlichen Vertreter oder Vertreterinnen Ausbildungsregelungen entsprechend den Empfehlungen des Hauptausschusses des Bundesinstituts für Berufsbildung. Die Ausbildungsinhalte sollen unter Berücksichtigung von Lage und Entwicklung des allgemeinen Arbeitsmarktes aus den Inhalten anerkannter Ausbildungsberufe entwickelt werden. Im Antrag nach Satz 1 ist eine Ausbildungsmöglichkeit in dem angestrebten Ausbildungsgang nachzuweisen.

(2) § 65 Abs. 2 Satz 1 gilt entsprechend.

§ 67 Berufliche Fortbildung, berufliche Umschulung

Für die berufliche Fortbildung und die berufliche Umschulung behinderter Menschen gelten die §§ 64 bis 66 entsprechend, soweit es Art und Schwere der Behinderung erfordern.

Abschnitt 2
Berufsausbildungsvorbereitung

§ 68 Personenkreis und Anforderungen

(1) Die Berufsausbildungsvorbereitung richtet sich an lernbeeinträchtigte oder sozial benachteiligte Personen, deren Entwicklungsstand eine erfolgreiche Ausbildung in einem anerkannten Ausbildungsberuf noch nicht erwarten lässt. Sie muss nach Inhalt, Art, Ziel und Dauer den besonderen Erfordernissen des in Satz 1 genannten Personenkreises entsprechen und durch umfassende sozialpädagogische Betreuung und Unterstützung begleitet werden.

(2) Für die Berufsausbildungsvorbereitung, die nicht im Rahmen des Dritten Buches Sozialgesetzbuch oder anderer vergleichbarer, öffentlich geförderter Maßnahmen durchgeführt wird, gelten die §§ 27 bis 33 entsprechend.

§ 69 Qualifizierungsbausteine, Bescheinigung

(1) Die Vermittlung von Grundlagen für den Erwerb beruflicher Handlungsfähigkeit (§ 1 Abs. 2) kann insbesondere durch inhaltlich und zeitlich abgegrenzte Lerneinhei-

ten erfolgen, die aus den Inhalten anerkannter Ausbildungsberufe entwickelt werden (Qualifizierungsbausteine).

(2) Über vermittelte Grundlagen für den Erwerb beruflicher Handlungsfähigkeit stellt der Anbieter der Berufsausbildungsvorbereitung eine Bescheinigung aus. Das Nähere regelt das Bundesministerium für Bildung und Forschung im Einvernehmen mit den für den Erlass von Ausbildungsordnungen zuständigen Fachministerien nach Anhörung des Hauptausschusses des Bundesinstituts für Berufsbildung durch Rechtsverordnung, die nicht der Zustimmung des Bundesrates bedarf.

§ 70 Überwachung, Beratung

(1) Die nach Landesrecht zuständige Behörde hat die Berufsausbildungsvorbereitung zu untersagen, wenn die Voraussetzungen des § 68 Abs. 1 nicht vorliegen.

(2) Der Anbieter hat die Durchführung von Maßnahmen der Berufsausbildungsvorbereitung vor Beginn der Maßnahme der zuständigen Stelle schriftlich anzuzeigen. Die Anzeigepflicht erstreckt sich auf den wesentlichen Inhalt des Qualifizierungsvertrages sowie die nach § 88 Abs. 1 Nr. 5 erforderlichen Angaben.

(3) Die Absätze 1 und 2 sowie § 76 finden keine Anwendung, soweit die Berufsausbildungsvorbereitung im Rahmen des Dritten Buches Sozialgesetzbuch oder anderer vergleichbarer, öffentlich geförderter Maßnahmen durchgeführt wird. Dies gilt nicht, sofern der Anbieter der Berufsausbildungsvorbereitung nach § 243 Abs. 1 des Dritten Buches Sozialgesetzbuch gefördert wird.

Teil 3
Organisation der Berufsbildung
Kapitel 1
Zuständige Stellen; zuständige Behörden
Abschnitt 1
Bestimmung der zuständigen Stelle

§ 71 Zuständige Stellen

(1) Für die Berufsbildung in Berufen der Handwerksordnung ist die Handwerkskammer zuständige Stelle im Sinne dieses Gesetzes.

(2) Für die Berufsbildung in nichthandwerklichen Gewerbeberufen ist die Industrie- und Handelskammer zuständige Stelle im Sinne dieses Gesetzes.

(3) Für die Berufsbildung in Berufen der Landwirtschaft, einschließlich der ländlichen Hauswirtschaft, ist die Landwirtschaftskammer zuständige Stelle im Sinne dieses Gesetzes.

(4) Für die Berufsbildung der Fachangestellten im Bereich der Rechtspflege sind jeweils für ihren Bereich die Rechtsanwalts-, Patentanwalts- und Notarkammern und für ihren Tätigkeitsbereich die Notarkassen zuständige Stelle im Sinne dieses Gesetzes.

(5) Für die Berufsbildung der Fachangestellten im Bereich der Wirtschaftsprüfung und Steuerberatung sind jeweils für ihren Bereich die Wirtschaftsprüferkammern und die Steuerberaterkammern zuständige Stelle im Sinne dieses Gesetzes.

(6) Für die Berufsbildung der Fachangestellten im Bereich der Gesundheitsdienstberufe sind jeweils für ihren Bereich die Ärzte-, Zahnärzte-, Tierärzte- und Apothekerkammern zuständige Stelle im Sinne dieses Gesetzes.

(7) Soweit die Berufsausbildungsvorbereitung, die Berufsausbildung und die berufliche Umschulung in Betrieben zulassungspflichtiger Handwerke, zulassungsfreier Handwerke und handwerksähnlicher Gewerbe durchgeführt wird, ist abweichend von den Absätzen 2 bis 6 die Handwerkskammer zuständige Stelle im Sinne dieses Gesetzes.

(8) Soweit Kammern für einzelne Berufsbereiche der Absätze 1 bis 6 nicht bestehen, bestimmt das Land die zuständige Stelle.

(9) Mehrere Kammern können vereinbaren, dass die ihnen durch Gesetz zugewiesenen Aufgaben im Bereich der Berufsbildung durch eine von ihnen wahrgenommen wird. Die Vereinbarung bedarf der Genehmigung durch die zuständige oberste Bundes- oder Landesbehörde.

§ 72 Bestimmung durch Rechtsverordnung

Das zuständige Fachministerium kann im Einvernehmen mit dem Bundesministerium für Bildung und Forschung durch Rechtsverordnung mit Zustimmung des Bundesrates für Berufsbereiche, die durch § 71 nicht geregelt sind, die zuständige Stelle bestimmen.

§ 73 Zuständige Stellen im Bereich des öffentlichen Dienstes

(1) Im öffentlichen Dienst bestimmt für den Bund die oberste Bundesbehörde für ihren Geschäftsbereich die zuständige Stelle

1. in den Fällen der §§ 32, 33 und 76 sowie der §§ 23, 24 und 41a der Handwerksordnung,

2. für die Berufsbildung in anderen als den durch die §§ 71 und 72 erfassten Berufsbereichen; dies gilt auch für die der Aufsicht des Bundes unterstehenden Körperschaften, Anstalten und Stiftungen des öffentlichen Rechts.

(2) Im öffentlichen Dienst bestimmen die Länder für ihren Bereich sowie für die Gemeinden und Gemeindeverbände die zuständige Stelle für die Berufsbildung in anderen als den durch die §§ 71 und 72 erfassten Berufsbereichen. Dies gilt auch für die der Aufsicht der Länder unterstehenden Körperschaften, Anstalten und Stiftungen des öffentlichen Rechts.

§ 74 Erweiterte Zuständigkeit

§ 73 gilt entsprechend für Ausbildungsberufe, in denen im Bereich der Kirchen und sonstigen Religionsgemeinschaften des öffentlichen Rechts oder außerhalb des öffentlichen Dienstes nach Ausbildungsordnungen des öffentlichen Dienstes ausgebildet wird.

§ 75 Zuständige Stellen im Bereich der Kirchen und sonstigen Religionsgemeinschaften des öffentlichen Rechts

Die Kirchen und sonstigen Religionsgemeinschaften des öffentlichen Rechts bestimmen für ihren Bereich die zuständige Stelle für die Berufsbildung in anderen als den durch die §§ 71, 72 und 74 erfassten Berufsbereichen. Die §§ 77 bis 80 finden keine Anwendung.

Abschnitt 2
Überwachung der Berufsbildung

§ 76 Überwachung, Beratung

(1) Die zuständige Stelle überwacht die Durchführung

1. der Berufsausbildungsvorbereitung,

2. der Berufsausbildung und

3. der beruflichen Umschulung
   und fördert diese durch Beratung der an der Berufsbildung beteiligten Personen. Sie hat zu diesem Zweck Berater oder Beraterinnen zu bestellen.

(2) Ausbildende, Umschulende und Anbieter von Maßnahmen der Berufsausbildungsvorbereitung sind auf Verlangen verpflichtet, die für die Überwachung notwendigen Auskünfte zu erteilen und Unterlagen vorzulegen sowie die Besichtigung der Ausbildungsstätten zu gestatten.

(3) Die Durchführung von Auslandsaufenthalten nach § 2 Abs. 3 überwacht und fördert die zuständige Stelle in geeigneter Weise. Beträgt die Dauer eines Ausbildungsabschnitts im Ausland mehr als vier Wochen, ist hierfür ein mit der zuständigen Stelle abgestimmter Plan erforderlich.

(4) Auskunftspflichtige können die Auskunft auf solche Fragen verweigern, deren Beantwortung sie selbst oder einen der in § 52 der Strafprozessordnung bezeichneten Angehörigen der Gefahr strafgerichtlicher Verfolgung oder eines Verfahrens nach dem Gesetz über Ordnungswidrigkeiten aussetzen würde.

(5) Die zuständige Stelle teilt der Aufsichtsbehörde nach dem Jugendarbeitsschutzgesetz Wahrnehmungen mit, die für die Durchführung des Jugendarbeitsschutzgesetzes von Bedeutung sein können.

Abschnitt 3
Berufsbildungsausschuss der zuständigen Stelle

§ 77 Errichtung

(1) Die zuständige Stelle errichtet einen Berufsbildungsausschuss. Ihm gehören sechs Beauftragte der Arbeitgeber, sechs Beauftragte der Arbeitnehmer und sechs Lehrkräfte an berufsbildenden Schulen an, die Lehrkräfte mit beratender Stimme.

(2) Die Beauftragten der Arbeitgeber werden auf Vorschlag der zuständigen Stelle, die Beauftragten der Arbeitnehmer auf Vorschlag der im Bezirk der zuständigen Stelle bestehenden Gewerkschaften und selbständigen Vereinigungen von Arbeitnehmern mit sozial- oder berufspolitischer Zwecksetzung, die Lehrkräfte an berufsbildenden Schulen von der nach Landesrecht zuständigen Behörde längstens für vier Jahre als Mitglieder berufen.

(3) Die Tätigkeit im Berufsbildungsausschuss ist ehrenamtlich. Für bare Auslagen und für Zeitversäumnis ist, soweit eine Entschädigung nicht von anderer Seite gewährt wird, eine angemessene Entschädigung zu zahlen, deren Höhe von der zuständigen Stelle mit Genehmigung der obersten Landesbehörde festgesetzt wird.

(4) Die Mitglieder können nach Anhören der an ihrer Berufung Beteiligten aus wichtigem Grund abberufen werden.

(5) Die Mitglieder haben Stellvertreter oder Stellvertreterinnen. Die Absätze 1 bis 4 gelten für die Stellvertreter und Stellvertreterinnen entsprechend.

(6) Der Berufsbildungsausschuss wählt ein Mitglied, das den Vorsitz führt, und ein weiteres Mitglied, das den Vorsitz stellvertretend übernimmt. Der Vorsitz und seine Stellvertretung sollen nicht derselben Mitgliedergruppe angehören.

§ 78 Beschlussfähigkeit, Abstimmung

(1) Der Berufsbildungsausschuss ist beschlussfähig, wenn mehr als die Hälfte seiner stimmberechtigten Mitglieder anwesend ist. Er beschließt mit der Mehrheit der abgegebenen Stimmen.

(2) Zur Wirksamkeit eines Beschlusses ist es erforderlich, dass der Gegenstand bei der Einberufung des Ausschusses bezeichnet ist, es sei denn, dass er mit Zustimmung von zwei Dritteln der stimmberechtigten Mitglieder nachträglich auf die Tagesordnung gesetzt wird.

§ 79 Aufgaben

(1) Der Berufsbildungsausschuss ist in allen wichtigen Angelegenheiten der beruflichen Bildung zu unterrichten und zu hören. Er hat im Rahmen seiner Aufgaben auf eine stetige Entwicklung der Qualität der beruflichen Bildung hinzuwirken.

(2) Wichtige Angelegenheiten, in denen der Berufsbildungsausschuss anzuhören ist, sind insbesondere:

1. Erlass von Verwaltungsgrundsätzen über die Eignung von Ausbildungs- und Umschulungsstätten, für das Führen von schriftlichen Ausbildungsnachweisen, für die Verkürzung der Ausbildungsdauer, für die vorzeitige Zulassung zur Abschlussprüfung, für die Durchführung der Prüfungen, zur Durchführung von über- und außerbetrieblicher Ausbildung sowie Verwaltungsrichtlinien zur beruflichen Bildung,

2. Umsetzung der vom Landesausschuss für Berufsbildung empfohlenen Maßnahmen,

3. wesentliche inhaltliche Änderungen des Ausbildungsvertragsmusters.

(3) Wichtige Angelegenheiten, in denen der Berufsbildungsausschuss zu unterrichten ist, sind insbesondere:

1. Zahl und Art der der zuständigen Stelle angezeigten Maßnahmen der Berufsausbildungsvorbereitung und beruflichen Umschulung sowie der eingetragenen Berufsausbildungsverhältnisse,

2. Zahl und Ergebnisse von durchgeführten Prüfungen sowie hierbei gewonnene Erfahrungen,

3. Tätigkeit der Berater und Beraterinnen nach § 76 Abs. 1 Satz 2,

4. für den räumlichen und fachlichen Zuständigkeitsbereich der zuständigen Stelle neue Formen, Inhalte und Methoden der Berufsbildung,

5. Stellungnahmen oder Vorschläge der zuständigen Stelle gegenüber anderen Stellen und Behörden, soweit sie sich auf die Durchführung dieses Gesetzes oder der auf Grund dieses Gesetzes erlassenen Rechtsvorschriften beziehen,

6. Bau eigener überbetrieblicher Berufsbildungsstätten,

7. Beschlüsse nach Absatz 5 sowie beschlossene Haushaltsansätze zur Durchführung der Berufsbildung mit Ausnahme der Personalkosten,

8. Verfahren zur Beilegung von Streitigkeiten aus Ausbildungsverhältnissen,

9. Arbeitsmarktfragen, soweit sie die Berufsbildung im Zuständigkeitsbereich der zuständigen Stelle berühren.

(4) Der Berufsbildungsausschuss hat die auf Grund dieses Gesetzes von der zuständigen Stelle zu erlassenden Rechtsvorschriften für die Durchführung der Berufsbildung zu beschließen. Gegen Beschlüsse, die gegen Gesetz oder Satzung verstoßen, kann die zur Vertretung der zuständigen Stelle berechtigte Person innerhalb einer Woche Einspruch einlegen. Der Einspruch ist zu begründen und hat aufschiebende Wirkung. Der Berufsbildungsausschuss hat seinen Beschluss zu überprüfen und erneut zu beschließen.

(5) Beschlüsse, zu deren Durchführung die für Berufsbildung im laufenden Haushalt vorgesehenen Mittel nicht ausreichen, bedürfen für ihre Wirksamkeit der Zustimmung der für den Haushaltsplan zuständigen Organe. Das Gleiche gilt für Beschlüsse, zu deren Durchführung in folgenden Haushaltsjahren Mittel bereitgestellt werden müssen,

die die Ausgaben für Berufsbildung des laufenden Haushalts nicht unwesentlich übersteigen.

(6) Abweichend von § 77 Abs. 1 haben die Lehrkräfte Stimmrecht bei Beschlüssen zu Angelegenheiten der Berufsausbildungsvorbereitung und Berufsausbildung, soweit sich die Beschlüsse unmittelbar auf die Organisation der schulischen Berufsbildung auswirken.

§ 80 Geschäftsordnung

Der Berufsbildungsausschuss gibt sich eine Geschäftsordnung. Sie kann die Bildung von Unterausschüssen vorsehen und bestimmen, dass ihnen nicht nur Mitglieder des Ausschusses angehören. Für die Unterausschüsse gelten § 77 Abs. 2 bis 6 und § 78 entsprechend.

Abschnitt 4
Zuständige Behörden

§ 81 Zuständige Behörden

(1) Im Bereich des Bundes ist die oberste Bundesbehörde oder die von ihr bestimmte Behörde die zuständige Behörde im Sinne des § 30 Abs. 6, der §§ 32, 33, 40 Abs. 4 und der §§ 47, 77 Abs. 2 und 3.

(2) Ist eine oberste Bundesbehörde oder eine oberste Landesbehörde zuständige Stelle im Sinne dieses Gesetzes, so bedarf es im Falle des § 40 Abs. 4 sowie der §§ 47 und 77 Abs. 3 keiner Genehmigung.

Kapitel 2
Landesausschüsse für Berufsbildung

§ 82 Errichtung, Geschäftsordnung, Abstimmung

(1) Bei der Landesregierung wird ein Landesausschuss für Berufsbildung errichtet. Er setzt sich zusammen aus einer gleichen Zahl von Beauftragten der Arbeitgeber, der Arbeitnehmer und der obersten Landesbehörden. Die Hälfte der Beauftragten der obersten Landesbehörden muss in Fragen des Schulwesens sachverständig sein.

(2) Die Mitglieder des Landesausschusses werden längstens für vier Jahre von der Landesregierung berufen, die Beauftragten der Arbeitgeber auf Vorschlag der auf Landesebene bestehenden Zusammenschlüsse der Kammern, der Arbeitgeberverbände und der Unternehmerverbände, die Beauftragten der Arbeitnehmer auf Vorschlag der auf Landesebene bestehenden Gewerkschaften und selbständigen Vereinigungen von Arbeitnehmern mit sozial- oder berufspolitischer Zwecksetzung. Die Tätigkeit im Landesausschuss ist ehrenamtlich. Für bare Auslagen und für Zeitversäumnis ist, soweit eine Entschädigung nicht von anderer Seite gewährt wird, eine angemessene Entschädigung zu zahlen, deren Höhe von der Landesregierung oder der von ihr bestimmten obersten Landesbehörde festgesetzt wird. Die Mitglieder können nach Anhören der

an ihrer Berufung Beteiligten aus wichtigem Grund abberufen werden. Der Ausschuss wählt ein Mitglied, das den Vorsitz führt, und ein weiteres Mitglied, das den Vorsitz stellvertretend übernimmt. Der Vorsitz und seine Stellvertretung sollen nicht derselben Mitgliedergruppe angehören.

(3) Die Mitglieder haben Stellvertreter oder Stellvertreterinnen. Die Absätze 1 und 2 gelten für die Stellvertreter und Stellvertreterinnen entsprechend.

(4) Der Landesausschuss gibt sich eine Geschäftsordnung, die der Genehmigung der Landesregierung oder der von ihr bestimmten obersten Landesbehörde bedarf. Sie kann die Bildung von Unterausschüssen vorsehen und bestimmen, dass ihnen nicht nur Mitglieder des Landesausschusses angehören. Absatz 2 Satz 2 gilt für die Unterausschüsse hinsichtlich der Entschädigung entsprechend. An den Sitzungen des Landesausschusses und der Unterausschüsse können Vertreter der beteiligten obersten Landesbehörden, der Gemeinden und Gemeindeverbände sowie der Agentur für Arbeit teilnehmen.

(5) Der Landesausschuss ist beschlussfähig, wenn mehr als die Hälfte seiner Mitglieder anwesend ist. Er beschließt mit der Mehrheit der abgegebenen Stimmen.

§ 83 Aufgaben

(1) Der Landesausschuss hat die Landesregierung in den Fragen der Berufsbildung zu beraten, die sich für das Land ergeben. Er hat im Rahmen seiner Aufgaben auf eine stetige Entwicklung der Qualität der beruflichen Bildung hinzuwirken.

(2) Er hat insbesondere im Interesse einer einheitlichen Berufsbildung auf eine Zusammenarbeit zwischen der schulischen Berufsbildung und der Berufsbildung nach diesem Gesetz sowie auf eine Berücksichtigung der Berufsbildung bei der Neuordnung und Weiterentwicklung des Schulwesens hinzuwirken. Der Landesausschuss kann zur Stärkung der regionalen Ausbildungs- und Beschäftigungssituation Empfehlungen zur inhaltlichen und organisatorischen Abstimmung und zur Verbesserung der Ausbildungsangebote aussprechen.

Teil 6
Bußgeldvorschriften

§ 102 Bußgeldvorschriften

(1) Ordnungswidrig handelt, wer

1. entgegen § 11 Abs. 1 Satz 1, auch in Verbindung mit Abs. 4, den wesentlichen Inhalt des Vertrages oder eine wesentliche Änderung nicht, nicht richtig, nicht vollständig, nicht in der vorgeschriebenen Weise oder nicht rechtzeitig niederlegt,

2. entgegen § 11 Abs. 3, auch in Verbindung mit Abs. 4, eine Ausfertigung der Niederschrift nicht oder nicht rechtzeitig aushändigt,

3. entgegen § 14 Abs. 2 Auszubildenden eine Verrichtung überträgt, die dem Ausbildungszweck nicht dient,

4. entgegen § 15 Satz 1, auch in Verbindung mit Satz 2, Auszubildende nicht freistellt,

5. entgegen § 28 Abs. 1 oder 2 Auszubildende einstellt oder ausbildet,

6. einer vollziehbaren Anordnung nach § 33 Abs. 1 oder 2 zuwiderhandelt,

7. entgegen § 36 Abs. 1 Satz 1 oder 2, jeweils auch in Verbindung mit Satz 3, die Eintragung in das dort genannte Verzeichnis nicht oder nicht rechtzeitig beantragt oder eine Ausfertigung der Vertragsniederschrift nicht beifügt oder

8. entgegen § 76 Abs. 2 eine Auskunft nicht, nicht richtig, nicht vollständig oder nicht rechtzeitig erteilt, eine Unterlage nicht, nicht richtig, nicht vollständig oder nicht rechtzeitig vorlegt oder eine Besichtigung nicht oder nicht rechtzeitig gestattet.

(2) Die Ordnungswidrigkeit kann in den Fällen des Absatzes 1 Nr. 3 bis 6 mit einer Geldbuße bis zu fünftausend Euro, in den übrigen Fällen mit einer Geldbuße bis zu tausend Euro geahndet werden.

Gesetz zum Schutz der arbeitenden Jugend (Jugendarbeitsschutzgesetz – JarbSchG)

– Auszug –

Jugendarbeitsschutzgesetz vom 12. 4. 1976 (BGBl. I S. 965), zuletzt geändert durch Artikel 3 Absatz 2 des Gesetzes vom 31. Oktober 2008 (BGBl. I S. 2149)

Erster Abschnitt Allgemeine Vorschriften

§ 1 Geltungsbereich

(1) Dieses Gesetz gilt für die Beschäftigung von Personen, die noch nicht 18 Jahre alt sind,

1. in der Berufsausbildung,
2. als Arbeitnehmer oder Heimarbeiter,
3. mit sonstigen Dienstleistungen, die der Arbeitsleistung von Arbeitnehmern oder Heimarbeitern ähnlich sind,
4. in einem der Berufsausbildung ähnlichen Ausbildungsverhältnis.

(2) Dieses Gesetz gilt nicht

1. für geringfügige Hilfeleistungen, soweit sie gelegentlich

    a. aus Gefälligkeit,

    b. auf Grund familienrechtlicher Vorschriften,

    c. in Einrichtungen der Jugendhilfe,

    d. in Einrichtungen zur Eingliederung Behinderter

    erbracht werden,

2. für die Beschäftigung durch die Personensorgeberechtigten im Familienhaushalt.

§ 2 Kind, Jugendlicher

(1) Kind im Sinne dieses Gesetzes ist, wer noch nicht 15 Jahre alt ist.

(2) Jugendlicher im Sinne dieses Gesetzes ist, wer 15, aber noch nicht 18 Jahre alt ist.

(3) Auf Jugendliche, die der Vollzeitschulpflicht unterliegen, finden die für Kinder geltenden Vorschriften Anwendung.

§ 3 Arbeitgeber

Arbeitgeber im Sinne dieses Gesetzes ist, wer ein Kind oder einen Jugendlichen gemäß § 1 beschäftigt.

§ 4 Arbeitszeit

(1) Tägliche Arbeitszeit ist die Zeit vom Beginn bis zum Ende der täglichen Beschäftigung ohne die Ruhepausen (§ 11).

(2) Schichtzeit ist die tägliche Arbeitszeit unter Hinzurechnung der Ruhepausen (§ 11).

(3) Im Bergbau unter Tage gilt die Schichtzeit als Arbeitszeit. Sie wird gerechnet vom Betreten des Förderkorbs bei der Einfahrt bis zum Verlassen des Förderkorbs bei der Ausfahrt oder vom Eintritt des einzelnen Beschäftigten in das Stollenmundloch bis zu seinem Wiederaustritt.

(4) Für die Berechnung der wöchentlichen Arbeitszeit ist als Woche die Zeit von Montag bis einschließlich Sonntag zugrunde zu legen. Die Arbeitszeit, die an einem Werktag infolge eines gesetzlichen Feiertags ausfällt, wird auf die wöchentliche Arbeitszeit angerechnet.

(5) Wird ein Kind oder ein Jugendlicher von mehreren Arbeitgebern beschäftigt, so werden die Arbeits- und Schichtzeiten sowie die Arbeitstage zusammengerechnet.

Zweiter Abschnitt
Beschäftigung von Kindern

§ 5 Verbot der Beschäftigung von Kindern

(1) Die Beschäftigung von Kindern (§ 2 Abs. 1) ist verboten.

(2) Das Verbot des Absatzes 1 gilt nicht für die Beschäftigung von Kindern

1. zum Zwecke der Beschäftigungs- und Arbeitstherapie,
2. im Rahmen des Betriebspraktikums während der Vollzeitschulpflicht,
3. in Erfüllung einer richterlichen Weisung.

Auf die Beschäftigung finden § 7 Satz 1 Nr. 2 und die §§ 9 bis 46 entsprechende Anwendung.

(3) Das Verbot des Absatzes 1 gilt ferner nicht für die Beschäftigung von Kindern über 13 Jahre mit Einwilligung des Personensorgeberechtigten, soweit die Beschäftigung leicht und für Kinder geeignet ist. Die Beschäftigung ist leicht, wenn sie auf Grund ihrer Beschaffenheit und der besonderen Bedingungen, unter denen sie ausgeführt wird,

1. die Sicherheit, Gesundheit und Entwicklung der Kinder,
2. ihren Schulbesuch, ihre Beteiligung an Maßnahmen zur Berufswahlvorbereitung oder Berufsausbildung, die von der zuständigen Stelle anerkannt sind, und
3. ihre Fähigkeit, dem Unterricht mit Nutzen zu folgen,

nicht nachteilig beeinflußt. Die Kinder dürfen nicht mehr als zwei Stunden täglich, in landwirtschaftlichen Familienbetrieben nicht mehr als drei Stunden täglich, nicht zwischen 18 und 8 Uhr, nicht vor dem Schulunterricht und nicht während des Schulunterrichts beschäftigt werden. Auf die Beschäftigung finden die §§ 15 bis 31 entsprechende Anwendung.

(4) Das Verbot des Absatzes 1 gilt ferner nicht für die Beschäftigung von Jugendlichen (§ 2 Abs. 3) während der Schulferien für höchstens vier Wochen im Kalenderjahr. Auf die Beschäftigung finden die §§ 8 bis 31 entsprechende Anwendung.

(4a) Die Bundesregierung hat durch Rechtsverordnung mit Zustimmung des Bundesrates die Beschäftigung nach Absatz 3 näher zu bestimmen.

(4b) Der Arbeitgeber unterrichtet die Personensorgeberechtigten der von ihm beschäftigten Kinder über mögliche Gefahren sowie über alle zu ihrer Sicherheit und ihrem Gesundheitsschutz getroffenen Maßnahmen.

(5) Für Veranstaltungen kann die Aufsichtsbehörde Ausnahmen gemäß § 6 bewilligen.

§ 6 Behördliche Ausnahmen für Veranstaltungen

(1) Die Aufsichtsbehörde kann auf Antrag bewilligen, daß

1. bei Theatervorstellungen Kinder über sechs Jahre bis zu vier Stunden täglich in der Zeit von 10 bis 23 Uhr,

2. bei Musikaufführungen und anderen Aufführungen, bei Werbeveranstaltungen sowie bei Aufnahmen im Rundfunk (Hörfunk und Fernsehen), auf Ton- und Bildträger sowie bei Film- und Fotoaufnahmen

   a. Kinder über drei bis sechs Jahre bis zu zwei Stunden täglich in der Zeit von 8 bis 17 Uhr,

   b. Kinder über sechs Jahre bis zu drei Stunden täglich in der Zeit von 8 bis 22 Uhr

   c. gestaltend mitwirken und an den erforderlichen Proben teilnehmen. Eine Ausnahme darf nicht bewilligt werden für die Mitwirkung in Kabaretts, Tanzlokalen und ähnlichen Betrieben sowie auf Vergnügungsparks, Kirmessen, Jahrmärkten und bei ähnlichen Veranstaltungen, Schaustellungen oder Darbietungen.

(2) Die Aufsichtsbehörde darf nach Anhörung des zuständigen Jugendamts die Beschäftigung nur bewilligen, wenn

1. die Personensorgeberechtigten in die Beschäftigung schriftlich eingewilligt haben,

2. der Aufsichtsbehörde eine nicht länger als vor drei Monaten ausgestellte ärztliche Bescheinigung vorgelegt wird, nach der gesundheitliche Bedenken gegen die Beschäftigung nicht bestehen,

3. die erforderlichen Vorkehrungen und Maßnahmen zum Schutz des Kindes gegen Gefahren für Leben und Gesundheit sowie zur Vermeidung einer Beeinträchtigung der körperlichen oder seelisch-geistigen Entwicklung getroffen sind,

4. Betreuung und Beaufsichtigung des Kindes bei der Beschäftigung sichergestellt sind,

5. nach Beendigung der Beschäftigung eine ununterbrochene Freizeit von mindestens 14 Stunden eingehalten wird,

6. das Fortkommen in der Schule nicht beeinträchtigt wird.

(3) Die Aufsichtsbehörde bestimmt,

1. wie lange, zu welcher Zeit und an welchem Tag das Kind beschäftigt werden darf,

2. Dauer und Lage der Ruhepausen,

3. die Höchstdauer des täglichen Aufenthalts an der Beschäftigungsstätte.

(4) Die Entscheidung der Aufsichtsbehörde ist dem Arbeitgeber schriftlich bekanntzugeben. Er darf das Kind erst nach Empfang des Bewilligungsbescheids beschäftigen.

§ 7 Beschäftigung von nicht vollzeitschulpflichtigen Kindern

Kinder, die der Vollzeitschulpflicht nicht mehr unterliegen, dürfen

1. im Berufsausbildungsverhältnis,

2 außerhalb eines Berufsausbildungsverhältnisses nur mit leichten und für sie geeigneten Tätigkeiten bis zu sieben Stunden täglich und 35 Stunden wöchentlich

beschäftigt werden. Auf die Beschäftigung finden die §§ 8 bis 46 entsprechende Anwendung.

Dritter Abschnitt
Beschäftigung Jugendlicher
Erster Titel
Arbeitszeit und Freizeit

§ 8 Dauer der Arbeitszeit

(1) Jugendliche dürfen nicht mehr als acht Stunden täglich und nicht mehr als 40 Stunden wöchentlich beschäftigt werden.

(2) Wenn in Verbindung mit Feiertagen an Werktagen nicht gearbeitet wird, damit die Beschäftigten eine längere zusammenhängende Freizeit haben, so darf die ausfallende Arbeitszeit auf die Werktage von fünf zusammenhängenden, die Ausfalltage einschließenden Wochen nur dergestalt verteilt werden, daß die Wochenarbeitszeit im Durchschnitt dieser fünf Wochen 40 Stunden nicht überschreitet. Die tägliche Arbeitszeit darf hierbei achteinhalb Stunden nicht überschreiten.

(2a) Wenn an einzelnen Werktagen die Arbeitszeit auf weniger als acht Stunden verkürzt ist, können Jugendliche an den übrigen Werktagen derselben Woche achteinhalb Stunden beschäftigt werden.

(3) In der Landwirtschaft dürfen Jugendliche über 16 Jahre während der Erntezeit nicht mehr als neun Stunden täglich und nicht mehr als 85 Stunden in der Doppelwoche beschäftigt werden.

§ 9 Berufsschule

(1) Der Arbeitgeber hat den Jugendlichen für die Teilnahme am Berufsschulunterricht freizustellen. Er darf den Jugendlichen nicht beschäftigen

1. vor einem vor 9 Uhr beginnenden Unterricht; dies gilt auch für Personen, die über 18 Jahre alt und noch berufsschulpflichtig sind,

2. an einem Berufsschultag mit mehr als fünf Unterrichtsstunden von mindestens je 45 Minuten, einmal in der Woche,

3. in Berufsschulwochen mit einem planmäßigen Blockunterricht von mindestens 25 Stunden an mindestens fünf Tagen; zusätzliche betriebliche Ausbildungsveranstaltungen bis zu zwei Stunden wöchentlich sind zulässig.

(2) Auf die Arbeitszeit werden angerechnet

1. Berufsschultage nach Absatz 1 Nr. 2 mit acht Stunden,

2. Berufsschulwochen nach Absatz 1 Nr. 3 mit 40 Stunden,

3. im übrigen die Unterrichtszeit einschließlich der Pausen.

(3) Ein Entgeltausfall darf durch den Besuch der Berufsschule nicht eintreten.

(4) (weggefallen)

§ 10 Prüfungen und außerbetriebliche Ausbildungsmaßnahmen

(1) Der Arbeitgeber hat den Jugendlichen

1. für die Teilnahme an Prüfungen und Ausbildungsmaßnahmen, die auf Grund öffentlich-rechtlicher oder vertraglicher Bestimmungen außerhalb der Ausbildungsstätte durchzuführen sind,

2. an dem Arbeitstag, der der schriftlichen Abschlußprüfung unmittelbar vorangeht,

freizustellen.

(2) Auf die Arbeitszeit werden angerechnet

1. die Freistellung nach Absatz 1 Nr. 1 mit der Zeit der Teilnahme einschließlich der Pausen,

2. die Freistellung nach Absatz 1 Nr. 2 mit acht Stunden.

Ein Entgeltausfall darf nicht eintreten.

§ 11 Ruhepausen, Aufenthaltsräume

(1) Jugendlichen müssen im voraus feststehende Ruhepausen von angemessener Dauer gewährt werden. Die Ruhepausen müssen mindestens betragen

1. 30 Minuten bei einer Arbeitszeit von mehr als viereinhalb bis zu sechs Stunden,

2. 60 Minuten bei einer Arbeitszeit von mehr als sechs Stunden.

Als Ruhepause gilt nur eine Arbeitsunterbrechung von mindestens 15 Minuten.

(2) Die Ruhepausen müssen in angemessener zeitlicher Lage gewährt werden, frühestens eine Stunde nach Beginn und spätestens eine Stunde vor Ende der Arbeitszeit. Länger als viereinhalb Stunden hintereinander dürfen Jugendliche nicht ohne Ruhepause beschäftigt werden.

(3) Der Aufenthalt während der Ruhepausen in Arbeitsräumen darf den Jugendlichen nur gestattet werden, wenn die Arbeit in diesen Räumen während dieser Zeit eingestellt ist und auch sonst die notwendige Erholung nicht beeinträchtigt wird.

(4) Absatz 3 gilt nicht für den Bergbau unter Tage.

§ 12 Schichtzeit

Bei der Beschäftigung Jugendlicher darf die Schichtzeit (§ 4 Abs. 2) 10 Stunden, im Bergbau unter Tage 8 Stunden, im Gaststättengewerbe, in der Landwirtschaft, in der Tierhaltung, auf Bau- und Montagestellen 11 Stunden nicht überschreiten.

§ 13 Tägliche Freizeit

Nach Beendigung der täglichen Arbeitszeit dürfen Jugendliche nicht vor Ablauf einer ununterbrochenen Freizeit von mindestens 12 Stunden beschäftigt werden.

§ 14 Nachtruhe

(1) Jugendliche dürfen nur in der Zeit von 6 bis 20 Uhr beschäftigt werden.

(2) Jugendliche über 16 Jahre dürfen

1. im Gaststätten- und Schaustellergewerbe bis 22 Uhr,

2. in mehrschichtigen Betrieben bis 23 Uhr,

3. in der Landwirtschaft ab 5 Uhr oder bis 21 Uhr,

4. in Bäckereien und Konditoreien ab 5 Uhr

beschäftigt werden.

(3) Jugendliche über 17 Jahre dürfen in Bäckereien ab 4 Uhr beschäftigt werden.

(4) An dem einem Berufsschultag unmittelbar vorangehenden Tag dürfen Jugendliche auch nach Absatz 2 Nr. 1 bis 3 nicht nach 20 Uhr beschäftigt werden, wenn der Berufsschulunterricht am Berufsschultag vor 9 Uhr beginnt.

(5) Nach vorheriger Anzeige an die Aufsichtsbehörde dürfen in Betrieben, in denen die übliche Arbeitszeit aus verkehrstechnischen Gründen nach 20 Uhr endet, Jugendliche bis 21 Uhr beschäftigt werden, soweit sie hierdurch unnötige Wartezeiten vermeiden können. Nach vorheriger Anzeige an die Aufsichtsbehörde dürfen ferner in mehrschichtigen Betrieben Jugendliche über 16 Jahre ab 5.30 Uhr oder bis 23.30 Uhr beschäftigt werden, soweit sie hierdurch unnötige Wartezeiten vermeiden können.

(6) Jugendliche dürfen in Betrieben, in denen die Beschäftigten in außergewöhnlichem Grade der Einwirkung von Hitze ausgesetzt sind, in der warmen Jahreszeit ab 5 Uhr beschäftigt werden. Die Jugendlichen sind berechtigt, sich vor Beginn der Beschäftigung und danach in regelmäßigen Zeitabständen arbeitsmedizinisch untersuchen zu lassen. Die Kosten der Untersuchungen hat der Arbeitgeber zu tragen, sofern er diese nicht kostenlos durch einen Betriebsarzt oder einen überbetrieblichen Dienst von Betriebsärzten anbietet.

(7) Jugendliche dürfen bei Musikaufführungen, Theatervorstellungen und anderen Aufführungen, bei Aufnahmen im Rundfunk (Hörfunk und Fernsehen), auf Ton- und Bildträger sowie bei Film- und Fotoaufnahmen bis 23 Uhr gestaltend mitwirken. Eine Mitwirkung ist nicht zulässig bei Veranstaltungen, Schaustellungen oder Darbietungen, bei denen die Anwesenheit Jugendlicher nach den Vorschriften des Jugendschutzgesetzes verboten ist. Nach Beendigung der Tätigkeit dürfen Jugendliche nicht vor Ablauf einer ununterbrochenen Freizeit von mindestens 14 Stunden beschäftigt werden.

§ 15 Fünf-Tage-Woche

Jugendliche dürfen nur an fünf Tagen in der Woche beschäftigt werden. Die beiden wöchentlichen Ruhetage sollen nach Möglichkeit aufeinander folgen.

§ 16 Samstagsruhe

(1) An Samstagen dürfen Jugendliche nicht beschäftigt werden.

(2) Zulässig ist die Beschäftigung Jugendlicher an Samstagen nur

1. in Krankenanstalten sowie in Alten-, Pflege- und Kinderheimen,
2. in offenen Verkaufsstellen, in Betrieben mit offenen Verkaufsstellen, in Bäckereien und Konditoreien, im Friseurhandwerk und im Marktverkehr,
3. im Verkehrswesen,
4. in der Landwirtschaft und Tierhaltung,
5. im Familienhaushalt,
6. im Gaststätten- und Schaustellergewerbe,
7. bei Musikaufführungen, Theatervorstellungen und anderen Aufführungen, bei Aufnahmen im Rundfunk (Hörfunk und Fernsehen), auf Ton- und Bildträger sowie bei Film- und Fotoaufnahmen,
8. bei außerbetrieblichen Ausbildungsmaßnahmen,
9. beim Sport,

10. im ärztlichen Notdienst,

11. in Reparaturwerkstätten für Kraftfahrzeuge.

Mindestens zwei Samstage im Monat sollen beschäftigungsfrei bleiben.

(3) Werden Jugendliche am Samstag beschäftigt, ist ihnen die Fünf-Tage-Woche (§ 15) durch Freistellung an einem anderen berufsschulfreien Arbeitstag derselben Woche sicherzustellen. In Betrieben mit einem Betriebsruhetag in der Woche kann die Freistellung auch an diesem Tag erfolgen, wenn die Jugendlichen an diesem Tag keinen Berufsschulunterricht haben.

(4) Können Jugendliche in den Fällen des Absatzes 2 Nr. 2 am Samstag nicht acht Stunden beschäftigt werden, kann der Unterschied zwischen der tatsächlichen und der nach § 8 Abs. 1 höchstzulässigen Arbeitszeit an dem Tag bis 13 Uhr ausgeglichen werden, an dem die Jugendlichen nach Absatz 3 Satz 1 freizustellen sind.

§ 17 Sonntagsruhe

(1) An Sonntagen dürfen Jugendliche nicht beschäftigt werden.

(2) Zulässig ist die Beschäftigung Jugendlicher an Sonntagen nur

1. in Krankenanstalten sowie in Alten-, Pflege- und Kinderheimen,
2. in der Landwirtschaft und Tierhaltung mit Arbeiten, die auch an Sonn- und Feiertagen naturnotwendig vorgenommen werden müssen,
3, im Familienhaushalt, wenn der Jugendliche in die häusliche Gemeinschaft aufgenommen ist,
4. im Schaustellergewerbe,
5. bei Musikaufführungen, Theatervorstellungen und anderen Aufführungen sowie bei Direktsendungen im Rundfunk (Hörfunk und Fernsehen),
6. beim Sport,
7. im ärztlichen Notdienst,
8. im Gaststättengewerbe.

Jeder zweite Sonntag soll, mindestens zwei Sonntage im Monat müssen beschäftigungsfrei bleiben.

(3) Werden Jugendliche am Sonntag beschäftigt, ist ihnen die Fünf-Tage-Woche (§ 15) durch Freistellung an einem anderen berufsschulfreien Arbeitstag derselben Woche sicherzustellen. In Betrieben mit einem Betriebsruhetag in der Woche kann die Freistellung auch an diesem Tag erfolgen, wenn die Jugendlichen an diesem Tag keinen Berufsschulunterricht haben.

§ 18 Feiertagsruhe

(1) Am 24. und 31. Dezember nach 14 Uhr und an gesetzlichen Feiertagen dürfen Jugendliche nicht beschäftigt werden.

(2) Zulässig ist die Beschäftigung Jugendlicher an gesetzlichen Feiertagen in den Fällen des § 17 Abs. 2, ausgenommen am 25. Dezember, am 1. Januar, am ersten Osterfeiertag und am 1. Mai.

(3) Für die Beschäftigung an einem gesetzlichen Feiertag, der auf einem Werktag fällt, ist der Jugendliche an einem anderen berufsschulfreien Arbeitstag derselben oder der folgenden Woche freizustellen. In Betrieben mit einem Betriebsruhetag in der Woche kann die Freistellung auch an diesem Tag erfolgen, wenn die Jugendlichen an diesem Tag keinen Berufsschulunterricht haben.

§ 19 Urlaub

(1) Der Arbeitgeber hat Jugendlichen für jedes Kalenderjahr einen bezahlten Erholungsurlaub zu gewähren.

(2) Der Urlaub beträgt jährlich

1. mindestens 30 Werktage, wenn der Jugendliche zu Beginn des Kalenderjahrs noch nicht 16 Jahre alt ist,

2. mindestens 27 Werktage, wenn der Jugendliche zu Beginn des Kalenderjahrs noch nicht 17 Jahre alt ist,

3. mindestens 25 Werktage, wenn der Jugendliche zu Beginn des Kalenderjahrs noch nicht 18 Jahre alt ist.

Jugendliche, die im Bergbau unter Tage beschäftigt werden, erhalten in jeder Altersgruppe einen zusätzlichen Urlaub von drei Werktagen.

(3) Der Urlaub soll Berufsschülern in der Zeit der Berufsschulferien gegeben werden. Soweit er nicht in den Berufsschulferien gegeben wird, ist für jeden Berufsschultag, an dem die Berufsschule während des Urlaubs besucht wird, ein weiterer Urlaubstag zu gewähren.

(4) Im übrigen gelten für den Urlaub der Jugendlichen § 3 Abs. 2, §§ 4 bis 12 und § 13 Abs. 3 des Bundesurlaubsgesetzes. Der Auftraggeber oder Zwischenmeister hat jedoch abweichend von § 12 Nr. 1 des Bundesurlaubsgesetzes den jugendlichen Heimarbeitern für jedes Kalenderjahr einen bezahlten Erholungsurlaub entsprechend Absatz 2 zu gewähren; das Urlaubsentgelt der jugendlichen Heimarbeiter beträgt bei einem Urlaub von 30 Werktagen 11,6 vom Hundert, bei einem Urlaub von 27 Werktagen 10,3 vom Hundert und bei einem Urlaub von 25 Werktagen 9,5 vom Hundert.

§ 20 Binnenschiffahrt

In der Binnenschiffahrt gelten folgende Abweichungen:

1. Abweichend von § 12 darf die Schichtzeit Jugendlicher über 16 Jahre während der Fahrt bis auf 14 Stunden täglich ausgedehnt werden, wenn ihre Arbeitszeit sechs Stunden täglich nicht überschreitet. Ihre tägliche Freizeit kann abweichend von § 13 der Ausdehnung der Schichtzeit entsprechend bis auf 10 Stunden verkürzt werden.

2. Abweichend von § 14 Abs. 1 dürfen Jugendliche über 16 Jahre während der Fahrt bis 22 Uhr beschäftigt werden.

3. Abweichend von §§ 15, 16 Abs. 1, § 17 Abs. 1 und § 18 Abs. 1 dürfen Jugendliche an jedem Tag der Woche beschäftigt werden, jedoch nicht am 24. Dezember, an den Weihnachtsfeiertagen, am 31. Dezember, am 1. Januar, an den Osterfeiertagen und am 1. Mai. Für die Beschäftigung an einem Samstag, Sonntag und an einem gesetzlichen Feiertag, der auf einen Werktag fällt, ist ihnen je ein freier Tag zu gewähren. Diese freien Tage sind den Jugendlichen in Verbindung mit anderen freien Tagen zu gewähren, spätestens, wenn ihnen 10 freie Tage zustehen.

§ 21 Ausnahmen in besonderen Fällen

(1) Die §§ 8 und 11 bis 18 finden keine Anwendung auf die Beschäftigung Jugendlicher mit vorübergehenden und unaufschiebbaren Arbeiten in Notfällen, soweit erwachsene Beschäftigte nicht zur Verfügung stehen.

(2) Wird in den Fällen des Absatzes 1 über die Arbeitszeit des § 8 hinaus Mehrarbeit geleistet, so ist sie durch entsprechende Verkürzung der Arbeitszeit innerhalb der folgenden drei Wochen auszugleichen.

§ 21a Abweichende Regelungen

(1) In einem Tarifvertrag oder auf Grund eines Tarifvertrages in einer Betriebsvereinbarung kann zugelassen werden

1. abweichend von den §§ 8, 15, 16 Abs. 3 und 4, § 17 Abs. 3 und § 18 Abs. 3 die Arbeitszeit bis zu neun Stunden täglich, 44 Stunden wöchentlich und bis zu fünfeinhalb Tagen in der Woche anders zu verteilen, jedoch nur unter Einhaltung einer durchschnittlichen Wochenarbeitszeit von 40 Stunden in einem Ausgleichszeiabweichend von § 11 Abs. 1 Satz 2 Nr. 2 und Abs. 2 die Ruhepausen bis zu 15 Minuten zu kürzen und die Lage der Pausen anders zu bestimmen,

2. abweichend von § 12 die Schichtzeit mit Ausnahme des Bergbaus unter Tage bis zu einer Stunde täglich zu verlängern,

3. abweichend von § 16 Abs. 1 und 2 Jugendliche an 26 Samstagen im Jahr oder an jedem Samstag zu beschäftigen, wenn statt dessen der Jugendliche an einem anderen Werktag derselben Woche von der Beschäftigung freigestellt wird,

4. abweichend von den §§ 15, 16 Abs. 3 und 4, § 17 Abs. 3 und § 18 Abs. 3 Jugendliche bei einer Beschäftigung an einem Samstag oder an einem Sonn- oder Feiertag unter vier Stunden an einem anderen Arbeitstag derselben oder der folgenden Woche vor- oder nachmittags von der Beschäftigung freizustellen,

5. abweichend von § 17 Abs. 2 Satz 2 Jugendliche im Gaststätten- und Schaustellergewerbe sowie in der Landwirtschaft während der Saison oder der Erntezeit an drei Sonntagen im Monat zu beschäftigen.

(2) Im Geltungsbereich eines Tarifvertrages nach Absatz 1 kann die abweichende tarifvertragliche Regelung im Betrieb eines nicht tarifgebundenen Arbeitgebers durch Be-

triebsvereinbarung oder, wenn ein Betriebsrat nicht besteht, durch schriftliche Vereinbarung zwischen dem Arbeitgeber und dem Jugendlichen übernommen werden.

(3) Die Kirchen und die öffentlich-rechtlichen Religionsgesellschaften können die in Absatz 1 genannten Abweichungen in ihren Regelungen vorsehen.

§ 21b Ermächtigung

Das Bundesministerium für Arbeit und Soziales kann im Interesse der Berufsausbildung oder der Zusammenarbeit von Jugendlichen und Erwachsenen durch Rechtsverordnung mit Zustimmung des Bundesrates Ausnahmen von den Vorschriften

1. des § 8, der §§ 11 und 12, der §§ 15 und 16, des § 17 Abs. 2 und 3 sowie des § 18 Abs. 3 im Rahmen des § 21a Abs. 1,

2. des § 14, jedoch nicht vor 5 Uhr und nicht nach 23 Uhr, sowie

3. des § 17 Abs. 1 und § 18 Abs. 1 an höchstens 26 Sonn- und Feiertagen im Jahr

4. zulassen, soweit eine Beeinträchtigung der Gesundheit oder der körperlichen oder seelisch-geistigen Entwicklung der Jugendlichen nicht zu befürchten ist.

Zweiter Titel
Beschäftigungsverbote und -beschränkungen

§ 22 Gefährliche Arbeiten

(1) Jugendliche dürfen nicht beschäftigt werden

1. mit Arbeiten, die ihre physische oder psychische Leistungsfähigkeit übersteigen,

2. mit Arbeiten, bei denen sie sittlichen Gefahren ausgesetzt sind,

3. mit Arbeiten, die mit Unfallgefahren verbunden sind, von denen anzunehmen ist, daß Jugendliche sie wegen mangelnden Sicherheitsbewußtseins oder mangelnder Erfahrung nicht erkennen oder nicht abwenden können,

4. mit Arbeiten, bei denen ihre Gesundheit durch außergewöhnliche Hitze oder Kälte oder starke Nässe gefährdet wird,

5. mit Arbeiten, bei denen sie schädlichen Einwirkungen von Lärm, Erschütterungen oder Strahlen ausgesetzt sind,

6. mit Arbeiten, bei denen sie schädlichen Einwirkungen von Gefahrstoffen im Sinne des Chemikaliengesetzes ausgesetzt sind,

7. mit Arbeiten, bei denen sie schädlichen Einwirkungen von biologischen Arbeitsstoffen im Sinne der Richtlinie 90/679/EWG des Rates vom 26. November 1990 zum Schutze der Arbeitnehmer gegen Gefährdung durch biologische Arbeitsstoffe bei der Arbeit ausgesetzt sind.

(2) Absatz 1 Nr. 3 bis 7 gilt nicht für die Beschäftigung Jugendlicher, soweit

1. dies zur Erreichung ihres Ausbildungszieles erforderlich ist,

2. ihr Schutz durch die Aufsicht eines Fachkundigen gewährleistet ist und

3. der Luftgrenzwert bei gefährlichen Stoffen (Absatz 1 Nr. 6) unterschritten wird.

Satz 1 findet keine Anwendung auf den absichtlichen Umgang mit biologischen Arbeitsstoffen der Gruppen 3 und 4 im Sinne der Richtlinie 90/679/EWG des Rates vom 26. November 1990 zum Schutze der Arbeitnehmer gegen Gefährdung durch biologische Arbeitsstoffe bei der Arbeit.

(3) Werden Jugendliche in einem Betrieb beschäftigt, für den ein Betriebsarzt oder eine Fachkraft für Arbeitssicherheit verpflichtet ist, muß ihre betriebsärztliche oder sicherheitstechnische Betreuung sichergestellt sein.

§ 23 Akkordarbeit, tempoabhängige Arbeiten

(1) Jugendliche dürfen nicht beschäftigt werden

1. mit Akkordarbeit und sonstigen Arbeiten, bei denen durch ein gesteigertes Arbeitstempo ein höheres Entgelt erzielt werden kann,

2. in einer Arbeitsgruppe mit erwachsenen Arbeitnehmern, die mit Arbeiten nach Nummer 1 beschäftigt werden,

3. mit Arbeiten, bei denen ihr Arbeitstempo nicht nur gelegentlich vorgeschrieben, vorgegeben oder auf andere Weise erzwungen wird.

(2) Absatz 1 Nr. 2 gilt nicht für die Beschäftigung Jugendlicher,

1. soweit dies zur Erreichung ihres Ausbildungsziels erforderlich ist oder

2. wenn sie eine Berufsausbildung für diese Beschäftigung abgeschlossen haben und ihr Schutz durch die Aufsicht eines Fachkundigen gewährleistet ist.

§ 24 Arbeiten unter Tage

(1) Jugendliche dürfen nicht mit Arbeiten unter Tage beschäftigt werden.

(2) Absatz 1 gilt nicht für die Beschäftigung Jugendlicher über 16 Jahre,

1. soweit dies zur Erreichung ihres Ausbildungsziels erforderlich ist,

2. wenn sie eine Berufsausbildung für die Beschäftigung unter Tage abgeschlossen haben oder

3. wenn sie an einer von der Bergbehörde genehmigten Ausbildungsmaßnahme für Bergjungarbeiter teilnehmen oder teilgenommen haben und ihr Schutz durch die Aufsicht eines Fachkundigen gewährleistet ist.

§ 25 Verbot der Beschäftigung durch bestimmte Personen

(1) Personen, die

1. wegen eines Verbrechens zu einer Freiheitsstrafe von mindestens zwei Jahren,

2. wegen einer vorsätzlichen Straftat, die sie unter Verletzung der ihnen als Arbeitgeber, Ausbildender oder Ausbilder obliegenden Pflichten zum Nachteil von Kindern oder Jugendlichen begangen haben, zu einer Freiheitsstrafe von mehr als drei Monaten,

3. wegen einer Straftat nach den §§ 109h, 171, 174 bis 184g, 225, 232 bis 233a des Strafgesetzbuches,

4. wegen einer Straftat nach dem Betäubungsmittelgesetz oder

5. wegen einer Straftat nach dem Jugendschutzgesetz oder nach dem Gesetz über die Verbreitung jugendgefährdender Schriften wenigstens zweimal rechtskräftig verurteilt worden sind, dürfen Jugendliche nicht beschäftigen sowie im Rahmen eines Rechtsverhältnisses im Sinne des § 1 nicht beaufsichtigen, nicht anweisen, nicht ausbilden und nicht mit der Beaufsichtigung, Anweisung oder Ausbildung von Jugendlichen beauftragt werden. Eine Verurteilung bleibt außer Betracht, wenn seit dem Tag ihrer Rechtskraft fünf Jahre verstrichen sind. Die Zeit, in welcher der Täter auf behördliche Anordnung in einer Anstalt verwahrt worden ist, wird nicht eingerechnet.

(2) Das Verbot des Absatzes 1 Satz 1 gilt auch für Personen, gegen die wegen einer Ordnungswidrigkeit nach § 58 Abs. 1 bis 4 wenigstens dreimal eine Geldbuße rechtskräftig festgesetzt worden ist. Eine Geldbuße bleibt außer Betracht, wenn seit dem Tag ihrer rechtskräftigen Festsetzung fünf Jahre verstrichen sind.

(3) Das Verbot des Absatzes 1 und 2 gilt nicht für die Beschäftigung durch die Personensorgeberechtigten.

§ 26 Ermächtigungen

Das Bundesministerium für Arbeit und Soziales kann zum Schutz der Jugendlichen gegen Gefahren für Leben und Gesundheit sowie zur Vermeidung einer Beeinträchtigung der körperlichen oder seelisch-geistigen Entwicklung durch Rechtsverordnung mit Zustimmung des Bundesrates

2. die für Kinder, die der Vollzeitschulpflicht nicht mehr unterliegen, geeigneten und leichten Tätigkeiten nach § 7 Satz 1 Nr. 2 und die Arbeiten nach § 22 Abs. 1 und den §§ 23 und 24 näher bestimmen,

2. über die Beschäftigungsverbote in den §§ 22 bis 25 hinaus die Beschäftigung Jugendlicher in bestimmten Betriebsarten oder mit bestimmten Arbeiten verbieten oder beschränken, wenn sie bei diesen Arbeiten infolge ihres Entwicklungsstands in besonderem Maß Gefahren ausgesetzt sind oder wenn das Verbot oder die Beschränkung der Beschäftigung infolge der technischen Entwicklung oder neuer arbeitsmedizinischer oder sicherheitstechnischer Erkenntnisse notwendig ist.

§ 27 Behördliche Anordnungen und Ausnahmen

(1) Die Aufsichtsbehörde kann in Einzelfällen feststellen, ob eine Arbeit unter die Beschäftigungsverbote oder -beschränkungen der §§ 22 bis 24 oder einer Rechtsverordnung nach § 26 fällt. Sie kann in Einzelfällen die Beschäftigung Jugendlicher mit bestimmten Arbeiten über die Beschäftigungsverbote und -beschränkungen der §§ 22 bis 24 und einer Rechtsverordnung nach § 26 hinaus verbieten oder beschränken, wenn diese Arbeiten mit Gefahren für Leben, Gesundheit oder für die körperliche oder seelisch-geistige Entwicklung der Jugendlichen verbunden sind.

(2) Die zuständige Behörde kann

1. den Personen, die die Pflichten, die ihnen kraft Gesetzes zugunsten der von ihnen beschäftigten, beaufsichtigten, angewiesenen oder auszubildenden Kinder und Jugendlichen obliegen, wiederholt oder gröblich verletzt haben,

2. den Personen, gegen die Tatsachen vorliegen, die sie in sittlicher Beziehung zur Beschäftigung, Beaufsichtigung, Anweisung oder Ausbildung von Kindern und Jugendlichen ungeeignet erscheinen lassen,

verbieten, Kinder und Jugendliche zu beschäftigen oder im Rahmen eines Rechtsverhältnisses im Sinne des § 1 zu beaufsichtigen, anzuweisen oder auszubilden.

(3) Die Aufsichtsbehörde kann auf Antrag Ausnahmen von § 23 Abs. 1 Nr. 2 und 3 für Jugendliche über 16 Jahre bewilligen,

1. wenn die Art der Arbeit oder das Arbeitstempo eine Beeinträchtigung der Gesundheit oder der körperlichen oder seelisch-geistigen Entwicklung des Jugendlichen nicht befürchten lassen und

2. wenn eine nicht länger als vor drei Monaten ausgestellte ärztliche Bescheinigung vorgelegt wird, nach der gesundheitliche Bedenken gegen die Beschäftigung nicht bestehen.

Dritter Titel
Sonstige Pflichten des Arbeitgebers

§ 28 Menschengerechte Gestaltung der Arbeit

(1) Der Arbeitgeber hat bei der Einrichtung und der Unterhaltung der Arbeitsstätte einschließlich der Maschinen, Werkzeuge und Geräte und bei der Regelung der Beschäftigung die Vorkehrungen und Maßnahmen zu treffen, die zum Schutz der Jugendlichen gegen Gefahren für Leben und Gesundheit sowie zur Vermeidung einer Beeinträchtigung der körperlichen oder seelisch-geistigen Entwicklung der Jugendlichen erforderlich sind. Hierbei sind das mangelnde Sicherheitsbewußtsein, die mangelnde Erfahrung und der Entwicklungsstand der Jugendlichen zu berücksichtigen und die allgemein anerkannten sicherheitstechnischen und arbeitsmedizinischen Regeln sowie die sonstigen gesicherten arbeitswissenschaftlichen Erkenntnisse zu beachten.

(2) Das Bundesministerium für Arbeit und Soziales kann durch Rechtsverordnung mit Zustimmung des Bundesrates bestimmen, welche Vorkehrungen und Maßnahmen der Arbeitgeber zur Erfüllung der sich aus Absatz 1 ergebenden Pflichten zu treffen hat.

(3) Die Aufsichtsbehörde kann in Einzelfällen anordnen, welche Vorkehrungen und Maßnahmen zur Durchführung des Absatzes 1 oder einer vom Bundesministerium für Arbeit und Soziales gemäß Absatz 2 erlassenen Verordnung zu treffen sind.

§ 28a Beurteilung der Arbeitsbedingungen

Vor Beginn der Beschäftigung Jugendlicher und bei wesentlicher Änderung der Arbeitsbedingungen hat der Arbeitgeber die mit der Beschäftigung verbundenen Gefährdungen Jugendlicher zu beurteilen. Im übrigen gelten die Vorschriften des Arbeitsschutzgesetzes.

§ 29 Unterweisung über Gefahren

(1) Der Arbeitgeber hat die Jugendlichen vor Beginn der Beschäftigung und bei wesentlicher Änderung der Arbeitsbedingungen über die Unfall- und Gesundheitsgefahren, denen sie bei der Beschäftigung ausgesetzt sind, sowie über die Einrichtungen und Maßnahmen zur Abwendung dieser Gefahren zu unterweisen. Er hat die Jugendlichen vor der erstmaligen Beschäftigung an Maschinen oder gefährlichen Arbeitsstellen oder mit Arbeiten, bei denen sie mit gesundheitsgefährdenden Stoffen in Berührung kommen, über die besonderen Gefahren dieser Arbeiten sowie über das bei ihrer Verrichtung erforderliche Verhalten zu unterweisen.

(2) Die Unterweisungen sind in angemessenen Zeitabständen, mindestens aber halbjährlich, zu wiederholen.

(3) Der Arbeitgeber beteiligt die Betriebsärzte und die Fachkräfte für Arbeitssicherheit an der Planung, Durchführung und Überwachung der für die Sicherheit und den Gesundheitsschutz bei der Beschäftigung Jugendlicher geltenden Vorschriften.

§ 30 Häusliche Gemeinschaft

(1) Hat der Arbeitgeber einen Jugendlichen in die häusliche Gemeinschaft aufgenommen, so muß er

1. ihm eine Unterkunft zur Verfügung stellen und dafür sorgen, daß sie so beschaffen, ausgestattet und belegt ist und so benutzt wird, daß die Gesundheit des Jugendlichen nicht beeinträchtigt wird, und

2. ihm bei einer Erkrankung, jedoch nicht über die Beendigung der Beschäftigung hinaus, die erforderliche Pflege und ärztliche Behandlung zuteil werden lassen, soweit diese nicht von einem Sozialversicherungsträger geleistet wird.

(2) Die Aufsichtsbehörde kann im Einzelfall anordnen, welchen Anforderungen die Unterkunft (Absatz 1 Nr. 1) und die Pflege bei Erkrankungen (Absatz 1 Nr. 2) genügen müssen.

§ 31 Züchtigungsverbot; Verbot der Abgabe von Alkohol und Tabak

(1) Wer Jugendliche beschäftigt oder im Rahmen eines Rechtsverhältnisses im Sinne des § 1 beaufsichtigt, anweist oder ausbildet, darf sie nicht körperlich züchtigen.

(2) Wer Jugendliche beschäftigt, muß sie vor körperlicher Züchtigung und Mißhandlung und vor sittlicher Gefährdung durch andere bei ihm Beschäftigte und durch Mit-

glieder seines Haushalts an der Arbeitsstätte und in seinem Haus schützen. Er darf Jugendlichen unter 16 Jahren keine alkoholischen Getränke und Tabakwaren, Jugendlichen über 16 Jahre keinen Branntwein geben.

Vierter Titel
Gesundheitliche Betreuung

§ 32 Erstuntersuchung

(1) Ein Jugendlicher, der in das Berufsleben eintritt, darf nur beschäftigt werden, wenn

1. er innerhalb der letzten vierzehn Monate von einem Arzt untersucht worden ist (Erstuntersuchung) und

2. dem Arbeitgeber eine von diesem Arzt ausgestellte Bescheinigung vorliegt.

(2) Absatz 1 gilt nicht für eine nur geringfügige oder eine nicht länger als zwei Monate dauernde Beschäftigung mit leichten Arbeiten, von denen keine gesundheitlichen Nachteile für den Jugendlichen zu befürchten sind.

§ 33 Erste Nachuntersuchung

(1) Ein Jahr nach Aufnahme der ersten Beschäftigung hat sich der Arbeitgeber die Bescheinigung eines Arztes darüber vorlegen zu lassen, daß der Jugendliche nachuntersucht worden ist (erste Nachuntersuchung). Die Nachuntersuchung darf nicht länger als drei Monate zurückliegen. Der Arbeitgeber soll den Jugendlichen neun Monate nach Aufnahme der ersten Beschäftigung nachdrücklich auf den Zeitpunkt, bis zu dem der Jugendliche ihm die ärztliche Bescheinigung nach Satz 1 vorzulegen hat, hinweisen und ihn auffordern, die Nachuntersuchung bis dahin durchführen zu lassen.

(2) Legt der Jugendliche die Bescheinigung nicht nach Ablauf eines Jahres vor, hat ihn der Arbeitgeber innerhalb eines Monats unter Hinweis auf das Beschäftigungsverbot nach Absatz 3 schriftlich aufzufordern, ihm die Bescheinigung vorzulegen. Je eine Durchschrift des Aufforderungsschreibens hat der Arbeitgeber dem Personensorgeberechtigten und dem Betriebs- oder Personalrat zuzusenden.

(3) Der Jugendliche darf nach Ablauf von 14 Monaten nach Aufnahme der ersten Beschäftigung nicht weiterbeschäftigt werden, solange er die Bescheinigung nicht vorgelegt hat.

§ 34 Weitere Nachuntersuchungen

Nach Ablauf jedes weiteren Jahres nach der ersten Nachuntersuchung kann sich der Jugendliche erneut nachuntersuchen lassen (weitere Nachuntersuchungen). Der Arbeitgeber soll ihn auf diese Möglichkeit rechtzeitig hinweisen und darauf hinwirken, daß der Jugendliche ihm die Bescheinigung über die weitere Nachuntersuchung vorlegt.

§ 35 Außerordentliche Nachuntersuchung

(1) Der Arzt soll eine außerordentliche Nachuntersuchung anordnen, wenn eine Untersuchung ergibt, daß

1. ein Jugendlicher hinter dem seinem Alter entsprechenden Entwicklungsstand zurückgeblieben ist,

2. gesundheitliche Schwächen oder Schäden vorhanden sind,

3. die Auswirkungen der Beschäftigung auf die Gesundheit oder Entwicklung des Jugendlichen noch nicht zu übersehen sind.

(2) Die in § 33 Abs. 1 festgelegten Fristen werden durch die Anordnung einer außerordentlichen Nachuntersuchung nicht berührt.

§ 36 Ärztliche Untersuchungen und Wechsel des Arbeitgebers

Wechselt der Jugendliche den Arbeitgeber, so darf ihn der neue Arbeitgeber erst beschäftigen, wenn ihm die Bescheinigung über die Erstuntersuchung (§ 32 Abs. 1) und, falls seit der Aufnahme der Beschäftigung ein Jahr vergangen ist, die Bescheinigung über die erste Nachuntersuchung (§ 33) vorliegen.

§ 37 Inhalt und Durchführung der ärztlichen Untersuchungen

(1) Die ärztlichen Untersuchungen haben sich auf den Gesundheits- und Entwicklungsstand und die körperliche Beschaffenheit, die Nachuntersuchungen außerdem auf die Auswirkungen der Beschäftigung auf Gesundheit und Entwicklung des Jugendlichen zu erstrecken.

(2) Der Arzt hat unter Berücksichtigung der Krankheitsvorgeschichte des Jugendlichen auf Grund der Untersuchungen zu beurteilen,

1. ob die Gesundheit oder die Entwicklung des Jugendlichen durch die Ausführung bestimmter Arbeiten oder durch die Beschäftigung während bestimmter Zeiten gefährdet wird,

2. ob besondere der Gesundheit dienende Maßnahmen erforderlich sind,

3. ob eine außerordentliche Nachuntersuchung (§ 35 Abs. 1) erforderlich ist.

(3) Der Arzt hat schriftlich festzuhalten:

1. den Untersuchungsbefund,

2. die Arbeiten, durch deren Ausführung er die Gesundheit oder die Entwicklung des Jugendlichen für gefährdet hält,

3. die besonderen der Gesundheit dienenden Maßnahmen,

4. die Anordnung einer außerordentlichen Nachuntersuchung (§ 35 Abs. 1).

§ 38 Ergänzungsuntersuchung

Kann der Arzt den Gesundheits- und Entwicklungsstand des Jugendlichen nur beurteilen, wenn das Ergebnis einer Ergänzungsuntersuchung durch einen anderen Arzt oder einen Zahnarzt vorliegt, so hat er die Ergänzungsuntersuchung zu veranlassen und ihre Notwendigkeit schriftlich zu begründen.

§ 39 Mitteilung, Bescheinigung

(1) Der Arzt hat dem Personensorgeberechtigten schriftlich mitzuteilen:

1. das wesentliche Ergebnis der Untersuchung,
2. die Arbeiten, durch deren Ausführung er die Gesundheit oder die Entwicklung des Jugendlichen für gefährdet hält,
3. die besonderen der Gesundheit dienenden Maßnahmen,
4. die Anordnung einer außerordentlichen Nachuntersuchung (§ 35 Abs. 1).

(2) Der Arzt hat eine für den Arbeitgeber bestimmte Bescheinigung darüber auszustellen, daß die Untersuchung stattgefunden hat und darin die Arbeiten zu vermerken, durch deren Ausführung er die Gesundheit oder die Entwicklung des Jugendlichen für gefährdet hält.

§ 40 Bescheinigung mit Gefährdungsvermerk

(1) Enthält die Bescheinigung des Arztes (§ 39 Abs. 2) einen Vermerk über Arbeiten, durch deren Ausführung er die Gesundheit oder die Entwicklung des Jugendlichen für gefährdet hält, so darf der Jugendliche mit solchen Arbeiten nicht beschäftigt werden.

(2) Die Aufsichtsbehörde kann die Beschäftigung des Jugendlichen mit den in der Bescheinigung des Arztes (§ 39 Abs. 2) vermerkten Arbeiten im Einvernehmen mit einem Arzt zulassen und die Zulassung mit Auflagen verbinden.

§ 41 Aufbewahren der ärztlichen Bescheinigungen

(1) Der Arbeitgeber hat die ärztlichen Bescheinigungen bis zur Beendigung der Beschäftigung, längstens jedoch bis zur Vollendung des 18. Lebensjahrs des Jugendlichen aufzubewahren und der Aufsichtsbehörde sowie der Berufsgenossenschaft auf Verlangen zur Einsicht vorzulegen oder einzusenden.

(2) Scheidet der Jugendliche aus dem Beschäftigungsverhältnis aus, so hat ihm der Arbeitgeber die Bescheinigungen auszuhändigen.

§ 42 Eingreifen der Aufsichtsbehörde

Die Aufsichtsbehörde hat, wenn die dem Jugendlichen übertragenen Arbeiten Gefahren für seine Gesundheit befürchten lassen, dies dem Personensorgeberechtigten und dem Arbeitgeber mitzuteilen und den Jugendlichen aufzufordern, sich durch einen von ihr ermächtigten Ar

§ 43 Freistellung für Untersuchungen

Der Arbeitgeber hat den Jugendlichen für die Durchführung der ärztlichen Untersuchungen nach diesem Abschnitt freizustellen. Ein Entgeltausfall darf hierdurch nicht eintreten.

§ 44 Kosten der Untersuchungen

Die Kosten der Untersuchungen trägt das Land.

§ 45 Gegenseitige Unterrichtung der Ärzte

(1) Die Ärzte, die Untersuchungen nach diesem Abschnitt vorgenommen haben, müssen, wenn der Personensorgeberechtigte und der Jugendliche damit einverstanden sind,

1. dem staatlichen Gewerbearzt,

2. dem Arzt, der einen Jugendlichen nach diesem Abschnitt nachuntersucht,

auf Verlangen die Aufzeichnungen über die Untersuchungsbefunde zur Einsicht aushändigen.

(2) Unter den Voraussetzungen des Absatzes 1 kann der Amtsarzt des Gesundheitsamts einem Arzt, der einen Jugendlichen nach diesem Abschnitt untersucht, Einsicht in andere in seiner Dienststelle vorhandene Unterlagen über Gesundheit und Entwicklung des Jugendlichen gewähren.

§ 46 Ermächtigungen

(1) Das Bundesministerium für Arbeit und Soziales kann zum Zweck einer gleichmäßigen und wirksamen gesundheitlichen Betreuung durch Rechtsverordnung mit Zustimmung des Bundesrates Vorschriften über die Durchführung der ärztlichen Untersuchungen und über die für die Aufzeichnungen der Untersuchungsbefunde, die Bescheinigungen und Mitteilungen zu verwendenden Vordrucke erlassen.

(2) Die Landesregierung kann durch Rechtsverordnung

1. zur Vermeidung von mehreren Untersuchungen innerhalb eines kurzen Zeitraums aus verschiedenen Anlässen bestimmen, daß die Untersuchungen nach den §§ 32 bis 34 zusammen mit Untersuchungen nach anderen Vorschriften durchzuführen sind, und hierbei von der Frist des § 32 Abs. 1 Nr. 1 bis zu drei Monaten abweichen,

2. zur Vereinfachung der Abrechnung

    a) Pauschbeträge für die Kosten der ärztlichen Untersuchungen im Rahmen der geltenden Gebührenordnungen festsetzen,

    b) Vorschriften über die Erstattung der Kosten beim Zusammentreffen mehrerer Untersuchungen nach Nummer 1 erlassen.

Vierter Abschnitt
Durchführung des Gesetzes
Erster Titel
Aushänge und Verzeichnisse

§ 47 Bekanntgabe des Gesetzes und der Aufsichtsbehörde

Arbeitgeber, die regelmäßig mindestens einen Jugendlichen beschäftigen, haben einen Abdruck dieses Gesetzes und die Anschrift der zuständigen Aufsichtsbehörde an geeigneter Stelle im Betrieb zur Einsicht auszulegen oder auszuhängen.

§ 48 Aushang über Arbeitszeit und Pausen

Arbeitgeber, die regelmäßig mindestens drei Jugendliche beschäftigen, haben einen Aushang über Beginn und Ende der regelmäßigen täglichen Arbeitszeit und der Pausen der Jugendlichen an geeigneter Stelle im Betrieb anzubringen.

§ 49 Verzeichnisse der Jugendlichen

Arbeitgeber haben Verzeichnisse der bei ihnen beschäftigten Jugendlichen unter Angabe des Vor- und Familiennamens, des Geburtsdatums und der Wohnanschrift zu führen, in denen das Datum des Beginns der Beschäftigung bei ihnen, bei einer Beschäftigung unter Tage auch das Datum des Beginns dieser Beschäftigung, enthalten ist.

§ 50 Auskunft, Vorlage der Verzeichnisse

(1) Der Arbeitgeber ist verpflichtet, der Aufsichtsbehörde auf Verlangen

1. die zur Erfüllung ihrer Aufgaben erforderlichen Angaben wahrheitsgemäß und vollständig zu machen,

2. die Verzeichnisse gemäß § 49, die Unterlagen, aus denen Name, Beschäftigungsart und -zeiten der Jugendlichen sowie Lohn- und Gehaltszahlungen ersichtlich sind, und alle sonstigen Unterlagen, die sich auf die nach Nummer 1 zu machenden Angaben beziehen, zur Einsicht vorzulegen oder einzusenden.

(2) Die Verzeichnisse und Unterlagen sind mindestens bis zum Ablauf von zwei Jahren nach der letzten Eintragung aufzubewahren.

Fünfter Abschnitt
Straf- und Bußgeldvorschriften

§ 58 Bußgeld- und Strafvorschriften

(1) Ordnungswidrig handelt, wer als Arbeitgeber vorsätzlich oder fahrlässig

1. entgegen § 5 Abs. 1, auch in Verbindung mit § 2 Abs. 3, ein Kind oder einen Jugendlichen, der der Vollzeitschulpflicht unterliegt, beschäftigt,

2. entgegen § 5 Abs. 3 Satz 1 oder Satz 3, jeweils auch in Verbindung mit § 2 Abs. 3, ein Kind über 13 Jahre oder einen Jugendlichen, der der Vollzeitschulpflicht unterliegt, in anderer als der zugelassenen Weise beschäftigt,

3. (weggefallen)

4. entgegen § 7 Satz 1 Nr. 2, auch in Verbindung mit einer Rechtsverordnung nach § 26 Nr. 1, ein Kind, das der Vollzeitschulpflicht nicht mehr unterliegt, in anderer als der zugelassenen Weise beschäftigt,

5. entgegen § 8 einen Jugendlichen über die zulässige Dauer der Arbeitszeit hinaus beschäftigt,

6. entgegen § 9 Abs. 1 oder 4 in Verbindung mit Absatz 1 eine dort bezeichnete Person an Berufsschultagen oder in Berufsschulwochen nicht freistellt,

7. entgegen § 10 Abs. 1 einen Jugendlichen für die Teilnahme an Prüfungen oder Ausbildungsmaßnahmen oder an dem Arbeitstag, der der schriftlichen Abschlußprüfung unmittelbar vorangeht, nicht freistellt,

8. entgegen § 11 Abs. 1 oder 2 Ruhepausen nicht, nicht mit der vorgeschriebenen Mindestdauer oder nicht in der vorgeschriebenen zeitlichen Lage gewährt,

9. entgegen § 12 einen Jugendlichen über die zulässige Schichtzeit hinaus beschäftigt,

10. entgegen § 13 die Mindestfreizeit nicht gewährt,

11. entgegen § 14 Abs. 1 einen Jugendlichen außerhalb der Zeit von 6 bis 20 Uhr oder entgegen § 14 Abs. 7 Satz 3 vor Ablauf der Mindestfreizeit beschäftigt,

12. entgegen § 15 einen Jugendlichen an mehr als fünf Tagen in der Woche beschäftigt,

13. entgegen § 16 Abs. 1 einen Jugendlichen an Samstagen beschäftigt oder entgegen § 16 Abs. 3 Satz 1 den Jugendlichen nicht freistellt,

14. entgegen § 17 Abs. 1 einen Jugendlichen an Sonntagen beschäftigt oder entgegen § 17 Abs. 2 Satz 2 Halbsatz 2 oder Abs. 3 Satz 1 den Jugendlichen nicht freistellt,

15. entgegen § 18 Abs. 1 einen Jugendlichen am 24. oder 31. Dezember nach 14 Uhr oder an gesetzlichen Feiertagen beschäftigt oder entgegen § 18 Abs. 3 nicht freistellt,

16. entgegen § 19 Abs. 1, auch in Verbindung mit Abs. 2 Satz 1 oder 2, oder entgegen § 19 Abs. 3 Satz 2 oder Abs. 4 Satz 2 Urlaub nicht oder nicht mit der vorgeschriebenen Dauer gewährt,

17. entgegen § 21 Abs. 2 die geleistete Mehrarbeit durch Verkürzung der Arbeitszeit nicht ausgleicht,

18. entgegen § 22 Abs. 1, auch in Verbindung mit einer Rechtsverordnung nach § 26 Nr. 1, einen Jugendlichen mit den dort genannten Arbeiten beschäftigt,

19. entgegen § 23 Abs. 1, auch in Verbindung mit einer Rechtsverordnung nach § 26 Nr. 1, einen Jugendlichen mit Arbeiten mit Lohnanreiz, in einer Arbeitsgruppe mit Erwachsenen, deren Entgelt vom Ergebnis ihrer Arbeit abhängt, oder mit tempoabhängigen Arbeiten beschäftigt,

20. entgegen § 24 Abs. 1, auch in Verbindung mit einer Rechtsverordnung nach § 26 Nr. 1, einen Jugendlichen mit Arbeiten unter Tage beschäftigt,

21. entgegen § 31 Abs. 2 Satz 2 einem Jugendlichen für seine Altersstufe nicht zulässige Getränke oder Tabakwaren gibt,

22. entgegen § 32 Abs. 1 einen Jugendlichen ohne ärztliche Bescheinigung über die Erstuntersuchung beschäftigt,

23. entgegen § 33 Abs. 3 einen Jugendlichen ohne ärztliche Bescheinigung über die erste Nachuntersuchung weiterbeschäftigt,

24. entgegen § 36 einen Jugendlichen ohne Vorlage der erforderlichen ärztlichen Bescheinigungen beschäftigt,

25. entgegen § 40 Abs. 1 einen Jugendlichen mit Arbeiten beschäftigt, durch deren Ausführung der Arzt nach der von ihm erteilten Bescheinigung die Gesundheit oder die Entwicklung des Jugendlichen für gefährdet hält,

26. einer Rechtsverordnung nach

    a) § 26 Nr. 2 oder
    b) § 28 Abs. 2

    zuwiderhandelt, soweit sie für einen bestimmten Tatbestand auf diese Bußgeldvorschrift verweist,

27. einer vollziehbaren Anordnung der Aufsichtsbehörde nach § 6 Abs. 3, § 27 Abs. 1 Satz 2 oder Abs. 2, § 28 Abs. 3 oder § 30 Abs. 2 zuwiderhandelt,

28. einer vollziehbaren Auflage der Aufsichtsbehörde nach § 6 Abs. 1, § 14 Abs. 7, § 27 Abs. 3 oder § 40 Abs. 2, jeweils in Verbindung mit § 54 Abs. 1, zuwiderhandelt,

29. einer vollziehbaren Anordnung oder Auflage der Aufsichtsbehörde auf Grund einer Rechtsverordnung nach § 26 Nr. 2 oder § 28 Abs. 2 zuwiderhandelt, soweit die Rechtsverordnung für einen bestimmten Tatbestand auf die Bußgeldvorschrift verweist.

(2) Ordnungswidrig handelt, wer vorsätzlich oder fahrlässig entgegen § 25 Abs. 1 Satz 1 oder Abs. 2 Satz 1 einen Jugendlichen beschäftigt, beaufsichtigt, anweist oder ausbildet, obwohl ihm dies verboten ist, oder einen anderen, dem dies verboten ist, mit der Beaufsichtigung, Anweisung oder Ausbildung eines Jugendlichen beauftragt.

(3) Absatz 1 Nr. 4, 6 bis 29 und Absatz 2 gelten auch für die Beschäftigung von Kindern (§ 2 Abs. 1) oder Jugendlichen, die der Vollzeitschulpflicht unterliegen (§ 2 Abs. 3), nach § 5 Abs. 2 Absatz 1 Nr. 6 bis 29 und Absatz 2 gelten auch für die Beschäftigung von Kindern, die der Vollzeitschulpflicht nicht mehr unterliegen, nach § 7.

(4) Die Ordnungswidrigkeit kann mit einer Geldbuße bis zu fünfzehntausend Euro geahndet werden.

(5) Wer vorsätzlich eine in Absatz 1, 2 oder 3 bezeichnete Handlung begeht und dadurch ein Kind, einen Jugendlichen oder im Fall des Absatzes 1 Nr. 6 eine Person, die noch nicht 21 Jahre alt ist, in ihrer Gesundheit oder Arbeitskraft gefährdet, wird mit Freiheitsstrafe bis zu einem Jahr oder mit Geldstrafe bestraft. Ebenso wird bestraft, wer eine in Absatz 1, 2 oder 3 bezeichnete Handlung beharrlich wiederholt.

(6) Wer in den Fällen des Absatzes 5 Satz 1 die Gefahr fahrlässig verursacht, wird mit Freiheitsstrafe bis zu sechs Monaten oder mit Geldstrafe bis zu einhundertachtzig Tagessätzen bestraft.

§ 59 Bußgeldvorschriften

(1) Ordnungswidrig handelt, wer als Arbeitgeber vorsätzlich oder fahrlässig

1. entgegen § 6 Abs. 4 Satz 2 ein Kind vor Erhalt des Bewilligungsbescheids beschäftigt,

2. entgegen § 11 Abs. 3 den Aufenthalt in Arbeitsräumen gestattet,

3. entgegen § 29 einen Jugendlichen über Gefahren nicht, nicht richtig oder nicht rechtzeitig unterweist,

4. entgegen § 33 Abs. 2 Satz 1 einen Jugendlichen nicht oder nicht rechtzeitig zur Vorlage einer ärztlichen Bescheinigung auffordert,

5. entgegen § 41 die ärztliche Bescheinigung nicht aufbewahrt, vorlegt, einsendet oder aushändigt,

6. entgegen § 43 Satz 1 einen Jugendlichen für ärztliche Untersuchungen nicht freistellt,

7. entgegen § 47 einen Abdruck des Gesetzes oder die Anschrift der zuständigen Aufsichtsbehörde nicht auslegt oder aushängt,

8. entgegen § 48 Arbeitszeit und Pausen nicht oder nicht in der vorgeschriebenen Weise aushängt,

9. entgegen § 49 ein Verzeichnis nicht oder nicht in der vorgeschriebenen Weise führt,

10. entgegen § 50 Abs. 1 Angaben nicht, nicht richtig oder nicht vollständig macht oder Verzeichnisse oder Unterlagen nicht vorlegt oder einsendet oder entgegen § 50 Abs. 2 Verzeichnisse oder Unterlagen nicht oder nicht vorschriftsmäßig aufbewahrt,

11. entgegen § 51 Abs. 2 Satz 2 das Betreten oder Besichtigen der Arbeitsstätten nicht gestattet,

12. entgegen § 54 Abs. 3 einen Aushang nicht anbringt.

(2) Absatz 1 Nr. 2 bis 6 gilt auch für die Beschäftigung von Kindern (§ 2 Abs. 1 und 3) nach § 5 Abs. 2 Satz 1.

(3) Die Ordnungswidrigkeit kann mit einer Geldbuße bis zu zweitausendfünfhundert Euro geahndet werden.

Abmahnung

UFA-PALAST
KASSEL

Abteilung: *Personal*

Herr

Telefon Personal:
Telefax:
Telefon Sekretariat:

Datum: 9. Dezember 2002

ABMAHNUNG

Sehr geehrter Herr

mit diesem Schreiben erteilen wir Ihnen eine Abmahnung, die Ihrer Personalakte beigefügt wird.

Am Samstag, den 30.11.2002 verließen Sie Ihren Arbeitsplatz zur Hauptgeschäftszeit, obwohl Ihnen dieses von Ihren Vorgesetzten (Team- und Theaterleitung) zu diesem Zeitpunkt explizit untersagt worden war. Dies hatte zur Folge, dass Ihre Kollegen Ihre Arbeit mitmachen mussten und die Gäste über Gebühr lange an der Concessionkasse in der Schlange standen oder aufgrund der langen Wartezeiten davon Abstand nahmen, etwas zu konsumieren. Zusätzlich haben Sie sich in Gegenwart von Gästen gegenüber Ihren Vorgesetzten ungebührlich verhalten.

Wir weisen Sie darauf hin, dass Sie im Wiederholungsfall oder bei anderen Pflichtverletzungen mit arbeitsrechtlichen Konsequenzen, die auch zur Beendigung des Arbeitverhältnisses führen können, rechnen müssen.

Mit freundlichen Grüßen

UFA PALAST Kassel
Abt. Personal

 **UFA-PALAST** KASSEL   Kino für Nordhessen   Willkommen im Kino

Anmeldung zum Besuch der Berufsschule [2]

BITTE BEI DER BERUFSSCHULE EINREICHEN!

Anmeldung zum Besuch der Berufsschule für das Schuljahr

Angaben zum/zur Auszubildenden

Nachname, Vorname:					
Geburtsdatum:		Geburtsort:		Geschlecht: ☐ m ☐ w	
Straße und Hausnr.:					
PLZ und Wohnort:					
Bundesland:					
Staatsangehörigkeit:					
Telefon:		E-Mail:			
Mobil-Telefon:		Umschüler: ☐ ja ☐ nein			

Angaben zu den Erziehungsberechtigten (bei Auszubildenden unter 18 Jahren)

Nachname(n), Vorname(n):	
Straße und Hausnr.:	
PLZ und Wohnort:	
Telefon:	E-Mail:

Angaben zum Bildungsweg des/der Auszubildenden

Zuletzt besuchte Schule:	Abgangsjahr:
Schulabschluss:	Abgangsklasse:

Angaben zur Ausbildung

Ausbildungsberuf, ggf. Fachrichtung/ Schwerpunkt:	
Ausbildungsbeginn:	Ausbildungsende:
Zuständige IHK:	

Angaben zum Ausbildungsbetrieb

Ausbildungsstätte:	
Straße und Hausnr.:	
PLZ und Ort:	
Telefon:	Telefax:
Ausbilder/-in:	E-Mail:

Der Ausbildungsbetrieb erhebt keine Daten, deren Verwendung durch den Betrieb gegen das Allgemeine Gleichbehandlungsgesetz (AGG) verstoßen oder verstoßen könnten. Bitte erfragen Sie weitere Daten bei der Einschulung.

Hinweis zur Übertragung des Formulars per E-Mail: Wenn landesrechtliche Vorschriften keine Schriftform vorsehen, kann auf die Unterschrift verzichtet werden und das Dokument per E-Mail übertragen werden, soweit die Berufsschule dafür ein Postfach eingerichtet hat.

Ort, Datum	Unterschrift des/der Auszubildenden	Ort, Datum	Unterschrift des/der Ausbilders/Ausbilderin

[2] Abdruck mit freundlicher Genehmigung des Deutschen Industrie- und Handelskammertages e. V.

Ausbildungsnachweis („Berichtsheft") [3]

 ## Ausbildungsnachweis (wöchentlich)

Heft-Nr.:	
Name, Vorname:	
Adresse:	
Ausbildungsberuf:	
Fachrichtung/Schwerpunkt:	
Ausbildungsbetrieb:	
Verantwortliche/r Ausbilder/in:	
Beginn der Ausbildung:	
Ende der Ausbildung:	

Hinweise:

1. Der ordnungsgemäß geführte Ausbildungsnachweis ist Zulassungsvoraussetzung zur Abschlussprüfung gemäß § 43 Abs. 1 Nr. 2 BBiG.

2. Für das Anfertigen des Ausbildungsnachweises gelten folgende Anforderungen:

   - Der Ausbildungsnachweis ist wöchentlich schriftlich zu führen.

   - Jedes Blatt des Ausbildungsnachweises ist mit dem Namen des/der Auszubildenden, dem Ausbildungsjahr und dem Berichtszeitraum zu versehen.

   - Der Ausbildungsnachweis muss mindestens stichwortartig den Inhalt der betrieblichen Ausbildung wiedergeben. Dabei sind betriebliche Tätigkeiten einerseits sowie Unterweisungen, betrieblicher Unterricht und sonstige Schulungen andererseits zu dokumentieren.

   - In den Ausbildungsnachweis müssen darüber hinaus die Themen des Berufsschulunterrichts aufgenommen werden.

   - Die zeitliche Dauer der einzelnen Tätigkeiten sollte aus dem Ausbildungsnachweis hervorgehen.

3. Ausbildende oder Ausbilder/innen müssen die Eintragungen im Ausbildungsnachweis mindestens monatlich (§ 14 Abs. 1 Nr. 4 BBiG) prüfen und die Richtigkeit und Vollständigkeit der Eintragungen mit Datum und Unterschrift bestätigen. Sie tragen dafür Sorge, dass bei minderjährigen Auszubildenden ein/e gesetzliche/r Vertreter/in in angemessenen Zeitabständen von den Ausbildungsnachweisen Kenntnis erhält und diese unterschriftlich bestätigt.

4. Bei Bedarf können weitere an der Ausbildung Beteiligte, z. B. die Berufsschule, vom Ausbildungsnachweis Kenntnis nehmen und dies unterschriftlich bestätigen.

[3] Abdruck mit freundlicher Genehmigung des Deutschen Industrie- und Handelskammertages e. V.

Ausbildungsnachweis (wöchentlich)

Name des/der Auszubildenden:		
Ausbildungsjahr:	Ausbildungsbereich:	
Ausbildungswoche vom:	bis:	

Betriebliche Tätigkeiten*	Stunden

Unterweisungen, betrieblicher Unterricht, sonstige Schulungen*	Stunden

Themen des Berufsschulunterrichts	Stunden

* Wie lange wurde welche Tätigkeit ausgeübt?

Datum, Unterschrift Auszubildende/r

Datum, Unterschrift Ausbildende/r oder
Ausbilder/in

Datum, Unterschrift gesetzliche/r Vertreter/in

Datum, weitere Sichtvermerke (z. B. Lehrer/in)

Ausbildungszeugnis (Praxisbeispiel)

Kauffrau im Groß- und Außenhandel

AUSBILDUNGSZEUGNIS

Frau ████████ geboren am ████████ in ████, wurde in unserem Unternehmen in der Zeit vom 01. August 2007 bis zum 31. März 2009 zur Kauffrau im Groß- und Außenhandel ausgebildet.

████████ ist einer der führenden Anbieter von funktioneller Outdoor-Bekleidung, -Schuhen und –Ausrüstung in Europa und zugleich größter Franchise-Geber im deutschen Sportfachhandel.

Die praktische Ausbildung in unserem Hause wurde entsprechend dem Ausbildungsplan in den Abteilungen

- Produktentwicklung
- Einkauf
- Vertrieb Innendienst
- Marketing
- Buchhaltung

durchgeführt.

Während ihrer Ausbildung hatte sie die Möglichkeit, sich in diesen Fachbereichen das praktische Wissen sowie die Grundlagen und wesentlichen Funktionsmerkmale eines Groß- und Außenhandelsunternehmens anzueignen.

Frau ████ ist eine engagierte Auszubildende, die ihre Aufgaben jederzeit mit vollem Einsatz erfolgreich durchführte. Sie arbeitete zuverlässig und genau. Frau ████ bewältigte ihre Aufgabenbereiche stets zu unserer vollen Zufriedenheit.

Ihr kollegiales Wesen sicherte ihr immer ein gutes Verhältnis zu Vorgesetzten, Ausbildern und Kollegen. Im Umgang mit Kunden war sie jederzeit freundlich und respektvoll.

Frau ████ scheidet mit dem heutigen Tage aus unserem Unternehmen auf eigenen Wunsch aus um eine neue Herausforderung anzunehmen. Für ihren weiteren Berufs- und Lebensweg wünschen wir Frau ████ viel Erfolg und persönlich alles Gute.

████, den 31. März 2009

Berufsausbildungsvertrag [4]

Antrag auf Eintragung

in das Verzeichnis der Berufsausbildungsverhältnisse
zum nachfolgenden
Berufsausbildungsvertrag

IHK

Zwischen dem/der Ausbildenden (Ausbildungsbetrieb) und dem/der Auszubildenden   männlich ☐ weiblich ☐

Öffentlicher Dienst ☐	Name Vorname
KNR Firmenident-Nr. Tel.-Nr.	Straße, Haus-Nr.
Anschrift des/der Ausbildenden (Ausbildungsbetrieb)	PLZ Ort
	Geburtsdatum Staatsangehörigkeit
	Gesetzliche/r Vertreter/in [1]
Straße, Haus-Nr.	Eltern ☐ Vater ☐ Mutter ☐ Vormund ☐
	Namen, Vornamen der gesetzlichen Vertreter
PLZ Ort	Straße, Hausnummer
E-Mail-Adresse des/der Ausbildenden	
Verantwortliche/r Ausbilder/in Geburtsjahr	PLZ Ort

wird nachstehender Vertrag zur Ausbildung im Ausbildungsberuf mit der Fachrichtung/dem Schwerpunkt/ dem Wahlbaustein etc.

nach Maßgabe der Ausbildungsordnung [2] geschlossen.

Vom/Von der Auszubildenden besuchte allgemeinbildende	Berufsvorbereitung, berufliche Grundbildung
Schule	☐ betriebliche Qualifizierungsmaßnahme ☐ schulisches Berufsgrundbildungsjahr (BGJ) [6]
Zuletzt [3] Sonstige Schule	☐ Berufsvorbereitungsmaßnahme (SGB III) ☐ schulisches Berufsvorbereitungsjahr (BVJ) [5]
Abschluss [4] Ohne Abschluss	☐ Berufsfachschule ohne voll qualifizierenden Berufsabschluss
Zuständige Berufsschule	Berufsfeld

A Die Ausbildungszeit beträgt nach der Ausbildungsordnung	**F** Die regelmäßige Ausbildungszeit in Stunden beträgt
_____ Monate.	täglich [8] _____ und/oder wöchentlich _____
Die vorausgegangene	Teilzeitausbildung wird beantragt (§ 6 Nr. 2) ja ☐ nein ☐
☐ schulische Vorbildung	**G** Der/die Ausbildende gewährt dem/der Auszubildenden Urlaub
☐ abgeschlossene betriebliche Berufsausbildung als	nach den geltenden Bestimmungen. Es besteht ein Urlaubsanspruch
	Im Jahr
☐ abgebrochene betriebliche Berufsausbildung als	Werktage
	Arbeitstage
☐ abgeschlossene Berufsausbildung in schulischer Form mit Abschluss als	**H** Hinweise auf anzuwendende Tarifverträge und Betriebsvereinbarungen; sonstige Vereinbarungen:
wird mit _____ Monaten angerechnet bzw. es wird eine	
entsprechende Verkürzung beantragt.	
Das Berufsausbildungsverhältnis	
beginnt am _____ und endet am _____ .	Die sachliche und zeitliche Gliederung
B Die Probezeit (§ 1 Nr. 2) beträgt _____ Monate. [6]	☐ ist beigefügt
C Die Ausbildung findet vorbehaltlich der Regelungen nach D in	☐ liegt der IHK mit Stand vom _____ vor.

Fußnoten:

1) Vertretungsberechtigt sind beide Eltern gemeinsam, sowie nicht die Vertretungsberechtigung nur einem Elternteil zusteht. Ist ein Vormund bestellt, so bedarf dieser zum Abschluss des Ausbildungsvertrages der Genehmigung des Vormundschaftsgerichtes.
2) Solange die Ausbildungsordnung nicht erlassen ist, sind gem. § 104 Abs. 1 BBiG die bisherigen Ordnungsmittel anzuwenden.

3) besuchte Schule, bitte Schlüssel eintragen	4) Abschluss, bitte Schlüssel eintragen
00 unbekannt	00 unbekannt
05 Hauptschule	01 Hauptschulabschluss
06 Polytechnische Oberschule	02 Qualifizierter Hauptschulabschluss
10 Sonderschule	03 Mittlerer Bildungsabschluss
20 Realschule	04 Fachhochschulreife
30 Gymnasium	05 Hochschulreife
31 Erweiterte Oberschule	06 Hochschulabschluss
35 Oberstufenzentrum	07 im Ausland erworbener Abschluss,
40 Gesamtschule	nicht zuzuordnen
51 Berufsvorbereitungsjahr	08 Sonstiger Abschluss
52 Berufsgrundschuljahr	09 Ohne Abschluss
53 Berufsfachschule	
54 Höhere Berufsfachschule	
57 Fachoberschule	
59 Sonstige berufliche Vollzeitschulen	
80 Hochschule	
81 Fachhochschule	
90 Sonstige Schule	

D Ausbildungsmaßnahmen außerhalb der Ausbildungsstätte (§ 3 Nr. 12) (mit Zeitraumangabe):

und den mit dem Betriebssitz für die Ausbildung üblicherweise zusammenhängenden Bau-, Montage- und sonstigen Arbeitsstellen statt (§ 3 Nr. 12).

5) Bitte Zeugniskopie beifügen.
6) Die Probezeit muss mindestens einen Monat und darf höchstens vier Monate betragen.
7) Öffentliche Förderung des Ausbildungsverhältnisses, bitte Schlüssel eintragen
01 Sonderprogramm des Bundes/Landes
02 außerbetriebliche Berufsausbildung nach § 241 (2) SGB III
03 außerbetriebliche Berufsausbildung. Reha nach § 100 Nr. 5 SGB III
04 nur für Brandenburg: betriebsnahe Förderung
8) Das Jugendarbeitsschutzgesetz sowie für das Ausbildungsverhältnis geltende tarifvertragliche Regelungen und Betriebsvereinbarungen sind zu beachten.

E Der/Die Ausbildende zahlt dem/der Auszubildenden eine	
angemessene Vergütung (§ 5); diese beträgt zur Zeit monatlich brutto	

€	ersten	zweiten	dritten	vierten
im				

Ausbildungsjahr.

Öffentliche Förderung der Ausbildung (monatlich, regelmäßig, >50% der Kosten): nein ☐

Wenn ja [7]   nur für Brandenburg: betriebsnahe Förderung

Bitte den Antrag auf der Rückseite unterschreiben!

[4] Abdruck mit freundlicher Genehmigung des Deutschen Industrie- und Handelskammertages e. V.

Antrag
auf Eintragung in das Verzeichnis der Berufsausbildungsverhältnisse

An die Industrie- und Handelskammer

Mit Vorlage von **einer Ausfertigung** des mit dem/der umseitig genannten Auszubildenden abgeschlossenen Berufsausbildungsvertrages wird die Eintragung in das Verzeichnis der Berufsausbildungsverhältnisse der IHK beantragt.

Hierzu wird erklärt:

1. In der Ausbildungsstätte ist Vorsorge getroffen, dass die Ausbildung nach dem Ausbildungsberufsbild und den Bestimmungen des Berufsausbildungsvertrages durchgeführt wird.

2. Die Einrichtungen der Ausbildungsstätte bieten – gegebenenfalls zusammen mit den im Berufsausbildungsvertrag aufgeführten Ausbildungsmaßnahmen außerhalb der Ausbildungsstätte – die Voraussetzung, dass die erforderlichen Kenntnisse und Fertigkeiten nach dem Ausbildungsberufsbild in vollem Umfang vermittelt werden können.

3. In der Person des/der Ausbildenden und des/der gegebenenfalls von ihm/ihr bestellten Ausbilders/Ausbilderin liegen keine Gründe, die der Ausbildung im Sinne des Berufsbildungsgesetzes entgegenstehen. Insbesondere besteht kein Verbot, Kinder und Jugendliche zu beschäftigen.

4. Der/Die umseitig genannte Ausbilder/in ist auch fachlich für die Berufsausbildung geeignet. Die Ausbilderdaten nach dem neuesten Stand liegen der IHK bereits vor bzw. werden mit dem Antrag eingereicht.

5. Wesentliche Änderungen des Ausbildungsvertrages werden der IHK unverzüglich angezeigt.

6. Die Ausbildungsordnung und die sachliche und zeitliche Gliederung der Berufsausbildung werden dem/der Auszubildenden mit Beginn der Berufsausbildung ausgehändigt. Ein Exemplar der sachlichen und zeitlichen Gliederung liegt der IHK bereits vor bzw. ist diesem Antrag beigefügt.

7. Die Richtigkeit und Vollständigkeit der gemachten Angaben sowie die Übereinstimmung der beiden Vertragsniederschriften wird versichert.

8. Die von der IHK nach der Gebührenordnung festgesetzte Gebühr wird nach Erhalt des entsprechenden Bescheides entrichtet.

9. **Ebenfalls beigefügt sind:**
   a) **im Falle der Vertragsverkürzung Kopien der die Verkürzung begründenden Dokumente** (Schulzeugnis, ggf. Zwischenzeugnis, etc.). Soweit das Zeugnis oder ein anderes Dokument, das Grundlage der Vertragsverkürzung sein soll, dem/der Auszubildenden im Zeitpunkt des Vertragsabschlusses noch nicht vorliegt, wird die Kopie unverzüglich nach Erhalt nachgereicht.
   b) **im Falle der Teilzeitausbildung Kopien der die Teilzeitausbildung begründenden Dokumente** (Betreuung eines Kindes, eines pflegebedürftigen Angehörigen, Behinderung),
   c) bei Auszubildenden, die zu Beginn der Ausbildung noch nicht volljährig sind, **Kopie oder Mehrfertigung der ärztlichen Bescheinigung über die Erstuntersuchung** gemäß § 32 Jugendarbeitsschutzgesetz.

Die Datenerhebung erfolgt aufgrund der §§ 10, 11, 27, 28, 29, 30, 34 bis 36, 87, 88 BBiG.

Ort, Datum

Unterschrift und Stempel des/der Ausbildenden

Berufsausbildungsvertrag
(§§ 10, 11 Berufsbildungsgesetz – BBiG)

Zwischen dem/der Ausbildenden (Ausbildungsbetrieb) | und dem/der Auszubildenden   männlich ☐   weiblich ☐

Öffentlicher Dienst ☐

KNR   Firmenident-Nr.   Tel.-Nr.

Anschrift des/der Ausbildenden (Ausbildungsbetrieb)

Straße, Haus-Nr.

PLZ   Ort

E-Mail-Adresse des/der Ausbildenden

Verantwortliche/r Ausbilder/in   Geburtsjahr

Name   Vorname

Straße, Haus-Nr.

PLZ   Ort

Geburtsdatum   Staatsangehörigkeit

Gesetzliche/r Vertreter/in[1]
Eltern ☐   Vater ☐   Mutter ☐   Vormund ☐
Namen, Vornamen der gesetzlichen Vertreter

Straße, Hausnummer

PLZ   Ort

wird nachstehender Vertrag zur
Ausbildung im Ausbildungsberuf
mit der Fachrichtung/dem Schwerpunkt/
dem Wahlbaustein etc.
nach Maßgabe der Ausbildungsordnung[2] geschlossen.

Änderungen des wesentlichen Vertragsinhaltes sind vom/
von der Ausbildenden unverzüglich zur Eintragung in das
Verzeichnis der Berufsausbildungsverhältnisse bei der In-
dustrie- und Handelskammer anzuzeigen.

Die beigefügten Angaben zur sachlichen und zeitlichen Gliederung des Ausbildungsablaufs (Ausbildungsplan) sowie die
umseitigen Regelungen sind Bestandteil dieses Vertrages.

A Die Ausbildungszeit beträgt nach der Ausbildungsordnung

Monate.

Die vorausgegangene

☐ schulische Vorbildung

☐ abgeschlossene betriebliche Berufsausbildung als

☐ abgebrochene betriebliche Berufsausbildung als

☐ abgeschlossene Berufsausbildung in schulischer Form mit
Abschluss als

wird mit   Monaten angerechnet bzw. es wird eine

entsprechende Verkürzung beantragt.

Das Berufsausbildungsverhältnis

beginnt am   und endet am   .

B Die Probezeit (§ 1 Nr. 2) beträgt   Monate.[3]

C Die Ausbildung findet vorbehaltlich der Regelungen nach D in

und den mit dem Betriebssitz für die Ausbildung üblicherweise zusammenhängenden Bau-, Montage- und sonstigen Arbeitsstellen statt
(§ 3 Nr. 12).

D Ausbildungsmaßnahmen außerhalb der Ausbildungsstätte
(§ 3 Nr. 12) (mit Zeitraumangabe):

E Der/die Ausbildende zahlt dem/der Auszubildenden eine
angemessene Vergütung (§ 5); diese beträgt zur Zeit monatlich brutto

€			
im	ersten	zweiten	dritten	vierten

Ausbildungsjahr.

F Die regelmäßige Ausbildungszeit in Stunden beträgt

täglich[4]   und/oder wöchentlich

Teilzeitausbildung wird beantragt (§ 6 Nr. 2) ja ☐   nein ☐

G Der/Die Ausbildende gewährt dem/der Auszubildenden Urlaub
nach den geltenden Bestimmungen. Es besteht ein Urlaubsanspruch

Im Jahr	
Werktage	
Arbeitstage	

H Hinweise auf anzuwendende Tarifverträge und
Betriebsvereinbarungen; sonstige Vereinbarungen:

J Die beigefügten Vereinbarungen sind Gegenstand
dieses Vertrages und werden anerkannt.

Ort, Datum:

Der/Die Ausbildende:

_____
Stempel und Unterschrift

Der/Die Auszubildende:

_____
Vor- und Familienname

Der/Die gesetzlichen Vertreter/in des/der Auszubildenden:

_____
Vater und Mutter/Vormund

1) Vertretungsberechtigt sind beide Eltern gemeinsam, sowie nicht die Vertretungsberechtigung nur
einem Elternteil zusteht. Ist ein Vormund bestellt, so bedarf dieser zum Abschluss des Ausbildungsvertrages der Genehmigung des Vormundschaftsgerichtes.
2) Solange die Ausbildungsordnung nicht erlassen ist, sind gem. § 104 Abs. 1BBIG die bisherigen

3) Die Probezeit muss mindestens einen Monat und darf höchstens vier Monate betragen.
4) Das Jugendarbeitsschutzgesetz sowie für das Ausbildungsverhältnis geltende tarifvertragliche
Regelungen und Betriebsvereinbarungen sind zu beachten.

§ 1 – Ausbildungszeit

1. **Dauer (siehe A *)**
2. **Probezeit (siehe B *)**
   Die Probezeit muss mindestens einen Monat und darf höchstens vier Monate betragen (§ 20 S. BBiG). Wird die Ausbildung während der Probezeit um mehr als ein Drittel dieser Zeit unterbrochen, so verlängert sich die Probezeit um den Zeitraum der Unterbrechung.
3. **Vorzeitige Beendigung des Berufsausbildungsverhältnisses**
   Besteht der/die Auszubildende vor Ablauf der unter Nr. 1 vereinbarten Ausbildungszeit die Abschlussprüfung, so endet das Berufsausbildungsverhältnis mit Bekanntgabe des Ergebnisses durch den Prüfungsausschuss (§ 21 Abs. 2 BBiG).
4. **Verlängerung des Berufsausbildungsverhältnisses**
   Besteht der/die Auszubildende die Abschlussprüfung nicht, so verlängert sich das Berufsausbildungsverhältnis auf sein/ihr Verlangen bis zur nächstmöglichen Wiederholungsprüfung, höchstens um ein Jahr (§ 21 Abs. 3 BBiG). Bei Inanspruchnahme der Elternzeit verlängert sich die Ausbildungszeit um die Zeit der Elternzeit (§ 20 BEEG).

§ 2 – Ausbildungsstätte(n)
(siehe C *)

§ 3 – Pflichten des/der Ausbildenden

Der/Die Ausbildende verpflichtet sich,

1. **Ausbildungsziel**
   dafür zu sorgen, dass dem/der Auszubildenden die Fertigkeiten, Kenntnisse und Fähigkeiten vermittelt werden, die zum Erreichen des Ausbildungszieles nach der Ausbildungsordnung erforderlich sind, und die Berufsausbildung nach den Angaben zur sachlichen und zeitlichen Gliederung des Ausbildungsablaufs so durchzuführen, dass das Ausbildungsziel in der vorgesehenen Ausbildungszeit erreicht werden kann;
2. **Ausbilder/in**
   selbst auszubilden oder eine/n persönlich und fachlich geeignete/n Ausbilder/in ausdrücklich damit zu beauftragen und diese/n dem/der Auszubildenden schriftlich bekanntzugeben;
3. **Ausbildungsordnung**
   dem/der Auszubildenden vor Beginn der Ausbildung die Ausbildungsordnung kostenlos auszuhändigen;
4. **Ausbildungsmittel**
   dem/der Auszubildenden kostenlos die Ausbildungsmittel, insbesondere Werkzeuge, Werkstoffe und Fachliteratur zur Verfügung zu stellen, die für die Ausbildung in den betrieblichen und überbetrieblichen Ausbildungsstätten und zum Ablegen von Zwischen- und Abschlussprüfungen, auch soweit solche nach Beendigung des Berufsausbildungsverhältnisses und in zeitlichem Zusammenhang damit stattfinden, erforderlich sind;
5. **Besuch der Berufsschule und von Ausbildungsmaßnahmen außerhalb der Ausbildungsstätte**
   den/die Auszubildende/n zum Besuch der Berufsschule anzuhalten und freizustellen. Das gleiche gilt, wenn Ausbildungsmaßnahmen außerhalb der Ausbildungsstätte vorgeschrieben oder nach Nr. 12 durchzuführen sind;
6. **Führen eines schriftlichen Ausbildungsnachweises**
   dem/der Auszubildenden vor Ausbildungsbeginn und später die schriftlichen Ausbildungsnachweise für die Berufsausbildung kostenfrei auszuhändigen (Muster auf www.dihk.de erhältlich) sowie die ordnungsgemäße Führung durch regelmäßiges Abzeichnen zu überwachen, soweit schriftliche Ausbildungsnachweise im Rahmen der Berufsausbildung verlangt werden;
7. **Ausbildungsbezogene Tätigkeiten**
   dem/der Auszubildenden nur Aufgaben zu übertragen, die dem Ausbildungszweck dienen und seinen/ihren körperlichen Kräften angemessen sind;
8. **Sorgepflicht**
   dafür zu sorgen, dass der/die Auszubildende charakterlich gefördert sowie sittlich und körperlich nicht gefährdet wird;
9. **Ärztliche Untersuchungen**
   von dem/der jugendlichen Auszubildenden sich Bescheinigungen gemäß §§ 32, 33 Jugendarbeitsschutzgesetz darüber vorlegen zu lassen, dass diese/r
   a) vor der Aufnahme der Ausbildung untersucht und
   b) vor Ablauf des ersten Ausbildungsjahres nachuntersucht worden ist;
10. **Eintragungsantrag**
    unverzüglich nach Abschluss des Berufsausbildungsvertrages die Eintragung in das Verzeichnis der Berufsausbildungsverhältnisse bei der IHK zu beantragen. Eine Ausfertigung der Vertragsniederschrift ist beizufügen. Bei Auszubildenden unter 18 Jahren ist ferner eine Kopie oder Mehrfertigung der ärztlichen Bescheinigung über die Erstuntersuchung gemäß § 32 Jugendarbeitsschutzgesetz beizufügen. Entsprechendes gilt bei späteren Änderungen des wesentlichen Vertragsinhaltes;
11. **Anmeldung zu Prüfungen**
    den/die Auszubildende/n rechtzeitig zu den Zwischen- und Abschlussprüfungen anzumelden und für die Teilnahme freizustellen sowie der Anmeldung zur Zwischenprüfung bei Auszubildenden unter 18 Jahren eine Kopie oder Mehrfertigung der ärztlichen Bescheinigung über die erste Nachuntersuchung gemäß § 33 Jugendarbeitsschutzgesetz beizufügen;
12. **Ausbildungsmaßnahmen außerhalb der Ausbildungsstätte** (siehe D *)

§ 4 – Pflichten des/der Auszubildenden

Der/Die Auszubildende muss sich bemühen, die Fertigkeiten, Kenntnisse und Fähigkeiten zu erwerben, die erforderlich sind, um das Ausbildungsziel zu erreichen. Er/Sie verpflichtet sich insbesondere

1. **Lernpflicht**
   die ihm/ihr im Rahmen seiner/ihrer Berufsausbildung übertragenen Aufgaben sorgfältig auszuführen;
2. **Berufsschulunterricht, Prüfungen und sonstige Maßnahmen**
   am Berufsschulunterricht und an Prüfungen sowie an Ausbildungsmaßnahmen außerhalb der Ausbildungsstätte teilzunehmen, für die er/sie nach § 3 Nr. 5, 11 und 12 freigestellt wird; sein/ihr Berufsschulzeugnis unverzüglich dem/der Ausbildenden zur Kenntnisnahme vorzulegen und ist damit einverstanden, dass sich Berufsschule, IHK und Ausbildungsbetrieb über seine/ihre Leistungen unterrichten;
3. **Weisungsgebundenheit**
   den Weisungen zu folgen, die ihm/ihr im Rahmen der Berufsausbildung vom/von der Ausbildenden, vom Ausbilder/von der Ausbilderin oder von anderen weisungsberechtigten Personen, soweit sie als weisungsberechtigt bekannt gemacht worden sind, erteilt werden;
4. **Betriebliche Ordnung**
   die für die Ausbildungsstätte geltende Ordnung zu beachten;
5. **Sorgfaltspflicht**
   Werkzeug, Maschinen und sonstige Einrichtungen pfleglich zu behandeln und sie nur zu den ihm/ihr übertragenen Arbeiten zu verwenden;
6. **Betriebsgeheimnisse**
   über Betriebs- und Geschäftsgeheimnisse Stillschweigen zu wahren;
7. **Führen eines schriftlichen Ausbildungsnachweises**
   einen vorgeschriebenen schriftlichen Ausbildungsnachweis ordnungsgemäß zu führen und regelmäßig dem/der Ausbilder/in sowie der Berufsschule vorzulegen;
8. **Benachrichtigung bei Fernbleiben**
   bei Fernbleiben von der betrieblichen Ausbildung, vom Berufsschulunterricht oder von sonstigen Ausbildungsveranstaltungen dem/der Ausbildenden unter Angabe von Gründen unverzüglich Nachricht zu geben und ihm/ihr Arbeitsunfähigkeit und deren voraussichtliche Dauer unverzüglich mitzuteilen. Dauert die Arbeitsunfähigkeit länger als 3 Kalendertage, muss der/die Auszubildende eine ärztliche Bescheinigung über die bestehende Arbeitsunfähigkeit sowie deren voraussichtliche Dauer spätestens an dem darauffolgenden Arbeitstag vorzulegen. Der/Die Ausbildende ist berechtigt, die Vorlage der ärztlichen Bescheinigung früher zu verlangen;
9. **Ärztliche Untersuchungen**
   soweit auf ihn/sie die Bestimmungen des Jugendarbeitsschutzgesetzes Anwendung finden, sich gemäß §§ 32 und 33 dieses Gesetzes ärztlich
   a) vor Beginn der Ausbildung untersuchen zu lassen,
   b) vor Ablauf des ersten Ausbildungsjahres nachuntersuchen zu lassen und die Bescheinigungen hierüber dem/der Ausbildenden vorzulegen.
10. **Benachrichtigung nach Ende der Abschlussprüfung**
    unverzüglich nach dem Ende der Abschlussprüfung den/die Ausbildende/n über das Ergebnis zu informieren und die „vorläufige Bescheinigung über das Prüfungsergebnis" der IHK bzw. das IHK-Abschlusszeugnis vorzulegen.

§ 5 – Vergütung und sonstige Leistungen

1. **Höhe und Fälligkeit** (siehe E *)
   Eine über die vereinbarte regelmäßige Ausbildungszeit hinausgehende Beschäftigung wird besonders vergütet oder wird durch entsprechende Freizeit ausgeglichen.
   Die Vergütung wird spätestens am letzten Arbeitstag des Monats gezahlt.
   Die Beiträge für die Sozialversicherung tragen die Vertragsschließenden nach Maßgabe der gesetzlichen Bestimmungen.
2. **Sachleistungen**
   Soweit der/die Ausbildende dem/der Auszubildenden Kost und/oder Wohnung gewährt, gilt als Anlage beigefügte Regelung (ggf. Anlage beifügen).
3. **Kosten für Maßnahmen außerhalb der Ausbildungsstätte**
   Der/Die Ausbildende trägt die Kosten für Maßnahmen außerhalb der Ausbildungsstätte gemäß § 3 Nr. 5, soweit sie nicht anderweitig gedeckt sind. Ist eine auswärtige Unterbringung erforderlich, so können dem/der Auszubildenden anteilige Kosten für Verpflegung in dem Umfang in Rechnung gestellt werden, in dem diese/r Kosten einspart. Die Anrechnung von anteiligen Kosten und Sachbezugswerten nach § 17 Abs. 2 BBiG darf 75 % der vereinbarten monatlichen Bruttovergütung nicht übersteigen.
4. **Berufskleidung**
   Wird vom/von der Ausbildenden eine besondere Berufskleidung vorgeschrieben, so wird sie von ihm/ihr zur Verfügung gestellt.
5. **Fortzahlung der Vergütung**
   Dem/Der Auszubildenden wird die Vergütung auch gezahlt
   a) für die Zeit der Freistellung gem. § 3 Nr. 5 und 11 dieses Vertrages sowie gem. § 10 Abs. 1 Nr. 2 und § 43 Jugendarbeitschutzgesetz,
   b) bis zur Dauer von 6 Wochen, wenn er/sie
      aa) sich für die Berufsausbildung bereithält, diese aber ausfällt,
      bb) aus einem sonstigen in seiner/ihrer Person liegenden Grund unverschuldet verhindert ist, seine/ihre Pflichten aus dem Berufsausbildungsverhältnis zu erfüllen.
6. **Entgeltfortzahlung im Krankheitsfall**
   Bei unverschuldeter Arbeitsunfähigkeit infolge Krankheit wird dem/der Auszubildenden die Vergütung gemäß den Vorschriften des Entgeltfortzahlungsgesetzes gezahlt.

§ 6 – Ausbildungszeit und Urlaub

1. **Tägliche, wöchentliche Ausbildungszeit** (siehe F *)
2. **Teilzeitausbildung** (siehe F *)
3. **Urlaub** (siehe G *)
4. **Lage des Urlaubs**
   Der Urlaub soll zusammenhängend und in der Zeit der Berufsschulferien erteilt und genommen werden. Während des Urlaubs darf der/die Auszubildende keine dem Urlaubszweck widersprechende Erwerbstätigkeit leisten.

§ 7 – Kündigung

1. **Kündigung während der Probezeit**
   Während der Probezeit kann das Berufsausbildungsverhältnis ohne Einhaltung einer Kündigungsfrist und ohne Angabe von Gründen gekündigt werden.
2. **Kündigungsgründe**
   Nach der Probezeit kann das Berufsausbildungsverhältnis nur gekündigt werden
   a) aus einem wichtigen Grund ohne Einhalten einer Kündigungsfrist,
   b) von dem/der Auszubildenden mit einer Kündigungsfrist von 4 Wochen, wenn er/sie die Berufsausbildung aufgeben oder sich für eine andere Berufstätigkeit ausbilden lassen will.
3. **Form der Kündigung**
   Die Kündigung muss schriftlich, im Falle der Nr. 2 unter Angabe der Kündigungsgründe erfolgen.
4. **Unwirksamkeit einer Kündigung**
   Eine Kündigung aus einem wichtigen Grund ist unwirksam, wenn die ihr zugrunde liegenden Tatsachen dem/der zur Kündigung Berechtigten länger als 2 Wochen bekannt sind. Ist ein Schlichtungsverfahren gem. § 9 eingeleitet, so wird bis zu dessen Beendigung der Lauf dieser Frist gehemmt.
5. **Schadenersatz bei vorzeitiger Beendigung**
   Wird das Berufsausbildungsverhältnis nach Ablauf der Probezeit vorzeitig gelöst, so kann der/die Ausbildende oder der/die Auszubildende Ersatz des Schadens verlangen, wenn der/die andere den Grund für die Auflösung zu vertreten hat. Das gilt nicht bei Kündigung wegen Aufgabe oder Wechsels der Berufsausbildung (Nr. 2 b). Der Anspruch erlischt, wenn er nicht innerhalb von 3 Monaten nach Beendigung des Berufsausbildungsverhältnisses geltend gemacht wird.
6. **Aufgabe des Betriebes, Wegfall der Ausbildungseignung**
   Bei Kündigung des Berufsausbildungsverhältnisses wegen Betriebsaufgabe oder wegen Wegfalls der Ausbildungseignung verpflichtet sich der/die Ausbildende, sich mit Hilfe der Berufsberatung der zuständigen Arbeitsagentur rechtzeitig um eine weitere Ausbildung im bisherigen Ausbildungsberuf in einer anderen geeigneten Ausbildungsstätte zu bemühen.

§ 8 – Zeugnis

Der/Die Ausbildende stellt dem/der Auszubildenden bei Beendigung des Berufsausbildungsverhältnisses ein Zeugnis aus (§ 16 BBiG). Hat der/die Ausbildende die Berufsausbildung nicht selbst durchgeführt, so soll auch der/die Ausbilder/in das Zeugnis unterschreiben. Es muss Angaben enthalten über Art, Dauer und Zeit der Berufsausbildung sowie über die erworbenen Fertigkeiten, Kenntnisse und Fähigkeiten des/der Auszubildenden, auf Verlangen des/der Auszubildenden auch Angaben über Verhalten und Leistung.

§ 9 – Beilegung von Streitigkeiten

Bei Streitigkeiten aus dem bestehenden Berufsausbildungsverhältnis ist vor Inanspruchnahme des Arbeitsgerichts der nach § 111 Abs. 2 des Arbeitsgerichtsgesetzes errichtete Schlichtungsausschuss anzurufen, sofern ein solcher bei der IHK besteht.

§ 10 – Erfüllungsort

Erfüllungsort für alle Ansprüche aus diesem Vertrag ist der Ort der Ausbildungsstätte.

§ 11 – Sonstige Vereinbarungen (siehe H *)

Rechtswirksame Nebenabreden, die das Berufsausbildungsverhältnis betreffen, können nur durch schriftliche Ergänzung dieses Berufsausbildungsvertrages getroffen werden.

*) Die Buchstaben verweisen auf den entsprechenden Text der ersten Seite des Ausbildungsvertrags.

Beurteilungsbogen

Auszubildender (Name)	Ausbildungsberuf:	Ausbildungsjahr:
Abteilung:	Ausbildungszeitraum:	Ausbilder (Name):

Kompetenzen	Beurteilung (Schulnoten)						Anmerkungen / Hinweise Empfehlungen / Zielvereinbarung
	1	2	3	4	5	6	
Fachkompetenz: Fachkompetenzen in Abhängigkeit von den Ausbildungsinhalten bzw. den Abteilungen, in denen der Azubi eingesetzt ist. ► Fachkompetenz am PC ► ... ► ...							
Sozialkompetenz: ► Teamarbeit (Mitarbeiter) ► Verhalten (Kunden) ► Zuverlässigkeit ► Kommunikationsfähigkeit ► Hilfsbereitschaft ► ...							
persönliche Kompetenz: ► Sprachliche Kompetenz ► Verantwortungsbewusstsein ► Selbstständigkeit ► Selbstorganisation ► Motivation ► Belastbarkeit ► Flexibilität ► ...							
Lernkompetenz: ► Lerninteresse ► Lernbereitschaft ► Lerntempo ► Lerngüte / Lernqualität ► Auffassungsgabe ► Konzentration und Ausdauer ► ...							
Arbeitsqualität:							

Bemerkungen: ....

(z. B. exemplarische Situationen, Verhaltensweisen, Ergebnisse usw., die zu den o. g. Bewertungen geführt haben.)

Der Beurteilungsbogen wurde mit dem / der Auszubildenden am .... besprochen.

(Datum)

Ausbilder   Auszubildende(r)

Beurteilungsbogen (Praxispeispiel)

Beurteilungsbogen für Auszubildende

Auszubildende/r: *Christina* ▇▇▇ VKST/Gebiet: *1034 / 07*

Beurteilungszeitraum: *1.10. – 31.10. 2011* Ausbildungsjahr: *1.*

(Seitlich links: Original = Auszubildender, Grün = Abteilung Schulung, Rosa = Verkaufsstelle)

Interesse an der Arbeit	zeigt reges Interesse, greift Arbeiten selbstständig auf	ist interessiert und einsatzbereit [X]	wirkt manchmal desinteressiert	zeigt wenig Interesse, muss zur Mitarbeit angehalten werden
Aufmerksamkeit	ist ausgesprochen aufmerksam und arbeitet sehr konzentriert	ist aufmerksam und arbeitet konzentriert	lässt sich manchmal ablenken [X]	ist leicht ablenkbar
Merkfähigkeit	gute Merkfähigkeit, auch bei komplexen Aufgabenstellungen	kann sich die wichtigsten Arbeitsschritte und Zusammenhänge merken	kann sich einzelne Arbeitsschritte mit zusätzlichen Hilfen merken [X]	vergisst häufiger einzelne Arbeitsschritte
Pünktlichkeit	ist immer pünktlich [X]		ist manchmal unpünktlich	ist häufig unpünktlich
Arbeitssorgfalt	arbeitet umsichtig und sorgfältig	arbeitet in der Regel sorgfältig [X]	arbeitet häufiger gleichgültig und oberflächlich	arbeitet nachlässig und nicht sorgfältig
Arbeitstempo	erledigt Arbeiten schnell	arbeitet gleichmäßig und zügig [X]	arbeitet zeitweise zügig, zeitweise langsam	arbeitet ausgesprochen langsam
Kundenkontakt	im Umgang mit Kunden sicher, freundlich und geht selbstständig auf Kunden zu	tritt weitgehend sicher auf und ist freundlich zu Kunden [X]	ist Kunden gegenüber bisweilen unsicher	vermeidet Kundenkontakt
Sprachlicher Ausdruck	gut	zufriedenstellend [X]	ausreichend	nicht angemessen
Gesprächsführung/ Argumentationstechnik	führt erfolgreiche Verkaufsgespräche	in der Regel gute Gespräche, abschlusssicher	teilweise unsichere Gespräche und Argumentationsführung [X]	unsicher in Beratung und Argumentation
Schulische Leistungen	sehr gut – gut [X]	zufriedenstellend	ausreichend	nicht ausreichend
Äußere Erscheinung	ist sehr gepflegt und trägt tadellose Kleidung [X]	gepflegt und ansprechend	nicht immer einwandfrei	ungepflegt und nachlässig
Gemeinschaftsverhalten	verhält sich gegenüber Vorgesetzten und Kollegen freundlich und hilfsbereit [X]	ist im Allgemeinen hilfsbereit und freundlich	zeigt wenig Hilfsbereitschaft, Verhalten nicht immer angemessen	zeigt ein eher unfreundliches Verhalten
Fachwissen	weit über dem Durchschnitt	umfassend	zufriedenstellend [X]	unzureichend
Warenannahme	selbstständiges Bearbeiten WA, inklusive des WBM [—]	selbstständiges Bearbeiten der WA [—]	korrektes Bearbeiten der WA mit Anleitung	Bearbeiten der WA nur mit deutlicher Hilfestellung [—]
Warenpräsentation	gute eigenständige WP und Umsetzung von RS	WP und Umsetzung von RS nach Maßgabe	WP nur nach genauer Anweisung [X]	WP nur mit Hilfestellung
Kasse	alle Anforderungen an Kasse und Administration werden genauestens erfüllt	Gute Kassen- und Administrationsleistung	gute Kassenleistung, noch unsicher bei Administration	große Unsicherheit im Umgang mit Kasse und Administration [X]

Bemerkungen: *Frau* ▇▇ *ist zuverlässig und fleißig. Muss noch arbeitsabläufe genauer planen umsichtiger sein. Ist gegenüber Kunden und Kollegen immer freundlich u. hilfsbereit.*

Datum: *14.11.11*

Beurteilter: *(Unterschrift)* Beurteilender: *Hepler* Erziehungsberechtigte: _____

Branchenübliche Ausbildungsvergütungen

Hinweis: Es wird stets die Vergütung der Branche angewendet, in der die Ausbildung stattfindet. Lernt z.B. ein Bürokaufmann/eine Bürokauffrau in einer Bank gilt die „Bankvergütung", lernt er/sie in einem Gastronomieunternehmen gilt die „Gastronomievergütung" u.s.w. Diese Regelung ist bei allen Berufen anzuwenden, die in einer anderen als der berufsspezifischen Branche lernen.

Branche:	1. Ausbj.	2. Ausbj.	3. Ausbj.	4. Ausbj.	Stand:
Architekten/ Bauzeichner	500,00	580,00	650,00		ab 01/2011
	550,00	625,00	695,00		
Banken	769,00	830,00	891,00		ab 11/2008
	781,00	844,00	905,00		ab 01/2011
Bau - kaufm.	575,00	802,00	1.046,00		ab 04/2009
	595,00	820,00	1.070,00		ab 06/2009
	606,00	839,00	1.095,00		ab 04/2010
	627,00	864,00	1128,00		ab 05/2011
	643,00	886,00	1157,00		ab 06/2012
Bau - gewerbl.	600,00	922,00	1.164,00	1.309,00	ab 06/2009
	614,00	943,00	1.191,00	1.339,00	ab 04/2010
	632,00	971,00	1227,00	1379,00	ab 05/2011
	648,00	996,00	1259,00	1415,00	ab 06/2012
Bekleidungsind. >18	638,00	695,00	803,00		ab 01/2010
Bekleidungsind.<18	614,00	665,00	750,00		ab 01/2011
Chemische Industrie	740,00	803,00	880,00	952,00	ab 04/2011
Dienstleistungsberufe	518,00	573,00	654,00		
	550,00	600,00	690,00		ab 03/2009
Druckindustrie	816,29	867,42	918,55	988,00	ab 07/2008
	835,00	886,00	937,00		ab 04/2010
Einzelhandel	665,00	729,00	832,00	899,00	ab 06/2011
	678,00	744,00	849,00	917,00	ab 06/2012
Eisen-Metall- Elektro	778,00	825,00	888,00	921,00	ab 05/2009
	799,00	847,00	912,00	946,00	ab 04/2011
Floristen	325,00	446,00	499,00		ab 11/2004
	410,00	455,00	515,00		ab 09/2009
Gebäudereiniger	513,00	615,00	718,00		ab 01/2005
	545,00	655,00	770,00		ab 01/2010
Groß-, Außenhandel	718,00	782,00	876,00	932,00	ab 06/2011
	735,00	801,00	897,00	954,00	ab 06/2012
Hauswirtschaft	605,00	660,00	705,00		
Holz- u. Kunstst. Ind.	508,74	534,30	585,43	639,11	
	662,00	699,00	761,00	861,00	ab 08/2010
Hotel- u. Gaststätten	600,00	666,00	730,00		ab 09/2009
	615,00	685,00	755,00		ab 08/2011

Immobilienwirtschaft	710,00	820,00	930,00		ab 08/2009
	730,00	840,00	950,00		ab 01/2011
IT-Berufe-Allgemein	650,00	700,00	750,00		ab 08/2010
Kfz-Gewerbe	574,00	623,00	715,00	763,00	ab 07/2010
	580,00	629,00	722,00	771,00	ab 02/2011
	590,00	640,00	735,00	785,00	ab 12/2011
	594,00	644,00	739,00	790,00	ab 02/2012
Nahrungsmittel-Ind.	633,00	699,00	760,00	818,50	ab 05/2009
Öffentlicher Dienst Bund und Gemeinden	635,00	685,00	732,00	795,00	ab 01/2008
	696,00	745,00	790,00	853,00	ab 01/2010
	700,00	749,00	795,00	858,00	ab 01/2011
	703,00	753,00	799,00	863,00	ab 08/2011
Öffentlicher Dienst Länder	704,00	754,00	801,00	866,00	ab 03/2010
Papier- u. Pappe Ind.	529,70	580,83	631,96	683,09	ab 05/2011
	742,00	809,00	876,00	942,00	ab 03/2012
	752,00	820,00	942,00	954,00	
Reisebürogewerbe	512,00	619,00	759,00		ab 07/2006
	547,00	658,00	802,00		ab 08/2008
	567,00	678,00	822,00		ab 01/2010
Speditionsgewerbe	588,00	628,00	659,00		ab 01/2011
	628,00	673,00	709,00		ab 07/2011
Sport und Fitness	447,00	498,00	586,00		ab 01/2010
	450,00	500,00	600,00		
Tankstellengewerbe	397,00	447,00	502,00		ab 04/2004
Textil-Industrie > 18	712,00	775,00	878,00	956,00	ab 01/2010
Textil-Industrie < 18	668,00	719,00	830,00	904,00	ab 01/2010
Textilreinigungsgew.	410,57	470,39	552,20		
Versicherungen	759,00	832,00	904,00		ab 01/2009
Versicherungswirtschaft	744,00	817,00	889,00		ab 04/2007
Versicherungsvermittler	621,00	674,00	738,00		
Wärme-Klimatechnik	603,00	652,00	699,00	748,00	ab 01/2009
Zeitarbeit	650,00	730,00	780,00		

Stand: August 2011

Quelle: IHK Frankfurt am Main

**www.frankfurt-main.ihk.de/berufsbildung/ausbildung/beratung/ausbilderinfos/
verguetung/index.html**

Empfehlung für das Führen von Ausbildungsnachweisen[5]

1. Auszubildende müssen während ihrer Ausbildung einen schriftlichen Ausbildungs-nachweis führen, sofern die Ausbildungsordnung dies vorschreibt.

2. Der ordnungsgemäß geführte Ausbildungsnachweis ist gemäß § 43 Abs. 1 Nr. 2 BBiG Zulassungsvoraussetzung zur Abschlussprüfung.

3. Das Führen des Ausbildungsnachweises dient folgenden Zielen:

   - Auszubildende sollen zur Reflexion über die Inhalte und den Verlauf ihrer Ausbildung angehalten werden.
   - Der zeitliche und sachliche Ablauf der Ausbildung im Betrieb und in der Be-rufsschule soll für alle Beteiligten – Auszubildende, Ausbildungsstätte, Berufs-schule, gesetzliche Vertreter und IHK – in einfacher Form nachvollziehbar und nachweisbar gemacht werden.
   - Sofern die Ausbildungsordnung oder eine Regelung der IHK vorsieht, dass der Ausbildungsnachweis zur mündlichen Prüfung mitgebracht werden muss, ist er dem Prüfungsausschuss vorzulegen. Der Ausbildungsnachweis wird im Rahmen der Zwischen- und Abschlussprüfungen nicht bewertet.

4. Für das Anfertigen der Ausbildungsnachweise gelten folgende Mindestanforderun-gen:

   - Die Ausbildungsnachweise sind täglich oder wöchentlich schriftlich zu führen (Umfang: ca. 1 DIN A 4-Seite für eine Woche).
   - Jedes Blatt des Ausbildungsnachweises ist mit dem Namen des/der Auszubil-denden, dem Ausbildungsjahr und dem Berichtszeitraum zu versehen.
   - Die Ausbildungsnachweise müssen mindestens stichwortartig den Inhalt der betrieblichen Ausbildung wiedergeben. Dabei sind betriebliche Tätigkeiten ei-nerseits sowie Unterweisungen, betrieblicher Unterricht und sonstige Schu-lungen andererseits zu dokumentieren.
   - In die Ausbildungsnachweise müssen darüber hinaus die Themen des Be-rufsschulunterrichts aufgenommen werden.
   - Die zeitliche Dauer der Tätigkeiten sollte aus dem Ausbildungsnachweis her-vorgehen.

5. Auszubildenden ist Gelegenheit zu geben, die Ausbildungsnachweise während der Ausbildungszeit im Betrieb zu führen. Die erforderlichen Nachweishefte, Formblätter o. ä. werden den Auszubildenden kostenlos von den Ausbildenden zur Verfügung gestellt (§ 14 Abs. 1 Nr. 3 BBiG).

6. Ausbildende oder Ausbilder/innen prüfen die Eintragungen in den Ausbildungsnach-weisen mindestens monatlich (§ 14 Abs. 1 Nr. 4 BBiG). Sie bestätigen die Richtigkeit und Vollständigkeit der Eintragungen mit Datum und Unterschrift. Sie tragen dafür Sorge, dass bei minderjährigen Auszubildenden ein/e gesetzliche/r Vertreter/in in an-gemessenen Zeitabständen von den Ausbildungsnachweisen Kenntnis erhält und diese unterschriftlich bestätigt.

7. Bei Bedarf können weitere an der Ausbildung Beteiligte, z. B. die Berufsschule, vom Ausbildungsnachweis Kenntnis nehmen und dies unterschriftlich bestätigen.

8. Diese Regelungen gelten mit Ausnahme der Ziffer 2 für Umschüler entsprechend.

Stand: 30.10.2007

---

[5] Abdruck mit freundlicher Genehmigung des Deutschen Industrie- und Handelskammertages e. V.

Entgeltabrechnung (Ausbildungsvergütung)

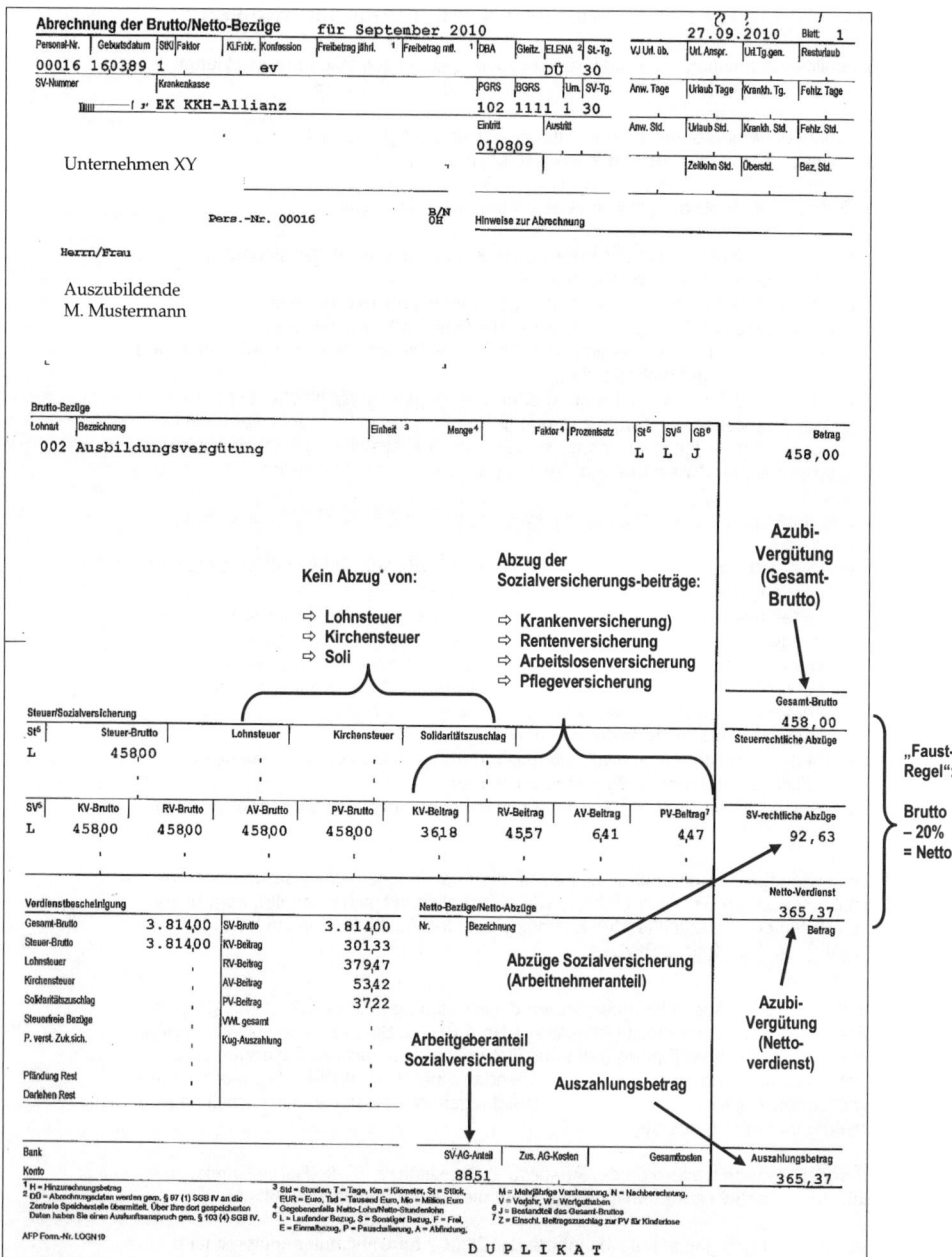

* Lohnsteuer, Kirchensteuer und Soli müssen nicht abgeführt werden, wenn die Ausbildungsvergütung unter 896,99 € liegt (Stand 2011).

Liste der staatlich anerkannten Ausbildungsberufe (Stand 1. 8. 2011)

A

1. Änderungsschneider/ Änderungsschneiderin
2. Anlagenmechaniker/ Anlagenmechanikerin
3. Anlagenmechaniker/ Anlagenmechanikerin für Sanitär-, Heizungs- und Klimatechnik
4. Asphaltbauer/ Asphaltbauerin
5. Aufbereitungsmechaniker/ Aufbereitungsmechanikerin
6. Augenoptiker/ Augenoptikerin
7. Ausbaufacharbeiter/ Ausbaufacharbeiterin
8. Automatenfachmann/ Automatenfachfrau
9. Automobilkaufmann/ Automobilkauffrau

B

10. Bäcker/ Bäckerin
11. Bankkaufmann/ Bankkauffrau
12. Baugeräteführer/ Baugeräteführerin
13. Baustoffprüfer/ Baustoffprüferin
14. Bauten- und Objektbeschichter/ Bauten- und Objektbeschichterin
15. Bauwerksabdichter/ Bauwerksabdichterin
16. Bauwerksmechaniker/ Bauwerksmechanikerin für Abbruch und Betontrenntechnik
17. Bauzeichner/ Bauzeichnerin
18. Behälter- und Apparatebauer/ Behälter- und Apparatebauerin
19. Berg- und Maschinenmann
20. Bergbautechnologe/ Bergbautechnologin
21. Berufskraftfahrer/ Berufskraftfahrerin
22. Bestattungsfachkraft
23. Beton- und Stahlbetonbauer/ Beton- und Stahlbetonbauerin
24. Betonfertigteilbauer/ Betonfertigteilbauerin/Betonstein- und Terrazzohersteller/ Betonstein- und Terrazzoherstellerin
25. Binnenschiffer/ Binnenschifferin
26. Biologielaborant/ Biologielaborantin
27. Biologiemodellmacher/ Biologiemodellmacherin

28. Bodenleger/ Bodenlegerin
29. Bogenmacher/ Bogenmacherin
30. Bootsbauer/ Bootsbauerin
31. Böttcher/ Böttcherin
32. Brauer und Mälzer/ Brauerin und Mälzerin
33. Brenner/ Brennerin
34. Brunnenbauer/ Brunnenbauerin
35. Buchbinder/ Buchbinderin
36. Buchhändler/ Buchhändlerin
37. Büchsenmacher/ Büchsenmacherin
38. Bühnenmaler und -plastiker/ Bühnenmalerin und -plastikerin
39. Bürokaufmann/ Bürokauffrau
40. Bürsten- und Pinselmacher/ Bürsten- und Pinselmacherin

C

41. Chemielaborant/ Chemielaborantin
42. Chemielaborjungwerker/ Chemielaborjungwerkerin
43. Chemikant/ Chemikantin
44. Chirurgiemechaniker/ Chirurgiemechanikerin

D

45. Dachdecker/ Dachdeckerin
46. Dekorvorlagenhersteller/ Dekorvorlagenherstellerin
47. Destillateur/ Destillateurin
48. Diamantschleifer/ Diamantschleiferin
49. Drahtwarenmacher/ Drahtwarenmacherin
50. Drahtzieher/ Drahtzieherin
51. Drechsler (Elfenbeinschnitzer)/ Drechslerin (Elfenbeinschnitzerin)
52. Drogist/ Drogistin

E

53. Edelmetallprüfer/ Edelmetallprüferin
54. Edelsteinfasser/ Edelsteinfasserin
55. Edelsteingraveur/ Edelsteingraveurin
56. Edelsteinschleifer/ Edelsteinschleiferin
57. Eisenbahner im Betriebsdienst/ Eisenbahnerin im Betriebsdienst
58. Elektroanlagenmonteur/ Elektroanlagenmonteurin

59. Elektroniker für Automatisierungstechnik/ Elektronikerin für Automatisierungstechnik
60. Elektroniker für Betriebstechnik/ Elektronikerin für Betriebstechnik
61. Elektroniker für Gebäude- und Infrastruktursysteme/ Elektronikerin für Gebäude- und Infrastruktursysteme
62. Elektroniker für Geräte und Systeme/ Elektronikerin für Geräte und Systeme
63. Elektroniker für luftfahrttechnische Systeme/ Elektronikerin für luftfahrttechnische Systeme
64. Elektroniker für Maschinen und Antriebstechnik/ Elektronikerin für Maschinen und Antriebstechnik
65. Elektroniker/ Elektronikerin
66. Estrichleger/ Estrichlegerin

F
67. Fachangestellter für Markt- und Sozialforschung/ Fachangestellte für Markt- und Sozialforschung
68. Fachangestellter für Medien- und Informationsdienste/ Fachangestellte für Medien- und Informationsdienste
69. Fachangestellter/ Fachangestellte für Arbeitsförderung
70. Fachangestellter/ Fachangestellte für Bäderbetriebe
71. Fachangestellter/ Fachangestellte für Bürokommunikation
72. Fachinformatiker/ Fachinformatikerin
73. Fachkraft Agrarservice
74. Fachkraft für Abwassertechnik
75. Fachkraft für Automatenservice
76. Fachkraft für Fruchtsafttechnik
77. Fachkraft für Hafenlogistik
78. Fachkraft für Holz- und Bautenschutzarbeiten
79. Fachkraft für Kreislauf- und Abfallwirtschaft
80. Fachkraft für Kurier-, Express- und Postdienstleistungen
81. Fachkraft für Lagerlogistik
82. Fachkraft für Lebensmitteltechnik
83. Fachkraft für Lederverarbeitung
84. Fachkraft für Möbel-, Küchen- und Umzugsservice
85. Fachkraft für Rohr-, Kanal- und Industrieservice
86. Fachkraft für Schutz und Sicherheit
87. Fachkraft für Straßen- und Verkehrstechnik
88. Fachkraft für Süßwarentechnik
89. Fachkraft für Veranstaltungstechnik
90. Fachkraft für Wasserversorgungstechnik
91. Fachkraft für Wasserwirtschaft
92. Fachkraft im Fahrbetrieb
93. Fachkraft im Gastgewerbe
94. Fachlagerist/ Fachlageristin
95. Fachmann/ Fachfrau für Systemgastronomie
96. Fachverkäufer im Lebensmittelhandwerk/ Fachverkäuferin im Lebensmittelhandwerk
97. Fahrradmonteur/ Fahrradmonteurin
98. Fahrzeuginnenausstatter/ Fahrzeuginnenausstatterin
99. Fahrzeuglackierer/ Fahrzeuglackiererin
100. Fassadenmonteur/ Fassadenmonteurin
101. Federmacher/ Federmacherin
102. Feinoptiker/ Feinoptikerin
103. Feinpolierer/ Feinpoliererin
104. Feinwerkmechaniker/ Feinwerkmechanikerin
105. Fertigungsmechaniker/ Fertigungsmechanikerin
106. Feuerungs- und Schornsteinbauer/ Feuerungs- und Schornsteinbauerin
107. Figurenkeramformer/ Figurenkeramformerin
108. Film- und Videoeditor/ Film- und Videoeditorin
109. Film- und Videolaborant/ Film- und Videolaborantin
110. Fischwirt/ Fischwirtin
111. Flachglasmechaniker/ Flachglasmechanikerin
112. Flechtwerkgestalter/ Flechtwerkgestalterin
113. Fleischer/ Fleischerin
114. Fliesen-, Platten- und Mosaikleger/ Fliesen-, Platten- und Mosaiklegerin
115. Florist/ Floristin
116. Fluggerätmechaniker/ Fluggerätmechanikerin
117. Forstwirt/ Forstwirtin
118. Fotograf/ Fotografin
119. Fotolaborant/ Fotolaborantin
120. Fotomedienfachmann/ Fotomedienfachfrau
121. Fotomedienlaborant/ Fotomedienlaborantin

122. Fräser/ Fräserin
123. Friseur/ Friseurin

G
124. Gärtner/ Gärtnerin
125. Gebäudereiniger/ Gebäudereinigerin
126. Geigenbauer/ Geigenbauerin
127. Geomatiker/ Geomatikerin
128. Gerätezusammensetzer/ Gerätezusammensetzerin
129. Gerber/ Gerberin
130. Gerüstbauer/ Gerüstbauerin
131. Gestalter für visuelles Marketing/ Gestalterin für visuelles Marketing
132. Gießereimechaniker/ Gießereimechanikerin
133. Glas- und Porzellanmaler/ Glas- und Porzellanmalerin
134. Glasapparatebauer/ Glasapparatebauerin
135. Glasbläser/ Glasbläserin
136. Glaser/ Glaserin
137. Glasmacher/ Glasmacherin
138. Glasveredler/ Glasveredlerin
139. Gleisbauer/ Gleisbauerin
140. Goldschmied/ Goldschmiedin
141. Graveur/ Graveurin

H
142. Hafenschiffer/ Hafenschifferin
143. Handzuginstrumentenmacher/ Handzuginstrumentenmacherin
144. Hauswirtschafter/ Hauswirtschafterin
145. Hochbaufacharbeiter/ Hochbaufacharbeiterin
146. Holz- und Bautenschützer/ Holz- und Bautenschützerin
147. Holzbearbeitungsmechaniker/ Holzbearbeitungsmechanikerin
148. Holzbildhauer/ Holzbildhauerin
149. Holzblasinstrumentenmacher/ Holzblasinstrumentenmacherin
150. Holzmechaniker/ Holzmechanikerin
151. Holzspielzeugmacher/ Holzspielzeugmacherin
152. Hörgeräteakustiker/ Hörgeräteakustikerin
153. Hotelfachmann/ Hotelfachfrau
154. Hotelkaufmann/ Hotelkauffrau
155. Immobilienkaufmann/ Immobilienkauffrau
156. Industrieelektriker/ Industrieelektrikerin

157. Industrie-Isolierer/ Industrie-Isoliererin
158. Industriekaufmann/ Industriekauffrau
159. Industriekeramiker Anlagentechnik/ Industriekeramikerin Anlagentechnik
160. Industriekeramiker Dekorationstechnik/ Industriekeramikerin Dekorationstechnik
161. Industriekeramiker Modelltechnik/ Industriekeramikerin Modelltechnik
162. Industriekeramiker Verfahrenstechnik/ Industriekeramikerin Verfahrenstechnik
163. Industriemechaniker/ Industriemechanikerin
164. Informatikkaufmann/ Informatikkauffrau
165. Informations- und Telekommunikationssystem-Elektroniker/ Informations- und Telekommunikationssystem-Elektronikerin
166. Informations- und Telekommunikationssystem-Kaufmann/ Informations- und Telekommunikationssystem-Kauffrau
167. Informationselektroniker/ Informationselektronikerin
168. Investmentfondskaufmann/ Investmentfondskauffrau
169. Isolierfacharbeiter/ Isolierfacharbeiterin

J
170. Justizfachangestellter/ Justizfachangestellte

K
171. Kabeljungwerker/ Kabeljungwerkerin
172. Kanalbauer/ Kanalbauerin
173. Karosserie- und Fahrzeugbaumechaniker/ Karosserie- und Fahrzeugbaumechanikerin
174. Kaufmann für Dialogmarketing/ Kauffrau für Dialogmarketing
175. Kaufmann für Kurier-, Express- und Postdienstleistungen/ Kauffrau für Kurier-, Express- und Postdienstleistungen
176. Kaufmann für Marketingkommunikation/ Kauffrau für Marketingkommunikation
177. Kaufmann für Spedition und Logistikdienstleistung/ Kauffrau für Spedition und Logistikdienstleistung
178. Kaufmann für Tourismus und Freizeit/ Kauffrau für Tourismus und Freizeit
179. Kaufmann für Versicherungen und Finanzen/ Kauffrau für Versicherungen und Finanzen

180. Kaufmann im Gesundheitswesen/ Kauffrau im Gesundheitswesen
181. Kaufmann im Groß- und Außenhandel/ Kauffrau im Groß- und Außenhandel
182. Kaufmann/ Kauffrau für audiovisuelle Medien
183. Kaufmann/ Kauffrau für Bürokommunikation
184. Kaufmann/ Kauffrau für Verkehrsservice
185. Kaufmann/ Kauffrau im Einzelhandel
186. Kaufmann/ Kauffrau im Eisenbahn- und Straßenverkehr
187. Keramiker/ Keramikerin
188. Klavier- und Cembalobauer/ Klavier- und Cembalobauerin
189. Klempner/ Klempnerin
190. Koch/ Köchin
191. Konditor/ Konditorin
192. Konstruktionsmechaniker/ Konstruktionsmechanikerin
193. Kosmetiker/ Kosmetikerin
194. Kraftfahrzeugmechatroniker/ Kraftfahrzeugmechatronikerin
195. Kraftfahrzeugservicemechaniker/ Kraftfahrzeugservicemechanikerin
196. Kürschner/ Kürschnerin

L
197. Lacklaborant/ Lacklaborantin
198. Landwirt/ Landwirtin
199. Landwirtschaftlich-technischer Laborant, Landwirtschaftlicher Laborant/ Landwirtschaftlich-technische Laborantin, Landwirtschaftliche Laborantin
200. Leichtflugzeugbauer/ Leichtflugzeugbauerin
201. Leuchtröhrenglasbläser/ Leuchtröhrenglasbläserin
202. Luftverkehrskaufmann/ Luftverkehrskauffrau

M
203. Maler und Lackierer/ Malerin und Lackiererin
204. Manufakturporzellanmaler/ Manufakturporzellanmalerin
205. Maschinen- und Anlagenführer/ Maschinen- und Anlagenführerin
206. Maschinenzusammensetzer/ Maschinenzusammensetzerin
207. Maskenbildner/ Maskenbildnerin
208. Maßschneider/ Maßschneiderin

209. Mathematisch-technischer Softwareentwickler/ Mathematisch-technische Softwareentwicklerin
210. Maurer/ Maurerin
211. Mechaniker für Karosserieinstandhaltungstechnik/ Mechanikerin für Karosserieinstandhaltungstechnik
212. Mechaniker für Land- und Baumaschinentechnik/ Mechanikerin für Land- und Baumaschinentechnik
213. Mechaniker für Reifen- und Vulkanisationstechnik/ Mechanikerin für Reifen- und Vulkanisationstechnik
214. Mechatroniker für Kältetechnik/ Mechatronikerin für Kältetechnik
215. Mechatroniker/ Mechatronikerin
216. Mediengestalter Bild und Ton/ Mediengestalterin Bild und Ton
217. Mediengestalter Digital und Print/ Mediengestalterin Digital und Print
218. Mediengestalter Flexografie/ Mediengestalterin Flexografie
219. Medienkaufmann Digital und Print/ Medienkauffrau Digital und Print
220. Medientechnologe Druck/ Medientechnologin Druck
221. Medientechnologe Druckverarbeitung/ Medientechnologin Druckverarbeitung
222. Medientechnologe Siebdruck/ Medientechnologin Siebdruck
223. Medizinischer Fachangestellter/ Medizinische Fachangestellte
224. Metall- und Glockengießer/ Metall- und Glockengießerin
225. Metallbauer/ Metallbauerin
226. Metallbildner/ Metallbildnerin
227. Metallblasinstrumentenmacher/ Metallblasinstrumentenmacherin
228. Metallschleifer/ Metallschleiferin
229. Mikrotechnologe/ Mikrotechnologin
230. Milchtechnologe/ Milchtechnologin
231. Milchwirtschaftlicher Laborant/ Milchwirtschaftliche Laborantin
232. Modenäher/ Modenäherin
233. Modeschneider/ Modeschneiderin
234. Modist/ Modistin
235. Müller (Verfahrenstechnologe in der Mühlen- und Futtermittelwirtschaft)/ Müllerin (Verfahrenstechnologin in der Mühlen- und Futtermittelwirtschaft)
236. Musikfachhändler/ Musikfachhändlerin

N

237. Naturwerksteinmechaniker/ Naturwerksteinmechanikerin
238. Notarfachangestellter/ Notarfachangestellte

O

239. Oberflächenbeschichter/ Oberflächenbeschichterin
240. Ofen- und Luftheizungsbauer/ Ofen- und Luftheizungsbauerin
241. Orgel- und Harmoniumbauer/ Orgel- und Harmoniumbauerin
242. Orthopädiemechaniker und Bandagist/ Orthopädiemechanikerin und Bandagistin
243. Orthopädieschuhmacher/ Orthopädieschuhmacherin

P

244. Packmitteltechnologe/ Packmitteltechnologin
245. Papiertechnologe/ Papiertechnologin
246. Parkettleger/ Parkettlegerin
247. Patentanwaltsfachangestellter/ Patentanwaltsfachangestellte
248. Pelzveredler/ Pelzveredlerin
249. Personaldienstleistungskaufmann/ Personaldienstleistungskauffrau
250. Pferdewirt/ Pferdewirtin
251. Pharmakant/ Pharmakantin
252. Pharmazeutisch-kaufmännischer Angestellter/ Pharmazeutisch-kaufmännische Angestellte
253. Physiklaborant/ Physiklaborantin
254. Polster- und Dekorationsnäher/ Polster- und Dekorationsnäherin
255. Polsterer/ Polsterin

256. Produktgestalter - Textil/ Produktgestalterin - Textil
257. Produktionsfachkraft Chemie
258. Produktionsmechaniker - Textil/ Produktionsmechanikerin - Textil
259. Produktionstechnologe/ Produktionstechnologin
260. Produktprüfer - Textil/ Produktprüferin - Textil
261. Produktveredler - Textil/ Produktveredlerin - Textil

R

262. Raumausstatter/ Raumausstatterin
263. Rechtsanwalts- und Notarfachangestellter/ Rechtsanwalts- und Notarfachangestellte
264. Rechtsanwaltsfachangestellter/ Rechtsanwaltsfachangestellte
265. Restaurantfachmann/ Restaurantfachfrau
266. Revierjäger/ Revierjägerin
267. Revolverdreher/ Revolverdreherin
268. Rohrleitungsbauer/ Rohrleitungsbauerin
269. Rollladen- und Sonnenschutzmechatroniker/ Rollladen- und Sonnenschutzmechatronikerin

S

270. Sattler/ Sattlerin
271. Schädlingsbekämpfer/ Schädlingsbekämpferin
272. Schifffahrtskaufmann/ Schifffahrtskauffrau
273. Schilder- und Lichtreklamehersteller/ Schilder- und Lichtreklameherstellerin
274. Schleifer/ Schleiferin
275. Schneidwerkzeugmechaniker/ Schneidwerkzeugmechanikerin
276. Schornsteinfeger/ Schornsteinfegerin
277. Schuhfertiger/ Schuhfertigerin
278. Schuhmacher/ Schuhmacherin
279. Segelmacher/ Segelmacherin
280. Seiler/ Seilerin
281. Servicefachkraft für Dialogmarketing
282. Servicefahrer/ Servicefahrerin
283. Servicekaufmann/ Servicekauffrau im Luftverkehr
284. Servicekraft für Schutz und Sicherheit
285. Silberschmied/ Silberschmiedin
286. Sozialversicherungsfachangestellter/ Sozialversicherungsfachangestellte
287. Speiseeishersteller/ Speiseeisherstellerin
288. Spezialtiefbauer/ Spezialtiefbauerin
289. Spielzeughersteller/ Spielzeugherstellerin
290. Sport- und Fitnesskaufmann/ Sport- und Fitnesskauffrau
291. Sportfachmann/ Sportfachfrau
292. Steinmetz und Steinbildhauer/ Steinmetzin und Steinbildhauerin
293. Steuerfachangestellter/ Steuerfachangestellte
294. Stoffprüfer (Chemie)/ Stoffprüferin (Chemie) Glas-, Keramische Industrie sowie Steine und Erden

295. Straßenbauer/ Straßenbauerin
296. Straßenwärter/ Straßenwärterin
297. Stuckateur/ Stuckateurin
298. Systemelektroniker/ Systemelektronikerin
299. Systeminformatiker/ Systeminformatikerin

T
300. Tankwart/ Tankwartin
301. Technischer Konfektionär/ Technische Konfektionärin
302. Technischer Modellbauer/ Technische Modellbauerin
303. Technischer Produktdesigner/ Technische Produktdesignerin
304. Technischer Systemplaner/ Technische Systemplanerin
305. Teilezurichter/ Teilezurichterin
306. Textilgestalter im Handwerk/ Textilgestalterin im Handwerk
307. Textillaborant/ Textillaborantin
308. Textilreiniger/ Textilreinigerin
309. Thermometermacher/ Thermometermacherin
310. Tiefbaufacharbeiter/ Tiefbaufacharbeiterin
311. Tiermedizinischer Fachangestellter/ Tiermedizinische Fachangestellte
312. Tierpfleger/ Tierpflegerin
313. Tierwirt/ Tierwirtin
314. Tischler/ Tischlerin
315. Tourismuskaufmann (Kaufmann für Privat- und Geschäftsreisen)/ Tourismuskauffrau (Kauffrau für Privat- und Geschäftsreisen)
316. Trockenbaumonteur/ Trockenbaumonteurin

U
317. Uhrmacher/ Uhrmacherin

V
318. Veranstaltungskaufmann/ Veranstaltungskauffrau
319. Verfahrensmechaniker für Beschichtungstechnik/ Verfahrensmechanikerin für Beschichtungstechnik
320. Verfahrensmechaniker für Brillenoptik/ Verfahrensmechanikerin für Brillenoptik
321. Verfahrensmechaniker Glastechnik/ Verfahrensmechanikerin Glastechnik

322. Verfahrensmechaniker in der Hütten- und Halbzeugindustrie/ Verfahrensmechanikerin in der Hütten- und Halbzeugindustrie
323. Verfahrensmechaniker in der Steine- und Erdenindustrie/ Verfahrensmechanikerin in der Steine- und Erdenindustrie
324. Verfahrensmechaniker/ Verfahrensmechanikerin für Kunststoff- und Kautschuktechnik
325. Vergolder/ Vergolderin
326. Verkäufer/ Verkäuferin
327. Vermessungstechniker/ Vermessungstechnikerin
328. Verwaltungsfachangestellter/ Verwaltungsfachangestellte
329. Vorpolierer/ Vorpoliererin Schmuck- und Kleingeräteherstellung

W
330. Wachszieher/ Wachszieherin
331. Wärme-, Kälte- und Schallschutzisolierer/ Wärme-, Kälte- und Schallschutzisoliererin
332. Wasserbauer/ Wasserbauerin
333. Weinküfer/ Weinküferin
334. Werkfeuerwehrmann/ Werkfeuerwehrfrau
335. Werkgehilfe/ Werkgehilfin Schmuckwarenindustrie, Taschen- und Armbanduhren
336. Werkstoffprüfer/ Werkstoffprüferin
337. Werkzeugmechaniker/ Werkzeugmechanikerin
338. Winzer/ Winzerin

Z
339. Zahnmedizinischer Fachangestellter/ Zahnmedizinische Fachangestellte
340. Zahntechniker/ Zahntechnikerin
341. Zerspanungsmechaniker/ Zerspanungsmechanikerin
342. Zimmerer/ Zimmerin
343. Zupfinstrumentenmacher/ Zupfinstrumentenmacherin
344. Zweiradmechaniker/ Zweiradmechanikerin

Quelle: BiBB

http://www2.bibb.de/tools/aab/aabberufeliste.php

Muster eines Berufsschulzeugnisses

(Name und Ort der Schule)
ZEUGNIS DER BERUFSSCHULE

Name: .... Vorname: ....

Geburtstag: .... Geburtsort: ....
Schuljahr: .... Schulhalbjahr
Stufe: .... Klasse: ....
Ausbildungsberuf: ....

Die Leistungen werden wie folgt bewertet:

PFLICHTUNTERRICHT

Beruflicher Lernbereich
Berufsbezogener Unterricht ....
(auf der Grundlage der nach der Stundenzahl der Lernfelder gewichteten Noten)

Allgemeiner Lernbereich (* nicht Zutreffendes ist zu streichen)

Deutsch ....

Politik und Wirtschaft ....

Sport ....

Fremdsprache ....

Religion/Ethik* ....

WAHLPFLICHTUNTERRICHT

....

WAHLUNTERRICHT

....

Versäumte Unterrichtstage: .... davon unentschuldigt: ....

Versäumte Einzelstunden: .... davon unentschuldigt: ....

Bemerkungen: ....
....
....

(Seite 1)

Lernfelder

Lernfeld 1: Thema (Stunden)..

Lernfeld 2: Thema (Stunden)..

Lernfeld 3: Thema (Stunden)..

Lernfeld 4: Thema (Stunden)..

Lernfeld 5: Thema (Stunden)..

Lernfeld 6: Thema (Stunden)..

Lernfeld 7: Thema (Stunden)..

Lernfeld 8: Thema (Stunden)..

(...) Thema (Stunden)

...., den ....

(Schulleiterin/Schulleiter)

(Klassenlehrerin/Klassenlehrer)

Kenntnis genommen:

(Erziehungsberechtigte/Erziehungsberechtigter)

(Ausbilderin/Ausbilder bzw. Arbeitgeberin/Arbeitgeber)

Notenstufen: (1) sehr gut, (2) gut, (3) befriedigend, (4) ausreichend, (5) mangelhaft, (6) ungenügend

(Seite 2)

Quelle: Verordnung über die Berufsschule (Hessen) vom 9. 9. 2002

Punkte- und Notenskala der IHK

Note:	1 (sehr gut)	1,0	1,1	1,2	1,3	1,4					
Punkte:	100-92	100	99-98	97-96	95-94	93-92					
Note:	2 (gut)	1,5	1,6	1,7	1,8	1,9	2,0	2,1	2,2	2,3	2,4
Punkte:	91-81	91	90	89	88	87	86-85	84	83	82	81
Note:	3 (befriedigend)	2,5	2,6	2,7	2,8	2,9	3,0	3,1	3,2	3,3	3,4
Punkte:	80-67	80	79	78-77	76	75-74	73	72-71	70	69-68	67
Note:	4 (ausreichend)	3,5	3,6	3,7	3,8	3,9	4,0	4,1	4,2	4,3	4,4
Punkte:	66-50	66	65-64	63-62	61	60-59	58-57	56-55	54	53-52	51-50
Note:	5 (mangelhaft)	4,5	4,6	4,7	4,8	4,9	5,0	5,1	5,2	5,3	5,4
Punkte:	49-30	49	48-47	46-45	44-43	42-41	40-38	37-36	35-34	33-32	31-30
Note:	6 (ungenügend)	5,5	5,6	5,7	5,8	5,9	6,0				
Punkte:	29-0	29	28-23	22-17	16-12	11-6	5-0				

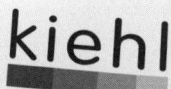